El conocimiento, la psicoterapia y la transformación individual

Aproximaciones sobre la subjetividad y la conciencia

Nélida Asili
Compiladora

El libro muere cuando lo fotocopian

Amigo lector:

La obra que usted tiene en sus manos es muy valiosa, pues el autor vertió en ella conocimientos, experiencia y años de trabajo. El editor ha procurado dar una presentación digna de su contenido y pone su empeño y recursos para difundirla ampliamente, por medio de su red de comercialización.

Cuando usted fotocopia este libro, o adquiere una copia "pirata", el autor y el editor dejan de percibir lo que les permite recuperar la inversión que han realizado, y ello fomenta el desaliento de la creación de nuevas obras.

La reproducción no autorizada de obras protegidas por el derecho de autor, además de ser un delito, daña la creatividad y limita la difusión de la cultura. Si usted necesita un ejemplar del libro y no le es posible conseguirlo, le rogamos hacérnoslo saber. No dude en comunicarse con nosotros.

Editorial Pax México

Director editorial: Miguel Escorza
Coordinación editorial: Matilde Schoenfeld
Portada: Víctor M. Santos Gally

© 2013 Editorial Pax México, Librería Carlos Cesarman, S.A.
    Av. Cuauhtémoc 1430
    Col. Santa Cruz Atoyac
    México DF 03310
    Teléfono: 5605 7677
    Fax: 5605 7600
    editorialpax@editorialpax.com
    www.editorialpax.com

Primera edición
ISBN: 978-607-7723-60-8
Reservados todos los derechos
Impreso en México / *Printed in Mexico*

Índice

Agradecimientos ix
Prólogo xi

PARTE 1. EVOLUCIÓN HISTÓRICA
**Psicología de la antigüedad: algunos temas
relacionados con la conciencia** 1
Ángel Astolfo y Juan Carlos Carena
Universidad Católica de La Plata, sede Rosario, Argentina
   Introducción 1
      Elaboración del concepto de conciencia 3
      Primeros abordajes 3
      El mundo grecorromano y sus etapas 3
      El vocabulario griego y su etimología 4
      El vocabulario latino y su etimología 7
      La conciencia en el mundo cristiano 8
   Hacia un nuevo concepto de conciencia 10
      Punto de partida de la nueva concepción 11
         Eje de la nueva concepción 12
      Algunos desarrollos filosóficos de la nueva concepción 14
      Kant y su aportación a la psicología 18
   Un siglo de filosofía y psicología 20
      Visión general de conjunto 20
      Detalle de las aportaciones específicas 25
         Jean-Pierre Georges Cabanis (1757-1808) 25
         Etienne Bonnot de Condillac (1714-1780) 26
         Julian Offray de La Mettrie (1709-1751) 27
         Gustav Fechner (1801-1887) 28
         David Hartley (1705-1757) 28
         Hermann von Helmholtz (1821-1894) 29

Claude Adrien Helvetius (1715-1771) 29
Francis Pierre Maine de Biran (1766-1824) 30
Johannes Müller (1801-1858) 31
E.H. Weber (1795-1878) 32
Cristian Wolff (1679-1754) 32
Bibliografía 33

La evolución del conocimiento en la psicología científica 36
Nélida Asili Pierucci
Universidad de las Américas Puebla, México

Introducción 36
Comienzos de la psicología científica 37
Asociacionismo 38
Estructuralismo 52
Funcionalismo 67
Psicología de la gestalt (o de la forma) 93
El surgimiento de otras corrientes: el conductismo 98
Psicología dinámica 99
Psicología humanista-existencial 102
Conclusión 103
Bibliografía 104

Parte 2. Modelos psicológicos
Conocimiento y conciencia en psicoanálisis 105
Jorge Sinópoli y Elida Noceti
Universidad Católica La Plata, sede Rosario, Argentina

Introducción 105
Descartes y Nietzche: dos antecedentes filosóficos de Freud 105
Freud: clínico y metodólogo 108
Caso Katharina k: paradigma de la sexualidad (siglo xix) 110
Abandono de la hipnosis 110
Evolución de las ideas de Freud 111
La sexualidad en la sociedad industrial 113
Freud: cuestiones metodológicas 114

Carácter del psicoanálisis como ciencia empírica 114
　　¿Qué permanece actualmente del legado de Freud?................. 117
　Bion: evolución de sus ideas..120
　　Teoría del conocimiento.. 120
　　El cuadro 120
　　La insania es el resultado del proceso opuesto 125
　　El conocimiento en Bion 129
　　De la simplicidad a la complejidad 134
　Bibliografía 137

Aproximación cognitivo-conductual al problema del conocimiento 141
Juan Carlos Carena y Liliana Ferranti
Universidad Católica de La Plata, sede Rosario, Argentina
　Introducción..141
　Principales aportaciones cognitivo-conductuales 143
　　Conductismo.. 143
　　Teorías de la contigüidad 143
　　　Concepción de Watson (1878-1958).................................... 143
　　　Interpretación de Guthrie (1886-1959).............................. 145
　　Teóricos del refuerzo 147
　　　Teoría conexionista de
　　　Edward Thorndike (1874-1949) 147
　　　Teoría del reforzamiento operante
　　　de Skinner (1904-1990) 148
　　　Teoría formal de la conducta de Clark Hull (1884-1952)......... 150
　A modo de síntesis..152
　Cognoscitivismo..152
　　Líneas clásicas: movimiento cognoscitivista europeo................. 152
　　Psicología gestalt.. 153
　　　Teoría topológica de Kurt Lewin (1890-1947) 154
　　　Epistemología genética de Jean Piaget (1896-1980) 155
　　　Teoría sociocultural de Vigotsky (1896-1934)..................... 156
　　Líneas cognitivas actuales... 158

Psicocibernética de Helmar Frank 159
    Teoría de la instrucción de Jerome Bruner (1915) 161
Otras líneas cognoscitivistas americanas.. 162
    Teoría del aprendizaje significativo de
    David Ausubel 162
Enfoques cognoscitivo-conductuales 164
    Teoría del signo-gestalt de Tolman (1886-1959)................... 165
    Teoría del diseño instrumental de Robert Gagné..................... 166
    Aprendizaje social según Albert Bandura (1925) 167
    Teoría de la formación de conceptos y aprendizaje
    verbal de Elí Saltz.. 169
Estudio comparativo de los enfoques teóricos presentados 170
Análisis crítico del cuadro comparativo 173
Uso de reforrzadores para modificar conductas
al empezar la clase. Caso experimental. 176
Conclusiones 180
Bibliografía 180

Desarrollo de la conciencia en el existencialismo humanista ... 183
Raúl Sutich y Guillermo Finoquetto
Universidad Católica de La Plata, sede Rosario, Argentina
Aproximación teórica al existencialismo..184
    Aproximación histórico-política existencial 184
    Acercamiento filosófico al existencialismo 185
Psicología con fundamento humanista-existencialista......................199
    Trazos de contexto 199
    Noción de sujeto en el existencialismo-humanista 200
    Ética y trascendencia.. 202
    Habitando el tiempo 203
¿Cómo entendemos la terapia existencial-humanista?......................207
Lenguaje, cultura y existencia 209
Hacia la realización existencial 212
Presentación de un caso clínico 215
A modo de conclusiones (inconclusas) 220

Notas bibliográficas 222

PARTE 3. MÁS ALLÁ DE LA PSICOLOGÍA
**Un encuentro con la filosofía oriental:
manantiales filosóficos** 223
John Hanagan
Saint. Michael's College, Estados Unidos
    La filosofía oriental 227
    El sendero según el budismo..231
    El sendero según el hinduismo...233
    El sendero según el plutonismo..235
    El peregrino 236
    Los 10 dibujos del boyero del budismo zen..........................240
    Bibliografía...251

Desde el punto de vista de la psicología transpersonal........... 255
Carolyn S. Turner
Harvard Medical School, Boston, Estados Unidos
    Bibliografía 265

**Musicoterapia, autoconocimiento y
transformación: caso clínico**... 267
Ginger Clarkson
Universidad de las Américas Puebla, México
    Bibliografía...287

PARTE 4. APROXIMACIÓN ANTROPOLÓGICA
**La autoconciencia y la ampliación de los niveles
de conciencia** 289
José Eduardo Tappan Merino
Escuela Nacional de Antropología e Historia de México
    Sobre la naturaleza del problema y las dificultades
    de dar cuenta de él..289

Perspectiva de la teoría antropológica 304
Perspectiva de la investigación antropológica 306
Obstáculos epistemológicos 323
Sobre la complejidad de la conciencia 330
¿Qué se entiende por conciencia? 344
Bibliografía 351

Agradecimientos

Un especial agradecimiento a Juan Carlos Carena, Director de la Facultad de Psicología de la Universidad de La Plata (sede Rosario, Argentina) por facilitar mi año sabático en la institución y colaborar generosamente en la realización de este libro. Gracias a los docentes de la facultad que entusiastamente participaron en este emprendimiento académico: Ángel Astolfo, Jorge Sinópoli, Liliana Ferranti, Raúl Sutich y Guillermo Finoqueto. Una mención muy especial a la psicoanalista y amiga Élida Noceti a quien la muerte sorprendió mientras descansaba y ya no alcanzó a ver terminado este libro. Su amistad y el conocimiento que compartió conmigo de manera tan generosa, perdurarán en mí como un recuerdo muy querido de mi estancia en Rosario.

Gracias también a Carolyn Turner, Ginger Clarkson y John Hanagan por su amistad, por haber traído a mi vida la belleza y sabiduría de Oriente, y por enriquecer el libro con sus aportaciones. A José Barba Martín por haber ofrecido generosamente su tiempo y conocimiento para que los poemas (que aparecen debajo de las antiguas pinturas japonesas) pudiesen expresar de manera fidedigna la sensibilidad y sabiduría del autor.

Mi profunda gratitud a José Tappan por haber ampliado la comprensión del enfoque oriental con su punto de vista como antropólogo y psicoanalista. Gracias, también, por haberme acompañado, a pesar de la distancia física, a que mi regreso a la Argentina fuese de mucho aprendizaje y crecimiento personal.

A mi familia, a los presentes y a los que ya se han ido, por el cariño de muchos años. A Carlos Fogel Rodríguez, padre de mis hijos, a mis hijos Paulina y Carlos Fogel Asili, a mi hijo político Enrique Villanueva y a su familia, a mis amigos de la infancia, Miguel Valentini, Nora y Hugo Sánchez y a mis amistades de México que siguieron de cerca los avances del libro, a todos mi entrañable gratitud.

Nélida Asili Pierucci
Rosario, Argentina

Prólogo

Los editores han tenido la deferencia de invitarme a escribir el prólogo de esta obra, aunque la tarea no es fácil pues el libro no es común. En primer lugar, el objetivo es múltiple y polifacético, y aunque el tema es la conciencia psicológica, el contenido de los aportes supera enormemente estos límites, ya que abordan las categorías básicas de la psicología. En segundo, la naturaleza de estas contribuciones es variada: filosofía, psicología, psicoanálisis y antropología, que se alternan y fusionan. En tercer lugar, el discurso compromete de forma intelectual debido al rigor académico con que trata las diversas cuestiones.

Esta obra es una reflexión colectiva de las cuestiones mayores de la psicología, y el lector, en una suerte de construcción personal, otorgará el sentido que integre todas estas aportaciones. Aunque así lo aparente, no es una obra puramente enciclopédica ni un manual de información para principiantes, es un interrogatorio acerca de cuestiones centrales de la psicología que reclama del lector una actitud activa.

La conciencia es la gran categoría teórica de la psicología. Básicamente toda actividad mental está dirigida a tomar conciencia del mundo y de los objetos. El centro de la conciencia es el yo, que permite la diferenciación psicológica entre sujeto y objeto o entre *yo* y *no yo*; pero lo más importante no es el surgimiento del sujeto como tal frente al objeto o, si se prefiere, frente al *no yo*. Lo fundamental en el desarrollo psicológico es el acceso a la autoconciencia (*self* en la literatura anglosajona), que implica no sólo reconocernos como agentes responsables del propio comportamiento, sino además poder objetivarnos como sujetos. Esta metacognición de la propia conciencia es lo que básicamente intentan lograr las psicoterapias.

La conciencia, estudiada mediante la introspección experimental, fue el centro de la psicología de Wundt y de las restantes corrientes estructuralistas europeas de finales del siglo XIX, momento en el que la psicología surgió como ciencia autónoma. Asimismo lo fue para las corrientes funcionalistas anglosajonas de la época, representadas por W. James, primero, y J. Dewey, después.

El auge del conductismo marcó el abandono de esta categoría epistemológica, en algunos casos por razones doctrinales, en otros por razones metodológicas. Esto ocurrió sobre todo en Estados Unidos, mientras que en Europa la desacreditación de la conciencia fue de la mano del psicoanálisis, que dejó de considerarla sinónimo de toda la actividad mental.

Sin embargo, las corrientes fenomenológicas, existenciales o humanistas (incluidas ciertas derivaciones psicoanalíticas) reivindicaron siempre el papel de la conciencia y la intencionalidad volitiva del comportamiento.

En la década de los sesenta y los setenta la revolución cognitiva introdujo el procesamiento cognitivo en el centro de la escena, aunque el enfoque de lo mental es más computacional que psicológico (por lo menos hasta la aparición de voces críticas en las filas cognitivistas –como la de Bruner–, que reivindicaron los aspectos semánticos del pensamiento). Justo es reconocer que la psicología cognitiva europea, de la mano de Piaget y Vygotsky, ofreció una visión claramente psicológica (no computacional) del desarrollo mental. Sin embargo, el enfoque formalista del investigador ginebrino recibió la crítica de psicólogos contextualistas que no admitieron la idea de una mente básicamente logicista y sintáctica.

Sin duda, un rasgo compartido por casi todas las orientaciones psicológicas actuales es el enfoque hacia la conciencia, alejado de todo matiz esencialista, en el que existe una propiedad emergente de la interacción organismo-medio o, si se prefiere, un lenguaje más fenomenológico, *yo mundo*. La conciencia no es un dato primario sino una construcción. En la trama de las vicisitudes existenciales, en el "drama" humano, como diría G. Politzer, es donde la conciencia emerge y se estructura como función psicológica.

Todas estas ideas están expuestas en los distintos capítulos de esta obra y forman el entramado conceptual que le da unidad. No se trata de una unidad forzada ni de un eclecticismo superficial; en rigor, la obra es un exponente de la propia historia de la psicología: un desarrollo conflictivo y heterogéneo en apariencia, pero con sentido y convergencia desde un paradigma complejo.

Las concepciones alternativas de la conciencia, en el seno de la historia de la psicología, aparecen en el libro con toda claridad, y no creo equivocarme al percibir que su conclusión (que no está "armada" ni dicha explícitamente) es que el objeto de la indagación psicológica reclama modelos incluyentes más que excluyentes, con epistemologías complejas y no reductivas, abiertas y transdisciplinares, incluso sin limitarlas a la tradición occidental prevaleciente.

Decir que la obra abre las puertas al diálogo y al debate acerca de cuestiones medulares de la psicología es reconocer un mérito por demás significativo.

Néstor D. Roselli
Director de IRICE
Instituto de Rosario de Investigaciones Ciencia de la Educación
Miembro Investigador de CONICEF
Consejo Nacional de Investigación en Ciencia y Tecnología
Rosario, Argentina.

Conócete a ti mismo.

Sócrates, filósofo griego (469-399 a.C.)

*La introspección es el primer paso hacia la transformación,
y yo entiendo que, tras conocerse a sí mismo, nadie puede
seguir siendo el mismo.*

Thomas Mann, escritor alemán (1875-1955)

*...y el fin de toda nuestra exploración será llegar adonde empezamos
y conocer ese lugar por primera vez.*

T.S. Eliot, dramaturgo anglo-estadounidense (1888-1965)

*Al ver esta vasta fragmentación, tanto interna como externamente,
se plantea este único problema: el ser humano tiene que realizar,
en sí mismo, una revolución radical y profunda.*

J. Krishnamurti, conferencista y profesor hindú (1895-1986)

Parte 1

EVOLUCIÓN HISTÓRICA

Psicología de la antigüedad: algunos temas relacionados con la conciencia

Ángel Astolfo y Juan Carlos Carena
Universidad Católica de La Plata, sede Rosario, Argentina

Introducción

Reflexionar acerca de algunos aspectos del tema "conciencia" requiere como condición preliminar una delimitación clara de aquello a que nos referimos. La naturaleza del tema y sus vicisitudes históricas cobran mayor significación cuando abordamos cuestiones que posteriormente serán explicadas y tematizadas. Es entonces cuando un determinado aspecto comienza a cobrar significación e importancia.

El *Diccionario de Filosofía* de Ferrater Mora, en la voz *conciencia*, nos advierte indirectamente acerca de la necesidad de analizar los supuestos:

El término conciencia tiene por lo menos dos sentidos: *1)* percatación o reconocimiento de algo, sea de algo exterior, como un objeto, una cualidad, una situación, etcétera o de algo interior, como las modificaciones experimentadas por el propio yo; *2)* conocimiento del bien y del mal. El segundo es lo que expresamos como conciencia moral. (Ferrater Mora, 1994.)

A estas consideraciones debemos añadir la información del *Diccionario de la Lengua Española*: "por *conciencia* se entiende la propiedad del espíritu humano de reconocerse en sus atributos esenciales y en todas las modificaciones que en sí mismo experimenta".

Nuestro propósito estriba en considerar la realidad de la conciencia psicológica, desde los orígenes hasta el nacimiento de la psicología: el siglo XIX. Desde esta perspectiva, en la que otorgaremos mayor importancia al sentido que Ferrater Mora califica de "algo interior, como las modificaciones experimentadas en el propio yo". La Real Academia de la Lengua Española señala que se usa con respecto al "reconocimiento que el espíritu hace en sus atributos y en las modificaciones experimentadas". Luego de estas precisiones, iniciaremos nuestro recorrido investigando algunas de las cuestiones más sobresalientes. De hecho, abordaremos el tema desde tres momentos:

En el primer paso estudiaremos el nacimiento y los primeros desarrollos del concepto de conciencia.

En un segundo momento, la investigación se centrará sobre cómo la cuestión fue abordada en la modernidad desde sus orígenes propios y cuáles fueron algunas de sus primeras repercusiones filosóficas.

En tercer término presentaremos, en forma sucinta y esquemática, la labor cumplida por los filósofos "fisiólogos" preocupados por investigar el *cómo* de lo relacionado con la psiquis humana en vez de demorarse infructuosamente en determinar el *qué*. Se anticipa de alguna manera, en muchos casos, la célebre revolución copernicana de Kant.

La amplitud de la tarea nos impulsa a un abordaje de la misma con una determinación clara y precisa del contexto general en el que se sitúa nuestra reflexión Es así que, por una parte, la cantidad y la diversidad de variables incluidas en estos temas supone que el hombre es a la vez objeto y sujeto en un proceso histórico en el que las experiencias van precisando y enriqueciendo lo logrado en una perspectiva abierta a nuevos desarrollos. Por otra parte, la complejidad del tema va más allá de la distinción entre "ciencia" y "metafísica". Por lo menos hasta el siglo XIX, sin incluirlo necesariamente, hubo una problemática metafísica. El tema de la conciencia sigue siendo preocupación de filósofos y de otros saberes estrechamente vinculados con la metafísica. Como lo afirma Koyré, los desarrollos de la modernidad fueron obra de filósofos (Koyré 1995, 150) puestos a reflexionar acerca de las realidades de su entorno y del propuesto dominio sobre la naturaleza, temas abordados por Francis Bacon y Descartes.

El punto de apoyo que fundamenta nuestra reflexión es un supuesto que puede ser considerado tanto desde la filosofía como desde la ciencia. De allí que podamos afirmar que cualquier realidad, aunque sólo pueda ser pensable, debe reunir algunas condiciones que la posibiliten lógicamente. En lo que respecta al hombre existen diversas posturas en la ciencia actualmente. Lo fundamental es establecer una distinción real entre el animal y el hombre. Y ésta sería dada por la presencia, en el hombre, de la conciencia en alguna de sus múltiples formas y grados de manifestación.

A las delimitaciones ya presentadas debemos añadir otra, para no ser acusados de provincialismo en el contexto de la globalización que actualmente llega hasta la cultura. Nos ocuparemos sólo del occidente enraizado en la tradición greco romana, influida por el cristianismo que intentaron asumir los bárbaros del norte con su especial interioridad. Equivale a decir que la delimitación es precisa dejando de lado otras tradiciones muy venerables y de gran riqueza, pero que escapan al marco de las posibilidades consideradas.

Elaboración del concepto de conciencia

Primeros abordajes

La aparición del ser humano, sea cual fuere la hipótesis evolucionista adoptada, exige como detalle básico un elemento distintivo en la capacidad de simbolización que se realiza en un lapso lento, extenso, con progresos perceptibles sólo a larga distancia. Este hecho nos indica el ritmo en el que se produce la diferenciación de los homínidos anteriores al *sapiens sapiens* y, por lo tanto, el desarrollo de la conciencia. Lo primero es el "reconocimiento precario de sí mismo" como diferente y la capacidad lenta, creciente, de organizar un "mundo", el famoso *Ur Welt*.

Dentro de esta vía surge la perspectiva de participación en el todo existente, centrada en lo indispensable para sí, para cada uno de los grupos básicos. La religión y sus mitos, en continua evolución conforme a los desarrollos de la comprensión creciente de la realidad y de las nuevas formas de participación, se caracterizan por indicar al hombre su lugar frente a los dioses, al mundo y a los demás humanos. En contrapartida, la percepción de la diferencia abre camino a la captación de la propia intimidad y subjetividad. En este ámbito se inscribe la importancia de la conciencia como elemento relacional. (van der Leuw 1964, 449.)

El mundo grecorromano y sus etapas

Entre estos dos ámbitos históricos existen elementos de parentesco que nos permiten englobar los temas en un conjunto amplio, sin dejar de considerar lo propio de cada uno.

El vocabulario griego y su etimología

La singularidad que tenían los griegos en la comprensión de la realidad nos lleva a dividir este apartado en dos partes. En la primera nos ocuparemos del origen de la palabra *conciencia*; en la segunda, de los diversos contextos de su uso. Esta preocupación se fundamenta en que el lenguaje es una comunicación simbólica en una situación determinada; es decir, pensamos con palabras y éstas dependen de la comprensión vigente en un lugar y en un momento dado.

a. En el vocabulario griego antiguo, no existe concepto para designar la palabra "voluntad". La *boulesis* expresa "anhelo racional", "deseo racional", deliberación, cálculo. En Medea (431 a.C.), por ejemplo, donde los estados afectivos son analizados detenidamente (Eurípides es el primer trágico en hacer este tipo de análisis), se trata de una acción cuyo resultado será el fruto del triunfo de alguna de las emociones en conflicto. Enfrentamiento entre valores y afectos y no deseo irracional. A diferencia de los griegos, en nuestro vocabulario actual nos referiríamos a "cuestión de conciencia". La preocupación es la racionalidad del obrar aunque exista, implícitamente, quien piensa, siente y decide.

Psyché es identificado con *nous*, *alma* con *intelecto*. Lo *debido*, el *deber* es *to kathekon*. Si prestamos atención, encontraremos que el desarrollo del carácter no se debe a la existencia de una regla, sino en lograr una formación conforme a la razón. Lo moral es aquello que es considerado digno, en el ambiente en que vive un hombre guiado por la razón. (Boeri Curso.) Finalmente, no existe una palabra para expresar "conciencia". A decir de Gadamer "...la filosofía griega ignora la autoconciencia, sólo conoce las ideas. El *nous* es sólo una primera aparición de la "reflexividad", pero ésta no tiene todavía el carácter de la subjetividad moderna". (Gadamer, 1995, 23.)

La palabra conciencia no tiene en griego antiguo un equivalente directo al castellano de nuestro tiempo. Existen palabras que pueden designar aquello que denominamos *conciencia* sin abarcar toda la gama de implicaciones que, para nosotros, dicho concepto encierra.

Aunque no exista una equivalencia directa, *conciencia* se traduce generalmente por *synéidesis*. De acuerdo con nuestra investigación etimológica, tal correspondencia no existiría, al menos con el concepto actual de conciencia. Posiblemente el término *synéidesis* sea de origen popular y tiene, de hecho, relación con el saber. El primero en usar *synéidesis* fue Esopo en el proverbio 89.1, en el siglo VI a.C., en el sentido de "las consecuencias de mi saber acerca de otro". Proviene del verbo *oida* (saber) con el prefijo *sun* (con): "con conocimiento, saber, yo se (por haber visto), saber con otros". (Chantraine, 1970, 1579.) En algunos autores tiene el sentido de "Saber con otro, ser confidente o cómplice". Es utilizado con significado parecido a conciencia por Crisipo (Fragmenta Moralia, 1978, 4), pero los estoicos no tienen otra autonomía que la adhesión interna al objeto. (Mondolfo, 1978, 19.)

Sinéidesis tiene su lugar en la literatura griega, en la literatura judío helenística y luego en la literatura cristiana donde existe gran ocurrencia con matices diversos. San Pablo lo emplea en varios sentidos. Así, por ejemplo, en la Primera Carta a los Corintios 8-10, lo emplea en el sentido que: "la decisión depende de cada situación; de la valoración que uno tiene de las cosas; conciencia (syneidesis): juicio dictado por la syneidesis de otra persona". De todos modos no es un término significativo en los escritos paulinos. En los otros autores del N.T., además del uso corriente en el helenismo, puede llegar a tener un significado moral. (Horst Balz-Gerhard Schneider, 1998, 1580.)

b. Para percibir mejor los matices semánticos del término, conviene hacer algunas breves consideraciones acerca del contexto general en el que se emplea. En el mundo griego homérico las acciones de los héroes se presentan motivadas por la intervención de la divinidad. Según algunos autores, las bases del vocabulario no serían sino *mítico-religiosas*. La vida anímica parece enfrentarse a sí misma como con algo extraño, por una suerte de escisión del yo. Es mi conciencia (*synéidesis*) la que me dice algo, pero no podría decirme nada si ella fuese yo mismo. Por ende es un ser extraño, hay una especie de *daimon* en cada uno. Sería un ejemplo de ello el famoso *daimon* de Sócrates: "la venganza de lo irracional". En otros casos "la voz interior" (muchas veces combinada con la conciencia (*syneidesis*) es como una "luz interior" portadora de revelación invisible y suprasensible. (van der Leeuw 1964, 449.)

Paulatinamente, se inicia una incipiente percepción del verdadero carácter subjetivo del impulso interior. A ello se añade el interrogante entre la racionalidad y la irracionalidad de las acciones. El sentimiento de querer algo pero de realizar lo contrario, generalmente irracional, es una lucha entre el hombre y los dioses. Se sabe que se está obrando de manera irracional, pero ¿quién es el responsable de dicha acción? (Mondolfo, 1978, 34.)

Con el nacimiento de la filosofía (siglo VI) se produce una consecuente desacralización (Vernant 1993, 339) en la cual la razón humana comienza a jugar un papel protagónico, sin que ello signifique la total desaparición de la influencia de los dioses. Con la expansión colonial griega y la redacción de leyes escritas por obra de Solón (siglo V a.C.), se producirá un conflicto entre *costumbre* (que se condice con la perspectiva religiosa) y *ley* (nomos) dictada por el legislador o por la asamblea. La tensión será permanente ya que la costumbre siempre tendrá su ámbito de vigencia. Vea el *Timeo* de Platón núm. 28. (Gouthrie, 1988, 33.)

Estos elementos favorecen una mayor preocupación por "aquello que corresponde en cada ocasión", vale decir, la valoración personal de la conducta adecuada tal como corresponde al ser racional, que se conduce racionalmente en el contexto en el que vive. El objetivo es la *enkrateia* o dominio de sí mismo como forma interior que ninguna violencia exterior puede modificar. (Mondolfo, 1978, 35.)

En lo que respecta a Sócrates, a diferencia de la apreciación anterior, la perspectiva *teórico-ética* lo considera un filósofo racionalista cuyo *daimon* le ordena ejercer la mayéutica para mostrar a las conciencias (*synéidesis*) su ignorancia y, por lo tanto, su error. Quien obra mal lo hace por ignorancia. Se juzga la conducta como algo que brota del interior del individuo, y no como el hecho de someterse exteriormente a la ley como lo exigía el concepto tradicional de justicia. (Mondolfo, 1978, 35.)

Los sofistas, con el desarrollo del saber, se enfocan a la perspectiva racionalista. El centro de atención ahora es el hombre. Al desaparecer del horizonte la preocupación por la *physys* surge una creciente preocupación por el hombre concreto en su vida de todos los días, se va conformando un nuevo contexto con otros centros de interés y se diluye la perspectiva religiosa en la aplicación de la ética tradicional griega, tarea en la que colabora la perspectiva sofista. Sin embargo, sigue imperando la ley del más fuerte aunque en nuevas formas; la ética de los héroes, no sujeta a ninguna norma porque ellos eran la norma, es ahora matizada a partir de la vigencia de la ley (*nomos*). De allí la importancia de la definición del concepto de justicia en una ciudad (*polis*) en la que existen ciudadanos. (Mac Intyre, 1981, 21.)

Frente a los sofistas, Platón habla del concepto del bien en diversas ocasiones, pero nunca lo define. (Estrada, 1996, 62.) No emplea el concepto de *synéidesis*. (Bonitz, 1955.) El bien es, a lo sumo, aquello que los miembros del Consejo determinan como vigente en la República y cualquier disenso fuerte puede llevar al díscolo a ser ejecutado. (Mac Intyre, 1981, 62.) La obediencia al bien determinado por otros anula toda posibilidad de interrogar más allá del modo cómo se obedece.

El término *synéidesis* no aparece en Aristóteles. (Astius, 1956.) Notemos que en la *Ética a Nicómaco*, 1095ª, 25, habla de "los que tienen conciencia (synoida) de su ignorancia", participio abstracto de *syneidesis* (Araujo-Marías, 1070, 3). (Balzaretti, 2004.) La dificultad mayor para Aristóteles es el intemperante (vea *Ética a Nicómaco*, 1145b-1152b). Llegamos así a una concepción radicalmente racional de la ética: la virtud es el hábito, como cualidad adquirida regida por la prudencia (*sophrosine*) de obrar en cada ocasión como corresponde, evitando los extremos irracionales. Los actos que la ética aprueba y recomienda los denomina *kalá* y *spoudaía*: cosas hermosas, serias, nobles como actividades que valen por sí mismas y en las que no se persigue ninguna utilidad ni se realiza ninguna tarea servil. (Gilson, 1981, 296.) En este contexto no podemos hablar siquiera de conciencia moral en el sentido actual de la expresión.

Tal vez debamos conducir nuestra investigación sobre la conciencia conforme lo hace Mondolfo con respecto a Platón y Aristóteles. En el caso de este último, procede a partir de la unificación y distinción de las sensaciones y del papel que cumple el sentido común. Esta labor crítica excede el marco de nuestro trabajo por una parte y, por otra, notamos en el autor citado una preocupación demasiado ostensible en interpretar las doctrinas buscando el concordismo entre el ayer y el hoy. No se valoraría suficientemente al filósofo estudiado ni en su lenguaje ni en su contexto histórico. (Mondolfo, 1978, 208.)

Podemos aventurarnos a considerar que un análisis del racionalismo aristotélico nos conduciría a la afirmación que, detrás de la razón, existe un "alguien" que comparece ante sí mismo y se hace cargo de un juicio práctico. De este modo rescataríamos uno de los elementos de la conciencia. Sería útil considerar la distinción entre el racional y el intemperante, y un estudio detallado de éste. Las relecturas de los textos aristotélicos y su interpretación en otros contextos, que veremos posteriormente, nos llevarán a una consideración más profunda y a la vez más real de la perspectiva aristotélica. Lo que propondremos no tendrá el carácter críptico de la conclusión de Mondolfo, quien afirma que en la *Ética a Nicómaco* se expresa "la proposición *Sum, ergo cogito*, recíproca de la cartesiana *Cogito, ergo sum*, declarando que el existir significa para el hombre percibir y pensar, esto es, consiste en la actividad de la conciencia... como es un saber que existe: *cogito, ergo sum*". (Mondolfo, 1978, 227.)

El vocabulario latino y su etimología

En el latín clásico no existe ningún equivalente al término conciencia. Se utiliza habitualmente la palabra *conscientia*, neutro plural del participio de presente de *conscio*: alcanzar un saber o conocimiento (junto) con otro. El verbo pertenece al periodo Clásico, ya que existen gran cantidad de ocurrencias en Cicerón y César y luego en Ovidio, Horacio y Lucrecio. También hay testimonios en Plauto, Terencio Varrón y, por supuesto, en la Vulgata, tanto en el A. T. como en el N. T. (Nesossi, 2004.). Por obra de Séneca y Cicerón, el concepto de *conscientia* ingresa como traducción del concepto griego helenista de *synéidesis*, incluso en las versiones latinas del N. T. (Hortz Balz-Gerhard Schneider, 1998, 1580).

Conviene notar que, para Cicerón, la ética del *to kalon* griego es difícil de traducir. Finalmente escoge la palabra *honestum* en cuanto lo *honesto* es lo que concuerda con el bien valedero por sí mismo y no por su utilidad. De allí que el *decorum* sea, pues, un carácter del bien. (Gilson, 1981, 296.)

La conciencia en el mundo cristiano

Con el surgimiento del cristianismo se produce un giro profundo en el contexto antropológico general, aun cuando los elementos compatibles con la fe cristiana permanezcan y se desarrollen en la cultura. Sin abundar en detalles, debemos hacer notar que cobra importancia el concepto de responsabilidad personal, con particular relevancia en su referencia a la libertad entendida en sentido cristiano. Los moralistas cristianos unifican las nociones de belleza y honra en la noción omnicomprensiva de bien, referidas éstas a una realidad trascendente que merece la honra en sí y absolutamente. (Gilson, 1981, 297.)

Por otra parte, el hombre es visto como compuesto de cuerpo y alma en relaciones recíprocas que no serán siempre explicadas de la misma manera. La influencia neoplatónica, en sus diversas variables, concentrará la atención sobre el alma como síntesis de lo específicamente humano, pues en ella se dan la intimidad y la interioridad particularmente en lo referente a Dios. En este contexto, la impronta religiosa es clara y se hace presente de manera particular en el concepto de *caritas* con el que se afirma que la verdadera felicidad consiste en la firmísima y definitiva adhesión de la voluntad a Dios. (Lértora Mendoza, 2000, XXXVI.)

No cabe, pues, hablar de conciencia moral. Tomás de Aquino, en la encrucijada entre la fidelidad a la tradición y su impulso al aristotelismo, se abrirá camino con prudencia y sobriedad. Aquino conoce el vocablo *synéidesis*, utilizado en la Escritura, y echa mano de él en la argumentación (Tomás de Aquino, 1945) que se apoya en Rm 2, 15 (II II q. 67 a 3 r.1). Por otra parte, en la *Suma teológica*, dedica un artículo al tema de la conciencia para darnos su etimología y poner de relieve que es un acto, mejor dicho, una facultad en acto. Respecto a la etimología nos advierte:

> Conciencia en la propiedad del vocablo denota relación de la ciencia con algo: La aplicación de la ciencia a cualquier cosa se efectúa mediante un acto: de dónde resulta que según la naturaleza del nombre la conciencia es un acto" (*"Conscientia enim, secundum proprietate vocabuli, importat ordinem scientae ad aliquid; nam conscientia dicitur cum alio scientia. Applicatio autem scientae ad aliquid fit per aliquem actum"*) (I II q. 19, a 13). (Tomás de Aquino, 1952.)

A continuación explica los varios usos del término conciencia conforme a los casos en los que se puede hablar de ésta en un sentido moral y establece una relación con el concepto de *sindéresis*.

De acuerdo con la etimología primera, "la relación de la ciencia con algo" (*cum alio scientia*), nos vincularíamos con las bases lingüísticas del griego y del latín; pero el sentido contextual es totalmente diferente al considerar las diversas acepciones que, según lo explicado en el cuerpo del artículo de la *Suma*, puede tener el concepto de conciencia.

En la *Suma teológica* se señala que es importante determinar si la conciencia es acto o potencia. En lo atinente a considerar la conciencia como facultad en acto, es importante tener en cuenta lo que en la introducción de la traducción al español de las *Cuestiones disputadas sobre el alma* (Art. 12 y 13) nos explica claramente respecto a las razones que obligan a considerar la conciencia como acto. Como el alma, en el compuesto humano, es un acto primero no puede ser una potencia (facultad) o acto segundo. (Cruz y Cruz, 1999, XXII.) Sin embargo, en los textos aducidos de las *Cuestiones disputadas sobre el alma*, no existe la menor referencia a la conciencia. Allí se trata de: "Si el alma es su propia potencia" y sobre "Si las potencias del alma se distinguen por sus objetos". (Tomás de Aquino, 1999, 157-170.) La aplicación a la conciencia, tal como figura en el texto mencionado de Cruz y Cruz, es tarea del introductor.

En otros textos establece una relación de igualdad entre razón y conciencia: "Pero si la razón o la conciencia" (*Sed si ratio vel conscientiae*). "Si la conciencia es en alguna manera un dictado de la razón" (*Conscientia sit quodammodo dictamen rationis*) (I II, q. 19, a 5). Nos ubicamos en el más puro intelectualismo aristotélico. La conciencia es el acto por el cual, si no existe conocimiento explícito de la recta razón, decide con base en principios objetivos (guiarse por los primeros principios del orden moral es responder a una realidad objetiva).

En otros textos, es la voluntad la que interviene como recurso último; en caso contrario no llegaría a constituirse un auténtico acto humano por una deficiencia en el conocimiento necesario para emitir un juicio acerca de la acción moral: (I II q. 19 a 6) donde, repite además la relación "razón o conciencia" (*ratio vel concientiae*). En estos casos, la voluntad cumple la función que nosotros atribuimos a la conciencia moral. Los ejemplos directos o indirectos podrían multiplicarse. Permanecemos en la órbita de Aristóteles y de su racionalismo socrático. La relación establecida entre razón y conciencia será reiterada por otros autores en contextos diferentes.

En todos los casos citados y en las diversas concepciones presentadas, sería injusto decir que no existe conciencia psicológica. En la perspectiva intelectual, centrada en la razón, siempre hay alguien que se da cuenta que es alguien. El comparecer ante sí es inevitable como experiencia primera de sí mismo. Con todo, las diferencias existen y existirán necesariamente al no ser tematizada la cuestión de la conciencia, sino elaborada a partir de otros elementos conforme al entorno cultural vigente. En la antigüedad y el medioevo la conciencia es vista desde la intimidad objetiva dependiente de la razón que sabe, comprende, ordena y contempla (vea la primera parte del 1º en el texto de Ferrater Mora antes citado).

A pesar de todo, la realidad existe en su complejidad, sepamos verla o no. El concepto de *alma* en lugar del de *conciencia* en el sentido de *synéidesis* puede haber sido cubierto, en el ámbito cristiano, reinterpretando el lenguaje de las Escrituras, donde se utiliza en diversos sentidos afines al uso helenista, por la reducción de lo humano a su parte más excelsa. Tal vez sea el signo de una fuerte influencia neoplatónica en esta cuestión.

Hacia un nuevo concepto de conciencia

La investigación filológica se enfrenta, desde el siglo XV, a una nueva concepción de la realidad. La referencia a la conciencia tendrá como base el idioma latino o, si es en otros idiomas, éstos remitirán al latín. Pero el contexto es completamente diverso. En un lenguaje común pueden existir contenidos semánticos bastante disímiles conforme sea el modo y el ámbito de aplicación. Ésta será nuestra tarea de aquí en adelante.

Para esclarecer el contexto es útil considerar, en la medida de lo posible, la transformación en su complejidad y profundidad. Por otra parte, éste seguirá sus propios derroteros según lugares y tiempos convergiendo en una temática que, finalmente, caracterizará una época. Es así que, los voluntarismos medievales, aún cuando en sus posiciones se asemejen a las emergentes, deben ser considerados como respuestas a problemáticas medievales. Pero los tiempos cambiaron: los modernos se oponen a los antiguos y las nuevas sendas serán las modernas.

Sin pretender ser exhaustivos ni completos, tendremos que enumerar al menos los ingredientes de esta nueva cosmovisión: *a*) el triunfo del voluntarismo que centra la atención sobre la decisión de cada cual; *b*) el nacimiento del espíritu laico con la consiguiente desacralización; *c*) el descubrimiento de la individualidad como valor desvinculante de situaciones u otras formas impuestas por la tradición que posteriormente podrán ser respuestas elaboradas desde la soledad del sí mismo; *d*) la caída de la metafísica tradicional cósmica. Se tiende hacia una metafísica centrada en la antropología en la que paulatinamente se integrarán los aportes de la nueva física y de la naciente biología.

Punto de partida de la nueva concepción

En el siglo XVII se materializan y definen las elaboraciones del pensamiento y de la cultura que tendrán un lugar importante en el futuro de la filosofía.

Sin pretender ser completos, parece importante no soslayar el aporte de Francis Bacon en su *Novum Organon* (1620), no sólo por la crítica cerrada contra el silogismo (aforismos 11 a 14) y contra la metodología científica imperante hasta entonces: "Hasta aquí nuestros descubrimientos se deben más bien a la casualidad y a las enseñanzas de la práctica que a las ciencias" (aforismo 8), porque supone como paso previo el análisis y la superación de los "ídolos" o supuestos de cada uno de los científicos.

No se trata ya de la vida virtuosa para lograr la sabiduría, tema vigente durante siglos. Ahora lo determinante es analizar cómo cada uno se enfrenta al conocimiento científico. La disposición psicológica cuenta porque en ella se apoyan supuestos que pueden ser altamente negativos a la hora de determinar el carácter científico de una cuestión. A ello se añade la impostergable tarea de incorporar la experiencia como contacto directo con la realidad. De esto se sigue la importancia de quién hace el estudio y de cómo lo hace. La necesidad de un método y la elaboración de uno es la contrapartida a la apertura mental requerida por la ciencia. Aunque la magia figure en la lista de las ciencias, es preciso saber con qué ciencia estamos operando para evaluar el valor científico de la misma. (Francis Bacon, 1984, 27-29.)

Es innegable que en Bacon no se trata directamente de la conciencia, pero el acento está puesto en las actitudes interiores y en la rectitud de procedimientos en el estudio de las cosas particulares. Se anuncian tiempos nuevos en los que cuales quien interviene y cómo lo hace constituyen un elemento decisivo en el resultado.

Eje de la nueva concepción

La elaboración que transformará la problemática filosófica será, no obstante, obra de René Descartes. Físico, matemático y geómetra, Descartes apunta directamente a la *Prima Philosophia*, de ahí las famosas *Meditaciones metafísicas*. De poco sirve lo logrado en los campos del saber científico si ello no está respaldado por una filosofía primera.

La cuarta parte del *Discurso del método* plantea abiertamente un punto de partida como respuesta a su necesidad de certeza. La intuición primera, emergente de un espíritu que busca una certeza inconmovible, es el "pienso-existo". La vinculación del pensar con el existir se impone como una necesidad inevitable.

La cuestión central está en la afirmación: "Yo era una sustancia cuya completa esencia o naturaleza consiste sólo en pensar... Este yo, es decir, el alma, por lo que soy lo que soy, es enteramente distinta del cuerpo". (Descartes, 1983, 72.)

Sigue la presencia tácita pero fundamental de *Ego cogito*. No se trata de algo dado de antemano, es algo que sólo da a sí mismo aquello que hay en él. El pleno comparecer ante sí del que piensa. Al mismo tiempo es diferencia radical frente a lo extenso o aquello mensurable, imposible de incluir en la intuición primera. Se establece así una bipolaridad que constituye el eje de la metafísica cartesiana.

Lo matemático puro permite captar la extensión al mismo tiempo que brinda un modelo de adquisición de certeza. Lo matemático, como tal, como lo sabido, eleva al yo a un grado eminente de certeza. Como contrapartida tendremos las ideas innatas, que plantean abiertamente la independencia, la aseidad, la suficiencia del pensamiento frente a la independencia, aseidad y suficiencia de la extensión. El pensamiento no puede invadir el ámbito de la extensión ni éste el de aquél.

Las ideas innatas son principios especulativos o principios prácticos impresos en nosotros que no se diferencian de nuestra capacidad de pensar y de querer. La facultad cognitiva y la luz natural de la razón se integran en una unidad total (recordemos "razón o conciencia" de Tomás de Aquino y veremos cuán lejos estamos). (Gilson, 1930, 46.)

Se trata de una metafísica en la que el yo psicológico (yo pienso-existo) adquiere una dimensión central inédita. En esto hay más que una búsqueda de certezas, es una nueva construcción desde lo indiscutiblemente presente o ya conocido: lo matemático. Quien ocupa el centro es el yo, el *subjectum* y éste como pensante, cuyas ideas no provienen sino de sí mismo, de la capacidad de su mente. Aquí está la analogía con lo matemático en cuanto sabido, conocido, puesto frente a nosotros. (Heidegger, 1985, 80.)

Por lo que atañe al conocimiento de las cosas materiales, la sexta meditación nos advierte e instruye sobre el saber por imaginación y el saber por simple intelección. En primera instancia deja clara constancia de "que este poder de imaginar que existe en mí, en tanto que difiere del poder de concebir, no es requerido para la esencia de mí mismo, es decir, de mi espíritu, puesto que si desapareciese aquél, yo permanecería sin duda tal como soy ahora". (Descartes, 1985, 68.)

En la misma meditación se nos advertirá que:

…del hecho mismo de que yo sé que existo, y de que advierto que ninguna otra cosa en absoluto atañe a mi naturaleza o a mi esencia, excepto el ser una cosa que piensa, concluyo con certeza que mi existencia radica únicamente en ser una cosa que piensa. Y aunque quizás (o mejor dicho, ciertamente, según diré más adelante) tengo un cuerpo que me está unido estrechamente, puesto que de una parte poseo una clara y distinta idea de mí mismo, en tanto que soy sólo una cosa que piensa e inextensa, y de otra parte una idea precisa de cuerpo, en tanto que es tan sólo una cosa extensa y que no piensa, es manifiesto que yo soy distinto en realidad de mi cuerpo, y que puedo existir sin él. (Descartes, 1985, 70-71.)

Breve, se clarifica la conciencia de sí y su diferencia frente a la extensión.

La explicación de los fenómenos naturales no basta contra los recursos de la filosofía anterior porque no dan suficientemente cuenta de la extensión y del movimiento. Si no existen las cualidades intrínsecas, ni las formas sensibles ni las formas substanciales (aristotélicas-escolásticas), hay que hacerse de otros recursos. No basta decir que ese tipo de explicaciones no son compatibles con una explicación científica. La única manera de poner definitivamente en claro la situación es la distinción entre la *cosa pensante* y la *cosa extensa*. "Dos intuiciones, una científica y metafísica la otra, nacida en la unidad de un mismo pensamiento, se hacen conscientes de su profundo acuerdo y del íntimo parentesco que las une". (Gilson, 1930, 168.)

La física-matemática de Descartes podría no haber existido jamás o haber sido otra. Sin embargo, sólo esta metafísica permitió a Descartes incorporar su física en la filosofía. El mecanicismo de Descartes no es un accidente sino parte fundamental de su filosofía y será justamente esta valoración de la conciencia subjetiva –ya que la voluntad es quien determina cuando una idea es clara y distinta–, junto al "partes extra partes" de su mecanicismo lo que dará lugar a un replanteo total de la metafísica.

La preocupación de Descartes por todo lo concerniente al hombre (vea *Tratado sobre las pasiones del alma*), las emociones y los mecanismos de transmisión de las sensaciones, generó un gran movimiento cuyas repercusiones llegan hasta esta época.

Algunos desarrollos filosóficos de la nueva concepción

En páginas anteriores advertimos, en el estudio etimológico del concepto conciencia, que una lengua, en este caso el latín, no garantiza permanencia de los contenidos semánticos, lo determinante es el contexto. Tal vez, el caso de Baruch de Spinoza sea uno de los ejemplos más elocuentes. Según algunas fuentes, sus idiomas maternos fueron alemán, holandés y portugués, luego aprendió hebreo y latín. Su obra más importante es la *Ética demostrada según el orden geométrico* (De Spinoza 1983). Existe la hipótesis de que fue escrita en holandés y que circuló entre sus amigos, con quienes discutió algunas cuestiones por escrito en 1663. (Hubbeling, 1981, 21, 31.) Esta obra fue conocida en 1677, en latín, cuando se incluyó en la publicación de su *Opera Posthuma*. (Ferrater Mora, 1994, 3361.)

En el caso de Spinoza, la influencia de Descartes no fue directa, se dio en tanto fue considerado iniciador de un movimiento de ideas que detentaba un verdadero culto por la razón, entendida ésta como un conocimiento claro y distinto, como un saber que tiene en las matemáticas su manifestación más elocuente. La atención sobre Descartes tuvo su origen en la influencia sobre sus amigos menonitas durante su estancia en Amsterdam. (Hubbeling, 1981, 25.) Este detalle sugiere que tal vez sería necesario preguntarnos sobre el cartesianismo de Spinoza con una gran amplitud de criterio.

La segunda parte de su *Ética*, en la que habla "de la naturaleza y origen del alma", comienza por una serie de definiciones seguidas de cinco axiomas que ofrecen particular interés. El cuerpo, en un sentido muy específico, expresa la esencia de Dios, el alma forma ideas por ser una cosa pensante, como lo es Dios; (Proposición I). El Axioma II dice taxativamente: "El hombre piensa", y añade "Tenemos conciencia de que un cuerpo es afectado de muchas maneras" (Axioma IV) y que "No percibimos ni tenemos conciencia de ninguna cosa singular más que los cuerpos y los modos de pensar". En este conjunto de afirmaciones se niegan o replantean diversos temas cartesianos, pero sobre todo desaparece uno de los principios básicos e implícito en Descartes: la individualidad del hombre. La conciencia no será jamás un comparecer ante sí mismo, y su afirmación como eje metafísico no tendrá cabida.

En la segunda parte, Proposición II, enuncia que "La extensión es un atributo de Dios, o sea, Dios es una cosa extensa". Por lo que respecta al alma humana es una parte del entendimiento infinito de Dios y, por ende, cuando decimos que el alma percibe esto o aquello, es Dios quien lo percibe (vea II, Proposición XI, Corolario). En II, Proposición XIII: "El objeto de la idea que constituye el alma humana es un cuerpo, o sea, cierto modo de la Extensión existente en acto, y no otra cosa". "Corolario: De aquí se sigue que el hombre consta de alma y cuerpo, y que el cuerpo humano existe tal como lo sentimos". Estos textos nos muestran cuan lejos estamos de la Sexta Meditación cartesiana.

Ante un planteamiento de tal naturaleza, cabe preguntarnos ¿cuál es la importancia de Spinoza con respecto a la cuestión de la conciencia psicológica? En primer lugar, que su sistema no tiene vinculación alguna con la física; en segundo que las doctrinas expuestas justifican que la conciencia no ocupe el lugar central y fundamental que tenía en Descartes, en última instancia se remite siempre a Dios (vea II, Proposición núm. 11) como única realidad total.

La afirmación de la unidad psicofísica del hombre (elaborada de una forma muy particular), permite que —en la Ética— se conciban los apetitos como referidos solamente al alma: se llama voluntad. Cuando se refieren a la vez al alma y al cuerpo surge la diferencia entre apetito y deseo, siendo el deseo un apetito aprehendido como tal en forma consciente: "El deseo es el apetito acompañado de la conciencia del mismo" (III, Proposición IX). Toda la elaboración de las "ideas adecuadas" (claras y distintas) y las "ideas inadecuadas" (confusas) se refiere, en última instancia, al poder de la conciencia y a su limitación, (III, Proposición I). Habría que completar el análisis considerando la vinculación de la conciencia con las pasiones, con su concepto de las emociones y con el de conocimiento.

Introduce un concepto nuevo que luego reaparecerá en otros autores. Lo expresa en III, Proposición IX: "El alma, ya en cuanto tiene ideas claras y distintas, ya en cuanto las tiene confusas, se esfuerza por perseverar en su ser con una duración indefinida, y es consciente de ese esfuerzo suyo". Es la cuestión del *conatus* que vincula "apetito" con "deseo".

El hombre y su conciencia tienen, proporcionalmente, el espacio que les deja su inclusión en el todo de la Naturaleza que, de hecho, constituye la única realidad. La libertad y la conciencia no serían más que uno de los modos de expresión, para nosotros, de esa totalidad englobante dentro de la cual indefectiblemente estamos.

Los hombres se equivocan al creerse libres, opinión que obedece al sólo hecho de que son conscientes de sus acciones e ignorantes de las causas que la determinan. Y, por lo tanto, su idea de "libertad" se reduce al desconocimiento de las causas de sus acciones, pues todo eso que dicen de las acciones humanas depende de la voluntad, son palabra, sin idea alguna que le corresponda. Efectivamente, todos ignoran lo que es la voluntad y cómo mueve al cuerpo, y quienes se jactan de otra cosa e inventan residencias y moradas del alma suelen mover a risa o a asco. (II, Proposición 35, Escolio.)

Palabras duras, pero indudablemente claras. En realidad, aún cuando tengamos nuestra existencia singular, afirmada por Spinoza en una gran diversidad de textos, o sea, la vida y todo lo que le concierne, pensada autónomamente, no es otra cosa que una vana ilusión fundada en la ignorancia.

La imprecisión con respecto al concepto de conciencia reaparece en Gottfried W. Leibniz. Contemporáneo de Spinoza, con quien tuvo algún intercambio en 1676 en La Haya, lugar al que Leibniz se dirigió especialmente para conocerlo. Éste presenta una postura opuesta radicalmente en un sentido a la elaboración spinosiana, pero semejante en otros. Su catolicismo lo aleja de todo panteísmo, pero no impide que su sistema, aunque diverso, sea tan cerrado como el de Spinoza. (Fuentes Benot y Castaño Piñón, 1985, 4.)

En el pensamiento de Spinoza, la Naturaleza o Dios son equivalentes. Para Leibniz, la unidad se materializa a partir del principio de los indiscernibles: no hay dos seres reales absolutos que sean indiscernibles porque no habría razón suficiente para elegir a uno o al otro. El ser es intrínsecamente singular, o sea, individual. Su conclusión es que la sustancia es absolutamente individual e inextensa.

Estas sustancias tan peculiares son lo que Leibniz llama *mónadas*. Son sustancias simples, energías como totalidad existente desde siempre: Dios es la gran mónada. Lo restante es la participación en ese flujo de energía que se transforma, pero no se agota. Son realidades sin puertas ni ventanas que no pueden componerse ni transformarse internamente. Cada mónada es internamente distinta de las otras porque no hay en la naturaleza dos seres iguales (*Monadología*, núm. 9).

Tenemos la impresión que la famosa clasificación aristotélica entre seres inertes y vivientes sirvió de inspiración a la clasificación de Leibniz. De acuerdo con el hilo de su pensamiento, de manera difusa plantea un orden jerárquico en el que el concepto de vida es reemplazado por el de conciencia. De allí podemos establecer cuatro clases:

1. En la primera están las mónadas del mundo inorgánico y sus percepciones no llegan a ser conscientes.

2. Las mónadas del mundo animal o almas están dotadas de la capacidad de percibir. Percibir representa la multitud en la unidad y uno no siempre se da cuenta de dichas percepciones, porque existen almas en las bestias y otras diversas entelequias; son entelequias las sustancias simples creadas o las que tienen alguna perfección por la suficiencia que las convierte en centro de sus acciones internas (*Monadología*, núm. 18).

3. Los hombres actúan como las bestias, pero el conocimiento de las verdades necesarias y eternas fundamentan lo propio del hombre, o sea, la razón; por la que se tiene conciencia, como mónadas finitas propias de los espíritus finitos.

4. En última instancia, Dios constituido como la mónada de las mónadas. (Fuentes Benot y Castaño Piñón, 1985, 8.)

Notemos que Leibniz plantea una serie de variaciones que son más aparentes que reales. Dios preestableció un orden y armonía tal, que desaparece esta diversidad en la concordancia necesaria, ya que cada mónada permanece "sin entradas ni salidas", cerrada en su propia vida interior. Se asegura, por lo tanto, un ámbito de interioridad e impenetrabilidad a cada una de las mónadas. Sin embargo, no son estables: cambian continuamente en razón de un principio interno y estos cambios, por ser sustancias simples, se realizan por grados dando lugar a una multitud de afecciones y de sensaciones sin que ello suponga la anulación de la simplicidad originaria (*Monadología*, núm. 7).

Es éste el contexto general en el que hemos de estudiar lo relativo a la conciencia. Podemos decir que la conciencia se inicia remotamente con la percepción, distinguida de la apercepción porque es el advertir que se percibe. Es de notar que, en contra de lo dicho por Descartes, los cambios se deben al dinamismo psíquico. Una cosa es percibir y otra percibir que se percibe, como ya lo notamos. El cambio de una percepción a otra se llama *apetición* de la cual tenemos experiencia incluso en los menores detalles de lo que somos conscientes.

Luego analiza los distintos modos de percepción, memoria e imaginación. En cuanto a la memoria podemos experimentar en nosotros mismos un estado en el que no nos acordemos de nada y no tengamos ninguna percepción distinta, ya que existen pequeñas percepciones donde nada hay distinto (*Monadología*, núms. 20 y 21). Respecto a la imaginación, ésta suministra a las almas una especie de continuidad imitando a la razón pero siendo distinta de ella.

La mónada como sustancia simple y, por el hecho de serlo, tiene percepciones. Pero, no sólo eso, sino percibe todo lo que se desarrolla en su propia intimidad aunque no sea consciente de ello y sin que impida la realización de una perfección superior. Lo afirma taxativamente en la *Monadología* núm. 29: "Pero el conocimiento de las verdades necesarias y eternas es el que nos distingue de los simples animales y nos hace tener la Razón y las Ciencias, elevándonos al conocimiento de nosotros mismos y de Dios. Y esto es lo que es llamado en nosotros Alma Razonable o Espíritu".

La relación que establecimos parece verificarse con la clasificación de Aristóteles. La conciencia tiene diversos grados, incluso se desarrolla por "pequeñas percepciones". En el punto culminante está lo más excelso del hombre, no en una soledad y autonomía excluyentes, sino como parte de todo un proceso en el que, tanto lo permanentemente cambiante como lo percibido de manera general, están presentes e integran la conciencia actual. La autonomía y suficiencia individual cartesiana reciben su más certera contra argumentación.

Kant y su aportación a la psicología

El pensamiento de Kant no debe su importancia a sus aportaciones en la cuestión de la conciencia. Dejaremos por el momento considerar tal aportación para señalar, aunque sea brevemente, algunos aspectos de su pensamiento que transformaron decisivamente los desarrollos ulteriores, sobre todo en el campo de la ciencia.

Desde los primeros pasos de la modernidad, la dificultad mayor para intentar una explicación adecuada de la realidad, era la insuficiencia de la metafísica cósmica tradicional. La búsqueda del "qué" de las cosas no permitía avanzar en la investigación de la realidad ni era compatible con el intento de conocer para dominar, característico de los nuevos tiempos. El punto de partida estaba fijado en un mundo tan estructurado y ligado a una determinada interpretación de la realidad, que no era posible abordar nuevas estructuras ni analizar desde una perspectiva distinta los problemas de siempre. En ese contexto, el modo de construir conocimientos, ya fueran ciencia u otro saber fundado racionalmente, se enfrentaba, en última instancia, con la exigencia metafísica de establecer definiciones, es decir, al señalar la esencia de la cosa daba cuenta suficiente del conocimiento verdadero de la realidad.

La distinción, entre preguntar "qué" conocemos y "cómo" conocemos, llamada por Kant revolución copernicana, es decisiva. No se trata de un problema simple de teoría del conocimiento. La pregunta apunta a un nuevo enfoque metafísico que libera a la ciencia de las ataduras de la metafísica cósmica tradicional, hasta ahora insuficiente, y permite integrar la física de Newton. Kant elaboró para ello la distinción entre el mundo de lo *fenoménico*, en el que se ubica lo científico, y el de lo *nouménico* o *de la cosa en sí*, reservado a las cuestiones metafísicas.

Se trata de explicar cuál es la estructura mental del hombre que conoce. El yo, aunque presente con sus categorías, puede, como lo afirmó Leibniz, integrar los datos de la experiencia. Hume, por su parte, no considera al yo y confiere tal importancia a las impresiones que refuerzan necesariamente la postura anterior. Llega a su fin el aislacionismo cartesiano. Newton ofrecerá bases en los conceptos de tiempo y espacio. Y el genio de Kant elaborará la síntesis en la que todo conocimiento es posible sólo como realidad anterior a toda experiencia. Surge así un saber crítico, anterior a toda experiencia, construido por el sujeto que integra el torbellino de las sensaciones: dentro de las condiciones de posibilidad de una ciencia realmente como tal. La primera consecuencia es establecer que la metafísica no es ciencia y que el saber científico se construye a partir de lo que aparece ante el sujeto que opera con su capacidad y condiciones propias.

Tal concepto de ciencia se enfrenta necesariamente a tres conceptos metafísicos fundamentales: Dios, alma y mundo. De ellos no se puede tener experiencia en el sentido ahora requerido. Sin menoscabar su importancia, son temas de la metafísica.

La razón aparece entonces como la guía segura en este proceso. Ya no es posible basarse en la "perfección de Dios" (Descartes), hay una refutación al panteísmo de Spinoza y supera el encierro del mejor de los mundos posibles de Leibniz. La distinción entre el yo empírico y el yo transcendental, lejos de ser dicotómica, permitirá a los científicos abordar de lleno las cuestiones emergentes en el psiquismo humano y sentar las bases para una ciencia psicológica bajo la guía de la razón.

Un siglo de filosofía y psicología

En un cuadro demostrativo se ponen de relieve los aportes más significativos de filósofos y pensadores que –respondiendo a sus propias preocupaciones frente a los hechos, a lo largo de poco más de un siglo– se han dedicado al estudio del psiquismo humano (del alma humana, si nos expresásemos según el vocabulario de la época). Esta relativa autonomía frente a los grandes filósofos (sus contemporáneos, cuyas influencias acusaban constantemente) y las características propias de sus preocupaciones y métodos de análisis, nos encaminan hacia una consideración general que, al menos, permita ofrecer una visión de conjunto lo más completa y precisa posible.

Visión general de conjunto

La tarea sería inabordable si no empleamos una estrategia metodológica distinta de la que hemos desarrollado hasta ahora. Nos pareció oportuno, dadas las superposiciones cronológicas y la interrelación compleja de las elaboraciones de los diversos autores, proceder guiados por un orden alfabético. Sólo se han seleccionado algunos de los investigadores más relevantes y sus propuestas.

En un segundo momento, presentaremos de modo conciso las ideas básicas de estos autores con las consiguientes analogías, comparaciones y rectificaciones, muchas de ellas realizadas por los mismos autores. Este periodo cubre algo más de un siglo, ya que va desde inicios del XVIII hasta fines del XIX, es decir, hasta la presentación de W. Wundt (vea el cuadro A).

Cuadro A

Autor	Fecha	Tema básico	Obras
Cabanis Pierre Jean Georges	1757-1808	El lenguaje supone al pensamiento y viceversa • Las operaciones del alma son unidades cuasi-matemáticas que derivan de las sensaciones • Propone una ciencia del hombre	"Elementos de Ideología" París, 1804 "Relación entre lo físico y lo moral del hombre" 1802
Condillac Etienne Bonnot de Francia	1715-1780	Las sensaciones como base de los fenómenos de conciencia • Método sintético • Psicología como ciencia del alma y sus facultades • Estudia los sistemas de lenguaje	"Ensayo sobre el origen del conocimiento humano" "Tratado sobre las sensaciones"
Cousin Victor	1792-1867	La psicología es la base de la filosofía • La conciencia es el instrumento de ambas ciencias • El conocimiento de la naturaleza humana es posible • La conciencia es como un testigo de todo lo que pasa en el interior del alma • La conciencia no engaña nunca	"Historia de la Filosofía hasta el siglo XVII" Ecléctico
De La Mettrie Julian Offray	1709-1751	La esencia del alma es desconocida • Todo conocimiento deviene de las sensaciones que produce el cerebro • El objeto de la psicología es estudiar la mecánica del cerebro • La conciencia no es nada más que un producto de la organización cerebral	"Tratado del amor" (obra principal)

Autor	Fecha	Tema básico	Obras
Fechner Gustav	1801-1887	Quiere elaborar un sistema metafísico de base inductiva • Lo mecánico es sólo manifestación de lo animado • Todo tiene un alma • Tomando los estudios del fisiólogo E.H. Weber (1795-1878) formuló la ley psicofísica: Ley de Weber-Fechner de la constancia que varía sobre los sentidos: "La intensidad de la sensación es igual a la intensidad del logaritmo del estímulo"	"Elementos de psicofísica"
Helmboltz Hermann von	1821-1894	Midió la velocidad del flujo nervioso (1850) Inicios de psicofisiología: método analítico y de medicina fisiológica	"La doctrina de las sensaciones de sonido"
Helvetius Claude Adrien	1715-1771	Lo interior y lo exterior son sólo impresiones sensoriales Todo pasa por la experiencia y se aprende a ser bueno o malo	"Sobre el espíritu" "Del hombre, de sus facultades mentales y de su educación"
Herbart Johann Friedrich	1776-1841	Propone una sinecología o estudio del espacio inteligible (que permite estudiar el tránsito de los "seres reales" a la noción de continuidad. Ésta es la base de la filosofía • "Ideología" es la base de la psicología porque permite estudiar las imágenes. Así concibe al yo como un ser simple que, al autoconservarse, se ofrece en las representaciones, únicos elementos de la vida psíquica • Niega las facultades mentales • Fusión, yuxtaposición y eliminación de representaciones • La psicología estudia estas representaciones o percepciones	"Manual de psicología" "La psicología como ciencia"

Autor	Fecha	Tema básico	Obras
Janet Paul	1823-1899	Admite por primera vez la posibilidad del **Inconsciente** (como lo que se intercala entre los hechos de conciencia y sirve para explicarlos) • La conciencia como medio de observación interior ("Método por excelencia de la psicología")	"Principios de metafísica y de psicología"
Jouffroy Theodore	1796-1842	La psicología es la ciencia del principio inteligente del hombre, del yo • Realiza una filosofía del espíritu • Método: observación por la conciencia • La psicología es la ciencia de los hechos de conciencia	"Diversas cuestiones filosóficas" (1872) Ecléctico
Helvetius Claude Adrien	1715-1771	Lo interior y lo exterior son sólo impresiones sensoriales Todo pasa por la experiencia y se aprende a ser bueno o malo	"Sobre el espíritu" "Del hombre, de sus facultades mentales y de su educación"
Lange Friedrich Albert	1828-1875	Defiende una interpretación psicológica y hasta psicofisiológica del sujeto trascendental • Se puede ver como un autor neokantiano • El materialismo no puede explicar la actividad de la conciencia como organizadora y categorizadora	"Historia del materialismo"

Autor	Fecha	Tema básico	Obras
Larromiguière Pierre	1756-1837	Representa al espiritualismo francés • Propone un "principio interior" activo similar al de Maine de Biran • Se puede así formular una metafísica a partir del análisis psicológico • Partió de Condillac pero se separó en varios puntos básicos • "El alma es una fuerza que se mueve y se modifica a sí misma"	"Lecciones de filosofía sobre los principios de la inteligencia o sobre las causas y los orígenes de las ideas" Dos vols.
Lipps Theodore	1851-1914	Autor psicologista por considerar a la psicología como ciencia filosófica fundamental • Tiene por tema la experiencia interna. Es la base de las ciencias del espíritu • Objeto: estudio restrospectivo de la realidad consciente. Diferencia entre acto y contenido • La conciencia de una realidad intercomprensible	"Estudio de Psicología" "Hechos fundamentales de la vida psíquica"
Maine de Biran Francois-Pierre	1766-1824	Espiritualismo ecléctico • Origen del método introspectivo • Experimentación y reflexión sobre sí mismo, la conciencia	"Diario íntimo"
Müller Johannes	1801-1858	Teoría de la energía específica de los nervios	"Manual de fisiología del hombre"
Wolff Cristian	1679-1754	A la par de la introspección debe usarse la fisiología para entender los mecanismos de la mente • Se puede realizar una psicología racional y una empírica • Su obra estuvo fuertemente ligada al pensamiento de Leibniz	"Psicología racional"

Detalle de las aportaciones específicas

Jean-Pierre Georges Cabanis (1757-1808)

Filósofo materialista francés, hombre de la Ilustración, médico; contemporáneo de la Revolución Francesa (1757-1794), girondino; condenó el terror jacobino. Pertenecía a la escuela del materialismo francés adscrita a la física de Descartes en contraposición a la metafísica del mismo.

El tema básico de sus investigaciones filosóficas era la fisiología. Cabanis entendía que la conciencia depende, ante todo, de las funciones fisiológicas del hombre, de la actividad de sus órganos internos. Consideraba que el cerebro "segrega" orgánicamente el pensamiento, de modo análogo al hígado cuando segrega la bilis; tendía al *materialismo vulgar*. A su juicio, las ciencias naturales constituían la base de la doctrina sobre la sociedad, cuyas costumbres se han de modificar gracias a la medicina y a la fisiología. El conocimiento de la estructura y las funciones del organismo humano proporciona la clave para comprender los fenómenos sociales y sus cambios. Hacia el final de su vida, Cabanis se convirtió en vitalista y admitió la existencia independiente del alma. Su obra principal: *Relaciones entre lo físico y lo moral del hombre* (1802).

Recibía a sus amigos "ideólogos" en la casa que le prestaba madame Helvetius. La ideología, filosofía enseñada en Francia en la época de la Revolución y del Imperio, apuntaba a un análisis de las ideas fundado en la observación de los fenómenos (psicológicos).

El jefe de la escuela, Destutt de Tracy (1754-1836), discípulo crítico de Condillac, hombre vuelto hacia lo "concreto", se nos aparece como el precursor de Maine de Biran, en la medida en que enfatizó un elemento activo del sujeto, al cual juzgó indispensable para la percepción (*Elementos de ideología*, 1804). Creía también en la última conexión de lo físico y de lo moral. Su discípulo Larromiguière (1756-1837), que ejerció gran influencia en Víctor Cousin, realizó la unión de la ideología y del espiritualismo renaciente. Una inspiración análoga se encuentra en Roger-Collard (1763-1845).

Estos hombres, que habían descubierto la filosofía "escocesa" (Thomas Reid y Dougald-Stewart) se oponían al sensualismo de Condillac. Ellos proponían un principio activo del alma y de sus poderes innatos, hablaban de las operaciones del alma como si fueran unidades matemáticas, aunque derivadas de las sensaciones: la imaginación, la reflexión, la memoria, etcétera.

La tesis básica de Condillac consiste en que la formación del lenguaje genera las condiciones de posibilidad para ir de la sensación (lo elemental del conocer) a la reflexión (lo superior como facultad del alma). Establece un principio, actualmente vigente, entre los teóricos del aprendizaje cognitivo y sobre todo vigotskiano: "el lenguaje supone el pensamiento y viceversa". Para Condillac los signos y la conexión de las ideas son la base del pensamiento consciente. Y sin éstos no existe conocimiento verdadero sustentable. Se separa de las ideas de Berkeley al intentar demostrar cómo se pasa de las impresiones interiores propias de la conciencia a la percepción de la realidad exterior.

Cabanis plantea una ciencia del hombre, que los alemanes comenzaron por llamar *antropología*. Su preocupación era el acto de conciencia como distinto de la percepción misma. Él estaba de acuerdo con quienes concebían la sensibilidad física como la fuente de las ideas y los hábitos humanos. Todo fenómeno psíquico pasa a ser "facultad de sentir", a la que agregó por primera vez las *cenestesias* como sensaciones internas; pero que, a diferencia de las sensaciones externas (conscientes), serían inconscientes. "Se trata de determinaciones que se manifiestan desde el nacimiento en el niño y en el animal, y que son quizá el producto de sensaciones que se remontan a la vida fetal; pero su presencia inicial obliga a admitirlas como impulsos interiores". (Muller, 1963, 276.)

Etienne Bonnot de Condillac (1714-1780)

Era sacerdote y, por ello, intentó siempre preservar el campo metafísico y los dogmas cristianos al tiempo que fundaba sus ideas psicológicas.

Reconoció, como los empiristas ingleses, que las sensaciones son fuente de conocimiento; aunque expresó que el "alma, antes del pecado original, podía conocer sin su mediación". Más aún, Dios —después de la muerte— nos hace prescindir de los sentidos para conocer. Buscó, al tomar como objeto de estudio al alma en su unión con el cuerpo, desarrollar una ley semejante a la de la gravitación física de Newton.

En 1746 publicó su obra más importante *Ensayo sobre el origen del conocimiento humano*, donde planteó un tema hasta hoy vigente en el ámbito de la lingüística y de la teoría constructivista, referente a las relaciones entre el pensamiento y el lenguaje.

Todo el planteamiento filosófico de Condillac es más cercano al aristotelismo que al cartesianismo. Pone su énfasis en la actividad psíquica (o del alma) de la "abstracción" y, mediante ella, aseguró que el sujeto puede meterse en sí mismo o salir de sí. A pesar de este camino desarrollado hacia el conocimiento del yo, no logró describir su verdadera naturaleza.

Lamentablemente pasó a la historia de la psicología como un sensacionista, por haber reconocido que el origen de las ideas y de la conciencia proviene del sensorio.

Tampoco se reconoce su aporte a la psicopatología, que fue de gran importancia al estudiar las desviaciones mentales y proponer la hipótesis de que el cerebro puede sufrir trastornos en el proceso de asociación de imágenes e ideas, lo cual da lugar a ilusiones y delirios.

Julian Offray de La Mettrie (1709-1751)

Su principal obra psicológica es el *Tratado del amor*, en la que ofrece su tesis materialista mecanicista que lo llevará a tener una concepción atea, a pesar de que su padre lo encaminó hacia la carrera eclesiástica.

Afirmó que el hombre es una máquina de la que se pueden conocer los mecanismos del sensorio, las ideas, los recuerdos, las obsesiones y otras patologías. Fue cuestionado por todo esto, incluso perseguido, pero, gracias al apoyo de Federico II, se mantuvo vivo. Repetía en sus escritos que "todo lo bueno y todo lo malo, termina con la muerte" y cuando la máquina del cuerpo deja de funcionar... "la esencia del alma es y será siempre desconocida como la esencia del cuerpo y la materia".

El único principio que se puede conocer y que llamamos "alma" es el de la percepción que nace de la sensación que se produce en el cerebro. Para el autor no hay mucha diferencia entre el cerebro de los animales cuadrúpedos y el del hombre, salvo que es más grande en tamaño, pero también el "más tortuoso". Todo lo que es posible hacer en la psicología es estudiar la mecánica del cerebro, ya que no existe un alma o principio superior a la materia. Los trastornos que sufren los locos o los imbéciles se deben al mal funcionamiento de la sustancia cerebral o nerviosa, a los circuitos con mala consistencia o excesiva blandura.

En síntesis, el pensamiento y los estudios de conciencia dependen de la organización y el funcionamiento de la máquina total y en particular del cerebro. Retomó el concepto cartesiano de "fluido nervioso" que se liga a la médula espinal y al cerebro construyendo de este modo la noción de arco reflejo.

Gustav Fechner (1801-1887)

Amplió los estudios de Weber y publicó en 1860: *Elementos de psicofísica*, en la que propone una ciencia exacta de las relaciones de interdependencia entre cuerpo y mente. Abarcó de modo ordenado el análisis de la sensación, la percepción, la atención, el sentimiento y la acción.

Propuso una "psicofísica externa" y una "psicofísica interna"; intentaba así medir y comparar las sensaciones experimentadas con los cambios en el cerebro. Al estudiar las sensaciones visuales y térmicas (tomó el método de Weber) desarrolló "el método de las diferencias mínimas perceptibles".

Su interés por lo cuantitativo en la medición de las funciones cerebrales sirvió para tomar mayor distancia de las especulaciones hechas hasta el momento por los filósofos de la naturaleza. Igualmente, propuso una estética que proviniese del análisis sensorial y cerebral, y no de los principios filosóficos preestablecidos acerca de lo bello, lo agradable, etcétera. Sus métodos y sus datos experimentales fueron básicos para la enorme aportación que hizo después W. Wundt, a finales del siglo XIX.

David Hartley (1705-1757)

Su planteamiento consiste en su materialismo mecanicista y una reducción psicofísica. Su principal libro fue escrito en 1749: *Observaciones sobre la naturaleza humana*.

Propuso el asociacionismo psicológico. Si las experiencias se suceden en un cierto orden, entonces las fibras nerviosas entran en vibración según dicho orden. Las excitaciones nerviosas llegan al cerebro en algún grado sucesivo, unas después de otras. De ese modo, al presentar el primer estímulo se evoca al segundo y viceversa. Así, en un grado tal que se generan imágenes de memoria por asociación. Esto pasa con los hábitos motores, los cuales son actos aprendidos paso a paso que se fijan y evocan asociativamente. Entre el conocimiento y la imagen por asociación no hay diferencias, todo se explica con el mismo proceso o sistema.

Hartley, igual que Locke, partió del concepto de la *tabla rasa*, es decir, al nacer tenemos capacidad para grabar las experiencias sensoriales y a medida que nos desarrollamos, creamos las cadenas asociativas que nos permiten obtener pensamientos cada vez más complejos. Todo saber o contenido mental deviene de esas impresiones sensoriales o imágenes primigenias.

Hermann von Helmholtz (1821-1894)

De formación media, se dedicó a investigaciones en física y fisiología. Siguió la metodología de J. Müller y contribuyó con sus experimentaciones a la apertura de un campo nuevo en la psicología que aún estaba en manos de filósofos e introspeccionistas. A mitad del siglo XIX se dedicó a estudiar la velocidad del impulso nervioso y así encontró un valor en la velocidad nerviosa de las ranas, de alrededor de 30 metros por segundo. Avanzó, también, en el conocimiento del "tiempo de reacción" en sujetos humanos haciendo mediciones muy precisas y objetivas. Recibió críticas y refutaciones que motivaron a otros investigadores a ampliar el campo de estudio de las conducciones nerviosas sensitiva y motora.

Publicó entre 1856 y 1866 su libro *Óptica fisiológica*, donde ofreció gran cantidad de datos y novedades acerca de la psicología y fisiología del ojo y del impulso nervioso visual. Fue esencial su aportación a la teoría de la visión del color en seres humanos y, además, su doctrina acerca de energías específicas de las áreas corticales. También hizo estudios de la sensación auditiva, pues sentó las bases de una teoría de la acústica, que aún hoy sigue teniendo validez.

En síntesis, el trabajo cuidadoso y prolijo de Helmholtz tiene mucho que ver con los efectos técnicos y metodológicos que provocó en Alemania; y sería importante determinar de qué modo es, entre otros, un válido antecedente de W. Wundt, respecto a fundar una psicología científica y experimental, aunque todavía influida por una visión física y fisiológica.

Claude Adrien Helvetius (1715-1771)

Nació en París y estudió con los Jesuitas. Fue considerado como el jefe del materialismo francés, era hijo de un ilustre médico y leyó las obras de La Mettrie y Locke. Su trabajo intelectual lo dedicó básicamente a crear una psicología y una moral experimentales. Se detuvo en la observación positiva para gestar sus conocimientos y puso entre paréntesis, por así decirlo, las enseñanzas de la Iglesia acerca del alma espiritual.

Todo acto humano, explicaba, proviene de las modificaciones orgánicas, y todo pensamiento está orientado por el interés. Más aún, expresó –antes que Freud– que el interés de los vivos es buscar el placer y huir del dolor.

Dos obras sintetizaron sus escritos: *Sobre el espíritu* y *Del hombre, de sus facultades intelectuales y de su educación*. En ellas desarrolla con detalle el tema del interés dejando bases para una teoría motivacional o de las necesidades. Todo es sensación y, por lo tanto, la máquina (el cuerpo) debe hacer en movimiento todo aquello que manda la sensibilidad física.

Se anticipó a teorías modernas del siglo XX en lo que respecta al descubrimiento del comportamiento y las emociones como derivadas del placer próximo o actual, ya que "la previsión" es parte del mismo mecanismo. Lo interior (¿la conciencia?) y lo exterior son sólo impresiones sensoriales provocadas por la memoria o la presencia de los objetos. Todo pasa por la experiencia: se aprende a ser bueno o malo, virtuoso o vicioso, de cualquier manera es la imitación y la educación lo que puede hacer lo humano o lo inhumano.

Francis Pierre Maine de Biran (1766-1824)

Por su importante aporte a la psicología filosófica (metafísica) es considerado el antecesor de H. Bergson en Francia y el principal oponente a la visión materialista de sus contemporáneos.

Por primera vez se habla con este autor de "dinamismo de la conciencia" al que se accede mediante la introspección. Sienta las bases de un espiritualismo en psicología, que aún hoy tiene vigencia y ha recobrado interés en autores contemporáneos. Biran busca al hombre interior desde el interior mismo y genera lo que luego se llamó su *journal* o *diario*.

El conocimiento básico es la unidad de conciencia que sostiene al sujeto cognoscente y a su modo de conocer el mundo y las cosas. Dicho conocimiento depende de un "sentimiento interior". Esta idea es antecesora de la "intuición" propuesta por Bergson y además está emparentada con lo desarrollado por Leibniz, quien hablaba de pureza y finalidad. Sólo con este esfuerzo voluntario es posible captar al yo consciente (físico, intelectual y moral). La conciencia del yo se compara con la toma de conciencia del no-yo. En este movimiento, la acción y, sobre todo, el hábito es el resultado válido de las decisiones conscientes del ser humano, a diferencia del animal.

Dice Müller (308), que Maine de Biran "llega inclusive a considerar al esfuerzo muscular como fundamento de la vida psíquica, en tanto que la sensación de tal esfuerzo (sentimiento del yo como fuerza operante que choca con un obstáculo) es el origen de nuestra creencia en el mundo exterior.

En los *Nuevos ensayos de antropología*, Maine de Biran sienta las bases del problema de la existencia y de la conciencia del existir. Propone así una apercepción interna que permite distinguir al yo cognoscente del objeto conocido. De tal modo que la teoría del conocimiento instaurada es obviamente psicológica. El yo consciente de lo que hace y decidido a saber de su existencia, se distingue de las representaciones o ideas que le vienen del mundo exterior mediante las sensaciones. Por ejemplo, el tacto deviene por esfuerzo voluntario en "tacto activo" y es innato como una reflexión propia de la conciencia. Se expresa claramente: "el acto de reflexión hace que salgan del sentimiento del yo ideas de atributos, primero individuales, que adquieren el carácter universal y objetivos de nociones, en cuanto se las nota por separado, o en abstracción del yo que las piensa". (Müeller, 1966, 304.)

Johannes Müller (1801-1858)

Fisiólogo en Berlín desde 1833 realizó numerosos experimentos con los sentidos que permiten que se le considere uno de los importantes científicos del siglo XIX. Su mérito fue sistematizar y ordenar los conocimientos de la fisiología como rama médica y sus aportes al desarrollo psicológico futuro. Prácticamente logró hacer de la fisiología una ciencia autónoma.

Intentó generar un puente entre la teoría innatista (kantiana) y empirista (Berkeley y Herbart) acerca de la percepción del espacio. Su tesis era: "el ser humano está dotado de una capacidad general para percibir el espacio pero depende de experiencias sensoriales y relaciones específicas para captar tamaño, posición y distancia de los objetos".

Experimentó acerca del reflejo y estableció claramente los tres aspectos del arco reflejo espinal: *1)* el impulso aferente; *2)* la conexión en la médula espinal y *3)* la respuesta nerviosa eferente hacia los músculos.

Asimismo propuso la teoría de las energías específicas de los nervios y así llevó al extremo una concepción que refutó la tesis del dualismo cartesiano. Afirmó que existía en la conciencia un "principio mental" diferente de un "principio vital". Este último está presente en todo el cuerpo. Pero el principio mental, no tiene una difusión tan amplia, sólo se halla en la sustancia nerviosa (nervios y demás órganos del sistema nervioso, en particular, el cerebro).

Su monumental obra *Los elementos de fisiología* (1834-1840) se transformó en el libro más consultado en occidente durante el resto del siglo XIX. Tuvo gran influencia sobre los futuros estudios de Helmholtz y Du Bois Reymond.

E.H. Weber (1795-1878)

Partió de la fisiología para llegar a la psicología. Estudió los umbrales de las sensaciones, principalmente visuales y táctiles. Su principal ley, generada a partir de sus experimentos de laboratorio, estableció que la excitación de un estado crece o decrece de manera continua y la sensación de manera discontinua.

La cantidad de excitación correspondiente a un umbral diferencial está en relación fija con la excitación inicial. Los estados de conciencia dependen de que estas leyes se cumplan en el proceso de la toma de conocimiento, cuyo origen es sensorial.

Cristian Wolff (1679-1754)

Su obra estuvo influida por la corriente que inició Leibniz, y como él, incursionó en matemáticas, filosofía, teología y psicología.

Subdividió a la psicología en racional y empírica, que fueron los títulos de sus obras de 1732 y 1734; de esta manera sentó el precedente de proponer dos modos de hacer psicología.

En el filosofía, la razón es la fuente de toda forma de entender los procesos mentales (tanto las sensaciones como la inteligencia). Como propuesta empirista (basada en la experiencia tal como se entendía en la época), reconoció que a la par de la introspección debería abordarse el estudio fisiológico para entender y explicar los mecanismos de las representaciones mentales.

Este recorrido permite verificar que el pensamiento, desde sus elaboraciones iniciales en fonemas, afronta el constante desafío de hacer pensable y comprensible la vida, sobre todo la humana. De este intento surgirán las diversas culturas. La nuestra, como lo señalamos al comienzo, es aquélla que se propone dar una respuesta en particular desde el análisis racional de la realidad. De los caminos que se irán trazando surgirán, a partir de las necesidades y del impulso mismo del pensamiento, una diversificación y complejización crecientes. Así, de la filosofía, como saber total, surgirán la filosofía primera y las ciencias. Las interrogantes y el intercambio con el exterior, darán lugar a distintos modos de preguntar y de interpretar. La transformación de los saberes recibidos y el nacimiento de nuevos modos de adentrarse en la realidad son una constante que viene y que no parece dejar de proseguir. Estos elementos y la capacidad constante de autocrítica se evidencian en el periodo estudiado y podemos aseverar que persisten todavía.

Agradecemos el asesoramiento y la preocupación constante que tuvo la profesora Lena Balzaretti, profesora de Griego en la Universidad Nacional de Rosario, Facultad de Humanidades y Artes, Escuela de Letras, por la exactitud y corrección de nuestra tarea en griego.

Agradecemos las aportaciones constantes, en todo lo relacionado con el idioma latino, de la profesora M. Nesossi, profesora de Latín, Universidad Nacional de Rosario.

Bibliografía

Aristóteles (1970), *Ética a Nicómaco* (ed. bilingüe y trad. María Araujo y Julián Marías; introd. y notas Julián Marías), Madrid, Instituto de Estudios Políticos.
Astius, Friedericus (1956), *Lexicon Platonicum, sive Vocum Platonicarum Index*, Bonn, Rudilf Habelt Verlag.
Bacon, Francis (1984), *Novum Organon, Aforismos sobre la interpretación de la naturaleza y el reino del hombre*, Buenos Aires, Orbis.
Boeing, E. (1960), *Historia de la psicología experimental*, Buenos Aires: Paidós.
Boeri, Marcelo (2002), "El problema del conflicto entre deseo irracional y razón: sobre las pasiones o 'estados emocionales' en el pensamiento griego", seminario curricular para el doctorado en filosofía, Rosario, Escuela de Postgrado de la Facultad de Humanidades y Artes, Universidad Nacional de Rosario.
Bonitz, H. (1955), *Index Aristotelicus*, 2a. ed., Graz: Akdemische Druck/U. Verlagsanstalt.
Brett, G.S. (1980), *Historia de la Psicología*, Buenos Aires, Paidós.
Chantraine, Pierre (1958), *Dictionnaire étymologique de la langue grecque. Histoire des mots*, Éditions Klincksieck.
Cruz y Cruz, J. (1999), *Introducción al comentario de Santo Tomás de Aquino del Libro del alma de Aristóteles*, Pamplona, Eunsa.

Descartes, René (1985), *El Discurso del Método. Reglas para la dirección de la mente*, Buenos Aires: Orbis.

_____, *Meditaciones metafísicas. Las pasiones del alma*, Buenos Aires, Orbis.

Espinosa, Baruch de (1984), *Ética demostrada según el orden geométrico, Historia del Pensamiento*, Introducción, traducción y notas de Vidal Peña, Madrid, Hyspamérica.

Ferrater Mora, José (1994), *Diccionario de filosofía* (aumentado y actualizado por Joseph M. Fenicabrar), Barcelona, Ariel Referencia.

Foulquié, Paul (1965), *Psicología contemporánea*, Buenos Aires, Labor.

Fuentes Benot, M., Castaño Piñón, A. (1985), *Comentario a la Monadología de Leibniz*, Madrid, Hyspamérica.

Gadamer, Hans Georg (1995), *El inicio de la filosofía occidental*, Barcelona, Paidós.

Gardner, Murphy (1978), *Introducción histórica a la psicología contemporánea*, 8a. ed., Buenos Aires, Paidós.

Gilson, E. (1930), *Études sur le r le de la pensée médiévale dans la formation du Système Cartesien*, Études. de Philosophie Médiévale, Paris: Librairie Philosophique J. Vrin.

_____ (1981), *El espíritu de la filosofía medieval*, Madrid: Rialp.

Gouthrie, W. K. (1985), *Historia de la filosofía griega*, T. III, Siglo V e Ilustración, Madrid, Gredos.

Heidegger, Martín (1985), *La pregunta por la cosa. Doctrina kantiana de los principios trascendentales, Historia del Pensamiento*, Traducción de Eduardo García Belsunce y Zoltan Szankay, Madrid, Hyspamérica.

Horst, Balz y Gerhard Schneider (eds.) (1998), *Diccionario exegético del Nuevo Testamento*, II, trad. Constantino Ruiz Garrido, Salamanca, Sígueme.

Hubbeling, H. G. (1981), *Spinoza*, Biblioteca de Filosofía, núm. 10, Barcelona, Herser.

Koyré, Alexandre (1995), *Estudios de Historia del pensamiento científico*, traducción de Encarnación Pérez Sedeño y Eduardo Bustos, Siglo XXI.

Leibniz, G. W. (1984), *Monadología. Discurso de la Metafísica. Profesión de fe de un filósofo, Historia del Pensamiento*, traducción de Francisco P. de Samaranch, Madrid, Hyspamérica.

Lértora Mendoza, Celina (2000), "Estudio preliminar y notas a Tomás de Aquino" en *Comentario a la Ética a Nicómaco de Aristóteles*, traducción Ana Mallea, Pamplona, Eunsa, Ediciones Universidad de Navarra.

Mac Intyre, A. (1981), *Historia de la Ética*, Buenos Aires, Paidós.

Mondolfo, Rodolfo (1981), *La comprensión del sujeto humano en la cultura antigua*, Editorial Universitaria de Buenos Aires.

Müeller, F.L. (1966), *Historia de la psicología*, México, Fondo de Cultura Económica.

Thomas Aquinatis, sancti (1952), *Summa Theologiae*, Madrid, Biblioteca de Autores Cristianos.

Tomás de Aquino (1945), *Suma teológica*, traducción del P. Leonardo Castellani, Buenos Aires, Club de Lectores.

_____(1999), *Comentario al Libro del Alma de Aristóteles*, Pamplona: Eunsa.

Van der Leuw (1964), *Fenomenología de la religión*, México, Fondo de Cultura Económica.

Vernant, Jean Pierre (1993), *Mito y pensamiento en la Grecia antigua*, traducción de Juan Diego López Bonillo, Barcelona, Ariel.

La evolución del conocimiento en la psicología científica

Nélida Asili Pierucci
Universidad de las Américas Puebla, México

"...toda la concepción del Universo Natural varió cuando se reconoció que el hombre, sujeto a las mismas leyes y procesos físicos que el mundo circundante, no podía considerarse separadamente del mundo, y que los métodos científicos de observación, inducción, deducción y experimentación eran aplicables, no sólo al objeto original de la ciencia pura, sino prácticamente a todos los múltiples y variados campos del pensamiento y la actividad humanos".

Sir W. Dampier
(citado por Murphy, 1960)

Lo que favoreció al origen y al carácter de la psicología como ciencia independiente, según Misiak (1964) fueron los sistemas, los problemas y los conceptos que dentro de la filosofía tuvieron un papel importante. Algunas fuentes y corrientes filosóficas tuvieron consecuencias menores debido a su corta duración o porque estuvieron representadas por un pequeño grupo de pensadores. Otras, "dejaron una impronta más duradera o afectaron grupos más amplios de psicólogos y con ello cambiaron el curso de la psicología... no siempre de la psicología general, pero al menos de la psicología de un país" (117).

A continuación haremos un breve recorrido por la evolución histórica de la psicología científica, con el fin de destacar los principales autores que contribuyeron al desarrollo de esta ciencia e influyeron en la creación de las principales orientaciones teóricas de la psicología contemporánea.

Introducción

La evolución y expansión del conocimiento, desde la antigüedad hasta nuestros días, es consecuencia del interés que el hombre tuvo, y continúa teniendo, en tres temas principales: el universo, el ser y Dios. El hombre en su afán de explicar el origen del universo, de entenderse a sí mismo y desentrañar los misterios de lo inexplicable, generó un vasto y profundo conocimiento mediante la ciencia, la filosofía y la religión. A partir de ellas se desprenden todas las disciplinas y especialidades del conocimiento que hoy se poseen, las cuales, por su número y diversidad, resultaría difícil listar.

En relación con la psicología, los pensadores precientíficos proporcionaron un gran número de formas diferentes de percibir la naturaleza humana y desarrollaron diversas aproximaciones con la finalidad de abordar los problemas principales de la disciplina, pero fue la investigación psicológica de Wundt y la creación de su laboratorio, fundado en 1879 en la Universidad de Leipzig (Alemania), lo que permitió que la psicología se separara de la filosofía y se iniciara como una ciencia independiente. (Hothersall, 1997.)

Comienzos de la psicología científica

Si bien el laboratorio de Wundt no fue el primero ya que casi al mismo tiempo habían surgido otros en Inglaterra y Francia, y la psicología experimental ya estaba en el ambiente, para Heidbreder (1960) fue el laboratorio de Wundt el que realmente inició un verdadero movimiento de agitación. Si en efecto el laboratorio no constituyó el punto en el cual convergían todas las líneas que condujeron posteriormente a la psicología experimental, su fundación sí representó un acontecimiento muy importante. La razón de esto se debió a que el laboratorio se instaló en una gran universidad de Alemania y esa señal exterior indicó que la psicología era, definitivamente, experimental y que había alcanzado el rango de independencia y con derecho propio de existencia. Sin embargo pasó un buen tiempo antes de que la psicología pudiese hablar con el acento de ciencia y que, además, contara con nuevos métodos que le permitiesen distinguir el conocimiento de la mera opinión.

La psicología debió aprender el método científico y llevarlo a una región (la mente) en la cual la observación desinteresada había sido bastante difícil. Por su parte, las ciencias físicas comenzaron y siguieron en constante progreso, lo que indicaba que la psicología científica debía surgir inevitablemente.

Heidbreder (1960) señaló que en la astronomía se encuentra el ejemplo clásico que todo estudiante de psicología, tarde o temprano, llega a conocer. En 1796 el astrónomo del observatorio de Greenwich, advirtió que las observaciones que reportaba su ayudante diferían de las de él. Tuvieron que pasar 20 años para que otro astrónomo se enterara de aquel incidente. Eso lo llevó a comparar las observaciones de varios astrónomos de sólida reputación y descubrió que las pequeñas diferencias en las observaciones constituían la regla. Ello se debía a que entre los observadores existían diferencias individuales en cuanto al tiempo de reacción. Su descubrimiento permitió que la astronomía fuese consciente del papel que el observador desempeña entre el hecho físico y la percepción del mismo. Pero fue sobre todo en la fisiología donde los investigadores se enfrentaron con el hecho de que entre el objeto físico y la percepción psicológica existen complejos procesos. Por ejemplo, en el caso de la mezcla de colores. Si en un disco que gira rápidamente se colocan dos colores complementarios (azul y anaranjado), el observador no ve ni uno ni otro, sino que ve el color gris. La respuesta de este fenómeno se encuentra en la naturaleza del organismo receptor, o sea en la acción de los órganos sensoriales que se interponen entre la percepción y el estímulo externo.

La fisiología, dirigiendo la atención hacia el papel del organismo reactivo en la sensación y percepción, contribuyó a preparar el camino para la psicología. Se puede decir que tanto en la filosofía como en la ciencia, el interés por la psicología se desarrolló tardíamente y, en un principio, de manera accidental. La filosofía surgió para explicar el universo en general y sólo cuando se enfrentó a problemas de carácter epistemológico se dirigió de manera seria al material psicológico. La ciencia comenzó como una tentativa de explicación del mundo en general y se inició como física y astronomía. Al igual que la filosofía, la física y la astronomía prestaron especial atención a la psicología cuando tuvieron la necesidad de considerar al organismo observador para poder brindar una explicación completa del universo observado.

Asociacionismo

Luego de afirmar que la psicología científica surge a partir del laboratorio de Wundt, parecería que nos apartamos del tema al hablar del asociacionismo. Sin embargo, es necesario hacerlo en este orden ya que la escuela asociacionista surge antes que la escuela estructuralista y muchos de sus principios fueron adoptados por otras escuelas, especialmente por la de Wundt. Sobre el asociacionismo se puede decir que más que una escuela de psicología es un principio psicológico. El principio de la asociación se deriva de problemas epistemológicos planteados en la filosofía. A la pregunta epistemológica: "¿cómo conocemos?", los filósofos empiristas responden: "por medio de los sentidos". De aquí se desprende la siguiente pregunta: "¿de dónde vienen las ideas complejas que no son directamente sentidas?", la respuesta a esta pregunta corresponde al primer principio del asociacionismo: "Las ideas complejas provienen de la asociación de otras más simples". (Marx y Hillix, 1992.)

El asociacionismo está arraigado en la filosofía, su historia se remonta a la antigüedad (Aristóteles). Es una orientación psicológica inspirada en el empirismo inglés y vastamente extendida en la actualidad bajo otras nominaciones (vea cuadro 1). La idea central que sustenta es la de que dos acontecimientos ligados por contigüidad, contraste o similitud en un momento dado, tenderán a unirse con posterioridad. Los teorizadores iniciales han sido los creadores de la doctrina empirista Los empiristas ingleses (Thomas Hobbes, John Locke, George Berkeley y David Hume) constituyeron lo más próximo a una "escuela" asociacionista, aunque se trató de una escuela más filosófica que psicológica. Si bien estos filósofos estaban más interesados en los problemas epistemológicos que en los psicológicos, anticiparon los desarrollos psicológicos ulteriores en sus intentos de explicar, de manera más directa, los resultados de la observación empírica a la solución de los problemas filosóficos. (Marx y Hillix, 1992; Vidal, Alarcón y Lolas Sptepke, 1995.)

Cuadro 1. Personajes importantes de la psicología asociacionista*

Influencias Antecedentes	Fundador	Desarrolladores
Aristóteles (384-322 a.C.) **Thomas Hobbes** (1588-1679) **John Locke** (1632-1704) **George Berkeley** (1685-1753) **David Hume** (1711-1776) -- -- -- -- -- --	**David Hartley** (1705-1757)	**Thomas Brown** (1778-1820) **James Mill** (1773-1836) **John Mill** (1806-1873) **Alexander Bain** (1818-1903) **Herbert Spencer** (1820-1903) **Hermann Ebbinghaus** (1850-1909) **Ivan Pavlov** (1849-1936) **Vladimir Bechterev** 1857-1927) **Edward Thorndike** (1874-1949) **Edwin Guthrie** (1886-1959)

* Adaptado de Marx y Hillix, 1992.

El asociacionismo fue fundado en el siglo XVIII por **David Hartley** (1705-1757) quien retomó el capítulo de Locke: "La asociación de las ideas" y de éste hizo su tesis. Desarrolló su psicología en torno a las asociaciones, convirtiendo el asociacionismo en una doctrina formal. Su obra principal, muy influida por Locke y Newton, es *Observations on Man* (1749). Hartley postulaba la existencia de acciones vibratorias en el sistema nervioso, que corresponderían a las ideas e imágenes. Las vibraciones más intensas serían las sensaciones y las menos intensas, las ideas. Proporcionó una interpretación fisiológica para la distinción entre impresión e idea. Debido a que las vibraciones tardan un poco en desaparecer, las sensaciones persisten luego de la supresión del estímulo. Esta explicación se ofreció como una alternativa distinta del punto de vista que se tenía en aquel entonces. Puso énfasis en la contigüidad como principio de asociación y recurrió a principios asociacionistas para explicar la percepción de la profundidad visual. Estos mismos principios se emplearon para explicar otros fenómenos, como el placer y el dolor en las emociones, y el significado de las palabras.

El siguiente desarrollo importante ocurrió en Escocia con **Thomas Brown** (1778-1820) quien reformuló los principios de Hartley como principios de la sugestión. Sin embargo, no había diferencia real entre la sustancia de lo que afirmaba Brown y lo que los empiristas ingleses decían con respecto a los principios básicos de la actividad mental. Sin embargo, el aspecto más notable fue su insistencia en los principios secundarios de la asociación. Se interesó en cómo se realizaba una selección en medio de una serie de asociaciones, en cómo ocurría la asociación cuando había otras posibles. Brown se interesó, básicamente, en cómo mejorar la predicción. Con este fin presentó varios factores susceptibles de explicar la selección de la asociación particular: el número de veces que se había asociado con el contenido mental precedente, la vividez de la asociación original, su duración, y la cantidad de ideas presentes en el momento de la selección que tuvieran conexiones con la idea siguiente y que contribuyeron, así, a su fuerza asociativa. Principios similares a las aportaciones de Brown aparecen en recientes teorías del aprendizaje. (Marx y Hillix, 1992.)

Con respecto a **James Mill** (1773-1836), aunque era un verdadero escocés se identificó con la escuela inglesa y su psicología alcanzó la expresión más completa y rigurosa del asociacionismo. Mill redujo la vida mental a partículas sensoriales elementales, sin hacer concesiones a las pretensiones del alma. La percepción era, para él, un proceso mediante el cual cierto número de fragmentos se reúnen para integrar un todo único. Concebía el proceso de la asociación como algo pasivo. Las sensaciones se presentaban según un orden dado y, luego, cuando volvía a presentarse una de ellas, las otras se seguían mecánicamente. La asociación dependía enteramente de la contigüidad, no había asociación por similitud o contraste. Otro aspecto de su psicología fue su preocupación por reducir los estados emocionales complejos a simples términos sensoriales. En este autor el asociacionismo y el hedonismo se fundieron por completo; para él, toda experiencia era reducible a componentes sensoriales bajo la hegemonía del principio del placer-dolor. El asociacionismo llegaba así a su madurez. (Max y Hillix, 1992.)

La reacción contra el asociacionismo extremo de James Mill se hizo evidente en las aportaciones de su hijo **John Mill** (1806-1873). En el rígido sistema de su padre no había ningún principio activo, nada fuera de la constante adición de nuevas experiencias. Para John Mill, en cambio, la mente era una cosa activa, no pasiva, la cual era capaz de realizar nuevas síntesis. De igual manera que a los psicólogos de los siglos XVII y XVIII les gustaba extraer analogía de la pujante ciencia de la mecánica, John Mill tomó una analogía de la química y cambió la mecánica mental de su padre en una especie de "química mental". Mediante ella explicó el proceso por medio del cual los elementos sensoriales se funden formando un nuevo compuesto esencialmente nuevo, y que es más que la suma de las partes constitutivas. También abordó el problema de la expectativa y el poder que ella tiene en la mente humana. Según Mill, uno podría llegar a esperar que ciertas sensaciones fueran posibles y a este conjunto de expectativas llamó "posibilidades permanentes de sensación". Él creía que estas posibilidades explicaban adecuadamente la fe humana en el mundo material. Posteriormente se verá como este mismo problema vuelve a reaparecer en la psicología de Titchener. (Murphy, 1960; Marx y Hillix, 1992.)

Alexander Bain (1818-1903), según Murphy (1960), fue una figura importante para la psicología y dedicó parte de su energía a la gramática, a la retórica y a la educación. Llegó a dominar la psicología escocesa, inglesa y también la alemana, por lo que llegó a acumular una gran cantidad de material, bien organizado y tratado originalmente. Sus dos grandes obras son *Los sentidos y el intelecto* y *Las emociones y la voluntad*. Su asociacionismo estaba basado en comprobaciones fisiológicas más minuciosas que las de sus antecesores y bastante depuradas para ser tomadas en serio. Ya se comenzaba a concebir la fisiología experimental como algo básico para su propia ciencia. Los órganos de los sentidos, los nervios sensoriales y motores, el cerebro y los músculos eran estudiados detenidamente. La concepción que Bain tuvo de la psicología fue relativamente amplia pero su laguna más seria fue la omisión de las pruebas (aportada entonces por los neurólogos) de que había una relación entre los procesos mentales anormales y los procesos cerebrales anormales. Con respecto a la naturaleza innata, no se sintió inclinado a negarla, a él le interesó más el "instinto", la disposición innata para la acción, así como la mecánica de su función. Si bien su obra fue escrita poco antes que la de Darwin (*El origen de las especies*), y presenció la marcada difusión de la obra, nunca llegó a remodelar sus concepciones psicológicas.

A lo largo de toda su obra, Bain pensó en "tendencias de reacción innatas", a lo que los darwinistas le dieron mucha importancia. Sin embargo, su contribución más específica es su tratamiento del aprendizaje y del hábito. Sus principios acerca del hábito fueron citados y elaborados por James. Esto indica la posición de autoridad que Bain gozó durante la segunda mitad del siglo y de la forma en que sus escritos fueron incorporados a la obra de otros contribuidores de la psicología. Gardner (1960) señala que ningún otro investigador antes que él había intentado abarcar todo el campo de la experiencia humana normal dentro de un sistema psicológico. Así mismo ningún otro autor había sido tan fecundo en las descripciones de las experiencias humanas, ni tan serio en sus intentos de dar un cuadro detallado y exhaustivo de la vida mental. A Bain no sólo le interesó dar una entrada a cada modo de experiencia, sino también un análisis de su contenido. Además, hizo otra contribución importante: fundó en 1876 una revista para la publicación de artículos psicológicos que antes de esto aparecían como libros, fascículos independientes, o como contribuciones a las revistas de filosofía o fisiología general. La revista *Mind* (de corte fisiológico) se ocupó principalmente de cuestiones psicológicas. (Murphy, 1960; Hothersall, 1997.)

A pesar de que **Herbert Spencer** (1820-1903) ya había publicado su obra cuando Bain sólo había dado a luz el primer volumen de la suya; Spencer, en psicología, va después de Bain. La influencia real de Spencer en la psicología parte de los dos volúmenes publicados en 1870-1872. En ellos aparece un asociacionismo evolucionista, cuyo planteamiento se anticipó por un año, aproximadamente, a la obra de Darwin. En la psicología de Spencer lo realmente importante es su doctrina evolucionista, la cual busca mostrar que la ley de la frecuencia asociativa opera filogenéticamente. La asociación, cuando se repite con frecuencia, conlleva una tendencia hereditaria que en generaciones sucesivas se vuelve acumulativa. Así se forman los instintos, con base en acciones reflejas, los cuales están en la base de la vida psíquica.

Spencer se propuso crear una "filosofía sintética", la cual afirma que cada cosa en el universo tiene relación con todo lo demás dando lugar, así, a una totalidad única y en desarrollo. Por ejemplo, la evolución de las estrellas, de las plantas, de los hombres o de las instituciones políticas, supone una diferenciación seguida por una integración. En su fase inicial, cualquier cosa en crecimiento se muestra simple, uniforme, homogénea, pero con el tiempo viene la diferenciación, la aparición de partes reconocibles y distintas. Por último viene la integración, la articulación de las diversas partes dentro de un todo nuevo y en actividad. Entendido así, la evolución es "un cambio de la homogeneidad indefinida e incoherente en heterogeneidad definida y coherente" con una constante adaptación de las relaciones internas a las externas.

Para la psicología esto significaba que, paralelamente a la creciente complejidad del sistema nervioso, marchaba una creciente riqueza y variedad de formas de experiencia y de tipos de asociación. Spencer entendía a la asociación como un mecanismo integrador mediante el cual se hacía posible un tipo de experiencia cada vez más complejo. Sobre las consecuencias que su asociacionismo evolutivo tuvo sobre la psicología, se pueden señalar las siguientes: *1*) al notar las limitaciones del asociacionismo elemental, Spencer trató de extender la lista; *2*) otro efecto se dio en la psicología animal con la publicación del libro de Darwin: *El origen de las especies* (1859). Tanto Darwin como Spencer extendieron inmediatamente el principio para incluir la mente. En el pasado había sido fácil negarle a los animales alma y mente, pero la teoría de la evolución cambió todo y fue necesario desarrollar posteriormente una psicología animal; *3*) otra repercusión es el efecto de la teoría de la evolución en la psicología norteamericana. Ésta se hizo funcional al afirmar la mente y la actividad mental en términos de uso y valor de supervivencia.

Willian James fue el primero en ver la psicología en esta forma, John Dewey lo respaldó, y Stanley Hall y Mark Baldwin fueron los evolucionistas de la psicología norteamericana. Cattell, quien se dedicó a los *test* mentales, también estuvo influido por la teoría evolucionista pero no aceptó un nombre para sí mismo ni formó una escuela. Se puede decir, entonces, que los Estados Unidos estaban predispuestos tanto para el evolucionismo como para el funcionalismo, y que al tomar la nueva psicología científica de Alemania la remodelaron en una psicología que se pudiera utilizar; *4)* la psicología evolucionista concordaba con el nativismo y estaba en contra del genetismo. La teoría de Spencer fue una resolución de los dos puntos de vista, pero debido al fracaso de la ciencia para aceptar la doctrina de la herencia de los caracteres adquiridos, su síntesis carece de la importancia que en caso contrario habría podido tener. (Murphy, 1960; Boring, 1979.)

Otro representante del asociacionismo es **Herman Ebbinghaus** (1850-1909), experimentalista alemán quien publicó en 1885 su primera investigación sistemática sobre la memoria. Él fue el primer psicólogo que realizó un estudio totalmente empírico de la asociación o aprendizaje, aunque su interés primordial fuese la memoria. También ideó la sílaba sin sentido (woy, xam, cir) en un esfuerzo por reducir al mínimo las asociaciones previas. Creó este método con el propósito de obtener curvas de memoria más confiables. Una indicación del éxito de su trabajo lo constituye el hecho de que la curva de aceleración negativa o "curva de olvido" que determinó para la memoria humana (en la cual la cantidad de sílabas retenidas es una función del tiempo), no ha tenido revisiones radicales en el transcurso de las décadas siguientes. Su contribución a la psicología fue importante porque demostró la posibilidad de obtener resultados ordenados por medio de procedimientos objetivos, cuidadosamente controlados, aun en temas tan complejos y variables como el aprendizaje y la memoria. (Marx y Hillix, 1992.)

Para **Tortosa Gil** (1998) la trayectoria académica e investigadora de Ebbinghaus puede dividirse en dos etapas. La primera, que comprende 15 años, se centró en investigaciones monográficas y durante esos años publicó *Sobre la memoria*; la segunda etapa, al margen de los pequeños trabajos monográficos entre los que destaca su famosa prueba de inteligencia, centró su interés en la preparación y elaboración de dos obras de carácter general y sistemático. No creó escuela pero su estela se extendió en la tradición asociacionista y funcionalista del estudio de la memoria. Su obra acerca de la memoria generó un pronto reconocimiento y, posteriormente, una importante investigación sobre el tema, así como la apertura experimental de otros procesos superiores. Si bien tuvo críticas, ellas fueron insignificantes en relación con la acogida que tuvo en Europa continental y en el mundo anglosajón. En el marco del nacimiento de la psicología experimental, su investigación sobre la memoria representó un cierto atrevimiento, y después su trabajo influyó significativamente la manera de abordar el estudio de este tema. Dio lugar a que se dejase de lado los muy extendidos métodos introspectivos y demostró que se podía utilizar el método experimental en los procesos cognoscitivos.

Hothersall (1997) señaló que otra contribución importante de Ebbignhaus fue su *test* para el examen de las aptitudes intelectuales. Fue una de las primeras pruebas de inteligencia y el *test* fue considerado como pionero en Alemania. Ebbinghaus veía a la inteligencia como una habilidad general para combinar información, ver relaciones y asociaciones, y así llegar a conclusiones correctas. Según él, esta habilidad es lo que distingue a la persona eminente en cualquier campo, ya sea un médico que debe hacer un diagnóstico, o quien en la neblina y el terror de la batalla debe tomar decisiones tácticas, a partir de información incierta y a veces contradictoria. Para explorar este tipo de habilidad, Ebbinghaus utilizó los reactivos de las pruebas de analogía y de frases incompletas. En la prueba de analogía, el niño tenía que reconocer una regla para completar la analogía. En la prueba de frases incompletas el niño tenía que completar un pasaje o una frase. Se evaluaba lo apropiado de cada complemento, así como la velocidad con la que se realizaba. Posteriormente fue Binet quien utilizó las pruebas de frases incompletas de Ebbinghaus cuando desarrolló su primera prueba de inteligencia. La prueba de frases incompletas permitió discriminar mejor a los niños con buen promedio de aquéllos con malas calificaciones. Ebbinghaus consideró que su prueba medía una función combinatoria central de la inteligencia. (Hothersall, 1997.) Sin embargo, señaló Tortosa Gil (1998), que a pesar de la importancia e implicaciones que tuvo el desarrollo del *test* de inteligencia, fue su trabajo sobre la memoria la parte más conocida y la de mayor trascendencia. Consideró que la posición teórica de Ebbinghaus puede ser empírica, ateórica, orientada a la investigación y ecléctica. Y son todas esas características las que le imprimen un cierto carácter independiente de las escuelas dominantes de la Alemania de aquel entonces.

Iván Pavlov (1849-1936), distinguido fisiólogo ruso, fue director del laboratorio de fisiología del Instituto de Medicina Experimental desde 1890 hasta su muerte. Ganó el premio Nobel por sus investigaciones sobre los factores glandulares y nerviosos de la digestión; no obstante, poco antes de obtenerlo hizo un descubrimiento accidental, el cual modificó por entero la dirección de su carrera científica, además de ejercer un efecto profundo y duradero en la ciencia psicológica. Pavlov había desarrollado un aparato que recogía y medía la cantidad de saliva que segregaba el perro bajo diferentes condiciones de alimentación. Durante el experimento, Pavlov tuvo un grado muy alto de control sobre los estímulos ambientales. Su descubrimiento consistió en percatarse de la ocurrencia persistente de salivación anticipada. Vale decir que Pavlov observó que diversos estímulos asociados previamente con la alimentación del animal, llegaban a provocar la salivación. De esa manera, Pavlov descubrió el reflejo condicionado; sin embargo, él no fue la primera persona en observar dicho fenómeno. Robert Whytt, en 1763, había observado el mismo fenómeno y también lo había hecho Twitmyer en 1905, sólo que pensaron que carecía de interés. Por lo que la grandeza de Pavlov radica, en gran parte, en su tenacidad y en su capacidad para advertir la importancia de un fenómeno que superficialmente carecía de trascendencia.

A partir de esas observaciones dedicó todo su programa de investigación a un análisis exhaustivo de los aspectos comprendidos en el condicionamiento. La finalidad de ello fue que, al hacerlo, podría penetrar en algunos de los misterios de los llamados procesos mentales superiores. Tortosa Gil (1998) afirma que desde su perspectiva fisiológica, Pavlov, entendió toda la actividad psíquica como reflejo de la acción de los hemisferios cerebrales. Eran dos los procesos que aparecían en continuo enfrentamiento en la corteza cerebral: la excitación y la inhibición. Mientras el primero era el responsable de nuevos reflejos condicionales mediante nuevas conexiones entre zonas cerebrales, el segundo era el responsable de la delimitación y diferenciación de la excitación producida por los estímulos que se convierten en elicitadores de la respuesta condicional. El análisis minucioso de estos procesos llevó a Pavlov a identificar las leyes que estaban en la base de los mismos. Diferenció entre "irradiación" (era la expansión a partir del punto afectado en la corteza cerebral), de la "concentración" (la cual consistía en la delimitación a una zona reducida de la corteza de la excitación o de la inhibición). A pesar de la aparente simplicidad de las aportaciones de Pavlov sobre los desarrollos fisiológicos, aparece una compleja teoría que abarca todas las peculiaridades de la conducta mediante la comprensión de los mecanismos y procesos nerviosos sobre los que se sustenta. Pero es necesario señalar que, a pesar de intentarlo varias veces, no pudo demostrar experimentalmente la validez de las leyes fisiológicas que había propuesto.

Su teoría fue superada con el desarrollo posterior de la neurofisiología (Gondra, citado por Tortosa Gil, 1998). Durante los años siguientes pudo desarrollar un sistema de psicología muy completo y también pudo dirigir su atención sobre los problemas de la conducta anormal. Sus estudios en torno a la psicopatología oscilaron entre las experiencias de laboratorio realizadas a cabo con perros y los análisis meramente teóricos sobre los procesos psicopatológicos en el hombre. Con respecto a los primeros, los estudios de psicopatología experimentales en los que Pavlov fue pionero, tuvieron su base en las experiencias que desarrolló una estudiante del laboratorio de fisiología experimental. La estudiante efectuó un experimento en el cual, según explicó Pavlov, produjo en el perro una "neurosis experimental". Ésta se debió a una ruptura del equilibrio entre los procesos excitatorios e inhibitorios en la corteza cerebral. Dicha ruptura instauró en el animal un estado de extrema excitabilidad la cual imposibilitó la aparición de la inhibición necesaria para el establecimiento y mantenimiento de la diferenciación. Esta hipótesis se sustentaba con la conducta del perro, el cual se mostraba en estado de agitación continua y emitía aullidos constantes. Estos resultados lo estimularon para aplicar su teoría sobre la actividad nerviosa de los hemisferios cerebrales a la psicopatología humana. Su interés lo llevó a estudiar las neurosis y las psicosis. (Tortosa Gil, 1998.)

En torno a las psicosis Marx y Hillix (1992) afirman que Pavlov, al estudiar la ezquizofrenia catatónica, entendió que dicho trastorno era una cuestión de inhibición, la cual tenía un fin protector se producía para evitar que el organismo fuera sobreestimulado. Explicaciones similares se aplicaron a otras formas de psicosis. La investigación de Pavlov representa la culminación del cambio en el concepto de asociación, su aplicación se trasladó de las ideas a las secreciones glandulares y movimientos oculares, relaciones cuantificables que pronto interesarían al conductista Watson. En Rusia el interés en el enfoque objetivo pavloviano no ha cesado nunca, en general puede decirse que Pavlov ha inspirado mucho más investigación experimental que ningún otro estudioso.

Vladimir Bechterev (1857-1927), neurofisiólogo, psiquiatra y psicólogo ruso, fue coetáneo de Pavlov. Fundó en Rusia los primeros laboratorios psicológicos y fundó el Instituto Psiconeurológico de San Petersburgo, además de dos revistas. Su psicología es estrictamente objetiva y basada en el concepto de reflejo, el que aplicó sistemáticamente al mundo del hombre. Metodológicamente Bechterev defendió el establecimiento de una psicología objetiva, la cual pondría fin al planteamiento instrospectivo de lo psíquico. Algunos trabajos como el de Ebbinghaus ya habían mostrado la existencia de aprendizaje que la propia conciencia no podía descubrir directamente, y que sólo métodos objetivos como el aprendizaje ponían de manifiesto.

La diferencia entre la teoría de Bechterev y la de Pavlov es que el primero habla de reflejos en que la conducta está determinada por la experiencia previa, de modo que el valor del estímulo está modificado por los efectos o resultados de experiencias semejantes en las que entran también las respuestas. En cambio Pavlov se centró exclusivamente en la asociación de un estímulo con otro en la que las respuestas pasadas no tienen ningún papel. Entonces, según Bechterev, la experiencia queda en forma de "ciertas huellas en los centros nerviosos del cerebro". Entendida la huella en términos dinámicos, Bechterev se opuso a que se la considere como una imagen estática, y propuso que se pensara en ella en forma dinámica de resistencia y facilitación.

Bechterev reconoció las relaciones causa-efecto, parte-todo, semejanza, simultaneidad, sucesión y contigüidad, con lo que, de esa manera, incrementó las leyes clásicas. (Carpintero, 1998.) Si bien publicó más de 500 trabajos y libros de neurología y psiquiatría, su obra más representativa es *Psicología objetiva,* publicada en 1913, en la cual plantea la aplicación de métodos objetivos a las investigaciones psicológicas combinando el enfoque clínico, el psicológico-experimental y el anatómico. En esta obra, influido por la teoría de Pavlov, desarrolló una psicorreflexología partiendo de los reflejos asociativos. Otra de sus obras fue *La sugestión y su papel en la vida social,* en la cual pone de manifiesto su interés en la psicología social. (Vidal, Alarcón y Lolas Stepke, 1995.)

Según Marx y Hillis (1998) su contribución más importante fue la respuesta condicionada motriz. Bechterev, contemporáneo y rival de Pavlov, extendió el principio del condicionamiento e incluyó la musculatura estriada. Su modelo de investigación consistía en aplicar un choque a la pata de un perro o a la mano de un hombre, seguido de un estímulo condicionado, por ejemplo, un zumbido. Su reflexología llegó a ser un tema dominante en la psicología rusa. Sin embargo, Bechterev tuvo un papel menos importante que Pavlov en el desarrollo ulterior del asociacionismo como técnica de laboratorio.

Edward Thorndike (1874-1949), psicólogo estadounidense, fue pionero de la psicología experimental animal. En su tesis doctoral intentó demostrar experimentalmente que las reacciones de los animales pueden ser explicadas por los procesos asociativos ordinarios sin necesidad de acudir al pensamiento abstracto, conceptual o inferencial. Sostuvo que tampoco es el instinto el que lleva al animal a los mejores campos de alimento, a dormir en el mismo sitio o a evitar nuevos peligros. El mismo principio de adquisición de hábitos por los procesos asociativos sirve para explicar la mayor parte de la conducta de los hombres. Thorndike afirmó que para conocer los orígenes y el desarrollo de la facultad humana se ha de observar los procesos de asociación de los animales inferiores. Decía que los seres humanos razonan muy raras veces, y sus cadenas de ideas casi siempre son reguladas por la asociación.

Desde 1902 estudió el aprendizaje humano con fines educacionales y, como resultado, publicó varias obras, entre ellas una pequeño tratado de *Psicología de la educación* (1903) y el estudio *Psicología de la educación* (en tres volúmenes). Sobre el área de psicología experimental, publicó su famosa obra *Inteligencia animal: estudios experimentales* (1911). En 1932 publicó *Fundamentos del aprendizaje*, libro en el que desarrolla la ley del efecto. (García Vega, 1989.) Vidal, Alarcón y Lolas Stepke (1995), señalan que Thorndike es reconocido por su sistema psicológico: el conexionismo, por algunas proposiciones perdurables y por ser un pionero en el ámbito psicopedagógico.

La hipótesis central del conexionismo es que toda conducta organizada deriva de un conjunto de conexiones entre estímulos y respuestas. Los estímulos pueden ser internos o externos, fisiológicos o ambientales y éstos impactan en sistemas de hábitos ya instaurados por conexiones anteriores. La causa de una conducta es que en ocurrencias anteriores haya producido satisfacción. Éste es el principio que rige la ley del efecto, y ésta se consideraría como el mecanismo universal del aprendizaje. Esta ley sustenta que la satisfacción, derivada de las recompensas del medio, alivia proclividades hedónicas propias de cada organismo. Según Thorndike el aprendizaje se produce por tanteo (ensayo y error), el cual conduce a éxitos accidentales que van quedando fijados como pauta y de esa manera se reduce progresivamente el número de ensayos infructuosos.

Sobre este tema Marx y Hillix (1992) señalan que la ley del efecto es su contribución mejor conocida y la que más controversias ha suscitado. Luego de una extensa investigación sobre el aprendizaje humano, Thorndike reconoció que el papel negativo del castigo o la insatisfacción no era para nada comparable a la acción positiva de la recompensa. El castigo servía, fundamentalmente, para hacer que el organismo probara algo distinto, más que disociar de manera directa la respuesta de la situación. En sus investigaciones experimentó la ineficacia de los castigos leves (por ejemplo, decir "mal" después de que el sujeto trató de adivinar un número). Sin proponérselo dio nacimiento a uno de los dogmas psicológicos más importantes del siglo XX: el castigo es ineficaz para eliminar respuestas indeseables. A este respecto es necesario mencionar que el propio Thorndike no generalizó la ineficacia de todos los medios punitivos.

Otro aspecto importante de la obra de Thorndike, según Carpintero (1998), es el que aborda en su libro *La inteligencia animal*. En dicha obra Thorndike establece que todos los hechos emergen de la experiencia pura y, una vez que se configuran y se convierten en objeto de ciencia, parecen escindirse. Se dividen en hechos subjetivos de conciencia y en hechos físicos objetivos. Entendido así, el psicólogo vendría a hacer afirmaciones de dos tipos, unas sobre la conciencia y otras sobre la conducta. Esto hace que la mayoría de los términos empleados sean ambiguos, por ejemplo, la memoria puede ser conciencia de ciertos hechos pasados, y a la vez puede ser la permanencia de ciertas tendencias en pensamiento o acción.

En Thorndike se observa el respeto por la psicología como ciencia de la conducta y la inclinación a colocarla en continuidad con la fisiología. Para él, el estudio de la conciencia es importante para poder inferir lo que un hombre puede o quiere hacer; pero también es adecuado el estudio de la conducta para deducir qué estados conscientes tiene o puede tener. Vale decir que en la psicología de Thorndike las dos inducciones son igualmente válidas; ninguna tiene prioridad sobre la otra. En lo que respecta al método, García Vega (1989) menciona que Thorndike comenzó trabajando con pollos, observaba cómo aprendían a buscar alimento en los laberintos, posteriormente utilizó cajas o jaulas de truco, de las que el animal hambriento podía salir accionando un dispositivo que abría la puerta y, de esa manera, conseguía la comida que le esperaba afuera. Pero sus experimentos más famosos los realizó con gatos. Al ser encerrados en las jaulas, intentaban diversos modos de escapar y, por casualidad, tocaban la palanca y la puerta se abría. Los gatos, luego de varios intentos (ensayos), iban directamente a accionar el dispositivo que abría la puerta. De esa manera, Thorndike comprobó que el animal había solucionado el problema casualmente por ensayo y error. La repetición de dicha experiencia sirvió para consolidar el hábito.

Para finalizar, Thorndike fue un investigador muy productivo. Entre sus principales aportaciones están: *a*) fue el primero en iniciar la investigación sistemática de laboratorio sobre el aprendizaje animal, *b*) desarrolló la primera teoría formalizada del aprendizaje en términos asociacionistas, *c*) realizó un exhaustivo análisis del aprendizaje humano y revisó su propia teoría del aprendizaje, *d*) se transformó en líder activo de los *test* mentales y prácticas educacionales, *e*) fue pionero en la aplicación de mediciones cuantitativas a ciertos problemas sociopsicológicos, y *f*) contribuyó al desarrollo de nuevas técnicas en el campo de la lexicografía. Como afirmó Marx y Hillix (1992): "¡Todo esto dentro de los límites de una sola vida!". En la actualidad, la influencia de Thorndike ha declinado debido al avance del conductismo y al surgimiento reciente de las versiones más complejas del neoconductismo. Pero, a pesar de ello, la obra de Thorndike continúa como un baluarte del asociacionismo, especialmente en el campo del aprendizaje animal y humano, y en la psicología educacional.

Edwin Guthrie (1886-1959), para explicar la conexión e-r, adoptó un enfoque elementarista y partió de la hipótesis de que a cada elemento de estímulo (e= $r_1 + r_2 + r_3$...) corresponde un elemento de respuesta (r= $r_1 + r_2 + r_3$...). Planteó que toda situación familiar (e) es compleja y debe descomponerse en elementos de estímulos eficaces, al igual que r (que es el acto o respuesta global con finalidad biológica para el organismo) que también se descompone en elementos de respuesta (una serie de movimientos de naturaleza glandular y muscular). Según Guthrie, para aprender es necesario: *a*) formar una serie de cadenas de movimientos (musculares o glandulares) según un orden determinado: r_1, r_2 y así sucesivamente; *b*) se aprende en esta cadena debido al condicionamiento (contigüidad); *c*) lograr una conexión entre un elemento de estímulo con uno de respuesta (éste es el caso del aprendizaje de un hábito). Para él, el hábito se rige de "todo o nada". Según esta hipótesis, se necesita sólo un ensayo para que los elementos se unan con toda la fuerza. La causa formal del aprendizaje, según Guthrie, es la actividad (la cual se despierta por medio del motivo): "para aprender hay que hacer". Afirma que sin los movimientos no se da la conexión. Con respecto al olvido, afirma que una vez establecida la cadena de movimientos el paso del tiempo no la afecta ni la deteriora. Según su teoría, para que se dé el desaprendizaje o inhibición asociativa se requiere que el estímulo esté presente y se conecte con alguna otra respuesta.

Esta aportación al proceso de aprendizaje es un antecedente a la terapia conductista en su técnica de desensibilización sistemática (García Vega, 1989). Hothersall (1997) sostiene que la contribución más importante de Guthrie fue, sin duda, su teoría del aprendizaje, la cual está contenida en tres trabajos teóricos (1930, 1934 y 1940) y en su libro más conocido: *La psicología del aprendizaje* (1935). Hoghersall plantea que a primera vista el principio de contigüidad parece inadecuado como explicación para el aprendizaje, ya que de ser así ¿qué pasaría con los efectos de las recompensas, los castigos, la práctica, el olvido y la huella temporal de los experimentos de condicionamiento de Pavlov? Guthrie contestó a todas estas preguntas. Para los efectos de las recompensas y castigos, puso el ejemplo del experimento de Thorndike con los gatos en las jaulas. Guthrie afirmó que el gato aprende a escapar porque la *r* saca al animal de la situación *e* y, por tanto, preserva una asociación entre el *e-r*. Guarda una asociación que ya se ha formado, vale decir que el alimento no fortalece la conexión *e-r*, más bien resguarda dicha asociación.

De acuerdo con este autor, el alimento no causa el aprendizaje, más bien lo protege contra el desaprendizaje. Entendido así, el papel de las recompensas es mantener la respuesta fiel al estímulo. Con relación al castigo, Guthrie afirma que éste provoca acciones y son esas acciones las que se aprenderán. O sea, la acción específica causada por el castigo es lo que determina qué se aprenderá. En este caso el aprendizaje ocurre también por contigüidad, pero con *e* aversivos. Con respecto a la práctica, Guthrie señaló que hay diferencias entre movimientos y actos. Por ejemplo, subyacen numerosos movimientos en un acto complejo como tocar el piano. Estos movimientos son los que se refinan con la práctica. Sobre otros trabajos, Guthrie publicó *La psicología del conflicto humano, una reflexión de su permanente interés en la psicología clínica*; con su esposa tradujo en 1924 el libro *Principios de psicoterapia* (1903) de Pierre Janet, también fue coautor de *Psicología educativa* (1950) y posteriormente escribió *La universidad estatal: sus funciones y su futuro* (1959) (Hothersall, 1997).

Hasta aquí se han presentado las aportaciones de los autores más importantes y representativos del asociacionismo. Todos ellos, influidos por el empirismo británico, fueron la base para la nueva psicología científica.

Estructuralismo

Este sistema psicológico sostiene que debe estudiarse los contenidos de la conciencia mediante el método de la introspección experimental buscando siempre los elementos irreductibles que forman la conciencia. Según Marx y

Hillix (1992) son tres los aspectos más significativos del estructuralismo: *1)* dio un fuerte ímpetu científico a la psicología y se ligó por primera vez a una empresa de tipo científico, con reconocimiento académico formal y separada de la fisiología y la filosofía; *2)* puso a prueba, de manera exhaustiva, a la introspección como único método para una psicología completa; *3)* proporcionó una fuerte ortodoxia contra la que se enfrentaron los funcionalistas, los conductistas y los guestaltistas. Las nuevas escuelas fueron surgiendo a partir de la reformulación progresiva y el rechazo de los problemas estructuralistas básicos (vea cuadro 2).

Cuadro 2. Personajes importantes de la psicología estructuralista*

Estructuralistas		
Influencia Antecedentes	Pioneros y fundadores	Desarrolladores de posiciones afines
Franz Brentano (1838-1917)	Wilhelm Wundt (1832-1920)	Carl Stumpf (1848-1936)
Gustav Fechner (1801-1887)	Edward Titchener (1867-1927)	George Müller (1850-1934)
H. L. von Helmholtz (1821-1894)		Oswald Külpe (1862-1915)

* Adaptado de Marx y Hillix, 1992.

La psicología que **Franz Brentano** (1838-1917) describió en su obra *La psicología desde un punto de vista empírico,* intentaba ser empírica en el sentido de que se basaba en la experiencia. Vidal, Alarcón y Lolas Stepke (1995) mencionan que en sus planteamientos sostuvo que la nota característica de los fenómenos psíquicos, a diferencia de los físicos, es su intencionalidad. Los fenómenos psíquicos están dirigidos hacia un objeto dado interiormente, a diferencia de los físicos cuya nota constitutiva es la de ser dados exteriormente. Para Brentano lo que cuenta es la relación que vincula al sujeto con el objeto. El sujeto es sujeto por estar en relación con un objeto, y este objeto lo es por estar en relación con el sujeto. Lo psíquico está en esa "relación", en ese "acto" que vincula sujeto y objeto. Por eso la psicología de Brentano se ha llamado la "psicología del acto", un acto dotado de intencionalidad. La intención entendida así significa "vinculación". Los fenómenos psíquicos tienen existencia real y también intencional. Por ejemplo, un conocimiento, una alegría, un apetito son totalmente reales en el momento en que los experimenta el sujeto, en que los capta en toda su verdad y no puede dudar de que está experimentándolos, porque le resultan evidentes a su percepción interna.

Cuando la persona apetece algo, puede que esté bien o mal, que no exista el objeto que apetece, pero su apetito es absolutamente cierto. Para Brentano todo fenómeno psíquico tiene una estructura básica determinada: es un "acto" en que el sujeto tiene "conciencia de" un objeto. Es importante tener presente que este acto puede referir hacia el objeto de distintos modos; por ejemplo, en la representación hay algo representado; en el amor hay algo amado; en el odio, algo odiado, etcétera. El tipo de relación o de intencionalidad (y no el contenido) es lo que caracteriza y diferencia a los fenómenos psíquicos. (Carpintero, 1998.)

Brentano enseñó su nueva psicología, centrada en el concepto de intencionalidad, que tuvo gran influencia entre sus alumnos, uno de ellos Freud. En los escritos freudianos puede identificarse la influencia de Brentano; por ejemplo, el concepto de intencionalidad aparece bajo la forma de una energía psíquica canalizada hacia los fines instintivos y la satisfacción de los deseos; la existencia intencional se convierte en la noción de catexis. También puede rastrearse la obra de Brentano en la evolución del proceso primario al secundario. Hothersall (1997) señaló que si bien la psicología de Brentano parece similar a la de su rival Wundt, existen distinciones importantes: *1)* para Brentano la verdad y aceptabilidad de su psicología estaban determinadas por el examen cuidadoso y lógico de las experiencias, las cuales, antes de ser utilizadas para establecer conocimiento psicológico debían analizarse de acuerdo con las reglas y los principios de la lógica. Wundt, en cambio, daba a los resultados experimentales una importancia central; *2)* otra diferencia entre Wundt y Brentano se da con respecto a la modificabilidad de sus respectivas psicologías. Para Brentano, el resultado de sus observaciones empíricas no cambia debido a que las reglas de la lógica son fijas. Por esta razón, no esperaba que su psicología cambiara mucho con el tiempo. No así Wundt quien revisaba y expandía constantemente su texto *Fundamentos* a medida que disponía de nuevos hallazgos experimentales; *3)* Brentano en vez de estudiar los productos de las acciones mentales, proponía analizar las acciones y los procesos mentales, o sea los "actos mentales". Propuso que los psicólogos estudiaran las acciones y los procesos mentales en sí mismos: la imaginación, el juicio y el amor contra el odio. En su psicología, un acto mental podía tener como objeto otro acto mental. Por ejemplo, una persona puede tener una idea acerca de la propia idea, un juicio sobre su propio juicio y sentimientos de sus sentimientos; 4) otra diferencia con respecto a Wundt es la metodología.

La psicología de Brentano no incluía introspección, ya que consideraba imposible realizar observaciones internas de la propia conciencia. Según su opinión, el simple hecho de observar la furia o el terror las disminuye o las destruye. Sugirió que los actos mentales pueden ser observados en la memoria y, por tanto, estudiarse silenciosa y empíricamente. Se puede recordar un suceso, por ejemplo la última vez que se estuvo enojado, y observar los fenómenos mentales involucrados en esa emoción.

Otro método que propuso fue el de la imaginación, el estudio de las vidas mentales de animales y niños y el examen de la vida mental desordenada de los retrasados y de los locos. Fueron estas sugerencias las que propiciaron el interés de los psicólogos comparativos, del desarrollo y clínicos. Para concluir se puede afirmar, según Hothersall (1997), que en general "la importancia de Brentano para la historia de la psicología no descansa en el volumen de sus trabajos publicados ni en su investigación experimental sino, más bien, en su formulación acerca de una aproximación rival contemporánea a la de Wundt" y "que su psicología sobre los actos mentales fue un precedente histórico importante de las psicologías funcionalistas estadounidenses…"

Gustavo Fetchner (1801-1887), considerado uno de los fundadores de la psicología experimental, publicó su obra por la cual es más recordado: *Elementos de psicofísica* (1860) 20 años antes de que Wundt estableciera su laboratorio en 1879. Esta obra, publicada en dos volúmenes, da a conocer sus investigaciones que constituyen uno de los puntos de partida de la moderna psicología experimental. Fetchner estudió medicina pero luego sus intereses se volcaron hacia la física y las matemáticas. Para 1830 ya había publicado más de 40 trabajos y, uno de ellos, resultó un importante escrito sobre la medición de la corriente eléctrica. En los años posteriores se interesó más en temas psicológicos y publicó trabajos sobre la visión del color y las sensaciones visuales que continúan cuando los estímulos que las producen ya no están presentes. En 1840 contrajo una grave enfermedad, que lo alejó del trabajo varios años. Cuando se recuperó, emergió de su dolencia con la convicción de haber descubierto un principio fundamental de la vida psíquica (similar, en la física, a la ley de gravitación de Newton). Denominó a su principio "principio del placer".

En una de sus obras introduce los principios de estabilidad y repetición y en ella aparece su primera mención de la "ley psicofísica", la cual expresa su gran interés por encontrar la relación entre lo físico y lo psíquico. La ley de Weber-Fechner o ley psicofísica puede enunciarse como: la intensidad de la sensación es igual al logaritmo del estímulo. Posteriormente, Freud tomó varios de sus conceptos y los incorporó en su teoría, entre ellos, el concepto topográfico de la mente, los principios de placer-displacer, constancia y repetición y el de energía mental.

Tanto el trabajo de Weber como el de Fechner fueron fundamentales para el avance del estudio de la sensación y la percepción. (Hothersall, 1997; Vidal, Alarcón y Lolas Stepke, 1995.) Carpintero (1998) señaló que a la par de la invención teórica, Fechner desarrolló métodos para cuantificar diferencias entre sensaciones (el de las mínimas perceptibles, el de casos verdaderos y falsos y el de errores medios, los que siguen aplicándose en la psicología experimental actual. Fechner, según Boring (1979), es considerado un gran hombre dentro de la psicología, no por sus concepciones psicológicas, ni por haber formulado su famosa ley, sino por su contribución para concebir, desarrollar y establecer nuevos métodos de medición. Dichos métodos son esencialmente las primeras formas de medición mental y constituyen el comienzo de la psicología experimental cuantitativa.

Herman von Helmholtz (1821-1894), según Carpintero (1998), se abocó especialmente en el estudio de los aspectos físicos de los procesos fisiológicos. En 1847 formuló el principio de conservación de la energía y en 1850 estableció la velocidad del impulso nervioso. Posteriormente, en 1851, inventó el oftalmoscopio que le permitió obtener toda clase de ayuda para su investigación. Hizo importantísimas contribuciones del modo en que funcionan los órganos de los sentidos, en especial la visión y la audición. Debido a ello, su obra es una pieza fundamental en el campo de la psicofisiología sensorial. Entre sus obras, aún vigentes están el *Manual de óptica fisiológica* (1856-1866) y la *Teoría de las sensaciones tonales* (1863). Él concebía al universo como un conjunto de procesos o cambios, en el que constantemente se redistribuye la energía, cuya cantidad es variable (principio de conservación). Según él, las causas producen efectos. Para Helmholtz, la ley que une un efecto a su causa pone de manifiesto que una fuerza real ha actuado en ese proceso. El organismo vivo era como un sistema en que se redistribuye la energía, la gasta y la repone para mantenerse, en lo que se asemeja a las demás máquinas. Helmholtz tuvo un gran conocimiento del sistema nervioso, lo que le permitió medir, por primera vez, la velocidad del impulso nervioso. Él veía al sistema nervioso como análogo a un sistema de telégrafo. Recurrió a esta analogía debido a que el telégrafo emplea señales eléctricas que son signos con los que se traduce el lenguaje verbal de quienes se comunican. Según Helmholtz los signos adquieren significación por el uso y por la expereriencia.

La percepción sensible une a los datos sensoriales, elementos de memoria que contribuyen a darle un sentido. Su planteamiento era empirista, esto es, todo procede de la experiencia y del hecho de que en todo conocimiento sensible hay aprendizaje. La razón de que a unos signos le demos alguna interpretación depende de si, en situaciones similares, aquel sentido resultó adaptativo. En la percepción compleja hay elementos más simples que están posibilitados por el sistema fisiológico. Este sistema es el único elemento *a priori* con que ha de contar el conocimiento.

Helmholtz llegaba así al terreno de la filosofía de Kant (la cual plantea que en el conocimiento sensible hay un factor *a priori* innato), pero defendía su doctrina debido a la preocupación de evitar la especulación sin base empírica. Según él, las leyes han de hallarse en los objetos mediante el control experimental. (Carpintero, 1998.) Vidal, Alarcón y Lolas Stepke (1995) mencionan que Helmholtz dilucidó el fenómeno de la "inferencia inconsciente" de la percepción. Logró explicar por qué no se percibe a los objetos en la forma en que llegan a los órganos de los sentidos, sino cómo debe hacerse. Para él la percepción es una reconstrucción instantánea e inconsciente de lo que la experiencia anterior ha enseñado sobre el objeto. Según Carpintero (1998), Helmholtz suponía que los procesos sensoriales eran efecto de los mecanismos fisiológicos. Al hacerlo de esta manera introducía en la explicación de la percepción la misma causalidad física que empleaba en su comprensión de la fisiología. Fue precisamente en este punto donde surgió una radical diferencia con los planteamientos de su colaborador Wundt. Debido a estos desacuerdos se dio la separación de la fisiología de la psicología y la constitución de ésta como ciencia independiente.

Los historiadores psicológicos contemporáneos (Watson, 1968; Boring, 1979; Mueller, 1984; Legrenzi y cols., 1986; Marx y Hillix, 1992; Hothersall, 1997; Carpintero, 1998) reconocen a **Wilhelm Wundt** (1832-1920) como el que constituyó a la psicología en ciencia independiente. Si bien no fue un innovador, supo sintetizar en una obra colosal todas las concepciones y los resultados empíricos de carácter psicológico aparecidos tanto en el pasado como en su época, en el ámbito de ciencias y disciplinas tan distanciadas entre sí como la fisiología y la filosofía, la ética y la antropología. Gracias a su cultura, la cual no se limitaba al mundo alemán, sino que comprendía el conocimiento y la tradición anglosajonas, logró dar una base conceptual unitaria a la nueva ciencia psicológica. La obra de Wundt es, posiblemente, la que ha ejercido el influjo más decisivo y duradero sobre la psicología contemporánea.

Los historiadores señalan como punto y fecha de arranque de la psicología, entendida como ciencia, la fundación de su laboratorio en la Universidad de Leipzig (Alemania) en 1879. Boring (citado por Carpintero, 1998) consideró que su obra *Fundamentos de psicología fisiológica* es el libro más importante en la historia de la psicología moderna y su *Psicología de los pueblos*, escrita casi al final de su vida, el libro psicológico más voluminoso. En ese laboratorio se capacitaron investigadores de todo el mundo, quienes posteriormente se convirtieron en los pioneros de la psicología experimental en sus países de origen. Entre ellos se puede mencionar, en Alemania a Käepelin, Külpe y Krüeger; en Estados Unidos a Stanley Hall, Cattell y Titchener; en Inglaterra a Spearman y en Rusia a Bechterev. Las investigaciones que se realizaron en el laboratorio, unas cien en los primeros 20 años, se enfocaron (entre otros temas) a la psicofisiología de los sentidos, al tiempo de reacción, a los sentimientos y a los experimentos de asociación verbal. Si bien el método empleado era la introspección, el hecho de recurrir a la experimentación para controlar los resultados permitía que el investigador se abriera a la posibilidad de que sus hallazgos pudiesen ser repetidos en igualdad de condiciones por otros investigadores. (Vidal, Alarcón y Lolas Stepke, 1995.)

Según Marx y Hillix (1992) la filosofía de Wundt no era ni materialista ni espiritualista. Él se oponía a la filosofía espiritualista porque pensaba que se equivocaban, al tratar de establecer una ciencia de la experiencia mental sobre la base de especulaciones en torno a la sustancia pensante. Se oponía también al materialismo porque no creía que una ciencia de la mente se pudiera desarrollar por medio de las investigaciones físicas del cerebro. Wundt consideraba que el estudio de la mente debía ser, no sólo una ciencia de la experiencia sino también experimental. Para Wundt el estudio de la psicología era la "experiencia inmediata" y no la "experiencia mediata". Marx y Hillix (1992) dan un ejemplo para diferenciarlas: si se intenta describir la experiencia que se tiene con relación a un dolor de muelas, se trata de la experiencia inmediata. Pero si junto con el dentista se comienza a emplear la experiencia para descubrir el lugar y la naturaleza de la dificultad que lleva a tener la experiencia del dolor de muelas, podemos hablar de experiencia mediata. Los autores comentan que aunque la experiencia es la misma, el propósito cambia y con él los aspectos de la experiencia a la que se presta atención. En consecuencia, el físico, el fisiólogo está interesado en la experiencia mediata; el psicólogo wundiano en la experiencia inmediata.

A este respecto, Hothersall (1997) agrega que los psicólogos, de acuerdo con Wundt, no estudian el mundo exterior *per se*, sino los procesos psicológicos mediante los cuales se experimenta y observa el mundo exterior. Mientras que los físicos tienen sus instrumentos (espectrómetros, espectrógrafos, etcétera), los psicólogos wundianos tienen la autoobservación experimental o introspección para estudiar los procesos conscientes. Este método consistía en un arduo procedimiento experimental controlado rígidamente, el cual no se limitaba sólo a autorreportes sino que incluía mediciones objetivas, como tiempo de reacción y asociación de palabras. Siempre que se utilizaba la introspección estaban presentes observadores altamente entrenados en eventos sensoriales, controlados en forma cuidadosa y se les pedía que describieran sus experiencias mentales. Pero para producir introspecciones válidas se imponían ciertas reglas. El observador debía ser un experto en la situación, mantenerse en un estado de "atención esforzada" y también saber cuándo se presentaría el estímulo y cuándo se harían las observaciones que debían repetirse varias veces. Por último, se variaban las condiciones experimentales de manera sistemática con el fin de permitir una descripción general de los contenidos mentales. De esa manera lograron identificar dos elementos básicos de la vida mental: las sensaciones y los sentimientos.

A partir de estos hallazgos, Wundt adoptó un modelo de la mente que enfatizaba los principios químicos en lugar de los mecánicos. Para él, la mente era una fuerza creativa, dinámica y volitiva. Debido a este modo de concebirla no podría ser entendida mediante simples identificaciones de sus elementos o de su estructura estática. Por el contrario, debía comprenderse la mente mediante el análisis de su actividad, o sea de sus procesos. Por último Hothersall (1992) señaló que el término estructuralista, comúnmente aplicado a Wundt, fue inventado más tarde por Titchener y William James, pero él mismo nunca lo usó. Wundt nombró a su psicología como "voluntarismo" y la diferenció del estructuralismo de Titchener. También se opuso con vehemencia a los dualismos mente-cuerpo ya que creía que la experiencia mental debía estudiarse en términos de ambos: la mente y el cuerpo. Marx y Hillix (1992) señalaron que Wundt creía que la mente y el cuerpo eran sistemas paralelos pero no interactuantes. De ese modo la mente no dependía del cuerpo y, por tanto, podía estudiársela directamente.

Según Tortosa Gil (1998), con su proyecto de una psicología fisiológica, Wundt trató de encontrar la unión entre lo externo y lo interno, entre lo objetivo y lo subjetivo, entre lo físico y lo mental. Según su postura, los fenómenos de la experiencia interna y de la experiencia externa aparecen combinados e integrados en una totalidad aparentemente unitaria, pero no significa que se esté ante un mismo proceso objetivo con dos versiones complementarias, sino que se está ante dos procesos paralelos. Por ejemplo, en los procesos de sensación y movimiento, la "sensación" sería ejemplo de un proceso en el que lo "psíquico" va precedido de un proceso fisiológico de excitación, mientras que el "movimiento" sería un ejemplo de cambio fisiológico que resulta de un proceso psicológico previo. No se trata de un proceso simple que se manifiesta simultáneamente en ambos campos de experiencia, sino más bien de una secuencia compleja cuyas fases se manifiestan en cada caso, en un campo de experiencia diferente. Sintetizando: la excitación es fisiológica, la sensación es psicológica, pero ambas no forman un mismo proceso, sino que la dualidad se mantiene. Según Tortosa Gil (1998), Wundt renunció a hablar de experiencia interna y externa y afirmó que existía una única experiencia que podía considerarse desde dos puntos de vistas distintos: de forma mediata y de forma inmediata.

Según Marx y Hillix (1992), Wundt concebía la nueva psicología desde tres aspectos: descomponer los procesos conscientes en sus elementos, descubrir cómo están conectados y determinar las leyes de su conexión. Wundt hablaba de manera explícita de procesos mentales y no de contenidos pero era difícil ver a la psicología como la ciencia que buscaba los elementos de un proceso. Esta falta de claridad dio lugar a que lo acusaran de elementarismo estático; es decir, de considerar a los contenidos de conciencia como si fueran elementos estáticos o estructurales.

A lo largo de su carrera Wundt (Hothersall, 1997) fue un escritor prolífico. A sus tres primeros libros le siguieron dos volúmenes de su *Lógica* (1880-1883), los cuales tuvieron cuatro ediciones. Su obra *Ética* (1896) tuvo cinco ediciones y se hicieron 15 ediciones de *Fundamentos de psicolo-*

gía fisiológica (1896). En 1889 publicó *Sistema de la filosofía*; entre 1900 y 1920, *Psicología de los pueblos* en 10 volúmenes. Finalmente, *Introducción a la psicología* salió a la luz en 1911, y en 1920 fue publicado *Lo que he experimentado y descubierto*. Su bibliografía incluye 491 temas. Boring (citado por Hothersall, 1997) computó 53 735 páginas publicadas y calculó un promedio de 2.2 páginas publicadas diariamente durante 68 años. Seguramente, señala Hothersall (1997), esta producción prodigiosa nunca será igualada. Pero, a pesar de su prolífica producción, los trabajos de Wundt son poco leídos actualmente.

Sobre el desarrollo del sistema wundiano de psicología, Boring (1979) distinguió cuatro periodos:

1. La década de 1860 que fue su periodo presistemático. Tanto la teoría de la percepción como la distinción entre sensación y sentimiento pueden encontrarse en la doctrina de la inferencia inconsciente;

2. En el libro *Fundamentos de psicología fisiológica* se aclara el principio fundamental del sistema de Wundt y se halla explícita la doctrina de los compuestos psicológicos. Ya no aparece la inferencia inconsciente, sino los "signos cognoscitivos" que forman parte de la teoría de la percepción para distinguir entre lo objetivo y lo subjetivo. La mente es descrita en términos de elementos formales como la sensación, la cual tiene atributos propios que están conectados por medio de la asociación (principio que tomó del asociacionismo británico). Apareció la apercepción, aunque no era considerada importante. El sentimiento resultaba ser sólo un atributo de la sensación. Todos estos temas, señala Boring (1979), son esenciales en las tres primeras ediciones de *Fundamentos de psicología fisiológica*. Por tal razón son en parte contemporáneos de la fundación del laboratorio y de la revista *Estudios filosóficos*;

3. En la edición revisada de *Fundamentos de psicología fisiológica* de 1896 promulgó su teoría tridimensional del sentimiento. En ella afirmaba que los sentimientos varían no sólo con respecto a la dimensión agrado-desagrado, sino también simultánea e independientemente con relación a otras dos dimensiones: tensión-relajación y excitación-calma. La importancia sistemática de esta teoría fue enorme ya que agregó otros elementos a los ya conocidos. Inicialmente, Wundt consideró al sentimiento sólo como un atributo de la sensación, luego sólo las intensidades de agrado-desagrado. Ahora, con las nuevas dimensiones, había no sólo muchísimos más sentimientos simples, sino que con la posibilidad de formar nuevos compuestos con los nuevos sentimientos haciéndolos cada vez más complicados. Vale decir que a partir de esos hallazgos había muchísimos más. Parte de este cambio parece deberse a la aceptación de que el sensacionismo y el asociacionismo eran inadecuados por sí mismos para ofrecer un cuadro satisfactorio de la mente. La aceptación de esta multiplicidad de sentimientos era empírica hasta ese entonces (ya que el filósofo psicologizante no tenía un riguroso control experimental) pero no experimental. Debido a estos hallazgos sobrevino un periodo de gran actividad experimental. Su nueva teoría produjo una inmensa cantidad de investigaciones en los laboratorios psicológicos de los dos países (Alemania y Estados Unidos) que en ese momento llevaban la delantera en la nueva ciencia;

4. El periodo final de Wundt, según Boring (1979), data aproximadamente de comienzos del siglo XX. La quinta edición de su *Psicología fisiológica* presenta la defensa completa de la nueva teoría de los sentimientos y también marca el aumento en la importancia de la apercepción como concepto sistemático. En esta revisión, los sentimientos y la apercepción están relacionados, ya que el sentimiento es el síntoma experiencial de la apercepción. Es la marca de la reacción de la apercepción sobre el contenido sensorial. La dificultad que presentaba la apercepción es que no era fácilmente observable, como lo exigía la investigación experimental de Wundt. La nueva teoría del sentimiento permitía evitar esa dificultad, lo que no era posible usando la vieja teoría del agrado-desagrado. Boring (1979) afirma que si Wundt hubiera sido más joven, tal vez habría escrito una séptima edición de su obra y en ella hubiese incorporado los resultados de este trabajo al resto del tema.

En particular, según Carpintero (1998), las ideas metodológicas de Wundt terminaron por alejar a discípulos e investigadores más jóvenes, ya que ellos estaban interesados por una psicología más positivista. Sólo en tiempos recientes la figura de Wundt ha empezado a verse con una luz adecuada. A este respecto, Hothersall (1997) señala que debido a que Wundt comenzó a realizar sus experimentos en su laboratorio en 1879, la Asociación Americana de Psicología (APA) seleccionó 1979 como el año del centenario de la psicología. Es importante mencionar que algunos historiadores (Blumenthal, citado por Hothersall, 1997) caracterizaron a Wundt como el padre de la psicología que muchos psicólogos nunca conocieron. Esto se debe a que Wundt es recordado como defensor de una aproximación más bien estrecha a la psicología (introspección) y como un experimentalista estricto. Pero su psicología era bastante amplia ya que a lo largo de su vida su interés se mantuvo en una amplia gama de temas, los cuales no podían ser estudiados utilizando una aproximación experimental estricta y una introspección. Por su diversificación de interés, Wundt no fue meramente un elementista interesado sólo en la estructura de la mente. Esa descripción se ajusta más a su alumno: Titchener, nacido en Inglaterra, formado en Alemania con Wundt y emigrado a Estados Unidos, lugar en el que fundó un laboratorio y consiguió un papel importante en el desarrollo de la psicología en dicho país. (Hothersall, 1997.)

Edward Titchener (1867-1927), de origen inglés, luego de haber completado su formación en Leipzig se trasladó a Estados Unidos donde, en 1892, fue nombrado director de un laboratorio psicológico en la Universidad de Cornell. Allí se dedicó a exponer y a sistematizar el punto de vista wundiano. Sin embargo, el ambiente fue desfavorable para él ya que en Estados Unidos fue aceptado más el funcionalismo o el conductismo. Al igual que su maestro, Titchener fue un escritor prolífico, escribió 216 artículos y seis libros, el más importante *Psicología experimental,* cuyo subtítulo es *Un manual de práctica de laboratorio* (1901-1905) y un manual muy difundido *Un texto de psicología* (1909), el cual contiene la mejor exposición de sus ideas. Según los historiadores (Murphy, 1960; García Vega, 1989; Carpintero, 1998.), Titchener defendió el estructuralismo hasta su muerte pero, luego de ella, desapareció como escuela. Vidal, Alarcón y Lolas Stepke (1995) explican que el término "estructural" se refiere a una imagen fijista de la mente y a la necesidad de analizar sus componentes como paso previo a la comprensión de sus funciones.

Hothersall (1997) mencionó que Titchener describió su aproximación a la psicología como estructuralismo y utilizó por primera vez el término en 1898. Sin embargo, ni él ni los funcionalistas fueron los primeros psicólogos en utilizar los términos: estructural y funcional. Ambos fueron utilizados por primera vez, en relación con la mente humana, por William James en 1890 en su libro *Principios de psicología*. Según Murphy (1960), el estructuralismo de Titchener era una simplificación rigurosa del de Wundt. Los estados mentales o elementos de la conciencia se componían de sensaciones, imágenes y sentimientos, pero los únicos sentimientos simples eran el agrado-desagrado; los demás eran meros compuestos o sentimientos de los sentidos. La apercepción fue hecha de lado pero la atención pasó a ocupar el lugar del proceso, mediante el cual las sensaciones o imágenes cobran mayor claridad.

Para Titchener (Hothersall, 1997) la psicología era la ciencia de la mente y tenía una tarea triple: analizar la suma total de los procesos mentales, identificar sus elementos y mostrar cómo se armonizan, así también descubrir las correlaciones de la mente con el sistema nervioso. Para realizar esta tarea, la psicología debía convertirse en una ciencia experimental. Al igual que su maestro, los experimentos de Wundt consistían en una introspección o una serie de introspecciones hechas bajo condiciones normales, pero enfatizaba constantemente la dificultad de ésta. Él propuso que los métodos de la psicología fueran tan exclusivos y demandantes como los de cualquier otra ciencia. Por esa razón, sostenía que la introspección no podía aprenderse de los libros; la introspección correcta provenía del laboratorio, luego de un largo y arduo entrenamiento bajo la dirección de un observador experto, casi siempre el mismo Titchener. Sus métodos experimentales fueron descritos en su obra de cuatro volúmenes: *Psicología experimental*, los que Boring (citado por Hothersall, 1997) describió como "enciclopédicos y asombrosamente precisos". Estos libros contienen instrucciones rigurosas para estudiar los distintos sentidos y en cada uno de ellos se describen con claridad muchas demostraciones.

Titchener fue una figura importante en los años tempranos de la psicología y algunas veces fue considerado uno de los fundadores de la nueva ciencia. Sin embargo, afirma Hothersall (1997), en vez de considerar a Titchener como padre fundador, es mejor reconocer que fue fundamental que trajera a América una aproximación empírica estricta a la psicología. Contribuyó a la legitimación del laboratorio como una parte de la instrucción psicológica y esto aceleró la separación de la psicología de la filosofía. Esto ayudó a hacer de la psicología lo que es hoy en día. Otra contribución importante fue la participación en el desarrollo de la *American Journal of Psychology*, inicialmente como editor asociado (1895-1920), luego como editor (1921-1925). Las contribuciones de Titchener a esta revista fueron muy importantes. Si bien el estructuralismo fue una aproximación dominante de la psicología en Estados Unidos, fue cuestionado y luego suplantado por movimientos más nuevos, más amplios y más flexibles, los que se desarrollaron a partir de la insatisfacción que había con el sistema de Titchener.

Carl Stumpf (1848-1936), según Marx y Hillix (1992) fue el principal competidor directo de Wundt. En 1894 le adjudicaron a Stumpf la cátedra de psicología alemana en la Universidad de Berlín, cuando Wundt era la elección lógica. La psicología de Stumpf estaba influida por la de Brentano; por esa razón, la introspección que aceptó fue menos rigurosa de lo que Wundt consideraba como aceptable. Entre Stumpf y Wundt hubo diferencias de opiniones, las que se manifestaron en una discusión que sostuvieron a lo largo de una serie de publicaciones.

Tortosa Gil (1998) menciona que en 1894, Stumpf se hizo cargo de uno de los institutos psicológicos mejor dotados económicamente, el Instituto Psicológico de la Universidad de Berlín, universidad de mayor prestigio del sitema universitario alemán. Sin embargo, su laboratorio nunca rivalizó con el de Wundt en cuanto a extensión o intensidad de la investigación aunque sí generó buena cantidad de estudios. Una razón de ello puede deberse a que Stumpf no se abocó con entusiasmo a la experimentación de laboratorio. Él mismo reconoció que tenía poca habilidad para el trabajo de laboratorio, pero poseía un gran talento musical que le permitió componer piezas musicales desde temprana infancia, así como tocar varios instrumentos con suficiente maestría como para dar conciertos en público. Esto lo llevó a profundizar en la psicología de la música y a publicar *La psicología de los tonos*. En este trabajo analiza y detalla diversas variables relacionadas con la percepción acústica y la experiencia musical.

El interés de Stumpf por la música lo llevó a interesarse por el lenguaje y la música de otras culturas. También observó el desarrollo del lenguaje de sus hijos y fundó una sociedad para el estudio del niño. El comportamiento animal fue también tema de interés para Stumpf y años más tarde, Köhler se dedicó durante mucho tiempo al estudio de éste. Además en su laboratorio se formaron los fundadores de la escuela gestalt, entre ellos: Wertheimer, Köhler y Koffka. Señalan Marx y Hillix (1992) que Berlín produjo varios investigadores que se estaban destinados a tener gran importancia para el desarrollo de la psicología. Entre los representantes de la teoría del campo están, Kurt y Lewin; dentro de los primeros conductistas, Max y Meyer. En lo que respecta a Stumf, aunque aceptaba la introspección, se destacó más por sus diferencias con Titchener que por sus similitudes.

George Müller (1850-1934), para Marx y Hillix (1992) y Tortosa Gill (1998) fue el psicólogo experimental más capaz y productivo. En 1881 fundó el Laboratorio de Psicología Experimental, el cual gozó de gran reconocimiento y captó el interés de múltiples estudiantes. Müller pasó más de 40 años dirigiendo el laboratorio de Göttingen. Las áreas a las cuales se enfocó fueron: la memoria, la metodología psicofísica y la visión. En colaboración con otro investigador desarrolló la teoría de la interferencia como una explicación del olvido; llamaron "inhibición retroactiva" al fenómeno de la interferencia del aprendizaje nuevo al aprendizaje el viejo. Müller refinó también las técnicas psicofísicas de Fechner y amplió la teoría de Hering sobre la visión de los colores. En 1889 publicó un trabajo en colaboración con Schumann sobre "pesos" que mostró la incidencia de las actitudes. Su trabajo determinó que los juicios sobre lo "más pesado" y lo "menos pesado" dependían de las anticipaciones musculares al estímulo. Su más conocida contribución es la ley de Müller-Schumann, la cual afirma que cuando dos ítems se asocian, resulta luego más difícil que cualquiera de ellos se una a un tercero.

A él también se le reconoce ser el primero en proponer y demostrar, en laboratorio, la teoría de la interferencia en el olvido. El olvido, según Müller, no se produce únicamente por el desuso o el desvanecimiento de la información almacenada en la memoria, sino que es fruto de la interferencia que produce el nuevo material adquirido sobre el recuerdo de lo aprendido anteriormente. Según Tortosa Gill (1998), Müller fue un psicólogo riguroso, crítico y experimentalista, además de ser uno de los que más se esforzó, junto con Ebbinghaus y Titchener, por mantener separadas la filosofía de la psicología. Tampoco fue un wundtiano pero, en cuanto experimentalista participó de su paradigma, trabajó de acuerdo con él y no con la psicología del acto (Brentano). Sin embargo debido a que su formación estuvo más cerca a los supuestos de ésta, le posibilitó ver mejor que otros las debilidades de un paradigma que todo lo basaba en el análisis sensacionalista-elementarista y en la asociación. (Caparrós, citado por Tortosa Gil, 1998.)

En lo que respecta a **Oswald Külpe** (1862-1915) también se formó en el laboratorio de Wundt y durante un tiempo corto también en el de Müller. Durante su formación se hizo amigo de Titchener pero más tarde tuvieron desacuerdos fundamentales, ya que Külpe no fue un representante de la ortodoxia de Wundt, como lo fue Titchener. Publicó un libro de texto (1895) que fue traducido por Titchener. En éste revela los resultados obtenidos en sus investigaciones que desarrolló con una cuidadosa introspección experimental. Posteriormente dirigió una serie de experimentos introspectivos sobre el pensar, y en ellos demostró que la introspección clásica era incompleta. La conclusión a la que llegó fue que había percepciones impalpables que no aparecían en la conciencia a la manera de contenidos, las cuales debían considerárselas funciones. Külpe al aceptar, en su concepto de experiencia consciente, tanto los contenidos como las funciones (actos) se adhirió por igual a los puntos de Brentano y de Wundt. (Marx y Hillix, 1992.) Tortosa Gil (1998) menciona que el pensamiento fue el tema de interés en el que Külpe basó sus estudios, al igual que numerosos psicólogos y filósofos de la época, pero ninguno antes que él había aplicado una autoobservación de tipo experimental a ese tema. Posteriormente un grupo de psicólogos se dedicó a realizar investigaciones acerca del pensamiento, uno de los procesos superiores que, según Wundt, no podía ser estudiado mediante la introspección. Este grupo de investigadores encabezado por Külpe, director del instituto, realizaron trabajos en los que se distinguen dos etapas bien diferenciadas. En la primera, Marbe y sus alumnos dieron el primer paso hacia la investigación experimental del pensamiento.

En la segunda etapa –de apogeo–, Külpe y sus discípulos (Watt, Ach, Messer y Bühler) fueron a la vanguardia y cambiaron el rumbo de la investigación. De ese grupo, Külpe y Marbe fueron los que consiguieron un reconocimiento histórico más importante. Ach elaboró una psicología de la volición y Bühler estudió con profundidad el lenguaje del ser humano. Todos ellos también alcanzaron un relativo reconocimiento, en general la Escuela de Würzburg estudió tanto los mecanismos como la esencia del pensamiento e introdujo variaciones metodológicas así como innovaciones conceptuales. Tales cambios llevaron al distanciamiento progresivo de un enfoque asociacionista (de contenido) a favor de una postura más cercana a la psicología empírica (de la función). Tanto por haber experimentado con el pensamiento, como por llegar a conclusiones contradictorias con otros modelos, la Escuela de Würzburg provocó fuertes debates. Esto condujo, progresivamente, a una crítica general del método introspeccionista ya que arrojaba resultados contradictorios en las investigaciones que se hacían en los distintos laboratorios.

Funcionalismo

La psicología científica no fue obra sólo de un hombre ni de un grupo. Tampoco nació como consecuencia de un problema o una serie de problemas. Fue, más bien, una de las muchas manifestaciones del pensar científico que caracterizó a la vida intelectual del siglo XIX. El centro del movimiento residía, sin duda alguna, en las universidades alemanas. A esta "nueva psicología" (como empezaba a llamársele) se le vinculaba con la que ya se hacía, aunque los indicios de que el pensamiento científico había penetrado en la psicología se hallaba en todas partes. Esta nueva psicología fue muy pronto importada a Estados Unidos. En el laboratorio de Leipzig había varios jóvenes americanos quienes, de regreso a su país, no tardaron en dirigir sus propios laboratorios y en enseñar psicología, que a pesar de diferir entre sí y entre el modelo que habían aprendido de Wundt, mostraba los signos de su origen. (Heidbreder, 1960.) A pesar de que la mayoría de los primeros psicólogos norteamericanos aprendieron el método científico de la psicología de Wundt, no estuvieron de acuerdo con el enfoque estructural, estático y teórico con el que éste estudió la conciencia. Para ellos, la conciencia tenía una finalidad, la de ser instrumento de adaptación del organismo al ambiente; sólo desde esa perspectiva funcional y evolutiva debía ser estudiada por la psicología. (García Vega, 1989.)

El funcionalismo fue el primer sistema norteamericano de psicología y se inspiró en los supuestos teóricos del evolucionismo darwiniano. Si bien en la actualidad no existe una escuela de psicología que reivindique su nombre, algunas de sus premisas han sido retomadas por el cognoscitivismo, por algunas variedades del psicoanálisis y por la psicología humanista estadounidense. Las características distintivas de este sistema fueron el énfasis en los aspectos genéticos del psiquismo, así como en la conducta animal e infantil. Bajo la influencia de esta corriente teórica nació la psicología diferencial (psicografía, psicometría y los *test* mentales), la ergología científica (ciencia del trabajo) y la enseñanza por la acción. (Marx y Hillix, 1992; Vidal, Alarcón y Lolas Stepke, 1995.)

Este sistema, en relación con el estructuralismo, se presentó como una corriente más compuesta, heterogénea, ecléctica y tolerante con las demás perspectivas psicológicas. Los psicólogos funcionalistas consideraron al organismo humano como el último estadio del proceso evolutivo. Desde esa perspectiva, los procesos mentales ayudaban al organismo a sobrevivir y a adaptarse al ambiente circunstante. Por esta razón, el objeto de investigación psicológica son las actividades mentales relacionadas con la adquisición, almacenamiento, organización y valoración de las experiencias y su utilización posterior en el comportamiento adaptativo. Así mismo los procesos mentales conscientes revisten mucha importancia, esto se debe a que cuando el organismo se ve obstaculizado por acontecimientos problemáticos en relación con la sobrevivencia, se torna más consciente hasta que se forma un nuevo hábito, lo que implica una nueva adaptación al ambiente y a presentar un comportamiento más automático. (Marhaba, 1986.) Son varios los científicos representantes del funcionalismo, los pioneros son quienes pusieron los cimientos para el desarrollo de este sistema, los fundadores lo establecieron como sistema y los desarrolladores contribuyeron a la maduración y elaboración ulterior del mismo (vea cuadro 3).

Cuadro 3. Personajes importantes de la psicología funcionalista norteamericana*

Influencias Antecedentes británicos	Pioneros	Fundadores	Desarrolladores
Charles Darwin (1809-1882) Francis Galton (1822-1911)	George Ladd (1842-1921) Yale Edward Scripture (1864-1945) Yale James Baldwin (1861-1934) Princeton James Cattell (1860-1944) Columbia G. Stanley Hall (1844-1924) Clark William James (1842-1910) Harvard Edward Thorndike (1874-1949) Columbia	John Dewey (1859-1952) Columbia James R. Angell (1867-1949) Chicago	R. Woodworth (1869-1962) Columbia Harvey Carr (1873-1954) Chicago

* Adaptado de Marx y Hillix, 1992.

Los antecedentes de este sistema teórico fue la publicación de *El origen de las especies* (1856) de **Charles Darwin** (1809-1882). En esta obra el autor expuso su teoría científica la cual originó una de las controversias más grandes de la historia intelectual. Su libro causó una verdadera revolución en el mundo científico que duró más de medio siglo e hizo estremecer los fundamentos de la religión. Como se recordará, la teoría sustentaba el principio de la selección natural, o sea la supervivencia de los más aptos como resultado de la lucha de los seres por la existencia. Según esta teoría, las especies tendían a variar y sus variaciones se perpetuaban o desaparecían, según estuvieran o no en armonía con las exigencias de la vida. De acuerdo con Darwin, las formas animales y vegetales habrían venido cambiando con el tiempo por lo que las actuales especies descendían de otras de tipo más primitivo y diferente. Años después, Darwin publicó otro libro, *El origen del hombre y la selección sexual* (1871), donde planteó una continuidad entre los seres humanos y los animales y acentuó el aspecto evolucionista sobre la adaptación de las especies al medio ambiente. El trabajo de Darwin fue uno de los antecedentes más importantes del funcionalismo. La psicología norteamericana, influida por la teoría de la evolución y por un espíritu práctico, se interesó en la utilidad de la conciencia y de la conducta y, por esta razón, fue funcional. (Enciclopedia Barsa, 1981; Vidal, Alarcón y Lolas Stepke, 1995; Marx y Hillix, 1992.)

Otro científico importante que figura como un antecesor del funcionalismo es **Francis Galton** (1822-1911). Según Boring (1979), Galton fue el pionero de la "nueva psicología" en Gran Bretaña. La suya fue una psicología experimental que se dedicaba a aclarar el problema de las diferencias individuales entre los hombres. Sus investigaciones psicológicas estuvieron influidas por Darwin en lo que respecta a la evolución humana. En 1869 publicó *Genialidad hereditaria*, en la que se enfocó a la herencia mental y al mejoramiento de la raza. De esta obra, Hothersall (1997) comenta que en ella Galton reportó sus investigaciones acerca de la importancia relativa de las influencias del medio ambiente sobre la herencia y las habilidades y capacidades. Galtón objetó las pretensiones de igualdad natural argumentando que los seres humanos son diferentes y están distribuidos en un continuo con la frecuencia de ocurrencia de individuos en cada nivel, de acuerdo con la ley teórica de desviación del promedio. Dicha ley fue propuesta por Adolphe Quetelet (astrónomo belga) quien en su tiempo fue la más grande autoridad en estadísticas vitales y sociales.

El objetivo de Quetelet consistió en crear una ciencia social numérica que diera orden al caos social; fue el primero en proponer que las características y las capacidades mentales están distribuidas de manera similar y siguen lo que ahora se conoce con el nombre de curva normal, donde la mayor parte de la población cae cerca del promedio y las desviaciones hacia los extremos se vuelven infrecuentes. La aplicación de este modelo matemático ha tenido mucha importancia en diversos campos científicos incluida la psicología. A Quetelet y a Galton se les debe el concepto de "hombre promedio" como un concepto estadístico y probabilístico. Mientras que las características físicas, sociales y mentales de un individuo en lo particular eran difíciles de predecir, las características de la población eran regulares y podían describirse en forma estadística. Si bien hubo detractores de las investigaciones y resultados que presentaba Galton por ser consideradas como una forma de física social deshumanizante, para Darwin, en cambio, fue considerado un trabajo muy interesante y anticipaba que llegaría a ser memorable. En efecto, comenta Hothersall (1997), los conceptos y el enfoque de Galton han sido de gran importancia para todas las ciencias sociales, incluso para la psicología.

Posteriormente, su interés científico se orientó a la medición de las facultades humanas y lo puso de manifiesto en su siguiente publicación titulada *Investigaciones de la facultad humana y su desarrollo* (1883). Este libro fue considerado más tarde como el comienzo de la psicología científica individual y la de los *test* mentales. Una observación muy importante que hace Boring (1979) es que, en aquel entonces, el conflicto que había entre la doctrina evolucionista y el dogma teológico era bastante grave. Los científicos ingleses que apoyaron a Darwin fueron considerados como agnósticos en materia de religión. Galton, con la objetividad científica que lo caracterizaba, llegó a la conclusión de que no podía encontrarse evidencia alguna para afirmar que la intensidad de una creencia sirviera para medir su validez.

En su obra, señala Boring (1979), Galton discutió sobre la eficacia objetiva de la oración y llegó a la conclusión de que no existe ninguna evidencia de que los médicos puedan usarla como agente terapéutico, o que un sacerdote pueda prosperar más que otros dentro de los negocios. Según este historiador, Galton llegó a convencerse de que hay pocas diferencias entre la vida de los católicos, protestantes, judíos y agnósticos, tanto en su relación con la humanidad como en su propia paz mental. Señala que en su obra, Galton quiso dar al mundo un nuevo credo científico y pretendió remplazar las creencias religiosas por una fe en el progreso evolutivo hacia un fin, el cual sería la meta del esfuerzo humano, no el cielo, sino el superhombre. Galton plasmó su intento de medir al hombre, no en función de los logros que tiene como señor de la creación, sino según sus propias limitaciones y como el antecesor defectuoso de mejores generaciones. En su obra intentó sustituir los pecados por los defectos humanos. (Boring, 1979, 504.)

Galton hizo contribuciones importantes en muchos campos del conocimiento. Si bien se le conoce mejor por su desarrollo de pruebas mentales y su investigación sobre la herencia humana, también fue un estudioso de la percepción y de las características físicas de las personas, lo que le permitió reconocer que las huellas dactilares son incambiables y únicas. Galton desarrolló un sistema de clasificación y fue pionero en utilizar las huellas dactilares en investigaciones criminales. Para hacer mediciones formales y controladas estableció en 1884 un laboratorio antropométrico en la Exhibición Internacional de Salud en Londres, para medir las facultades humanas. Cuatro años después estableció otro laboratorio en las galerías de ciencia del Museo del Sur de Kensington. En dichos laboratorios, las personas de Londres podían hacer que se examinaran sus facultades físicas y mentales por un costo muy bajo. Se realizaba una variedad de mediciones físicas: peso, altura, circunferencia, fuerza, tasa del movimiento, agudeza visual y capacidad pulmonar. Para medir las habilidades mentales, Galton dependía mucho de las mediciones físicas ya que él creía que existe una correlación consistente entre la agudeza sensorial y la mental.

Estos estudios dieron lugar a que un alumno, Karl Pearson, desarrollara una fórmula para el coeficiente de correlación, lo que permitió que tales relaciones fuesen expresadas en forma matemática. Pearson y Galton establecieron la investigación estadística de los problemas psicológicos como uno de los métodos fundamentales. Spearman (1863-1945) formó parte de esta historia debido a que realizó el siguiente paso significativo para el uso del método de correlación. En su teoría estableció la existencia de dos factores de las capacidades humanas y, al igual que Galton, había explicado la regresión usando dos variables para señalar la existencia de un factor común y uno específico en cada variable. Spearman concluyó que la existencia de correlaciones positivas se debía a la presencia de una habilidad general, común, a todo tipo de ejecuciones y llamó a este factor: *factor g* que fue interpretado como inteligencia. Casi al mismo tiempo, otros investigadores señalaron que cuando se tiene más de dos ejecuciones puede haber otras solapadas además del *factor g*. Debido a estos hallazgos, se suscitaron controversias y se demostró que la teoría de los dos factores no era más que la forma más simple de la factorización de grupo. Casi 20 años después Spearman llegó a aceptar la validez de otros factores comunes.

En la década de 1930, el desarrollo del análisis factorial fue realizado por Thomson (Edimburgo), Burt (Londres) y Thurstone (Chicago). El análisis factorial es un método que permite analizar un conjunto de ejecuciones intercorrelacionadas con tantas variables independientes como sea posible. Aunque Estados Unidos desarrolló, por su cuenta, el análisis factorial, Inglaterra no perdió su lugar de vanguardia en la aplicación del método estadístico. La psicología de Galton y la estadística fueron de la mano, ya que para medir las capacidades a muchas personas y extraer muestras de la población era necesario el desarrollo de aparatos y métodos por medio de los cuales pueda medirse al individuo de manera fácil y rápida. Debido a esto Galton inventó el *test* mental, el cual es un método de medición experimental que contrastaba con los complicados procedimientos psicofísicos de la psicología alemana. Sin embargo, a pesar de este aspecto tan práctico, Galton fue también introspeccionista y afirmó que el informe de un sujeto sobre lo que está sucediendo en su mente es un informe válido. Utilizó este método para abordar el problema de la conciencia religiosa, el estudio de la imaginación y las diferencias individuales en la imaginación. (Boring, 1979.)

Los laboratorios de Galton fueron las primeras clínicas psicométricas del mundo en las que se examinó, entre 1880 y 1890, a unas 17 000 personas. Galton desarrolló diversos métodos de medición para examinar las facultades físicas y mentales, entre ellos: el silbato de Galton (el cual producía una serie de silbidos de diferentes frecuencias con el que medía la agudeza auditiva); desarrolló una serie de pesos arreglados en series geométricas para producir sensaciones; realizó pruebas de discriminación de color, gusto y tacto; hizo uso extensivo de cuestionarios a los que él mismo llamó estudios y experimentos psicométricos; desarrolló y utilizó dos formas de pruebas de asociación (al estudiar su origen encontró que 40% de las asociaciones se derivaban de experiencias de la infancia, lo que representaba una prueba empírica con respecto al énfasis de Freud en la importancia de los primeros años, como determinantes de la conducta adulta). Galton fue un científico que persiguió el conocimiento con entusiasmo y estaba intrigado por todos los fenómenos de la mente humana como el comportamiento anormal. Por esta razón pasó mucho tiempo estudiando a los pacientes internados en diversas instituciones mentales (asilos). Sus investigaciones lo llevaron a afirmar que la distancia entre la cordura y la locura era bastante corta. La describió como "una meseta con precipicios por todos los lados pero sin cercas, por donde cualquiera puede caer en cualquier momento". (Galton, citado por Hothersall, 1997.) Según este historiador, Galton parece haber sido un genio cuya posición hereditarista, así como los paradigmas que desarrolló para investigar la naturaleza y la crianza, son todavía importantes en la psicología contemporánea.

Boring (1979) sugirió que Estados Unidos, al rendir homenaje a Wundt, ignoró a Galton. Sin embargo, los norteamericanos consideraron a Cattell (alumno de Wundt) pionero de los *test* por trabajar en las diferencias individuales y él mismo reconoció la prioridad y la genialidad de Galton. Según García Vega (1989), Galton señaló los problemas generales más importantes y las líneas que la psicología moderna enfocaría en los años siguientes. Hay quien considera a Galton como el Wundt británico y casi padre de la psicología británica. (Pearson, citado por Boring, 1979.)

Respecto al desarrollo de la psicología norteamericana, Tortosa Gil (1998), señaló cuatro grandes etapas: *1) La etapa de la filosofía moral y mental* (1640-1776), la cual se inició en Harvard College. El profesor de Filosofía, que en la mayoría de los casos era un sacerdote intelectualmente formado, enseñaba psicología basada en las ideas más recientes de Inglaterra. La psicología se relacionaba con aspectos del alma y sus temas se discutían desde la ética, lógica, metafísica y teología. Aprender psicología era aprender la teología del momento. El lenguaje común entre Estados Unidos y Gran Bretaña propició vínculos profundos en diversas áreas, incluidas la intelectual y la ideológica. Para la psicología implicó una confianza en el empirismo; *2) La etapa de la filosofía intelectual* (1776-1886) en la que se produce la independización de la psicología con la teología y la filosofía. La psicología se nutre de la filosofía escocesa, que se caracteriza por reaccionar contra los argumentos básicos defendidos por el empirismo asociacionista. Los filósofos escoceses modelaron el análisis americano de la mente. Los interesados en la filosofía y en la psicología seguían siendo clérigos por lo que la relación teología-filosofía-psicología formaba una trinidad satisfactoria para los interesados de esa época.

Posteriormente, se inició la era de los libros de texto estadounidenses. Porter, en 1868, publicó su libro, *El intelecto humano: con una introducción sobre la psicología y el alma.* Esta publicación representó la transición de la psicología, unida a la filosofía y a la teología, hasta convertirse en una disciplina separada. Para Porter la psicología era la ciencia del estudio del alma humana, la cual debía incluir aspectos de la física, de la conciencia, de la percepción sensorial, del desarrollo del intelecto, de la asociación de ideas, de la memoria y del razonamiento; esta etapa se cerró con la Guerra Civil (1861-1865). Durante esos años, la psicología cambió su tendencia filosófica y analítica y adquirió una posición más científico-natural. Muchos americanos dirigieron su atención a la psicología fisiológica alemana y al asociacionismo y evolucionismo inglés; *3) La etapa del renacimiento estadounidense* (1886-1896) en la que la psicología alcanzó la emancipación total de la religión y de la filosofía. En estos pocos años la psicología inicia su camino hacia una ciencia empírica y objetiva, y se fundan laboratorios, revistas y sociedades.

En este periodo se publican las obras *Psicología* (1886) de John Dewey, y la seminal del pensamiento psicológico norteamericano, *Principios de psicología* (1890) de William James. En ese tiempo Titchener inició su programa estructuralista en la Universidad de Cornell, durante esos años la psicología, compatible con la teoría evolucionista, enfatizó las diferencias individuales y la adaptación al ambiente; *4) La etapa del funcionalismo al conductualismo* es un periodo de recolección de ideas, de alianzas y creación de infraestructura para la docencia y la investigación. La "nueva psicología", fisiológica y experimental, se enfocó a explorar el funcionamiento de la mente humana (normal) desde los procesos cognitivos inferiores y las respuestas adaptativas. Muchos estudiantes se entrenaron en los laboratorios alemanes, en especial en Leipzig, y regresaron a Estados Unidos con diversas técnicas y métodos para desarrollar sus ideas.

El laboratorio de Wundt fue un ejemplo a nivel mundial. La combinación entre el asociacionismo, el evolucionismo y el interés en los aspectos prácticos y las diferencias individuales, dio lugar a la orientación que Titchener bautizó como funcionalismo. El centro de operaciones fue la Universidad de Chicago pero prácticamente todas las universidades, salvo la de Cornell –que era el lugar de Titchener y su estructuralismo–, investigaban desde la nueva perspectiva. El progreso de la psicología comparada, la genética en los laboratorios y los *tests* en los entornos educativos y organizacionales, terminaron por decantar el funcionalismo y adoptar posturas conductualistas. En psicología se concretó una visión animalista del ser humano la cual encontraba argumentos tanto en las posturas externalistas-reflexológicas (conductismo de Watson y otros, funcionalismo de Woodworth o Carr), así como en las internalistas-instintivistas (constitucionalismos, psicoanálisis). El problema del conocimiento innato *vs* el adquirido dominó la vida científica y también la cotidiana. Asimismo, el conocimiento que se empezaba a tener sobre el comportamiento fascinó a los ambiciosos de poder, ya que abría las puertas al uso sistemático de la ciencia para la mejora del futuro social. A este desarrollo de la psicología norteamericana se sumó la llegada de los inmigrantes que huían de las persecuciones fascistas.

La amplísima e ilustre migración intelectual desde Europa a Estados Unidos, propició dramáticos cambios en la vida política, social, científica y cultural de la época. Sin duda alguna, concluye Tortosa Gil (1998, p.

251-255), una consecuencia de la llegada de los inmigrantes intelectuales europeos fue la de "facilitar que la ciencia y el pensamiento norteamericanos alcanzaran un indiscutible protagonismo".

Si bien William James fue el primer psicólogo norteamericano, el crecimiento de la psicología antes y después del cambio de siglo no fue el trabajo sólo de un hombre. En la década de 1880 James, Hall y Ladd eran los únicos psicólogos norteamericanos; Cattell y Baldwing pertenecían a una época posterior. Hall fue el primer presidente de la American Psychological Association; Ladd, el segundo; y James, el tercero. (Boring, 1979.)

Respecto a **George Ladd** (1842-1921), éste contribuyó a la psicología mediante sus textos y se enfocó a la psicología fisiológica. En Yale tuvo un laboratorio informal en el cual trabajó con la asistencia del fisiólogo Thatcher. Su principal interés era preparar sus conferencias sobre psicología fisiológica y fue así como apareció su primer libro de psicología: *Elementos de psicología fisiológica* (1887). Según Boring (1979), el mismo Ladd decía que el único libro de esa época era el de Wundt, el cual, además de ser complejo estaba escrito en alemán. Fue Ladd quien presentó el primer manual en inglés, de psicología que abordaba el tema de la fisiología del sistema nervioso, el cual causó gran impacto en Inglaterra y en Estados Unidos. Posteriormente, en 1911, fue revisado por Woodworth y se convirtió nuevamente en un texto estándar. En 1891 Ladd volvió a publicar una edición abreviada del manual. En 1894 publicó un pequeño libro titulado, *Primer of Psychology* y otro más extenso titulado *Psychology, Descriptive and Explanatory*, este último apareció cuatro años después (1897) en una edición abreviada. El pequeño libro no tuvo el mismo recibimiento que el libro abreviado de 1897, la razón es que ya había más libros publicados. En Yale, Ladd trató de impulsar la nueva psicología con conferencias y libros.

Durante la primera década de Ladd en la institución, el trabajo psicológico de laboratorio aumentó tanto que se necesitó nombrar a **Edward Scripture** (1864-1945) como instructor del mismo. Gracias a su labor puede decirse que, al cabo de un tiempo, el laboratorio de Yale estaba listo para ser fundado. Scripture trabajó cuantitativamente con los problemas de la mente. Publicó dos libros populares: *Thinking, Feeling, Doing* (1895) y *The New Psychology* (1897). El estilo de sus trabajos es claro y recurrentes en dibujos, aparatos, gráficas e ilustraciones que ponen de manifiesto el fervor de la época y el anhelo de hacer de la psicología una ciencia tan exacta como la física. Aún no se hacía completamente cargo del laboratorio de

Yale cuando inició la publicación de los *Studies from the Yale Psychological Laboratory*. Se publicaron 10 volúmenes durante los 10 años de su permanencia en la institución y la mayoría de los estudios publicados los elaboró él mismo. El laboratorio de Yale no atrajo a muchos estudiantes que luego se distinguieran, como sucedió más tarde con Hall. La influencia de Ladd y de Sripture como psicólogos se limita; para Ladd a los años en que se publicaron sus obras psicológicas y para Scripture a los años de su trabajo en el laboratorio de Yale. (Boring, 1979.)

James Baldwin (1861-1934) fue un teórico de la psicología y un escritor influido por la teoría de la evolución. Boring (1979) señaló que fue un filósofo-psicólogo experimentalista, como lo sería un filósofo que se había convertido en psicólogo. Si bien no realizó mucho trabajo experimental, fundó varios laboratorios: el de Toronto, el de Princeton y luego, cuando Hall se fue a Clark, restableció el laboratorio de Hopkins. Baldwing (Carpintero, 1998) desarrolló una gran actividad de tipo institucional. Junto con Cattell fundó publicaciones periódicas muy importantes, como *Psychological Review* (1894), *Psychological Index*, *Psychological Monographs* y *Psychological Bulletin* (1904). Entre sus principales obras están: *Mental Development in the Child and the Race* (1895-1911), *Social and Ethical Interpretations in Mental Development* (1897-1906) y *Thoughts and Things or Genetic Logic* (3 vols., 1906-1911). A pesar de que su pensamiento estuvo influido por la teoría evolucionista, sostuvo la existencia de una selección no natural sino funcional. Él planteaba que el cambio hereditario que se produce de modo aleatorio en un individuo, luego queda protegido o apoyado por la conducta individual de adaptación; sostenía que la inteligencia suplía las imperfecciones de los instintos parciales haciéndolos útiles. De esta manera, la inteligencia se mantiene viva durante varias generaciones, hasta que el instinto imperfecto se convierte en perfecto. Esto significa que instinto y adaptación individual (aprendizaje e inteligencia) colaboran juntos para promover y consolidar formas de conductas complejas. La inteligencia actúa hasta que el instinto puede hacerse cargo de la tarea.

Tortosa Gil (1998) señaló que uno de los más duros enfrentamientos no sólo en el campo de las ideas psicológicas sino también en el de la propia definición de los psicólogos como comunidad disciplinaria, es el que ocurrió en la controversia entre psicólogos del contenido (o de la estructura) y los psicólogos del acto (o de la función). El primer enfrentamiento fue en Europa y el segundo en Estados Unidos entre Baldwin y Titchener. Ambos psicólogos sostuvieron una confrontación científica durante la cual, en el fondo, cada uno con sus propios datos experimentales reflejó la pugna entre dos formas diferentes de afrontar el problema psicológico: la alemana y la angloamericana. O sea, el problema de los sujetos experimentales (Baldwin utilizaba sujetos sin formación específica en el experimento; en cambio para Titchener esa formación era necesaria), y la interpretación de los datos (desde el intento de formular leyes referentes a los elementos de la conciencia de validez general, o desde el pleno reconocimiento de las diferencias individuales y su valor explicativo de las variaciones en los tipos de respuesta).

Estos y otros aspectos importantes formaban parte del conjunto de problemas que llevó a Titchener a distinguir entre una psicología estructural de otra funcional. Cabe resaltar aquí la importante aportación que hizo Edward Titchener a la psicología –la cual fue abordada anteriormente–, dentro de la escuela asociacionista. Sin embargo, este autor podría incluirse también dentro del grupo de los funcionalistas, pero como un tipo especial de esta corriente. (Marx y Hillix, 1998.) Retomando a Baldwin, es importante mencionar que este autor en sus libros abordó temas que, aun hoy, están vivos en la psicología, como: la evolución, la imitación, la epistemología genética, la dimensión social de la vida individual y el aprendizaje por las consecuencias, entre otros. Sintetizando, Marx y Hillix (1992) señalan que Ladd, Scripture y Baldwing fueron los que participaron en el montaje de la escena para el desarrollo que tendría posteriormente la psicología funcionalista.

James Mckeen Cattell (1860-1944) unió a su formación experimental en el laboratorio de Wundt, una preparación estadística y biométrica que logró junto a Galton. Él fue el primer norteamericano que recibió un doctorado en psicología con Wundt en Leipzig. Fue fundador y presidente de la Psychological Corporation (1917), presidente de la American Psychological Association (1895), fundó el laboratorio de psicología de la Universidad de Pensylvania (1887) y el de la Universidad de Columbia (1891). Tuvo gran influencia en la psicología y, según su opinión, ésta no podía lograr la certeza y exactitud de las ciencias físicas, a menos que descanse sobre el fundamento del experimento y de la medida. Su nombre ha quedado unido al empleo de los *tests* mentales, así como a las investigaciones en torno al tiempo de reacción. (Carpintero, 1998.) En el laboratorio que estableció en la Universidad de Pensylvania utilizó pruebas de tiempos de reacción y otras mediciones galtonianas con estudiantes del curso de laboratorio de psicología.

En 1890, publicó *Mind* donde describe las pruebas que había utilizado y empleó, por primera vez, el término "prueba mental". Tres años después fue contratado por la Universidad de Columbia y en esa institución estableció su segundo laboratorio y continuó trabajando con los tiempos de reacción y otras mediciones antropométricas. Durante ese tiempo, creó una batería de 10 pruebas que incluían mediciones de fuerza, ritmo de movimiento, sensación y percepción, periodo de atención, tiempos de reacción, estimación del tiempo y memoria para letras. Sus pruebas fueron la culminación de diversos intentos para medir los procesos psicológicos mediante mediciones físicas. Esos mismos intentos fueron hechos antes en Alemania por Griesbach y en Inglaterra por Galton. Para el año de 1991 quedó claro que el programa de pruebas antropométricas había fracasado. La prueba final la presentó uno de sus estudiantes al mostrar, utilizando el método de correlación de Pearson, que casi no había correlación entre los puntajes en una serie de pruebas de Cattell y el de otras pruebas. El mismo Cattell y otros psicólogos concluyeron que se necesitaban pruebas psicológicas para los procesos mentales complejos. Posteriormente, las pruebas desarrolladas por Binet, Terman y otros pudieron proporcionar tales mediciones y desplazaron por completo las de Cattell.

Durante su carrera profesional, Cattell realizó diversas investigaciones: estudió la memoria, juicios de categorías, los antecedentes familiares y la educación y concedió mucha importancia a la herencia. Durante sus 26 años de trabajo en la Universidad de Columbia, 50 estudiantes obtuvieron el grado de doctor. Tres de los más conocidos son Edward Thorndike (conocido por sus experimentos sobre aprendizaje instrumental en gatos), Robert Woodworth (prominente psicólogo experimental que sucedió a Cattell como director del departamento de psicología en Columbia) y Edward Strong (reconocido psicólogo industrial y vocacional).

La carrera de Cattell en Columbia tuvo un final abrupto debido a que fue despedido por su manifiesta oposición a la participación de Estados Unidos en la Primera Guerra Mundial. Luego de su despido, se dedicó a publicar y analizar empresas científicas. Fue editor, en 1894, de *Psychological Review*, la cual se publicó en años alternos hasta 1904. Tuvo también una larga relación con la publicación de la revista *Science*, fundada en 1880 y cerrada su publicación en 1894. Posteriormente, compró los derechos de la revista y en 1895 publicó una nueva serie de *Science*. En la nueva revista, aparecida en enero de 1896, Cattell publicó un artículo de Münsterberg sobre el descubrimiento de los rayos x. Dicho descubrimiento fue excitante y controvertido, por lo que fue favorable para la revista. Unos años más tarde, Cattell hizo un acuerdo con la American Association for the Advancement of Science (AAAS) y la revista *Science* se convirtió en la revista oficial de la asociación. Además de las mencionadas, Cattell publicó otras revistas: *Popular Science Monthly*, *American Men of Science* y *The American Naturalist*. Tuvo una vida profesional diversa y rica, fue el primer gran editor, promotor y hombre de negocios en psicología y ciencia. (Hothersall, 1997.)

Granville Stanley Hall (1844-1924) fue uno de los pioneros del funcionalismo y de la psicología norteamericana. Marx y Hillix (1992) lo describen como un psicólogo híbrido ya que combinó los rasgos de Wundt con los de James. Obtuvo el primer doctorado norteamericano en psicología durante la época de James, quien le entregó su diploma en la Universidad de Harvard. Luego viajó a Leipzig y por un periodo de dos años estudió con Wundt. De regreso a Estados Unidos fundó en 1883 en la Universidad de Johns Hopkin uno de los primeros laboratorios psicológicos. Su carrera profesional fue sumamente activa y variada. En 1887 fundó *American Journal of Psychology*, en 1888 presidió una nueva escuela para graduados en la Universidad de Clark, en 1891 fundó el *Pedagogical Seminary (Journal of Genetic Psychology)*, en 1892 (año en que Titchener llegó a Estados Unidos) se fundó la *American Psychological Association*, y él fue su primer presidente.

En la Universidad de Clark desarrolló la psicología como disciplina académica científica y esta nueva disciplina asumió la parte más importante en la institución. Dentro de sus actividades académicas logró reunir a Sigmund Freud, Carl Jung y Sandor Ferenczi, en el vigésimo aniversario de la Universidad de Clark. Debido a ello asistieron al evento famosos psicólogos de Norteamérica. Hall mantuvo una idea biologista de la psicología y creía que el individuo es una suma de impulsos y tendencias, en gran parte instintivas y también nacidas de la educación. Estos impulsos, afirmó, están básicamente guiados por el placer y el dolor, y ya activados la voluntad no los puede impulsar, sino que reprime una serie de tendencias hasta dejar una sola, la que se pone de manifiesto. En Estados Unidos Hall fue quien primero se sintió atraído hacia las ideas de Freud. A Hall se debe el desarrolló la psicología infantil y la del adolescente. Publicó dos extensos volúmenes titulados: *Adolescence* y debido a su interés en la vejez, a sus 78 años publicó: *Senescence*. Trabajó también en diversos campos de la psicología aplicada, como la educacional, la sexual, la psicología de la religión y la alimentaria. Durante 30 años se desempeñó como presidente de la Universidad de Clark y al abandonar su puesto le legó una parte de su fortuna para que se creara una cátedra de psicología genética. En 1923 escribió un libro de recuerdos titulado *La vida y las confesiones de un psicólogo*. Se puede afirmar que la influencia de Hall fue de manera indirecta y se puso de manifiesto en la apertura de una gran variedad de campos de interés, así como también de actividades. (Vidal, Alarcón y Lolas, 1995; Marx y Hillix, 1992; Carpintero, 1998.) Según Watson (1968), Hall fue más reconocido como el primer organizador y administrador en la psicología norteamericana que por sus contribuciones en la investigación o en la teoría psicológica. Sin embargo, estas funciones también deben tener su pionero y, en este caso, Hall lo fue para la psicología de Estados Unidos.

Como ya se mencionó anteriormente, el funcionalismo, apoyándose en el evolucionismo biológico y filosófico, se enfocó en el estudio de los procesos mentales y la utilidad de éstos en el constante esfuerzo de los organismos vivos por adaptarse a un entorno complejo, ambiguo y cambiante. Esta corriente de pensamiento más que un sistema bien organizado fue una dirección, un punto de vista, una actitud generalizada. Por esta razón, no se puede hablar de una única psicología funcional, sino de varias. Podría decirse que casi todas las universidades norteamericanas, salvo Cornell (sede del estructuralismo con Titchener), fueron funcionalistas en su orientación: Harvard con James; Princeton con Baldwin; Clark con Hall; Yale con Ladd; Columbia con Cattell; y Woodworth y Chicago con Dewey, Angell y Carr. (Tortosa Gil, 1998.)

William James (1842-1910) fue el principal antecedente norteamericano del funcionalismo. Cronológicamente podemos ubicar a James entre Wundt (10 años mayor) y Titchener (25 años menor). Fue catedrático en la Universidad de Harvard, primero de psicología y luego de filosofía. En 1876, en la misma institución fundó y dirigió un pequeño laboratorio de psicología experimental. En 1890 publicó su obra más fecunda compuesta de dos volúmenes, *Principios de psicología*, que fue un éxito inmediato y frecuentemente se cita como un clásico entre los clásicos. (García Vega, 1989.) En 1892 Holt publicó un compendio de los volúmenes titulado *Psicología: un curso breve*. Los dos libros fueron un éxito total, a tal punto que durante varios años fueron los textos psicológicos no sólo en Estados Unidos, sino también en Inglaterra, Francia, Italia y Alemania; también fueron traducidos al ruso. Una generación completa de psicólogos aprendió de ellos. Sin duda alguna esas dos obras ubicaron a James como el primer psicólogo de Estados Unidos. Se destacó también como conferencista debido a su brillante estilo, y como profesor, ya que se deleitaba con las preguntas de sus alumnos (en aquellos años no era frecuente que en Harvard el profesor permitiera cuestionamientos de los alumnos), lo que le ocasionó ser uno de los profesores más populares de la institución.

Entre sus publicaciones está también *Pláticas para los maestros* (1899), una colección hermosamente escrita conformada por consejos para el maestro. James no se destacó como experimentalista, su especialidad fueron los pensamientos claros y los *insights*; por lo que no sorprende que después del éxito obtenido con sus libros, se haya retirado de la investigación experimental. Para ese puesto buscó a Hugo Münsterberg, psicólogo alemán entrenado en la metodología introspectiva por el mismo Wundt, para que dirigiera el laboratorio de psicología de Harvard. (Hothersall, 1997.)

Tortosa Gil (1998) afirmó que James trató a la psicología como una ciencia natural, como una ciencia biológica; por tal razón se centró en los procesos mentales a los que consideraba como actividades funcionales para la supervivencia. Pensaba que la conciencia era como una estructura biológicamente relevante, adecuada para adaptar seres complejos a entornos también complejos. Por tal motivo, de acuerdo con él, el fin primero y fundamental de la vida psíquica es una acción de conservación del individuo. Visto así, la conciencia guía al individuo hacia objetivos concretos y selecciona el curso de acción más apropiado para satisfacer sus necesidades. Para él los hechos mentales no pueden ser debidamente estudiados si se los aísla del medio físico del que toman conocimiento. Su hipótesis era que la mente (estados de conciencia) y el cuerpo (procesos cerebrales) no son dos subsistemas diferentes en interacción, sino que la experiencia mental y la física (mundo natural) son diferentes aspectos de la misma y única experiencia. Esta corriente de pensamiento lo llevó a plantear la psicología en tres divisiones por analogía al sistema nervioso.

De esta manera amplía el objeto de la psicología al conjunto de actividad adaptativa: estudia los procesos aferentes y las condiciones orgánicas antecedentes, los procesos eferentes o consecuencias motoras y los procesos centrales o estados mentales. Todo esto da sentido a los otros dos aspectos que se vinculan al comportamiento. Así, su teoría trata de un esquema *e-o-r*. Entendido como tal, el organismo es una máquina que convierte estímulos en reacciones mediante la acción de la reflexión (intelección) que es la parte central de las operaciones de la máquina. En la psicología de James, la utilidad era el criterio básico por lo que enfatizó los resultados asimilando utilidad a verdad. El valor de las ideas no está en sí mismas, sino en su función, en la consecuencia práctica que generan. La veracidad de una idea es de hecho un evento, un proceso. Por tanto, no existen verdades fijas y definitivas, pero sí respuestas a cuestiones concretas. Este modo de entender la psicología abrió las puertas a la aplicabilidad de los conocimientos psicológicos y al desarrollo de tecnologías psicológicas ya que el criterio último de verdad no podía ser otro que su potencialidad de predicción y control. De acuerdo con James, el estudio de la conducta y del pensamiento humano requería de una aproximación científica cuando se asumía que la conducta estaba determinada, pero cuando trataba algunas cuestiones de tipo metafísico, que aparecían tras las cuestiones científicas, las aproximaciones subjetivas se presentaban como las más útiles.

Según Boring (1979), en la teoría de James sobre la corriente del pensamiento se ve claramente cuáles eran los principales puntos de oposición entre James y Wundt. James no dudó que el análisis era el método científico, creía que la descripción de la mente no debía implicar que ésta es solamente una reunión de elementos. Él decía que el principal aspecto de la conciencia es que fluye, al igual que un río. Si bien Wundt había afirmado que la mente es un proceso, los elementalistas no siempre recordaban este principio, por lo que en sus manos los procesos se convertían en algo fijo.

Sobre la teoría de la conciencia de James, Boring (1979) identificó cuatro características importantes: *1)* la conciencia es personal, los pensamientos le pertenecen a alguien y eso es un hecho esencial de ella. Con este enfoque James sentaba las bases para la psicología del yo; *2)* James señaló que la conciencia cambia constantemente. Decía que ningún estado que ya haya ocurrido podrá volver a ser idéntico a lo que fue. De esta manera daba a entender que los estados conscientes son una función de la totalidad psicofísica y que la mente es acumulativa y no recurrente. O sea, que los objetos pueden ocurrir, pero no las sensaciones o los pensamientos. Aquí, según escribe Boring (1979, p. 537), James se estaba anticipando a la psicología gestalt, especialmente a lo que Wertheimer llamó la "hipótesis de la constancia", la cual afirmaba que cuando el objeto-estímulo vuelve de nuevo, encuentra una mente diferente y juntos (el antiguo objeto y la nueva mente), conducen a un nuevo estado de conciencia.

Las argumentaciones de James contra el elementalismo de esa época eran tan claras y completas que se llegó a decir que él fundó la psicología gestalt 25 años antes de su nacimiento oficial; *3)* James argumentaba que la conciencia es continua, puede haber interrupciones en el tiempo pero no llega a confundirse (cuando a y b se levantan luego de haber dormido, a sigue siendo a, y b sigue siendo b, nunca llegan a confundirse). Durante el estado de vigilia los cambios de la conciencia nunca son abruptos. Sin embargo, mencionó que sí existen diferencias, ya que hay estados de conciencia relativamente estables (la corriente del pensamiento es calmada) y existen otros inestables (la corriente del pensamiento es más rápida y su descripción más difícil). Es necesario mencionar que, de acuerdo con James, las complicaciones en la corriente de la conciencia son bidimensionales, o sea que los cambios ocurren no sólo en el tiempo sino también de manera transversal. Las dimensiones extras de la conciencia las considera como una dimensión de la atención (o grados de conciencia); *4)* James estableció como característica importante de la conciencia el hecho de que es selectiva, que escoge. El principio de la selección es la relevancia. Vale decir que la conciencia selecciona lo que le permite realizar actividades lógicas y el pensamiento llega a conclusiones racionales.

James en su psicología se enfrentaba al problema del conocimiento consciente o alerta. Titchener una vez llamó a su psicología una "teoría del conocimiento", pero, según Boring (1979), habría tenido más éxito si, tomando en cuenta la importancia que James daba al método empírico, la hubiera denominado una "ciencia del conocimiento". Es indiscutible que el uso principal de la mente para el organismo es el conocimiento y que éste sobre el mundo exterior (percepción) es una clase importante de conocimiento. James se ocupaba de la conciencia pero no desconocía la importancia del sistema nervioso, ni del organismo, ni del mundo en el cual vive el organismo. Por tal razón se ve en él a un antecesor del conductismo, ya que cuando observó la relación entre un estímulo y una respuesta, observó una cognición. No sorprende, entonces que, en algunos aspectos, James se adelantara a la psicología de la gestalt y en otros al conductismo. (Boring, 1979.)

Hothersall (1997) menciona que James hizo otra contribución importante a la psicología: la teoría de la emoción. Se la conoce como teoría James-Lange porque el psicólogo danés formuló, casi al mismo tiempo, una hipótesis similar. De acuerdo con su teoría, existen ciertos ajustes innatos o reflejos del sistema nervioso a estímulos externos y la percepción de esos cambios es lo que constituye la emoción. Ante un estímulo emocional se producen en el organismo diversas alteraciones, como aceleración del ritmo cardiaco, respiración con mayor rapidez, transpiración y otras manifestaciones. Se llama emoción a la percepción de esos cambios. Entendido así, los cambios psicológicos son el material mental que constituye las emociones. Según esta teoría, una forma de intentar controlar las emociones indeseables sería aprender a controlar los cambios psicológicos que las acompañan. Esta teoría representó una contribución original y novedosa, la cual fue y sigue siendo muy considerada por los psicólogos, aunque menos atractiva para los fisiólogos. Boring (1979) señaló que las investigaciones fisiológicas desarrolladas por W. Cannon, H. Head y P. Bard, demostraron la importancia que tiene el sistema nervioso simpático y el hipotálamo en la emoción. Los descubrimientos nuevos fueron usados para enfatizar la deficiencia de la teoría James-Lange. Sin embargo, ésta es una teoría comportamental de la emoción. Por tal motivo hace que la conciencia dependa de la respuesta anticipándose así a los conductistas modernos.

Aún reconociendo, señala Tortosa Gil (1998, p. 269-271), la fragilidad y provisionalidad de la "nueva" psicología, James ofreció todo un programa de psicología científica que cautivó durante décadas el interés de los psicólogos norteamericanos. La propuesta de James de reducir la conciencia a un postulado, sus críticas al elementalismo, su interpretación de la vida psíquica en términos del esquema *e-o-r* (estímulo-organismo-respuesta), su propuesta de mente y su teoría de los instintos, su interpretación motriz de los fenómenos mediadores, la teoría del yo, su teoría del hábito y la asociación; en fin, su planteamiento de la psicología como una ciencia natural y práctica tuvieron una influencia decisiva en los psicólogos que con su trabajo diario convirtieron a la psicología estadounidense en una disciplina de gran influencia. Para finalizar puede decirse, según Boring (1979), que James con su psicología preparó el camino para el funcionalismo norteamericano, y John Dewey ofició el nacimiento de la escuela.

John Dewey (1859-1952) fue filósofo, educador y psicólogo, uno de los norteamericanos más ilustres de los últimos tiempos. En 1894 asumió la presidencia del departamento de filosofía en la Universidad de Chicago. Este departamento incluía tanto psicología como pedagogía. Durante su estancia en dicha institución Dewey publicó su investigación titulada "El concepto de arco reflejo" (1896) en el *Psychological Review*, la cual se convirtió en un clásico de la psicología y marcó el inicio formal del funcionalismo. Su gran influencia en el pensamiento norteamericano, según Boring (1979), se debió a que fue el filósofo del cambio social. Dewey buscaba el tipo de progreso al que se llega mediante la lucha de la inteligencia con la realidad, por lo que estaba a favor de la experimentación, del uso y de la innovación, aspectos que caracterizan el pragmatismo de la psicología funcional (p. 576). Comenta Boring que la fe que tuvo Dewey en el valor del uso fue lo que le permitió romper con el estereotipo convencional, definir la psicología de acuerdo con el temperamento norteamericano y rechazar exitosamente el método alemán.

Muy influido por la teoría de Darwin, Dewey enfatizó la funciones y el valor adaptativo de la mente y la conciencia. En su investigación sobre el concepto del arco reflejo, asumió una posición contra el reflexionismo. Señalaba la importancia de tener en cuenta las coordinaciones totales, más que la suma de arcos reflejos constituyentes. Tampoco debía entenderse el arco reflejo como un estímulo seguido por una respuesta con una sensación intercalada entre los dos. Según Dewey, el reflejo era una coordinación indivisible, un instrumento para efectuar una coordinación exitosa. Entendido así, el estímulo y la respuesta son estrictamente correlativos y coetáneos, así pues, el estímulo que desencadena la respuesta era lo que debía ser descubierto. El énfasis que Dewey hacía en las coordinaciones totales fue una anticipación de la psicología gestalt. Al considerar a la coordinación como adaptativa y con propósito, también estaba ocupando una posición en la historia de la psicología dinámica. (Boring, 1979.)

El trabajo sobre el arco reflejo fue la última contribución de Dewey a la psicología propiamente dicha. Mientras estuvo en Chicago siguió trabajando en educación y filosofía. Si bien estaba de acuerdo con Darwin respecto a los recursos finitos, limitados y la lucha competitiva cada vez mayor por la sobrevivencia, veía a la cultura, la educación y los sistemas de gobierno como diferenciadores de la especie humana. Las escuelas son parte de la cultura, por tanto, creía que la educación es un medio crucial para asegurar que la gente participe y compita con sus mejores habilidades por la sobrevivencia. Un punto importante es que se oponía al derecho divino, a las aristocracias heredadas y a los sistemas de gobierno no democráticos. La educación, según su opinión, es la encargada de proporcionar oportunidades educativas y ocupacionales similares para todos. En 1899 publicó su libro *La escuela y la sociedad*, el cual fue una gran influencia para su época. En él explicaba que para tener éxito, todo sistema educativo debe satisfacer cuatro necesidades psicológicas: conversación, curiosidad, construcción y expresión artística.

En 1896 comenzó un laboratorio escuela para niños de edad elemental. El propósito no fue crear una escuela de entrenamiento para maestros, sino un laboratorio para analizar cómo pensaban y aprendían los niños y cómo enseñarles mejor. Esto sirvió como modelo para otras escuelas similares. Dewey estaba convencido que la educación debía fomentar el crecimiento, mantener la mente flexible y permitir a los niños que participen en el proceso educativo. Según él, la educación no era transmitir el conocimiento convencional, sino desarrollar la inteligencia creativa y la versatilidad. La función del maestro no era transmitir el dogma, sino fomentar el pensamiento divergente. Evidentemente éste era un pensamiento revolucionario. Dewey no estaba interesado en entrenar maestros, por lo que se negaba a permitir que esa tarea se realizara en su escuela. Sus críticos convencieron al presidente de la universidad para que fusionara la escuela de Dewey con el Instituto de Entrenamiento de Maestros, el cual operaba en el Departamento de Educación. La fusión se hizo sin el consentimiento de Dewey, por lo que se sintió agraviado. Si bien le ofrecieron la dirección de la Escuela de Educación, en 1904 renunció a la Universidad de Chicago. Posteriormente se le ofreció un puesto en la Universidad de Columbia, en el que permaneció hasta el final de su vida. (Hothersall, 1997.)

Dewey estableció el programa para el movimiento de la educación progresiva y, en 1900, cuando se retiró como presidente de la American Psychological Association, leyó su trabajo titulado "La psicología y la práctica social". Dewey fue quien influyó en la aplicación del pragmatismo a la educación ya que, según su visión, la educación es la vida, aprender es hacer y la enseñanza debe centrarse en el estudiante más que en el tema. Tomando en cuenta estos principios, sus seguidores incurrieron en excesos, que Dewey tuvo que cargar como errores propios. Para concluir, la carrera de Dewey como psicólogo finalizó en 1904, aunque siguió siendo una figura e influencia en la historia de la psicología norteamericana. (Marx y Hillix, 1992; Hothersall, 1997.)

James Angel (1869-1949), según Boring (1979), fue quien reemplazó a Dewey. Trabajó en Harvard en la época de James, así que cuando llegó a Chicago, en 1894, ya estaba bastante compenetrado en la psicología funcionalista. En este lugar permaneció hasta 1920; un periodo prolongado que le permitió ver los cambios que tuvo la psicología norteamericana. Se asoció desde el inicio con A. Moore y juntos investigaron y publicaron su estudio experimental sobre el tiempo de reacción. Fue un trabajo muy meritorio por lo que obtuvieron un lugar importante dentro de la historia de la psicología experimental. Lograron sintetizar el planteamiento de Titchener y la antítesis de Baldwin, demostraron que había dos clases de reacciones (sensoriales y musculares: Titchener) y dos clases de reactores (sensoriales y los motores: Baldwin). Marx y Hillix (1992) señalan que Angel y Moore mostraron notables diferencias individuales en los tiempos de reacción entre los sujetos principiantes, en algunos de ellos eran más rápidos los tiempos sensoriales, pero con la práctica continuada se hacían más rápidos los tiempos motores. Estos hallazgos mostraron la diferencia básica entre la posición estructuralista (con su énfasis en el observador muy entrenado) y la posición funcionalista en desarrollo (con la aceptación de datos de observadores tanto principiantes como entrenados).

Titchener estaba perdiendo la batalla y Angel se estaba convirtiendo en el ganador. En 1903 Angel publicó un trabajo sobre la relación entre la psicología estructuralista y la funcionalista, en 1904 un manual y más tarde, en 1906, publicó la expresión más clara de la posición funcionalista: "El campo de la psicología funcionalista". Este trabajo fue presentado en su discurso como presidente de la American Psychological Association. En éste subrayó tres aspectos importantes de la psicología funcionalista: *a*) el primero señalaba al funcionalismo como una psicología de las operaciones mentales (en contraste con la psicología estructuralista de los elementos mentales). A la pregunta *¿qué?* de la mente, se debía incluir las respuestas al *¿cómo?* y *¿por qué?*; *b*) el segundo aspecto del funcionalismo señalaba cómo esta nueva psicología concebía a la conciencia. La mente, según este enfoque, funciona como mediadora entre el organismo y su ambiente. Se hace activa cuando trata de acomodarse a una situación nueva; *c*) como tercer aspecto señaló que la psicología funcionalista era una psicología de las relaciones psicofísicas. De esta manera el funcionalismo era la psicología de la relación total entre el organismo y el ambiente, o sea, se incluían todas las funciones mentales y corporales. Marx y Hillis (1992) mencionan que fue Angel quien logró que el departamento se separara del de filosofía y que se desempeñara como presidente en el tiempo que partió Dewey a Columbia. Lo convirtió en un centro dedicado a los estudios funcionalistas y colaboraron en él destacados estudiantes, como John Watson y H. Carr. Posteriormente dejó la Universidad de Chicago y en 1921 tomó el cargo de presidente de la Universidad de Yale, mismo que desempeñó hasta su retiro en 1937. El trabajo administrativo hizo que abandonara su intensa actividad en la psicología.

Así se iban sucediendo los cambios y los avances en la psicología norteamericana cuando se produjo, según lo señala Tortosa Gil (1998), otro momento de enfrentamiento. Éste ocurrió cuando se trató de clarificar el significado del término "función", el cual había sido criticado por una utilización inconsciente y vaga. Con el propósito de aclararlo, Ruckmick, en 1923, realizó una amplia revisión y después de examinar 15 manuales señaló dos categorías del término "función": *1*) que el término era sinónimo de actividad mental y *2*) que designaba la utilidad de una actividad que para el organismo tenía algún propósito. Enfocado en la misma tarea, Dallenbach buscó el origen del término en la psicología norteamericana y afirmó que el funcionalismo era tan sólo una extensión de la vieja y desfasada psicología de las facultades, mencionó también que él podía remontarse a la frenología.

Harvey Carr (1873-1954), sucesor de Angel en la dirección del Departamento de Psicología en la Universidad de Chicago, fue el encargado de responder a esas nuevas críticas contra el funcionalismo. Aclaró que los dos usos no eran incompatibles y que no era absurdo hablar sobre la "función de una función". Señaló que ese mismo uso del término se encontraba también en la fisiología. Algunas veces se utiliza el término como actividad y en otras la utilidad de una actividad. Ejemplo de esto es la actividad respiratoria y la respiración como función, al decir que es la que suministra oxígeno a la sangre o elimina productos de desecho. Afirmó también que los psicólogos usaban el término *función* siempre que tratan una relación contingente sin considerar que también la relación puede ser acto y estructura, de causa y efecto, o de medio y fin. Por tanto, una relación contingente y una relación funcional son expresiones sinónimas. Entonces, Carr considera al término función como una relación de contingencia, por lo que establece que la psicología es el estudio de las relaciones funcionales o contingentes entre eventos antecedentes y consecuentes. (Carr, citado por Tortosa Gil, 1998.)

Los postulados de la psicología de Carr eran que la conducta es intrínsecamente adaptativa e intencional, que todos los estímulos sensoriales afectan a la conducta, que no había una diferencia absoluta entre un motivo y cualquier otro motivo, que toda actividad se inicia por algún tipo de estímulo sensorial y que cada respuesta modifica la situación estimulante. En relación con la metodología de investigación de la escuela de Chicago, se prefería el experimento a la observación naturalista y el aprendizaje era el área clave para el estudio. A pesar de que el funcionalismo tenía un enfoque conductista, sus datos eran tanto objetivos como subjetivos (no se había eliminado el método de la instrospección), pero a medida que el funcionalismo maduraba, la naturaleza de los mismos fue cada vez más objetiva. El corazón del programa de investigación funcionalista estaba en el aprendizaje, el cual era un proceso de establecer conexiones asociativas. Carr se inclinaba por adoptar los principios asociacionistas en sus explicaciones de aprendizaje a tal punto que, se puede decir, los que continuaron con la tradición de Chicago no se diferenciaron de los que la siguieron.

La investigación se enfocó a diversos aspectos relacionados con el aprendizaje, tales como los factores que influyen en la velocidad y el curso del aprendizaje (más que en la naturaleza del proceso), y en los problemas de la retención y la transferencia. En lo que respecta a Carr, él se interesó en estudiar en qué condiciones y en qué momento debía introducirse la orientación o la tutoría en el aprendizaje. Para esto estudió el comportamiento animal (ratas en laberintos). Concluyó que debía utilizarse la iniciativa del animal recurriendo lo menos posible a la orientación activa pero, de hacerse, debía ser al inicio del aprendizaje. Las investigaciones de Carr permitieron aplicar esos principios a la enseñanza y aprendizaje humanos y mostrar que con cautela, los resultados obtenidos en animales, podían generalizarse a problemas humanos. En el estudio de los animales Carr fue un perfecto conductista, pero en el estudio de los seres humanos no deseaba ser clasificado como tal, ya que prefería una aproximación más flexible y tener un campo más amplio. Si bien fue un experimentador cuidadoso y preciso, comprobó que muchos trabajos importantes podían efectuarse sin el uso de métodos experimentales. Algunas de sus publicaciones más importantes fueron: en 1925, *Psicología: un estudio sobre la actividad mental* y, en 1935, *Introducción a la percepción del espacio visual.* (Hothersall, 199.)

Robert Woodworth (1869-1962) obtuvo su doctorado con Cattell y fue compañero de Thorndike. Fue profesor en la Universidad de Nueva York, Liverpool y Columbia. Los estudiantes más distinguidos de Cattell fueron Thorndike y Woodworth y a su vez ellos contribuyeron a la formación de otros destacados psicólogos. En el caso de Woodworth se pueden citar los siguientes discípulos: H. Jones (doctorado en 1923 y líder en California en el campo de la psicología infantil), H. Garret (doctorado en 1923, director del departamento de psicología en Columbia), M. May (doctorado en 1917, director del Instituto de Relaciones Humanas en Yale) y Florence Goodnenough (doctorada en 1924, experta en psicología infantil y del desarrollo en Minnesota). (Carpintero, 1998; Boring, 1979.)

A lo largo de su trayectoria tuvo una producción científica importante. Entre sus principales publicaciones están: *El movimiento* (1903), *Psicología fisiológica* (1917), *Psicología Dinámica* (1917), un famoso libro de texto con cinco ediciones, la primera en 1921 y la quinta en 1947 (el cual se vendió durante 25 años), *Escuela contemporánea de psicología* (1931) y el famoso manual *Psicología experimental* (1938). Publicó también un extenso número de artículos, 10 de ellos se refieren a problemas sistemáticos, otros 15 tratan sobre psicología anormal, psicología diferencial, fenómenos motores y psicología educacional. Junto con Thorndike escribió sobre la transferencia del adiestramiento y sobre el control voluntario del movimiento. Otros temas que abordó fueron el problema del pensamiento sin imágenes, la conciencia y la psicología dinámica. Si bien él se llamaba a sí mismo un psicólogo dinámico, era mucho más funcionalista. Buscó un sistema que todos los psicólogos pudieran suscribir, casi lo logra a no ser por algunos psicólogos con quien él estaba en desacuerdo, como Watson (la instrospección no debe emplearse y las únicas actividades que debe descubrirse son las motoras y las glandulares), Titchener (todos los descubrimientos genuinos de la psicología deben consistir en sensaciones), y Münsterberg (la psicología científica nunca podrá enfrentarse con la vida real). (Boring, 1979.)

El interés de Woodworth estaba en la motivación, por lo que afirmó que su pretensión era elaborar una motivología. Según su opinión la psicología es "un intento por comprender las actividades de la mente [...] conocer cómo aprendemos y pensamos, y qué es lo que empuja a la gente a sentir y actuar como lo hace". Se interesó en la causa y el efecto, por lo que puede ser su corriente como dinámica. Su psicología considera al individuo como un todo. Ni la experiencia ni la conducta tomadas aisladamente proporcionan un sistema coherente de procesos para un tratamiento causal. Entonces, tomando en cuenta que la experiencia no es realmente pasiva, sino que depende de la vida y energía del individuo, es posible combinar experiencia y conducta bajo el nombre de "actividad" y decir que la psicología es el estudio de las actividades del organismo como tal. (Woodworth, citado por Tortosa Gil, 1998, p. 279-280; Boring, 1979.)

En ese enfoque causal, según señala Tortosa Gil (1998), el estímulo no es la causa directa de la respuesta, ya que ésta puede mostrar más energía de la que estaba presente en el estímulo. El mismo estímulo puede, en diversas ocasiones, dar lugar a una gran variedad de respuestas diferentes. Por tanto, la relación del estímulo y la respuesta no es una relación de causa y efecto, ya que el estímulo es una parte de la causa de la respuesta, la otra es el propio organismo (su fisiología, su experiencia y su condición en el momento en que es afectado por el estímulo). La importancia que él atribuyó a los aspectos impulsores del comportamiento ayudó al establecimiento definitivo de la motivación en psicología (p. 280).

Para finalizar, Heidbreder (1960) señala que "desde el punto de vista de la ciencia pura, el funcionalismo fue acusado de ser una mera tecnología [...] de ocupar un lugar inferior al de una disciplina desinteresadamente consagrada a la búsqueda de la verdad" (p. 210). La razón de esto se debió a que el funcionalismo nunca intentó desinteresarse de los resultados y aplicación práctica. A este respecto Carr, según la autora, comentó que si la ciencia pura es efectivamente desinteresada, no debe importarle si sus descubrimientos son o no útiles. La preferencia por los resultados sería una violación al espíritu de la ciencia pura, ya que lo que hace científico a un estudio es el estar apegado al método científico y no al objeto al que se ocupa ni al marco donde se realiza. Entonces, si bien el funcionalismo tiende a interesarse por los logros prácticos, ese interés jamás violó los principios científicos, ya que, se trate de ciencia pura o aplicada, los aspectos esenciales del método científico son los mismos.

Según Heidbreder (1960), gracias a que el funcionalismo demostró más interés en llevar adelante su propio programa que en responder a las críticas de sus opositores, logró ejercer una fuerte repercusión sobre la psicología norteamericana. Ella recuerda la frase de Titchener "el hombre incluido en el mundo", el éxito del funcionalismo se debió en gran parte a ello, a que la psicología norteamericana se ocupara del "hombre incluido en el mundo". El estudio de las funciones implica estudiar actividades que se relacionan con el mundo. "Actividades que se inician con estímulos externos y terminan con acciones complicadas en el mundo exterior" (p. 211). Debido a esto la principal contribución del funcionalismo fue su concepción de los procesos psicológicos como algo no remoto y escindido, o sea, operaciones que modifican en alguna medida el mundo y no como simples reflejos de los acontecimientos que los acompañan.

La temprana oposición del funcionalismo a las sofocantes restricciones del estructuralismo, prestó un servicio real al desarrollo de la psicología norteamericana. Pero a pesar de su importancia, el funcionalismo no construyó grandes teorías ni tuvo mucho de escuela o de sistema. Las razones por las que perdió su posición se debieron en parte, al surgimiento de movimientos nuevos y agresivos como el conductismo (con su posición radical) y la psicología gestalt (la cual gozaba de prestigio). Otra razón es que el funcionalismo no era de fácil vulgarización ni se adaptaba a los hábitos mentales del sentido común. Si bien reconoció los aspectos psíquicos y físicos de la experiencia, el funcionalismo es dualista (lo define como psicofísico) y no separa las dimensiones tan radicalmente como lo hace el sentido común. Por tanto, el funcionalismo al abandonar ese modo de pensar (materia-espíritu, anímico-fisiológico) destruye la armonía que guardaba el sentido común. A pesar de no haber formado escuela, su criterio y sus métodos han sido aceptados y hoy son parte integral del patrimonio común de la psicología y no de una escuela determinada. Como bien señala Heidbreder (1960), "si los funcionalistas no procuraron hacer escuela sino legitimar ciertos métodos de pensamiento y de investigación, ampliando así la esfera de la investigación psicológica, han realizado precisamente lo que se propusieron[...] Sus métodos y sus problemas penetraron en la psicología de tal manera que ya era imposible distinguirlos como propiedad de una escuela particular. Desde el punto de vista de los principios básicos del sistema mismo, no se podía terminar de manera más feliz" (p. 212).

Psicología de la gestalt (o de la forma)

Surgió a partir de los trabajos de Wertheimer (1880-1943), Köhler (1886-1941) y Koffka (1887-1967). Es una corriente nacida y desarrollada en Europa (posteriormente, debido a las vicisitudes de la vida de sus exponentes, entró en contacto con la psicología norteamericana), surgió como una respuesta a la psicología de Wundt cuyos representantes adoptaron un radical antielementismo. Según señaló García Vega (1989), los antecedentes históricos de esta corriente se remontan a Anaxágora, Heráclito, Platón y Aristóteles; sin embargo, según Legrenzi (1986), el pensador principal y de más peso en la psicología gestalt es Immanuel Kant (1724-1804). Este filósofo propuso una solución a la fragmentación entre empirismo y racionalismo mediante el concepto de síntesis *a priori*, un proceso en que la mente no es pasiva (antiempirismo), ni saca su actividad de ideas innatas o de otros principios que se apartan de la experiencia (antirracionalismo).

Para Kant el acto de conocer es una actividad unitaria y unificadora en que la materia proporcionada por los sentidos es organizada según formas propias de la mente, punto de vista cercano al gestaltista. Este aspecto de la mente queda subrayado en la obra de Brentano (sus puntos de vistas fueron abordados en este mismo trabajo en la psicología estructuralista), su tesis fundamental sostiene que el espocto específico de los fenómenos psíquicos es su intencionalidad. Por tanto, el objeto de la psicología no es el material proporcionado a nuestros sentidos; es decir, las cosas que vemos, oímos o recordamos, sino el acto de ver, oír o recordar. Al aspecto activo del perceptor y no al material percibido, Brentano lo llamó "psicología del acto". Éste es un punto de vista antielementista, pues señala el papel asumido por el sujeto y no atribuye al dato sensorial simple la importancia que le atribuye Wundt. (Legrenzi, 1986.)

García Vega (1989) lista otros filósofos y científicos que también influyeron en esta corriente: Brown, Mill, Bain, Ward y Stumf (sus aportaciones fueron ya mencionadas en este mismo trabajo en la psicología asociacionista y el último de ellos en la estructuralista). También los trabajos de Karl Müeller (investigó la organización del material a memorizar), A. Meinong (cualidades de la forma), von Ehrenfels (la forma es distinta de las partes), E. Jaensch (estudió la agudeza visual como resultado de una interacción de sistemas), D. Katz y E. Rubin (estudios sobre figura-fondo). En Estados Unidos W. James (consideró a la corriente de la conciencia como un todo), J. Dewey realizó estudios del arco reflejo como totalidad con función biológica). Todos los personajes mencionados fueron los antecedentes principales del desarrollo de la psicología gestalt.

Según el mismo autor, la Gestalt no está de acuerdo con aquellos planteamientos que ven a la conciencia como un conjunto estructurado de elementos. Para los gestaltistas el "todo" (cualquier experiencia o proceso psíquico) es más que la suma de los elementos que lo componen, y cualquier análisis artificial destruye el "todo" y se aleja del conocimiento. Según sus puntos de vista, aprender es comprender la relación de las partes formando un todo. Los principales representantes de esta psicología son: *1)* **Marx Wertheimer (1880-1943)** es considerado el creador del movimiento, plasmó sus hallazgos en su *Estudio experimental sobre la visión del movimiento* (1912). En su investigación mostró que si se analiza el movimiento aparente, éste se destruye y entendiendo sus partes no se logra captar el todo; *2)* **Kurt Koffka (1886-1941)** fue el escritor más prolífero y preciso de la escuela, entre sus obras están: *Fundamentos del desarrollo psíquico de la psicología infantil* (1921) y *Principios de la psicología de la gestalt* (1935); *3)* **Wolfgang Köhelr (1887-1967)** se destacó por sus trabajos sobre solución de problemas y aprendizaje con animales. Plasmó sus ideas en su libro *La mentalidad de los antropoides* (1917). Años después (1935) se estableció en Estados Unidos; *4)* Hubo otros psicólogos que se sintieron atraídos por esta corriente, entre ellos: **W. Metzger, K. Duncker, F. Krueger, F. Sander, H. Volkelt, A. Wellek** y **K. Lewin**. Los métodos de investigación que empleaban los geltaltistas eran: estudios objetivos, introspección (no se requería que fuese controlada por sujetos entrenados), las observaciones ingenuas de la experiencia directa y la utilización de figuras y colores. (García Vega, 1989.)

Según Legrenzi y otros (1986) es posible identificar tres aspectos que caracterizan el modo de proceder de los gestaltistas: *a) la actitud fenomenológica del investigador ante los datos perceptivos,* o sea, los hechos tal y como los proporcionan los órganos sensoriales que se derivan de la experiencia. El gestaltista observa lo real, acepta la experiencia y capta una objetividad genuina que se basa en lo que observa, que es la experiencia misma. Esta actitud se diferencia del introspeccionista en que éste intenta descubrir sensaciones, o del conductista que para evitar lo subjetivo del método introspeccionista toma en cuenta sólo las variables que pueden ser medidas o cuantificadas de manera objetiva; *b) la teoría de campo les permite formular las leyes que dirigen las organizaciones perceptivas*: el concepto de campo se relaciona con otros términos como fuerzas, campo, equilibrio, ya que el orden en las cosas es de tipo dinámico. Para la gestalt, todo fenómeno requiere una explicación según una teoría de campo; por ejemplo, la atracción que se experimenta hacia una persona, el deseo de evitar una situación desagradable, el esfuerzo por recordar un rostro conocido, etcétera. Construir una teoría de campo significa detectar las reglas precisas de la interacción entre las partes. Wertheimer (1923) fijó los principios más generales que luego fueron consagrados por la tradición experimental, tales como: cercanía, semejanza, buena continuación, pregnancia, destino común, clausura y experiencia precedente. Estos principios se sitúan en relación con la experiencia directa, son métodos de descripción, nacen en el dato fenoménico y se orientan al mismo con la finalidad de dar indicaciones sobre cómo se comporta el campo fenoménico; *c) la interpretación de los hechos así estudiados deberá tomar en cuenta el funcionamiento del sistema nervioso central*: aun en los casos más sencillos se tienen que explicar los datos perceptivos desde la estimulación de los órganos de los sentidos.

Para los gestaltistas el objeto de estudio es: *1)* la *experiencia* (interna o externa) inmediata, la cual tiene las características de una gestalt (forma); *2)* el *todo es más que la suma de las partes*, es decir, percibir es dar significado y sentido a los datos que proceden de los sentidos. De tal percepción se tiene la gestalt, un conocimiento de la totalidad y no de sus componentes aislados; *3)* el *todo es antes de las partes*, para los gestaltistas la experiencia perceptiva del todo surge en un primer y único acto. Visto de esta manera, el todo es considerado como un fenómeno, una experiencia no crítica, corregida o artificial; *4)* el *todo es una experiencia no aprendida*, los gestaltistas defienden que salvo en las primerísimas experiencias infantiles, la gestalt se da sin necesidad del aprendizaje. Ellos defienden que en el cerebro existen unas estructuras innatas que permiten ver el todo como una estructura regular (círculo, rectángulo, etcétera) como si fuera característico del cerebro percibir buenas figuras; *5)* el *todo es una resultante isomórfica de la estructura física del estímulo y la estructura neuronal*; según estos psicólogos, la percepción está determinada por la estructura del estímulo y la estructura nerviosa innata que percibe tal estímulo. De igual manera las circunstancias del estímulo favorecen el agrupamiento o la formación de la experiencia perceptiva total (por ejemplo, los elementos más próximos, los semejantes en figura y color, el tamaño relativo y otros). Estos aspectos tienden a determinar el modo de organizar o percibir la realidad, por tanto esta teoría no toma en cuenta el papel del sujeto. Posteriormente, en los años treinta, un grupo de psicólogos norteamericanos (Bruner, Postman, Goodman, Mc Clelland y Atkinson), siguiendo el enfoque funcionalista de James, trataron de demostrar empíricamente la intervención activa del sujeto en la gestalt (necesidad biológica, el refuerzo positivo-negativo, el estrés, la expectativa, los valores, etcétera); *6) el todo permanece a pesar de las partes*, se basa en que el mundo que percibimos es un mundo de objetos estables que no cambia de un momento a otro a pesar de las variaciones de los estímulos. A pesar de que las condiciones fisiológicas pueden ser alteradas por factores externos, el organismo suele reaccionar de un modo autorregulativo de manera tal que le permite conservar su identidad (por ejemplo, en la constancia en la percepción de la brillantez y del tamaño de los objetos); *7) el significado y función de las partes depende, frecuentemente, del todo del que son partes*, ejemplo de esto es la figura en la que puede verse la cara de una vieja o la de una joven. En la vida cotidiana un mismo hecho tiene un significado y valor diferente según la situación dentro de la cual se encuentra enmarcado; *8) aprendizaje*, los gestaltistas aplican al aprendizaje los mismos principios de la percepción. Entendido así, el aprendizaje es un proceso en el que un conjunto de datos u objetos, en un principio inconexos entre sí, se relacionan (por ejemplo el chimpancé en la jaula, las cajas que están amontonadas en un rincón dejan de ser recipientes para convertirse en peldaños que le permiten alcanzar el plátano que está colgado del techo). Visto así el aprendizaje supone una reestructuración del campo perceptivo. Aprender es abarcar, organizar, construir un todo, una gestalt de manera súbita con un conjunto de objetos y datos presentes en un momento dado. (García Vega, 1989.)

Entre los principios básicos que caracterizan a la psicología gestalt, están: *1) las leyes de las formas*, pueden ser listados en 12 principios básicos que se aplican especialmente a la forma visual: a) forma, b) figura-fondo, c) articulación, d) buena forma, e) forma fuerte, f) forma cerrada, g) organizaciones estables, h) simetría, i) similaridad, j) significado, k) constancia del objeto, l) relación; *2) la relatividad y la trasposición*: los psicólogos de la gestalt mostraron que el sujeto o animal cuando escoge el objeto más grande o más brillante, seguirá haciéndolo aun cuando estos objetos cambien, es decir, rechaza el objeto que antes había preferido. Esto significa que aprender a preferir un círculo de seis centímetros a uno de cuatro es haber aprendido a preferir uno de nueve centímetros a uno de seis. O sea que lo que realmente ha aprendido es a escoger el más grande. Aprender a aceptar un objeto en una relación es aprender a rechazarlo en otra, porque dicha aceptación o rechazo depende no del objeto sino de la relación;

3) la constancia del objeto: los objetos que se perciben tienden a permanecer constantes en tamaño, en forma, en brillantez. Si bien los fenómenos de la constancia y la transposición se han conocido durante mucho tiempo, el reconocimiento de su significado es nuevo debido al aportado por la psicología gestalt; *4) la dinámica de campo*: ya mencionamos anteriormente que la preocupación de los psicólogos gestaltistas por el "todo" los condujo a valerse de la teoría de campo (Boring, 1979); *5) el isomorfismo* (del griego: igual y forma): sostiene que las unidades de la experiencia corresponden a unidades funcionales en los procesos fisiológicos subyacentes, o las propiedades estructurales de las experiencias son, al mismo tiempo, las propiedades estructurales de sus correlatos fisiológicos. (García Vega, 1989.)

Los gestaltistas intentan demostrar que procesos tan "abstractos" como pueden parecer los del pensamiento, la memoria y el aprendizaje tienen un soporte material preciso, así que están originados por hechos que prevén movimientos de átomos y moléculas. Estos científicos intentan hallar una solución en la que los pensamientos y los aspectos de la psique en general (soluciones que antes fueron ensayadas por la metafísica, la religión, los espiritualismos y las teorías que la variable no experimental llamaba sucesivamente ser, Dios, espíritu, sustancia, están determinados por procesos capaces de ser descritos en términos experimentales sin recurrir a entidades metafísicas). Para los gestaltistas este problema tiene que abordarse por la línea teórica indicada por el "postulado del isomorfismo"; si se parte de éste, cualquier manifestación del nivel fenoménico, desde la simple percepción de un objeto hasta la más complicada forma de pensamiento, tiene un correlato en procesos que, a nivel cerebral, presentan características funcionalmente idénticas. Para la gestalt si el mundo fenoménico posee una forma, una estructura, una dinámica; se tiene que encontrar, a nivel del sistema nervioso central, una forma, una estructura, una dinámica que las reflejen. Cabe decir que este postulado generó a la gestalt una crítica feroz. (Legrenzi y otros, 1986.)

Luego que el nazismo llegó a Alemania, los exponentes de la gestalt emigraron poco a poco a Estados Unidos. Por tanto, en Alemania nació y se consolidó la gestalt (entre 1912-1935), pero luego se añadió el periodo norteamericano, el cual representó la lucha por la sobrevivencia o por el reconocimiento. Durante ese periodo de desarrollo de la psicología gestalt, se suavizaron mucho las posturas intransigentes iniciales y permitió que se difundieran los aspectos más válidos de ella. La psicología norteamericana, desde sus inicios, aceptó temas y métodos de la teoría gestalt que se ponían de manifiesto en la psicología social. Esto se debió a que la complicación de los fenómenos y la complejidad de las variables hacen casi prohibitivo un análisis de tipo cuantitativo basado en el paradigma conductista. Otra razón es que los temas de que se ocupa la psicología social son más concretos, prácticos y más cercanos al espíritu norteamericano que las teóricas afirmaciones generales de los gestaltistas. Recientemente, a partir de los inicios de los años sesenta, el resurgimiento de los temas gestaltistas se ha hecho más consistente con la aparición del cognitivismo (la necesidad de explicar aquellos aspectos organizados, constructivos, globales de los fenómenos psíquicos que no encajan en el método reductivo del conductismo); por lo que tanto la gestalt como el cognitivismo todavía desempeñan un papel activo e importante en la investigación psicológica contemporánea. (Legrenzi y otros, 1986.)

El surgimiento de otras corrientes: el conductismo

Como oposición a toda psicología que se refería a la conciencia (por considerarla inútil, imperfecta, mero resabio de supersticiosa creencia medieval en el alma) surgió el conductismo de **John Watson** (1878-1958) y el de sus continuadores quienes adoptaron una posición menos extrema. Según el fundador, debía tratarse de romper con el pasado, empezar de nuevo y construir una nueva ciencia. Si la psicología quería convertirse en ciencia debía seguir el ejemplo de las ciencias físicas: hacerse materialista, mecanicista, determinista y objetiva. (Heidbreder, 1960.) Su contribución residió en la congruencia y el extremismo de su punto básico. Se puede decir que no sólo negó la utilidad sino también la existencia de la conciencia. De acuerdo con Watson, la conciencia no ejerce efectos causales en la conducta. Actualmente, su punto de vista metodológico es aceptado por casi todos los psicólogos experimentales pero la unanimidad ya no está cerca y, como señalan Marx y Hillix (1992), tal vez su aceptación vaya en disminución. El conductismo watsoniano tuvo la claridad y la fuerza de su fundador y fueron las limitaciones del estructuralismo las que daba alientos a cualquier movimiento que se apartara de él. Sin embargo, las críticas al conductismo han sido y siguen siendo vehementes por lo que sus seguidores lo cambiaron de manera notable. Lo que permaneció como piedra fundamental ha sido la metodología conductista, a tal punto que en la actualidad se la debe ver como una contribución sólida y duradera. Los principios más importantes del conductismo de Watson, y el de sus seguidores, se desarrollan más ampliamente en el siguiente capítulo de este libro.

Psicología dinámica

Boring (1979) señaló que la psicología dinámica es el campo de la motivación y a pesar de que no es una escuela, incluye varias de ellas. La de los psicoanalistas, según este autor, es la psicología más dinámica, la cual cuenta con un fundador, tiene líderes, un lenguaje especial, intensidad ideacional, límites y normas que definen la ortodoxia. La psicología dinámica incluye a la primera psicología dinámica de Woodworth, a la de Mc Dougall, a la de Tolman, a las contribuciones de Murray y a otros que trabajaron con diversos problemas de personalidad y motivación. Según el propio Woodworth (citado por Heidbreder, 1960), la psicología dinámica "es un sistema modesto, positivo, de carácter no agresivo" el cual se presentó en una serie de conferencias que una vez que fueron publicadas se convirtieron en un volumen sin mayores pretenciones. Woodworth señaló que, en general, los psicólogos se orientaron en la misma dirección y que a pesar de que existieron discrepancias, el objeto de estudio –llamado "operaciones del espíritu"– es el mismo. La diferencia que hay entre los psicólogos científicos y los dinámicos es el método. Los primeros extraen conclusiones de hipótesis probadas mediante experimentos especialmente preparados, los segundos basan las conclusiones sobre las experiencias acumuladas. La psicología dinámica es la que se interesa en la causa y el efecto, desea saber por qué la gente hace lo que hace, cómo aprende y piensa, por qué siente como siente y actúa como actúa. Para entender todas estas actividades se necesita alcanzar una visión lo más completa posible del proceso estudiado. Para lograrlo se necesita observar todo su desarrollo, descubrir los mínimos detalles y sus tendencias generales. Esto es lo que permitiría decir que tal hecho particular es causa de tal otro. Según Woodworth, el objeto de la psicología dinámica no es la conciencia ni la conducta sino ambas, lo que es posible sólo por medio de la introspección.

Volviendo a los autores representantes de esta psicología, Boring (1979) afirmó que sin duda alguna la fuente principal es **Freud** y sus antecedentes se encuentran en la psicología clínica, sobre todo en la francesa de Mesmer, Charcot, Janet y Berheim. Boring señaló que el concepto de enfermedad no existía y las diversas aportaciones que se hicieron a lo largo de la historia pusieron de manifiesto los intentos por explicarla y abordarla. Las únicas medicinas que conocían los antiguos para los trastornos de voluntad eran la culpa, la amonestación y el castigo. Suponían que la causa de la enfermedad era la perversidad, la maldad y la posesión mágica o diabólica. Sólo hasta el siglo XX la ciencia tuvo el suficiente avance como para incluir la mente en un determinismo lo cual hizo posible el tratamiento humanitario de neuróticos y psicóticos.

Durante el Renacimiento se produjo un cambio paulatino en lo que respecta al estado del enfermo mental, pero al inicio se generó un sentimiento de incertidumbre e inseguridad. Fue en ese periodo que se publicó un tratado sobre brujería y de cómo aprehender a las brujas y los procedimientos para exterminarlas por medio de diversas torturas. Este tratado tuvo la aprobación del Papa, del rey de Roma y de la Facultad de Teología de la Universidad de Colonia. Se identificaba a la brujería con herejía y con la enfermedad mental. La Inquisición desapareció en el siglo XVIII y el Renacimiento surgió en todas partes. Pinel fue nombrado en 1794 jefe de Salpêtriere y logró establecer nuevos modos de tratamiento de las enfermedades mentales. Como medida importante quitó las cadenas y grilletes en Bicêtre. En Estados Unidos durante el siglo XIX se mejoraron considerablemente las condiciones de los dementes en las cárceles y manicomios. Estos datos históricos permiten entender por qué la motivación no pudo estudiarse de manera científica sino hasta el término del siglo XVIII.

Entre los autores que hicieron contribuciones en el tratamiento de las enfermedades mentales está Mesmer (1734-1815), que utilizando el hipnotismo logró curar algunas psiconeurosis sin saber a ciencia cierta qué estaba curando y siguió las propiedades anestésicas del *mesmerismo;* término que fue desacreditado en los círculos científicos. Braid, por su parte, hizo contribuciones sobre la hipnosis y estuvo a favor de la creencia que la sugestión es básica para el estado hipnótico. Su punto de vista terminó aceptándose aunque el *braidismo* no lo fue del todo. Liébault (1823-1904) comenzó a estudiar y practicar el mesmerismo en Nancy, deseaba curar y lo logró. Él influyó a Berheim y de ahí surgió la escuela de hipnotismo de Nancy que se opuso a la escuela de la Salpêtriere de Charcot.

Charcot (1825-1893) fue nombrado profesor de anatomía patológica y allí estableció su famosa clínica, la cual no fue sobrepasada por ninguna otra ni en Europa ni en ninguna otra parte. Janet y Freud fueron sus alumnos entre otros tantos fisiólogos. Charcot se dedicó a estudiar a los pacientes histéricos que llegaban a la clínica, clasificó sus síntomas y estudió sus ataques convulsivos; mantuvo la idea original de que la histeria era una enfermedad predominantemente femenina pero se adelantó a Freud en considerar que el sexo es un factor muy importante en la producción de la psiconeurosis. Trató a sus pacientes por medio del hipnotismo y tuvo cierto éxito, pero debido a la semejanza entre los síntomas de la hipnosis y los de la histeria pensó que la susceptibilidad a la hipnosis es característica de la histeria y, de cierta manera, un síntoma. Berheim (1837-1919) no estuvo de acuerdo con Charcot, por lo que desarrolló la tesis de Braid, en la que se afirma que la hipnosis es sugestión y existe igual sugestibilidad en el estado hipnótico como en el de vigilia. A él se debe el planteamiento de que la voluntad del hombre no siempre es libre.

La historia muestra que a pesar de que Charcot tuvo éxito estaba equivocado en su planteamiento, no así Berheim quien tenía razón y finalmente alcanzó el éxito. Le siguió Janet (1859-1947) alumno y sucesor de Charcot, quien se anticipó a Freud en el concepto del inconsciente porque se dio cuenta del abismo que había entre la psicología académica y la clínica; por ello en sus conferencias de psicología general introdujo conceptos y términos clínicos. Hasta su retiro escribió y dictó conferencias sobre anestesia, abulia, ideas fijas, histeria, obsesiones, psicastenia, fugas, personalidad, neurosis, amnesia, y otros temas clínicos. Como psicopatólogo Janet tiene un sitio entre Charcot y Freud; él nunca consideró que la histeria fuera una degeneración, sino que se trataba de una división de la personalidad causada por una concentración del campo de la conciencia en un sistema de ideas y su retracción de otras. De esa manera, avanzó hacia una teoría de la motivación de la histeria usando el término "atención". Más tarde se emplearon otros términos tales como disposición y actitud. En los años posteriores Janet habló de tensiones y fuerzas mentales, pero debido al avance que ya tenía el psicoanálisis tuvo poca influencia. Su contribución importante fue haber intentado unir a la psicología clínica y la académica. En cambio, Freud y sus seguidores, que eran criticados por los académicos, nunca trataron de llegar a un acuerdo.

Morton Prince (1854-1929) en Estados Unidos continuó con lo que Janet había iniciado y aseguraba que la clínica debía promover la instrucción e investigación en la psicología dinámica y anormal; además, debía funcionar dentro de la Facultad de Artes y Ciencias y no dentro de la Escuela de Medicina. Finalmente su intento logró concretarse. (Boring, 1979.)

Respecto a **Sigmund Freud** (1856-1939) y al **movimiento psicoanalítico**, podemos decir que fue una escuela personal centrada en torno a él, como fundador del movimiento, y a un grupo de discípulos. Pero el movimiento se extendió más allá de su control. Con la deserción de Adler, Jung y Rank, el psicoanálisis se convirtió en un campo intermedio, en una ciencia y en una forma de terapia que no fue aceptada ni por los psicólogos académicos ni por la profesión médica. Sin embargo, sus ideas se fueron infiltrando en ambos grupos, y así los psicólogos tuvieron que aceptar el concepto de motivación inconsciente. Freud propuso un modelo funcional para explicar la neurosis frente a lo anatómico y fisiológico de la época, destacó la importancia de la irracionalidad del comportamiento humano, o sea el inconsciente contra la tendencia oficial de la psicología que en Alemania partía de los aspectos conscientes y racionales de la mente. Debido a ello, Freud planteó que el enfoque estructural no era el más adecuado para estudiar la mente sino el enfoque dinámico. El estudio de sujetos neuróticos le permitió obtener un modelo que aplicó a los sujetos normales. (García Vega, 1989; Boring, 1979.) Más adelante profundizaremos en este tema.

Psicología humanista-existencial

García Vega (1989) señaló que frente al psicoanálisis freudiano, el cual parte de una idea pesimista del hombre, y del conductismo para el que las personas no son algo en sí mismo sino un producto de las circunstancias, surgió el movimiento humanista. Sus representantes pusieron de manifiesto que, si bien el hombre está inmerso en un ambiente que lo condiciona puede, en ocasiones y con grandes esfuerzos, elegir su destino libremente, ser él mismo y ser distinto de los animales. Los psicólogos humanistas coinciden con Rousseau (citado por García Vega, 1989) quien dijo que el hombre es bueno por naturaleza, pero la cultura violenta y entierra su naturaleza primitiva; por lo que cada hombre para liberarse debe volver a lo primitivo, a lo original y desarrollando sus sentimientos básicos que son buenos. Los fenomenólogos propusieron como objeto de estudio científico el "hecho o fenómeno" concreto o individual, el cual no tiene que empañarse por los prejuicios de la mente del observador. Por tal razón, los humanistas defendieron la actitud de estar abiertos y listos para escuchar más que interpretar. Los representantes de esta psicología defienden la dignidad de la persona, los valores, el compromiso ineludible de cada quien consigo mismo, el respeto por la individualidad, la libertad, la dignidad humana y la visión de que cada hombre tiene una vocación única y singular. Por su parte, el existencialismo ve al hombre como el que a pesar de las enormes fuerzas que lo presionan, es capaz de experimentar, decidir y comprometerse. Entre los principales representantes de esta orientación psicológica están Victor Frankl (1905-1997), Abraham Maslow (1908-1970), Carl Rogers (1902-1987) y Rollo May (1909). Este tema se desarrollará en el siguiente capítulo.

Conclusión

Luego de realizar un recorrido histórico por el desarrollo de la psicología científica, desde la fundación del primer laboratorio hasta nuestros días, se puede afirmar que a lo largo de toda la ciencia psicológica no hay hechos suficientes para fundar un sistema único y sólido. Según Heidbreder (1960), en la psicología contemporánea existen diversos grupos de trabajo, los investigadores de la psicología animal y comparada quienes se enorgullecen de su realismo que no se ocupan del alma y procuran el rigor científico; otro grupo de investigadores cercanos a éstos, son los fisiólogos quienes confían que sondeando las profundidades de la materia penetran en la raíz de las cosas; otro, es el representado por los psicólogos experimentales, que siguen la escuela de Wundt y el método introspectivo en el examen de la conciencia; otro más es el de los psicometristas, quienes adoptaron el modo de pensar matemático, se dedican al examen y medición de la inteligencia y los rasgos psíquicos. Vinculados a estos últimos, están los investigadores de la psicología aplicada, quienes se enfocan al comercio y a la industria, abordan temas como la selección del personal, manejo de grupo, eliminación de la fatiga y métodos publicitarios, entre otros; a este último grupo pertenecen los psicólogos clínicos que trabajan en escuelas, agrupaciones juveniles y clínicas, entre otras instituciones enfocadas a la salud. En este grupo están también los psicólogos educativos, que abordan problemas de aprendizaje y evalúan la capacidad y aptitud de los alumnos, así como la eficacia de los diversos métodos de educación.

Los grupos que se enlistaron, algunos menos definidos y muchos investigadores independientes, integran el conjunto de psicólogos. Desde los investigadores más formales hasta los nuevos e inmaduros ninguno ha dejado de cuestionar el alcance y la validez de la obra de los grupos restantes.

Es importante tener presente que el uso y la crítica que los mismos psicólogos han hecho de los distintos métodos de investigación, ha permitido a la psicología obtener la respetabilidad de vecinos académicos más distantes. Todo ello, sin duda, es benéfico para la nueva ciencia, ya que favoreció y sigue favoreciendo el desarrollo de la investigación y la generación de nuevo conocimiento.

Para finalizar, como lo señalan Marx y Hillix (1992), debido a que se advierten signos de madurez en esta ciencia nueva, se espera que en las próximas décadas, a pesar de las trivialidades, errores o exageraciones, pueda haber un comienzo de amplia síntesis en la psicología moderna.

Bibliografía

Boring, E. (1979), *Historia de la psicología experimental*, México, Trillas.
Carpintero, H. (1998), *Historia de las ideas psicológicas*, Madrid, Pirámide.
Enciclopedia Barsa (1981), México: Encyclopedia Británica.
García Vega, L. (1989), *Historia de la psicología*, Madrid, Eudema.
Heidbreder, A. (1960), *Psicología del siglo XX*, Buenos Aires, Paidós.
Hothersall, D. (1997), *Historia de la psicología*, México, McGraw-Hill.
Legrenzi, P. *et al.* (1986), *Historia de la psicología*, Barcelona, Herder.
Marhaba, , S. (1986), "El estructuralismo y el funcionalismo", en P. Legrenzi *et al.* (1986), *Historia de la psicología*, Barcelona, Herder.
Marx, M. y W. Hillix (1992), *Sistemas y teorías psicológicas contemporáneas*, México, Paidós.
Misiak, H. (1964), *Raíces filosóficas de la psicología*, Buenos Aires, Troquel.
Mueller, F. (1984), *Historia de la psicología. De la antigüedad a nuestros días*, México, Fondo de Cultura Económica.
Murphy, G. (1960), *Introducción histórica a la psicología contemporánea*, Buenos Aires, Paidós.
Pieper, J. (1974), *El descubrimiento de la realidad*, Madrid, Rialp.
Tortosa Gil, F. (1998), *Una historia de la psicología moderna*, Madrid, McGraw Hill.
Vidal, G., R. Alarcón y F. Lolas Stepke (1995), *Enciclopedia iberoamericana de psiquiatría*, t. I, Buenos Aires, Médica Panamericana.
Watson, R. (1968), *The Great Psychologists*, Philadelphia, J.B. Lippincott.

PARTE 2

MODELOS PSICOLÓGICOS

Conocimiento y conciencia en psicoanálisis

Jorge Sinópoli y Elida Noceti
Universidad Católica La Plata, sede Rosario, Argentina

Sin mirar el todo, las partes nunca llevan al todo. Si el cazador no conoce la selva y cómo se mueve el animal, los rastros no le dicen nada...
MATURANA, 1992

Introducción

El tema conocer inspiró a filósofos, psicólogos, epistemólogos y otros. Cada vértice del saber construyó sus puntos de vista y ofreció una teoría del conocimiento.

Desde la filosofía, en distintos momentos del pensamiento, se privilegió la razón, la intuición y los sentidos como base del conocer. En este capítulo que trata del conocimiento y la conciencia en psicoanálisis, tomamos dos referentes: Freud y Bion.

Sigmund Freud, como fundador del psicoanálisis y primer teorizador sobre "lo psíquico" desde la sexualidad; Bion, desde nuestra consideración, como el máximo exponente dentro del psicoanálisis que aporta una teoría del conocer.

Completamos nuestro trabajo con algunas reflexiones sobre ciencias de la complejidad como eje del cambio paradigmático en relación con algunos conceptos como autoorganización, realidad y observador-observado.

Descartes y Nietzche: dos antecedentes filosóficos de Freud

La tradición racionalista es inaugurada por Descartes (1596-1650) al situar en la conciencia (Cc) el punto de partida de su reflexión filosófica opuesta al mundo de los objetos materiales, objeto de atención de la filosofía anterior. La posición cartesiana es revolucionaria. Ferrater Mora (1970) afirma que: "En el espíritu de Descartes y en la raíz etimológica del vocablo –*cogitare*– significa cualquier acto psicológico, con tal que pertenezca de un modo directo a la realidad de lo íntimo, como diferente a la realidad de las substancias extensas".

Sostiene Schwanitz (2002), para Descartes "Se avanza desde la conciencia sobre el mundo material, lo incendia y el fuego del pensamiento consume todo aquello que no es rigurosamente lógico". Sólo queda "lo medible matemáticamente: la extensión, la figura, el movimiento y el número". Y continúa "Todo lo demás –gusto, olor, calor y color– no son para él más que condimentos subjetivos con los que la conciencia humana sazona la sopa del mundo material".

Se perfila una epistemología que produce una división tajante con el pensamiento filosófico anterior, cuyos exponentes reflexionaron acerca del mundo de los objetos y el cosmos como una "unidad". "Sujeto y Objeto se polarizan instalando el dualismo como concepción del mundo: se separa cuerpo-mente, espíritu-materia, yo-mundo y esto incide en la manera de hacer ciencia en un mundo que obedece totalmente a leyes mecánicas, sometido al dominio de la causalidad (principio causa-efecto) y a las matemáticas". (Schwanitz, 2002.)

Con respecto al dualismo, Ferrater Mora comenta "...se llama dualista a toda doctrina metafísica que supone la existencia de dos principios o realidades irreductibles entre sí y no subordinables que sirven para la explicación del universo". Consideramos que esta distinción sujeto-objeto condiciona de una manera particular nuestro conocimiento del mundo material, del que tenemos que develar sólo su regularidad causal-matemática.

Su discurso sobre el método fue escrito para conducir bien a la razón y buscar la verdad en las ciencias. Descartes consideró que para resolver mejor las dificultades que se examinan en una investigación hay que dividir a cada una de ellas en tantas partes como se pueda. En su filosofar, Descartes colocó la piedra fundacional del edificio de la epistemología y los métodos correspondientes que culminan a mediados del siglo XIX, como racionalismo positivista, cuya vigencia, con importantes agregados, configuran el método hipotético-deductivo que en buena medida sigue siendo utilizado.

Nietzche (1844-1900) influyó notablemente en el pensamiento y en la política del siglo XX. Centró su reflexión filosófica en el concepto de voluntad y no en la razón. Como afirmamos anteriormente, hasta Descartes, la filosofía se ocupó del cosmos y sus objetos, la revolución teórica y metodológica que introdujo consistió en considerar a la conciencia como comando de operaciones del pensar. Recordemos que Descartes participó como soldado francés en la guerra de los Treinta Años (1618-1648) y quedó afectado por el horror y la violencia. Como reacción a la ferocidad de las luchas militares, en el contexto político de subordinar la religión al Estado encontró un refugio seguro a su *cogito*. Se consagró a las matemáticas y a la lógica para trascender a las verdades eternas, con las que fortaleció su confianza en el mundo y su concepto de verdad.

Con Nietzche se inició otro momento de revolución teórica, la voluntad de vida, de poder, es el centro de su reflexión. Desmitificó a la razón como facultad privilegiada, como lo divino en el hombre. La razón es sólo un instrumento al servicio de la voluntad, un mecanismo para justificar y racionalizar los deseos que la voluntad acepta o rechaza. Durante milenios, las esencias y lo imperecedero, perteneció a la égida de la razón. Los sentidos engañan.

Premoli (1994) calificó como optimista la posición de Nietzche, para quien filosofar implica "afirmar, acrecentar la vida, crear, transformar, transvalorar". "Ocuparse de los problemas reales del hombre, dejando el mundo de ficción de las esencias y abrirse al sentido de la tierra". Continúa "Humanizar al hombre... consiste en que éste acepte su condición humana", o sea, "que tuviera la suficiente fuerza para tolerar este mundo, el devenir, la finitud, el dolor, la imperfección..."

Este enfoque corresponde al principio de realidad de Freud, en tanto que se impone como moderador del placer en función de aceptar las condiciones que impone el mundo exterior (sistema preconsciente-consciente) desde el punto de vista tópico, esto es, al servicio del yo (desde la perspectiva dinámica).

En la descentralización de la razón a la voluntad, se avanza hacia lo que actualmente es llamado el concepto de complejidad: "Noción de orden, desorden como complementarios, no antagónicos". (Morin, 2002.)

En la antigüedad el valor del hombre estaba dado por su rango social: el noble, el aristócrata, era "bueno"; el plebeyo "malo". Lo que determinaba la calidad de sus acciones en buenas o malas era su pertenencia social. En la *Genealogía de la moral*, Nietzche hace una génesis psicológica de los valores morales y coloca a la voluntad como su productora, a estos valores los elimina del escalafón de pertenencia social. Premoli (1994) afirmó siguiendo a Nietzche: "Una acción, es buena y exitosa porque nace de una voluntad creadora; es mala, fracasa y es destructiva cuando proviene de una voluntad decadente, débil, conflictiva y dependiente".

Anzieu (1978), considera a Nietzche como el antecedente, en el campo filosófico, más próximo a las ideas de Freud. La pasión, los sueños y la enfermedad mental son la expresión en el inconsciente de los instintos en estado salvaje. Anticipó el término "ello". El punto de vista económico en Freud –nociones como energía mental, cantidad de energía inhibida o latente, de descarga, de transferencia de energía de una pulsión a otra– fue vista por Nietzche, así como el concepto de sublimación. Lo que en Nietzche aparece como "inhibición", será en Freud "represión". El súper yo y los sentimientos de culpa corresponden al resentimiento, a la mala conciencia, a la falsa moralidad. Nietzche, afirmó Anzieu, abunda en descripciones que más tarde encontraremos en Freud, por ejemplo: la vuelta sobre el sujeto, la imagen paterna-materna, la exigencia impuesta por la civilización de un renunciamiento a la satisfacción de los instintos.

Freud: clínico y metodólogo

Freud profundizó en la cultura moral de la época, observó las vicisitudes de las conductas sintomales hasta encontrar en la sexualidad infantil la génesis de las perturbaciones adultas. Propuso un método –el psicoanalítico– como instrumento para emancipar a las personas, de la esclavitud a la "moral victoriana", otorgó el carácter al hombre como hacedor de su realización sexual (íntima y privada). Realizó un cambio de postura, de la "moral victoriana" a la "moral sexual genital". Este cambio comprende tanto las necesidades básicas (impulsos-deseos) como la causalidad de la evolución libidinal con sus progresivas estaciones hasta alcanzar la cima de la libertad de elecciones genitales maduras (es el orden del principio de realidad).

En términos nietzscheanos, es en el reino de la "voluntad libre" donde se afirma el súperhombre que tiene el germen de la posterior formulación del *yo* en Freud. Para alcanzar estas metas, que constituyen la condición humana, es imprescindible aceptar lo que "necesariamente ha de ocurrir": disponer de la fuerza para transitar el devenir, la finitud, la imperfección, el dolor, la muerte...

Encontramos otro punto de convergencia entre Nieztche, el filósofo; y Freud, el médico. La cita de Premoli (1994), lo ejemplifica: "Trascender y transmutar el pasado, liberándose de él, asumiéndolo como responsabilidad propia, tanto para los individuos como para los pueblos. Sólo así se pueden crear nuevos valores y nuevas tablas al servicio de la vida, de lo constructivo, tanto para la existencia humana como para el bienestar y el desarrollo de los pueblos". Freud hace un lúcido diagnóstico de una época cuya hipocresía, sobre el tabú de la sexualidad, distorsionó y empobreció su ejercicio vital. Fortaleció la deformación de la conducta frenando el darse cuenta de la pequeña estrechez de su horizonte. Anzieu (1978) señaló que en la teología moral cristiana libido es un término corriente para designar la concupiscencia. Para Blaise Pascal, libido es un concepto base para trazar el cuadro de la miseria del hombre sin Dios. Pascal se apoya en un pasaje de San Juan donde habla de la libido como deseo de los sentidos, deseos de saber, de dominar. Más aún, Anzieu consideró a San Agustín como un lejano precursor del autoanálisis de Freud, para probarlo cita esta frase del teólogo: "No busques afuera, vuélvete sobre ti mismo; la Verdad habita en el hombre interior".

En su condición de médico, Freud usaba el latín para referirse a temas que "debían permanecer ocultos"; libido, es un ejemplo de ellos. Su gran dotación cultural clásica más su pertenencia al medio científico e intelectual en el que se desempeñaba, lo familiarizaron con el término. Breuer, Charcot y otros investigadores intuyeron la participación de la sexualidad en la génesis del malestar de las pacientes; sin embargo, la excluían del contexto de investigación. Fue Freud quien incluyó en la anamnesis de sus pacientes preguntas sobre las experiencias ligadas a la evolución de la libido.

Heidbreder (1960) dice que usó el término "sexo" en un sentido muy general. Abarcó el arco de tensión que va desde el interés y las actividades específicamente sexuales hasta el desarrollo de la civilización misma. La sexualidad en Freud y discípulos incluye tanto los hábitos cotidianos (caminar, fumar, bañarse), hasta las actividades de mayor complejidad: creación artística, ceremonial religioso, instituciones sociales, políticas, etcétera.

Comentaremos a continuación el caso Katharina k, a quien elegimos porque las hipótesis sobre su alteración basadas en estudios tempranos sobre histeria, seguían siendo apreciadas como fundamentales por Freud en sus más tardías especulaciones y porque en el mismo caso, según nuestro criterio, la sexualidad tiene ya la relevancia que se mantuvo como soporte del andamiaje teórico posterior.

Utilizaremos algunos pasajes del caso k para ejemplificar los supuestos freudianos, así también algunas propuestas de W. Bion (1897-1979) quien modula y transforma enfoques sobre el psicoanálisis con los cuales aporta novedosas propuestas sobre la evolución del pensamiento y la construcción del conocimiento.

Caso Katharina k: paradigma de la sexualidad (siglo XIX)

En una excursión a los Alpes orientales, mientras Freud permanecía absorto en la contemplación de "arrobadoras vistas"..., escuchó esta pregunta: "¿El señor es un doctor?" La pregunta venía de una muchacha de unos 18 años de edad, su nombre k, quien se dijo "enferma de los nervios". Anteriormente había consultado a otro doctor. Ahora, en ese bucólico escenario alpino ella se acercó a Freud porque "no se sentía mejorada" y sin embargo, ese día, k sabía que Freud era doctor gracias a su inscripción en el libro de viajeros de la taberna donde él se hospedaba y ella trabajaba. Se inicia el diálogo entre ambos: k relató su malestar asmático: opresión en el pecho, ahogos, mareos, falta de aire, pesadez de cabeza, etcétera. Freud le pidió más precisión sobre sus problemas orgánicos y le preguntó si ella, además, sentía miedo. k respondió que en esos estados creía que iba a morir, a pesar de considerarse una persona que había logrado "autonomía" y "coraje", salvo en los días de malestar, que era cuando experimentaba miedo.

Freud formuló una hipótesis diagnóstica: "ataque histérico con contenido de angustia", le preguntó qué veía durante el ataque, la respuesta de k fue un "rostro horripilante" cuya mirada era "espantosa", lo cual le provocaba miedo. Freud le preguntó si lo conocía o si lo había visto alguna vez.

Abandono de la hipnosis

En este momento el doctor está en pleno uso de la hipnosis por el recurso verbal. Este camino es crucial porque introduce el recurso de la "conversación" como procedimiento de exploración de la conducta de la paciente. La "plática" ensancha el entendimiento. Más adelante se buscará "Hacer consciente lo inconsciente". En la novela histérica de Freud en el caso k, está el germen de la posterior construcción del complejo de Edipo y la ambivalencia. Siguiendo su intención de llegar al "núcleo de la cuestión" y utilizando, a nuestro criterio un recurso de atajo, amplía la indagación de una manera directiva provocando la emergencia de un recuerdo en k (descubrir una relación íntima entre su tío y su la prima).

Consternada, k "le narra" a su tía el suceso; posteriormente sus tíos se separan. k "irremediablemente" se siente culpable. El relato de la escena del descubrimiento (tío y prima) presenta el dramatismo, suspenso y misterio del estilo histriónico. Es el momento en que "tiene" su primera conversión. Exhortada por Freud, k continúa su relato de reminiscencias, hasta el momento en que evoca la escena de ser ella misma seducida por el tío en una posada cercana. Sólo tenía 14 años y ella no se percataba de las intenciones sexuales del tío. En ese momento, el rostro de k se transfigura y ella se alivia. A Freud esta secuencia le abre el entendimiento del caso. En la epicrisis del caso k, Freud hace comentarios confirmatorios de su teoría sexual en gestación. Strachey (1976) asegura: "Sólo algunos años más tarde reconoció Freud, el papel que cumplían en la contracción de neurosis los impulsos sexuales ya presentes en la niñez temprana, luego remite al lector a su nota introductoria de *Tres ensayos de una teoría sexual* (1905).

Si bien destacamos la sexualidad como pivote fundante del edificio teórico de Freud, el principio de constancia, la complementa a lo largo de su obra. Por el principio de constancia, el aparato anímico procura mantener lo más bajo posible la cantidad de excitación que se encuentra en su interior. Este principio estaba implícito en la teoría del trauma y la abreacción. Esta idea básica no se modificó aunque posteriormente le atribuyó una importancia mayor a la pulsión sexual que a la vivencia traumática.

Evolución de las ideas de Freud

Para completar los desarrollos de Freud y nuestras hipótesis sobre su aporte a la ampliación de la conciencia y el conocimiento humano, Noceti y Sorribas (1982) nos ofrecen algunas muestras de la evolución de las ideas de Freud sobre la sexualidad en las mujeres histéricas: desde 1893 a 1900 predominó la teoría traumática. A este periodo corresponde el texto *El mecanismo psíquico de los fenómenos histéricos*, en el que desarrolló las ideas siguientes: "los distintos síntomas histéricos desaparecían inmediata y definitivamente cuando se conseguía despertar con toda claridad el recuerdo del proceso provocador y con él el afecto concomitante, y describía el paciente con el mayor detalle posible dicho proceso, dando expresión verbal al afecto". Y continúa diciendo: "Así pues, el histérico padecería principalmente de reminiscencias". En *Estudios sobre la histeria* (1895) y *La etiología de la histeria* (1896), incluye el método psicoanalítico apareciendo además el concepto de síntoma.

Dice Freud en este trabajo: "Comunicar la solución de un único síntoma, equivale a exponer un historial clínico completo". En otro lugar agrega: "Cualquiera que sea el síntoma que tomemos como punto de partida, llegamos *indefectiblemente* (las cursivas son nuestras) a la vida sexual". "Quedaría así descubierta –dice Freud– una de las condiciones etiológicas de los síntomas histéricos". Más adelante: "Los síntomas histéricos son derivados de recuerdos inconscientes activos". Y agrega: "Tales escenas han de existir en calidad de recuerdos inconscientes y sólo en cuanto y mientras lo son pueden crear y mantener síntomas histéricos".

En 1894 en *Las neuropsicosis de defensa*, formula su concepto sobre conflicto como caso de incompatibilidad: "Esto es, llegó a su yo una experiencia, una representación o una sensación, que al despertar un afecto penosísimo, movieron al sujeto a decidir olvidarlos, no juzgándose con fuerza suficiente para resolver por medio de una labor mental la contradicción entre su yo y la representación intolerable". En tanto, esta representación se refiere a la experiencia sexual, la teoría del conflicto en esta época es entre el yo y la sexualidad, en tanto el síntoma y los mecanismos de formación de síntomas adquieren características peculiares al constituirse de manera diferente en cada uno de los cuadros clínicos.

A partir de la serie *Estudios sobre la histeria* (1893), la evolución teórica de Freud se mantuvo sobre la línea de la sexualidad y del principio de constancia, lo cual es expresado por Noceti y Sorribas (1982) en el párrafo siguiente:

> La finalidad del aparato es la de lograr la estabilidad del psiquismo, conciliando la fuerza de las pulsiones con la realidad, actuando el yo como intermediador. En el desarrollo normal este equilibrio se logra dentro de una cierta armonización que permite que las sucesivas integraciones de experiencia se ensamblen de manera tal que faciliten la canalización de las energías y las actualicen en discriminaciones internas y externas (mundo interno y externo). Estas experiencias serán capaces de un adecuado funcionamiento intrasistémico que permita progresiones en un contexto donde las sublimaciones sean posibles y los intereses se amplíen.

Algunas expresiones de k citadas por Freud en la revisión Strachey, aluden al desplazamiento de significaciones tácitas. El lenguaje es metafórico, flexible y operativo al expresar vívidamente los contenidos inconscientes. Dice k: "Se abate pronto sobre mí". "Siempre creo que voy a morir". "Yo, normalmente soy corajuda". "Siempre creo que alguien está detrás de mí y me va a tomar repentinamente". "En un día de esos en que me siento así no me atrevo a ir a ninguna parte".

Siguiendo la clave de la narración de k, el tío seductor, "era su padre", según nota agregada por Freud en 1924.

La sexualidad en la sociedad industrial

En el siglo XVIII la aristocracia y la emergente burguesía dieron lugar a dos modelos de familia distintos. En la jerarquía aristocrática, las mujeres juzgaban las conductas de los varones aristocráticos. Ellos debían corresponder a las demandas de las "buenas maneras de cortesía" que las damas de ascendencia más ilustre que la de ellos esperaban recibir. Se seguía el modelo sociopolítico de la época, así la familia se estructuraba como una réplica de la monarquía. El modelo era la familia extensa donde convivían varias generaciones. Las relaciones entre cónyuges, padres e hijos eran impersonales.

La estructura familiar se modificó con la burguesía en ascenso, la cual se confronta con la nobleza por obtener el control cultural e ideológico. Apareció el modelo de "la familia nuclear" dentro de la creciente sociedad industrial. La intimidad entre esposos y con los hijos se hace relevante como ámbito más personalizado que se renueva con cada generación. El lazo con el otro, el sentimiento de amor, toma una dimensión psicológica y de unión universal.

También en la literatura de la época, en que predomina la novela sentimental, los papeles sexuales se idealizan. En la mujer burguesa, la moral es sexual y se liga a la virtud, a la pureza, a la castidad... ella cuida de la casa y de los niños y el hombre trabaja, "trae el pan cotidiano". Es el matrimonio donde satisface sus "deseos sexuales irreprimibles".

Surge un nuevo estereotipo de mujer que se prolonga hasta nuestros días, el que la convierte en el "ángel guardián de la casa". Ella encontrará en el hijo a su nuevo compañero. Se pone de moda en la literatura infantil la fantasía y la magia propia del niño, ignorada hasta entonces. Este acercamiento madre-niño está en función del juego de poder en este esquema de familia nuclear. La mujer-madre equilibra los juegos de dominio en relación con varón-marido que, absorbido en el área laboral (pública) del industrialismo creciente, se "ausenta" del hogar. La presencia de la mujer, en cambio, se fortalece en lo privado. En este escenario la mujer se limita a "sentir pasivamente", su papel central es la función materna que tomó fuerza en el endogrupo familiar. Padre "duro" y madre "cuidadora" es el paradigma del poder familiar burgués. La imagen de la mujer se disocia en "mujer idealizada", representada por la madre hogareña y la "mujer devaluada"(prostituta), que perdura aún en nuestros días como cuerpo-mercancía.

Esto fue elaborado como una creencia. Con el descubrimiento del niño de la madre sexuada, éste "se decepciona y se degrada". Luego reivindica para recuperar ese primer amor.

Todos estos antecedentes son recogidos por Freud y develados en la observación clínica de los fenómenos histéricos, ideologizados por él en la temática edípica y preedípica. A pesar de las marchas y contramarchas sobre la sexualidad y los papeles sexuales, se mantiene el orden patriarcal para entramar perceptualmente "lo masculino" como dominio sobre "lo femenino".

Freud: cuestiones metodológicas

Transcribimos algunos pasajes de su obra para ejemplificar los avances, ampliaciones y clasificaciones que utilizó para sistematizar su teoría de manera metodológica. "Más importante aún que la aceptación de mis resultados es para mí la atención que ustedes le den al procedimiento que he empleado (la observación)". (*Etiología de la histeria*, 1896.)

Carácter del psicoanálisis como ciencia empírica

El psicoanálisis no es un sistema como los filosóficos, que parten de unos cuantos conceptos fundamentales precisamente definidos, intenten aprehender con ellos la totalidad del universo y, una vez concluido y cerrado, no ofrezcan espacio a nuevos hallazgos y mejores conocimientos. Se apega más bien a los hechos de su campo de acción, intenta resolver los problemas más inmediatos de la observación, analiza sin dejar el apoyo de la experiencia, que se considera siempre inacabada y está siempre dispuesta a rectificar o sustituir sus teorías. Acepta tanto como la física o la química que sus conceptos superiores sean oscuros y sus hipótesis provisionales, y espera de su futura labor una más precisa determinación de los mismos. (*Esquema del psicoanalisis. Sistemática*, 1910.)

Una vez despierta nuestra desconfianza, no nos arredrará inquirir si tiene mejor fundamento nuestra convicción de que podemos averiguar algo acerca de la realidad exterior mediante el empleo de la observación y el pensamiento dentro del trabajo científico. Nada impedirá que autoricemos la vuelta de la observación sobre nuestro propio ser y el uso del pensamiento para la crítica de él mismo. (*El porvenir de una ilusión*, 1927.)

Las tres citas anteriores trazan la dirección metodológica de Freud con enfoques de su epistemología, explicados por Issaharoff (1979) en la siguiente cita:

> Asumir los hechos como base de la ciencia representa un reconocimiento de la existencia de una realidad externa al hombre e independiente de él. Es esta realidad del mundo, independiente y externa a nosotros, la que la ciencia trata de conocer. Resulta natural, entonces, que los hechos ejerzan un control, más o menos inmediato, sobre la marcha de nuestras construcciones conceptuales.

Sostenemos que estos preceptos vigentes hasta mediados del Siglo XX sufren un quiebre al avanzar un nuevo postulado: "Todo saber conlleva una construcción. No es admisible la idea de realidad como algo externo, ya dado".

En *Lecciones elementales* 1938, encontramos a un Freud interesado por la naturaleza o esencia de lo psíquico, para su estudio tomó como referencia a las ciencias físicas, concluyó que también la psicología es una ciencia natural, por lo tanto la desvincula de la filosofía y de las ciencias sociales. Esto es así porque los procedimientos de investigación de la psicología corresponden al modelo racionalista-positivista de explicación de la "realidad" de su momento histórico. "El grado de objetividad y certeza que provee la ciencia no es igualado por ningún otro procedimiento". (Issaharoff, 1979.)

Para abundar más sobre este tópico presentamos al lector parte del texto de las mencionadas *Lecciones elementales:* Pero si se prosigue la encuesta preguntando si todos esos procesos no tienen un carácter común que nos permita discernir mejor la naturaleza o, como también suele decirse, la esencia de lo psíquico, será mucho más difícil formular la respuesta.

Si se hubiera dirigido una pregunta análoga a un físico, interrogándolo, por ejemplo, sobre la esencia de la electricidad; su contestación –hasta hace poco tiempo– habría sido ésta: "Para explicar ciertos fenómenos, admitimos la existencia de fuerzas eléctricas que residen en las cosas y que emanan de ellas. Estudiamos dichos fenómenos, hallamos sus leyes y aún las aplicamos prácticamente. Esto nos basta por el momento. No conocemos la naturaleza de la electricidad, pero quizá la conozcamos más adelante, al progresar nuestro estudio. Confesamos que nuestra ignorancia se refiere precisamente a lo más importante e interesante de todo el asunto, pero ello no nos preocupa por el momento, pues así son, simplemente, las ciencias naturales". "También la psicología es una ciencia natural. ¿Qué otra cosa podría ser? Sin embargo, su caso es muy distinto. No todos se atreven a emitir juicios sobre los asuntos de la física, pero todos –el filósofo como el hombre de la calle– tienen sus opiniones formadas sobre cuestiones psicológicas, se conducen como si fuesen por lo menos psicólogos aficionados". (*Lecciones elementales*, 1938.)

Como leemos en esta cita, Freud se adhiere a una teoría de la verdad basada en la correspondencia entre un objeto y su descripción. Nosotros agregamos que así dado, el conocimiento es pasivo, mero reflejo o copia de la realidad externa y que a mayor isomorfismo, mayor adaptación a la realidad.

El psicoanálisis dice tener su propia metodología y práctica. Citamos el siguiente comentario de Klimovsky (1989):

> Porque, al final de cuentas, si el psicoanálisis se desarrolla como ciencia madura, terminará por encontrar que los modelos que le llevan al éxito son los que le son propios y no los que salieron por analogía a los de las otras disciplinas; y entonces, así como la biología tiene sus modelos homeostáticos y la sociología sus modelos estructurales, el psicoanálisis tendrá sus modelos psicoanalíticos. [...] Y quien no haya trabajado en psicoanálisis y no comprenda bien su metodología no se dará cuenta de cómo se producen sus modelos ni se hará cargo de las dificultades inherentes al problema con que el psicoanálisis trata.

En la metapsicología (1915) dice Freud: "Ya para la descripción misma es inevitable aplicar al material ciertas ideas abstractas que se recogieron de alguna otra parte, no de la sola experiencia nueva". En el caso de Freud las teorías presupuestas se refieren a la sexualidad y al principio de constancia, ambos pilares a lo largo de más de 40 años de producción y modificación de sus teorías.

> Que nuestra organización, vale decir, nuestro aparato anímico, se ha desarrollado justamente en el empeño por escudriñar el mundo exterior y, por tanto, tiene que haber realizado en su estructura alguna adecuación al fin: que él mismo es un componente de ese mundo que debemos explorar, y sin duda alguna consiente tal exploración; que la tarea de la ciencia queda bien circunscripta si la limitamos a mostrar cómo el mundo tiene que aparecérsenos a consecuencia de la especificidad de nuestra organización; que los resultados finales de la ciencia, justamente a causa del modo de su adquisición, no están condicionados sólo por

nuestra organización, sino por aquello que ha producido efectos sobre ésta; y, por último, que el problema de la constitución que el mundo tendría prescindiendo de nuestro aparato anímico percipiente es una abstracción vacía, carente de interés práctico. (*El porvenir de una ilusión*, 1927.)

El afán de las ciencias, respetando el modelo de la época, busca la correspondencia con lo que existe fuera e independiente de nosotros. De esta concordancia surge la "verdad".

Para Freud la libido se expresa en tres tipos de relaciones: la narcisista, el amor infantil y la relación madura, todas constitutivas del desarrollo normal. En el narcisismo, la libido busca la satisfacción en sí misma. En el amor infantil se orienta hacia la figura de los padres y en la relación libidinal adulta su orientación va hacia el "otro diferenciado" como objeto distinto.

Las tres modalidades libidinales están presentes y contribuyen, con sus características, a toda relación entendida como proceso.

Para Freud, el crecimiento mental, la adquisición del conocimiento y la ampliación de la conciencia está dado por la progresión lineal de la libido. Cuando este proceso progresivo lineal se perturba aparecen mecanismos de defensa con sus correspondientes patologías, según los puntos de fijación en la línea regresiva.

En síntesis, a partir del descubrimiento de la sexualidad en la etiología de la histeria y *a posteriori* en las llamadas neuropsicosis de defensa, Freud, en su producción investigativa, amplía no sólo las premisas con las que construye la teoría, sino la metodología que utilizó a partir de la observación de los fenómenos clínicos. Estas ideas perduran hasta el final de su obra sobre la base de un continuo: la sexualidad como invariante. Su propósito de sustituir el padecimiento neurótico a la escala de malestar cotidiano, es expresión de su calidad de pensador humanista en una vigorosa lucha por la autonomía y la libertad interior de las personas.

¿Qué permanece actualmente del legado de Freud?

La transferencia y la resistencia con sus implicaciones y correlatos son las dos formulaciones que identifican el "quehacer psicoanalítico". En 1939 murió Freud y comenzó la segunda guerra mundial que terminó en 1945. Se aceleraron los tiempos de producción, explosión tecnológica, expansión de las comunicaciones sobre dos transportadores: aviación e informática, con el aporte de la teoría general de los sistemas y de la cibernética a la sociedad del conocimiento.

Éste fue un periodo de cambio catastrófico en el lenguaje de Bion, que precipitó una reorganización del mundo, de su visión y de su funcionamiento. Nació el nuevo paradigma hoy llamado "de la complejidad".

A partir de la aportación de Freud, los enfoques teóricos y los procedimientos técnicos derivados de estos mismos comenzaron a diferir bastante, entre sí (cambios metapsicológicos en la teoría general, en los métodos procedimentales) los cuales se derivaron de aquellos enfoques teóricos. Esta diversidad se hizo evidente, siempre a partir de Freud, en el contexto de la praxis clínica y de las controversias teóricas.

Frente a la multiplicidad de concepciones antagónicas y yuxtapuestas, al clínico –en el momento de posicionarse para operar con sus consultantes– se le plantea, a nuestro criterio, cuestiones sobre el marco referencial de su acción. Quien opta por una filiación ortodoxa, se encuadra en un marco referencial y operativo estable y definido. Si bien la teoría puede responder al esfuerzo de abarcar la mayoría de los casos, problemáticas y situaciones a considerar, no siempre da cuenta de todos ellos, lo cual produce sesgos en la investigación y limitaciones en el tratamiento, además de que añade un forzamiento, intencional o no, de los datos observados en el estricto esquema del propio modelo.

Quien opta por una postura ecléctica se encuadra en un marco referencial y operativo difuso. No define los límites conceptuales entre los distintos modelos o teorías que usa y no llega a elaborar una construcción diferenciada en un nuevo modelo que dé consistencia a las diversas postura utilizadas.

Quien opte por un encuadre de síntesis e integrador, hace una esfuerzo superior de abstracción para sintetizar posturas aparentemente divergentes.

Así lo expresa, de manera brillante, María Concepción Sendín (2000):

> Intenta analizar el mismo parámetro, fenómeno o problema desde distintas perspectivas observacionales y encontrar elementos comunes o complementarios que permitan ir organizando un esquema descriptivo coherente, a partir de las explicaciones parciales. La integración refleja el compromiso de aproximación a una creación conceptual que vaya más allá de la mera mezcla o yuxtaposición de métodos y técnicas. Se basa en la búsqueda de constructos con niveles progresivamente mayores de abstracción, que puedan dar cuenta de la realidad observada, trascendiendo modelos más simples [....]Es necesario introducir concepciones explicativas circulares, en lugar de las lineales aún predominantes, ir profundizando comprensivamente en

los distintos niveles de los sistemas a utilizar y compatibilizar diversas ópticas, observaciones y metodología.

Las variaciones que introdujeron los posfreudianos como Adler, Jung, Rank, Reich, etcétera, conservaron pilares de la técnica como la transferencia, la resistencia, la asociación libre, el uso de la interpretación, y el análisis de los sueños.

Una de las claves del procedimiento freudiano –herencia del método de la hipnosis– es la ampliación de la conciencia: "hacer consciente lo inconsciente en un sentido histórico-genético, la re-construcción edípica infantil". En desarrollos posteriores los neofreudianos conservaron la premisa "de hacer consciente lo inconsciente"; estos desarrollos dieron un giro de lo histórico-genético al marco de lo dinámico situacional; o sea, a la indagación más detallada del acontecer en el "aquí y ahora". El síntoma neurótico dejó de estar enraizado en los impulsos libidinales y agresivos reprimidos, expresándose como temor al desamparo o como inseguridad de la vida adulta.

Las nuevas aportaciones introdujeron mayor flexibilidad y menor rigidez en el contexto (número de sesiones, trabajo "cara a cara", temas más focalizados, menos asociación libre y reducción de la importancia de los sueños) y se hizo más extensa la red de información (familia, cónyuges, etcétera).

Otro giro importante a la teoría y a la técnica freudiana tradicional lo hizo el llamado grupo de Análisis del Yo. Su versión de hacer consciente lo inconsciente, enfatizó los procesos del yo como mediador entre el ello y la realidad. Resaltaron las funciones adaptativas libres de conflicto como es la percepción, la memoria, el aprendizaje y el pensamiento. Exponentes de este movimiento, durante las décadas 1930 y 1940 en Estados Unidos, son Hartmann, A. Freud, Rapaport, Kris, Lowenstain, Erikson. Ellos resaltaban la importancia de la "reeducación" enfocando los problemas actuales más que la "reconstrucción" propuesta por el psicoanálisis clásico.

La importancia de estos dos desarrollos consiste en una problemática de interés muy actual centrado en la búsqueda y la detección de los recursos propios "más allá de y a pesar de" las expresiones psicopatológicas de un sujeto, destacando la necesidad de fomentar el "vínculo de confianza" con el paciente.

Las teorías de las relaciones objetales, a semejanza de la psicología del yo, ha puesto el acento en la forma de vincularse con las personas reales, se centra en los contrarios autonomía-dependencia, amor-odio, como lo hace también la nueva psicología del *self* (Kohut). Ésta es otra sustancial diferencia con respecto al psicoanálisis tradicional centrado en los conflictos instintivos. Su objetivo es el desarrollo integrado del *self*, en lugar de lograr la superación de las etapas psicosexuales.

Bion: evolución de sus ideas

Desde distintas disciplinas como filosofía, matemáticas, lógica, psicología y otras, un tema que fue centro común de investigación de todas es el pensamiento. Freud le concedió la función de postergación de la descarga ligada a la dinámica libidinal. El pensamiento llena la brecha entre la frustración de la necesidad y su satisfacción. Estas modulaciones se sincronizan con el principio de realidad.

Teoría del conocimiento

Bion —psicoanalista inglés que murió en Oxford en noviembre de 1979— hombre de excepcional lucidez, capturó la problemática del pensamiento desde sus orígenes sensoperceptuales transformándose en un revisionista del psicoanálisis, rescató además una temática postergada por Freud y sus seguidores: la ligada a la teoría del conocimiento en psicoanálisis. Como explicamos en la primera parte de nuestro trabajo, incluimos a W. Bion por considerar que en él está una de las semillas germinativas que prosperaron en las décadas de los sesenta y ochenta, con los aportes de la biología, la física, la neurofisiología, la teoría general de los sistemas, etcétera.

El cuadro

Bion creó en un sencillo cuadro de doble entrada (vea gráfico 1), un diseño para categorizar los modos de uso del pensamiento y las correspondientes categorías de desarrollo, partiendo desde lo sensoperceptual hasta la más alta complejidad conceptual.

Estas categorías son como módulos que se articulan entre sí, pero que necesitan cumplir ciertos requisitos de pasajes (transformaciones, por ejemplo alfa (α) corresponde al dato sensorial beta procesado y disponible.

Explicamos, a continuación, algunos términos de la teoría para comprender cómo funcionan en el armado del cuadro mencionado. Bion distinguió "función" de "factor". Un ejemplo de "factor innato" es la tolerancia o intolerancia a la frustración. La capacidad de procesamiento de la mamá es un "factor ambiental". (α) y (β) son ejemplos de funciones: (α) incluye procesos de pensamientos primitivos que llegan a manifestarse como pensamiento preverbal, verbal y pensamiento en imágenes. Las hipótesis explicativas en ciencia son también funciones. (α) y (β) son elementos que cumplen distintas funciones: (α) recoge las impresiones sensoriales y experiencias emocionales y las transforma en imágenes visuales, táctiles, olfativas, auditivas. Ambos constituyen los ingredientes materiales de los sueños, los recuerdos y los mitos. Como sostenemos en dos párrafos anteriores: "(α) corresponde al dato sensorial (β) procesado y disponible".

Los elementos (β) no resultan apropiados para funciones inherentes al aparato psíquico. Son elementos desconectados y alejados del *self* por atribución externa, a la manera de la identificación proyectiva kleiniana. Aclaramos que dentro de los elementos (β), Bion incluye todos aquellos datos como sensaciones, percepciones, emociones y estados afectivos primarios no adecuados, no discriminados –que pueden permanecer inalterados–, no transformados.

Repetimos lo dicho anteriormente: (α) y (β) son elementos de la teoría, invisibles a la observación fenoménica (vea gráfico 1).

El cuadro (Gráfico 1)

	Hipótesis definitorias 1	ψ 2	Notación 3	Atención 4	Inquisición 5	Acción 6	...n
A Elementos β	A1	A2				A6	
B Elementos α	B1	B2	B3	B4	B5	B6	...Bn
C Pensamientos oníricos sueños, mitos	C1	C2	C3	C4	C5	C6	...Cn
C Pre-concepción	D1	D2	D3	D4	D5	D6	...Dn
E Concepción	E1	E2	E3	E4	E5	E6	...En
F Concepto	F1	F2	F3	F4	F5	F6	...Fn
G Sistema deductivo científico		G2					
H Cálculo algebraico							

W.E. Bion (1965) "Transformations"-Transformaciones, Centro Editorial de América Latina, Argentina, 1972.

Otro concepto que Bion introdujo es conocido como "barrera de contacto"; lo hizo para diferenciar "estados mentales" como: sueño-vigilia, consciente (Cc) inconsciente (Inc), pasado y futuro. Para Bion, la barrera de contacto es una necesidad evolutiva, una "membrana porosa", que es resultado del conglomerado de elementos (α); ésta tiene una función protectora, es decir que cuida que el psiquismo no sea inundado por estímulos internos o externos. Como escribe Bion: "Es la base de la relación normal entre el mundo externo e interno".

Tome nota el lector de que Bion no utiliza la represión de origen pulsional como mecanismo estructurante del aparato psíquico para distinguir Cc-Inc-Prec. Para Bion, la "barrera de contacto" responde al crecimiento del pensamiento, y es una necesidad evolutiva, un trabajo inherente al aparato. Bion distinguió dicha barrera de la "pantalla de elementos (β)", otro concepto importante en su obra. Designó estados en los que no existe diferenciación entre Cc-Inc, dormir y estar despierto (como ocurre en los estados confusionales oniroides), es decir, a procesos mentales no discriminados. Dichos estados no conservan vínculos entre sí, por lo que están aglutinados pero no integrados; así pues, predominan los "estados psicóticos". Cuando la función (α) se deteriora o es insuficiente, el psiquismo no produce adecuados elementos (α) y es incapaz de formar símbolos y abstraer.

Volvamos al cuadro: el tercer estado evolutivo del pensamiento se plasma en la fila c. Corresponde a los pensamientos mitológicos, sueños, ensueños, leyendas, categorías de pensamiento expresables como imágenes sensoriales (visuales, kinestésicas, auditivas) y sus correspondientes formulaciones verbales.

En la fila d se conceptualiza la pre-concepción como un estado de expectativa, de concreción, de un hecho real interno o externo. Se le compara con el pensamiento vacío de Kant (vea *Crítica de la razón pura*). En relación con esto, afirma Carpio: "[...] ni conceptos sin intuición que de alguna manera les corresponda, ni intuición sin conceptos, pueden dar un conocimiento, porque pensamientos sin contenidos son vacíos, intuiciones sin conceptos son ciegas". (Carpio, 1998.)

Bion prioriza la relación con la "madre real", pues es en la experiencia entre la madre real y el bebé que se concreta la "realización". Este autor sostiene que el bebé, frustrado por la ausencia del pecho, genera un espacio interno para "entrenarse en pensar". Es decir, modifica la situación de frustración produciendo elementos (α) y pensamientos. Así el bebé es "activo" en su conducta lo que permite el comienzo del desarrollo para pensar. Esta ausencia de pecho y la frustración correspondiente constituyen un "problema por solucionar": el pensamiento propiamente dicho. Si prevaleciera la intolerancia a la frustración, en lugar de modificarla el bebé tendería a evadirla y evacuarla ignorando la presencia real de la madre continente. Si este funcionamiento persiste, la mente actuará como un músculo para la descarga y la evacuación. Como vemos, la madre puede transformar –de manera positiva– o rechazar, sin que ello modifique los miedos y las necesidades del bebé. Otra alternativa dentro la relación con la madre real es que ella actúe y despoje al bebé de un significado emocional vital por uno destructivo, al que Bion llama "terror sin nombre". Nosotros lo entendemos como la instalación del caos vivencial en el niño, quien se volverá experto en atribuciones causales externas (por ejemplo culpar a otros de sus falencias).

Si el bebé tiene capacidad para procesar, transformará la carencia en capacidad de plantear problemas y resolverlos (toma y ampliación de la conciencia). Si nos remitimos a Freud y a Klein, en una situación análoga el bebé alucina omnipotentemente el pecho. De la conjunción de pre-concepción como expectativa de pecho y de la realización como experiencia concreta (el acto de mamar) surge la concepción (fila e), siguiente estadio del pensamiento del cuadro.

Para Bion, "pensar" tiene dos sentidos: uno, dar origen a pensamientos, y el otro, utilizar epistemológicamente pensamientos previos. Aquí, la palabra epistemología hace referencia a los pensamientos preexistenciales cargados de experiencia. Dos mecanismos permiten la formación del aparato para pensar: *a*) la relación dinámica "continente-contenido" ($♀♂$) y *b*) esquizo-paranoide-depresiva (Ps↔D). Ambos actúan como operadores que transportan la progresiva complejización del aparato, sostenida por la capacidad de metabolizar "emociones" y "estados internos" por parte de la madre (se refiere a la función de *reverie*).

En la medida en que la madre pueda digerir los sentimientos y las emociones negativas del bebé, la tranquilidad ocupará el lugar del desvalimiento y del desamparo, el placer remplazará al dolor, los lazos al hambre. Estas categorías dicen "algo" acerca de la mente, de la manera como piensa el ser humano, aunque no dicen nada "acerca de las cosas mismas". Bion enfatiza una y otra vez: "Todo lo que podemos hacer es conocer los fenómenos, los hechos, nunca la cosa en sí", el noúmeno, como lo llama Kant.

El cuadro es una propuesta para ensamblar "lo que está dentro de la mente" y sus usos en la conducta. De la combinación de ambos niveles (de desarrollo y de usos) y de su interacción surgen nuevas categorías de pensamiento que aumenta el caudal informativo sobre la formulación original. El cuadro es un método de registro observacional como los utilizados en matemática y estadística.

Hasta este momento hemos visto la aportación del operador (♀ ♂) al crecimiento mental anteriormente enunciado. Haremos lo propio con el operador (Ps↔D). Desintegración-incoherencia-integración-congruencia conviven en un oscilar permanente que denota lo que Poincaré describió como el hallazgo del "hecho seleccionado". Grinberg afirma: "Un hecho seleccionado es una emoción o una idea que da coherencia a lo disperso e introduce un orden en el desorden. El hecho seleccionado es el nombre de una experiencia emocional, de un sentimiento de descubrimiento, de coherencia y puede traducirse en la denominación de un elemento que es utilizado para particularizarlo". (Grinberg *et al.*, 1972.) Aclaramos que ambos mecanismos funcionan simultáneamente con la misma jerarquía operativa.

Bion no sólo hizo aportaciones a la teoría del conocimiento en psicoanálisis, sino que su teorizar lo instala en el paradigma de la complejidad, en la medida que enfatiza el progreso mental como una danza espacio temporal de los dos operadores (♀ ♂) y (Ps↔D) en el campo interaccional madre-hijo.

Otra aportación a la complejidad es el papel que otorga a la "experiencia", indisolublemente ligada al medio ambiente (contexto): madre real, grupo primario, función del aprender, cultura, etcétera.

La experiencia en la infancia sustenta el pasaje de la pre-concepción o lo que Bion llama realización. Es pertinente destacar cómo en el pensamiento de Bion se distingue al "organismo bebé" como promotor activo de su sobrevivencia y evolución sobre la base de la "tolerancia a la frustración" y un aparato "protopensante" adecuadamente establecido (base innata y empírica). Sobre esta plataforma propia de su organización nos encontramos con un bebé proactivo (actividad primaria de imaginar escenarios posibles), capaz de desencadenar acciones interiores y exteriores en el trámite de su desarrollo evolutivo. Es importante hacer notar la actualidad del concepto de "autoorganización".

Sinópoli propone un modelo topológico que representa el interjuego de variables operando simultáneamente en la interacción madre-niño. A continuación se expone (vea gráfico 2):

Gráfico 2

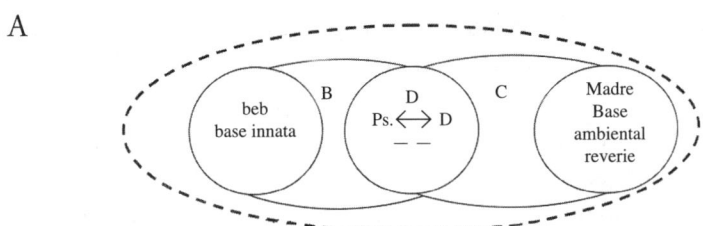

La elipse mayor punteada funciona como una membrana porosa (*a*) que oficia de contenedor-diferenciador del campo vincular madre-hijo, distinto del incluido en el contexto social-ambiental; (b) es la región donde está el bebé con sus estados de necesidad-frustración-satisfacción y su equipo de operadores (Ps$\leftrightarrow$D) ($\female$ $\male$). Ese campo vincular necesitará estar impregnado, según Bion, de "pasión, emoción no violenta, cálida e intensa". En el gráfico observamos zonas disyuntas (particulares del bebé y de la mamá) y un área o zona de conjunción (d), que si opera de manera sincrónica y complementaria dará lugar a que las perturbaciones y las dificultades emergentes en el sistema interactivo madre-hijo sean transformadas en problemas por plantear y resolver. Lo cual resultará de la búsqueda de soluciones que favorezcan el desarrollo evolutivo del sistema en su totalidad y en sus componentes.

Para continuar con su desarrollo, Sinópoli sostiene que si esto no es así la relación madre-hijo pierde vitalidad orgánica y funcionalidad de aprendizaje, donde la "manipulación destructiva" dañina reemplaza a la "vinculación social genuina". Si se da adecuadamente tal vinculación social genuina, en los subsistemas madre-hijo se generan "acciones" internas y externas para crecer desde la "carencia".

En el interjuego aceptación-rechazo, el lenguaje preverbal-verbal es el soporte para llevar los datos de la interioridad a la exterioridad y viceversa. Bion lo denomina "publicación" que contribuye a la formación del lenguaje, signos y símbolos. La publicación propiciará la complejización de los procesos del pensar por correlación y combinación.

La insania es el resultado del proceso opuesto

La comunicación con la madre permite al bebé el aprendizaje de sus características-cualidades parciales (olor, sabor, formas, tacto, temperatura, voz, gestos), "hecho seleccionado" hasta integrarlas en una conjunción constante: "la mamá". Cuando este trabajo se realiza armónicamente, ambos integrantes de la díada experimentan una vivencia que corresponde a lo que Bion llama "verdad" (relativa). Este proceso implica pensamientos, emociones, atención, memoria, percepción y acción, que debidamente integradas permiten la lectura efectuada con "sentido común" en correlación y sincronía con el ambiente. El autor concluye: "sentido común equivale a lo que metodológicamente se llama concordancia observacional entre distintos jueces o cuando un dato puede ser confirmado por una misma persona en diferentes experiencias".

Columna f del cuadro: "es el pasaje de la concepción al concepto". Este pasaje se produce por un proceso de abstracción que filtra y elimina, por el juego de los operadores, todos los componentes senso-perceptivos (incluidas las teorías científicas, leyes de la naturaleza, principios, normas, reglas, etcétera).

La hilera g corresponde al "sistema-deductivo científico", en el cual predomina el pensamiento lógico; y la fila h se refiere a los cálculos algebraicos y combinatorios. En todo el desarrollo del bebé está presente el concepto de red combinatoria y datos de la experiencia (sin explicitarlo formalmente), procesados y recombinados por las distintas funciones: atención, memoria, percepción. Su modelización se fundamenta en los conceptos de tejido reticular entre los estadios del pensamiento y los usos que se le pueden dar a cada una de las configuraciones que el pensamiento adopta en cada categoría del eje vertical, el cual progresa por la permanente dinámica de los operadores. Con este enfoque Bion desacraliza el criterio de "verdad absoluta" y pone al investigador en el vértice de la incertidumbre-curiosidad nunca saturada. Es una propuesta provocativa para que cada operador realice sus operaciones de búsqueda, aprenda a usar sus herramientas y las capacidades que de ellas se derivan. Repasemos de manera sencilla algunos ejemplos sobre el funcionamiento de este cuadro que pretende diagramar "la implementación de lo que está dentro de la mente pensante".

Como se aprecia en el gráfico del cuadro, la columna vertical categoriza información procedente de lo sensoperceptual hasta el cálculo algebraico. Es el paradigma de alta abstracción combinatoria.

Desarrollaremos brevemente el eje horizontal: está dividido en columnas relacionadas con el aprendizaje de la experiencia. Es un aporte original y productivo. Lo inédito y novedoso es el tejido que arma entre ambas coordenadas, y que da la posibilidad de unir en una ecuación dos o más ideas. El eje vertical del cuadro es un eje "genético" en el sentido de la complejización del pensamiento según a, b, etcétera. El eje horizontal numerado

1,2,3, etcétera, presenta los usos que se pueden dar a las categorías a, b, c, etcétera. El eje horizontal incompleto es intencional, permite extenderlo a otros usos; por ejemplo, uso político, ideológico, religioso, filosófico, artístico, etcétera, no presentes en el cuadro pero potencialmente incluidos en éste para denotar, citando a Grinberg (1972), el dominio del aprendizaje en y de la experiencia forman parte del universo de información y comunicación que se da desde el trabajo terapéutico entre paciente y analista, hasta abarcar todo el espectro de comunicación e información en las relaciones humanas.

La hipótesis definitoria (HD), primer uso en el cuadro, es un enunciado que da lugar por sucesivas transformaciones a los siguientes usos 2, 3, 4, etcétera. Es una "conjunción constante", pues liga hechos dados previamente. El enunciado es sólo significante: palabra. En el ejemplo del bebé que hemos desarrollado, "nombrar a la mamá", excluye todo lo ajeno a ella inclusive al bebé mismo.

Otro sentido de (HD) es la imagen (precipitado de la experiencia con la madre) distinta de la madre real-externa. Las dos constituyen las cualidades negativas de la (HD), cuya aceptación permite tolerar la frustración, aquí obtiene relevancia el lenguaje. La columna 2 es la defensividad en sentido clásico, que Bion reformula como "enunciados falsos", identificados como tales con dos objetivos; impedir la emergencia de enunciados provocadores de angustia o de cambio catastrófico. Tomamos en cuenta que Bion propone un entretejido de variables que tomadas aisladamente son vacuas, sólo adquieren significación sólo sí están combinadas. Para nosotros ésta es otra revolución con respecto al concepto tradicional en Freud de defensa: enunciado (lenguaje) *versus* represión.

La columna 3 se refiere a la memoria, de registro, conservación y clasificación. En el cuadro figura como notación y memoria.

La columna 4 corresponde a la "atención", se acerca al uso dado por Freud como exploración y discriminación.

La columna 5 contiene enunciados referidos a la "curiosidad" necesaria para el aprendizaje exploratorio de un objeto a indagar- germen de la capacidad para investigar.

La columna 6 son enunciados transformados en acción.

Redundando y ampliando, recordamos que los elementos beta (β) son impactos sensoriales, productores de asombro y sorpresa y que las (HD) son elementos del lenguaje. La definición de estas palabras y el uso que se les da son fijados por la persona que las emplea. Es una ocurrencia "idiosincrática". Por tanto si la frase está estableciendo una (hd), siguiendo con el ejemplo del bebé, una (HD) puede ser "mamá me cuida" y el hecho que el padre, el pediatra, el psicólogo la considere incorrecta, no la invalida como (HD). Como definición la (HD), "es un dictamen no sujeto a alteración". (Bion, 1982.)

Este cuadro "ingenuamente plana", es en realidad multimodal y se inserta en el corazón mismo del Paradigma de la Complejidad. Avancemos en la comprensión del funcionamiento del cuadro.

Una articulación crucial en ella es C-2. Dos (ψ) psique, funciona como el primer programa ordenador de la datística de 1. Recordemos que HD responde a un nivel gnoseológico de formulación. La columna C comparte con 2 el ser también el primer ordenador de la datística (β) y (α) (nivel sensoperceptual).

¿Por qué consideramos a C 2 como una articulación crucial?

Tomemos un fenómeno social: el nacimiento de un Redentor. La HD que correspondería a este hecho mítico es: "nació un redentor, el salvador que tiene la misión de rescatarnos de nuestras miserias".

¿Dónde está la fuerza psicológica de la hipótesis?
a. En el reconocimiento de la existencia del estado de miserabilidad, vulnerabilidad (política, económica de la época).
b. En el reconocimiento de la existencia de un líder heroico, con la función de redención.
c. En la promesa de un locus trascendente

La columna 2 (ψ) del cuadro daría la respuesta a la hd en (1). A la afirmación siguiente: "nació el redentor..." multitudes lideradas respondieron negándolo: "No es cierto que nació el Salvador", pues no apareció según las predicciones (defensas).

A la afirmación anterior, multitudes lideradas respondieron: "He aquí la verdad que creemos y seguiremos". A partir de esta formulación se institucionalizan dos tendencias con sus liderazgos respectivos.

Ambas líneas son elaboraciones en dos de la hipótesis de (1) (HD).

Parece ser, en cuanto a la psicología se refiere, condición necesaria pero no suficiente –frente a la emergencia de una idea nueva, en este caso el Mesías– que se abren dos líneas perdurables. Ambas funcionan como diques de contención a la violenta turbulencia emocional y al desafío subversivo del sistema de valores imperantes de la nueva idea. Esta idea produce un espacio psicosocial donde aparecerían distintos usos de la misma, dicha idea también necesitará un tiempo sociocultural para evolucionar y crecer hasta altos niveles de abstracción. La eclosión de la (hd) abre dos universos d - 1 y sus combinatorias.

(β) es el imput sensorial y (α) es la elaboración perceptual de (β) que configura una datística en condiciones para ser procesada en C, configuradas como mitos, leyendas, sueños, imágenes formulables en lenguaje articulado. Bion insiste que los pensamientos existen sin un pensador. Una función de la mente es alojarlos incubarlos, desarrollarlos.

Lo significativo en la propuesta de este autor, es que cada categoría en sí misma no constituye lo psíquico. El estatuto de lo psíquico se alcanza por los servicios interaccionales que se prestan las categorías entre sí.

Esto constituye la génesis de la teoría del conocimiento en Bion.

El conocimiento en Bion

"Pensar es una función creadora de significado". Se indagan el conocer, el pensar, los pensamientos y los aprendizajes por la experiencia, tanto en la dimensión individual como en la relacional.

La organización de la personalidad supone una función gnoseológica que permita identificar configuraciones análogas en distintas experiencias, así como destacar las "invariantes" o "constantes" en las estructuras cada vez que las personas o los grupos tienen que enfrentar una situación problemática y resolverla.

El supuesto básico de la teoría lo podemos ubicar en lo expuesto por Sinópoli, con respecto al tratamiento de la resolución de las carencias. En posteriores experiencias creativas, de aprendizaje, de presentación de nuevas ideas, aparecerán las consecuencias de las formas de manejo de la privación infantil.

En el párrafo siguiente veremos cómo Bion se inscribe en las ciencias de la complejidad cuando formula su concepto de objeto psicoanalítico como objeto de conocimiento. Se trata del sujeto objetivado y no de un objeto externo independiente al observador que se adecua al modelo topológico presentado antes. Este proceso se expande evolutivamente dando lugar al surgimiento de las concepciones, conceptos, vocabulario, lenguaje, con toda la arborización posible en usos (eje horizontal del cuadro) y desarrollo (columnas del eje vertical).

Hemos hablado del tema de la carencia y su relación con la frustración y que la modalidad del tratamiento del vínculo entre ambas producirá o no un crecimiento mental (vínculo k o -k).

El vínculo implica siempre una experiencia emocional entre dos partes de una persona o entre dos personas. La emoción está siempre presente como elemento básico de una relación. Aquí destacaremos tres tipos de vínculos: amor (*love*: l), odio (*hate*: h) y conocimiento (*knowledge*: k).

k es un vínculo activo con un tono emocional distinto de l y h, para conocer la "verdad" sobre sí-mismo (por introspección) o sobre otros individuos.

¿Cuál es entonces el matiz emocional idiosincrático de k? Es el sentimiento doloroso implícito en la pregunta: ¿Cómo puede a (sujeto) conocer x (incógnita)?

El vínculo k es semejante a la pre-concepción pero difiere de ella, ya que éste se trata de una expectativa no concretada aún: de conocer algo.

Recordemos que para Freud el conocimiento, como ampliación de la conciencia (órgano para la aprehensión de cualidades psíquicas), tenía una base libidinal y que su metodología de trabajo respondía a la epistemología positivista de la época: existencia de una realidad externa, objetiva, universal, única para todos. Para Bion, la realidad es la cosa en sí, lo incognoscible y sostiene que sólo conocemos y explicamos la experiencia.

Ahora bien, preguntemos puntualmente, ¿qué es conocer? La respuesta es: tomar conciencia de la experiencia sensorio-emocional y abstraer de ella un enunciado que la represente y sirva para la comprensión y resolución de problemas. Abstraer es unir con una marca en un número, una palabra, una oración, una metáfora.

Hay dos modos de elaborar el dolor del vínculo k: a) modificándolo, lo cual produce crecimiento y nuevos descubrimientos en k y b) al evitar las experiencias dolorosas en -k y remplazarlas por la omniscencia y la omnipotencia. La persona no aprende en y de la experiencia. -k caracteriza al vínculo psicótico y sustituye el enfoque científico epistemológico k por la "moral". Se remplaza la disyunción v-f por bueno-malo alterando las premisas de la lógica formal y así el "aprendizaje por la experiencia" es sustituido por la "cosa en sí".

Los mitos permiten entender ciertos procesos primitivos y compartir entre sí un común denominador: "la curiosidad-indagación y el castigo", relacionado con la prohibición del conocimiento. En el cuadro anterior, esto corresponde al entrecruzamiento entre pre-concepción, hilera (d) y las filas 2 (defensa) y 5 (indagación-curiosidad).

Estos mitos son estructurantes para el conocimiento de diversas disciplinas; por ejemplo, Edipo es fundacional en la teoría psicoanalítica freudiana. Los mitos que Bion refiere son: Edipo, Edén y Babel.

Freud utiliza a Edipo para explicar su teoría del desarrollo sexual, en este mito dominan los vínculo de amor: *love* l y odio: *hate* h, sexo, celos, envidia, etcétera.

A diferencia de Freud, Bion retoma a Edipo desde k conocimiento, tan importante como l y h. En Edipo la curiosidad está representada en el enigma de la esfinge; éste a pesar de las advertencias de Tiresias, avanzó en su indagación obstinada y arrogante, en castigo se queda ciego y fue desterrado. En el paraíso, la manzana (que representa la tentación-curiosidad) del árbol prohibido representa al desafío. Adán y Eva como castigo son expulsados. En Babel, la curiosidad es Dios y el desafío es "ser como Dios", la construcción de la torre representa el camino de acceso hacia Dios. En este caso, el castigo divino resulta ser la imposibilidad de comunicarse entre los hombres debido a la diversificación de lenguas. Como puede apreciarse en los tres mitos la curiosidad entendida como indagación es considerada pecado.

En el modelo topológico planteado en este trabajo la indagación-curiosidad puede ser procesada tanto en k como en -k. Si se procesa en k, los operadores estimularán conocimiento; si se procesa en -k, el sujeto evadirá, anulará, no querrá saber del dolor y del temor ante lo desconocido. Hay crecimiento en -k.

Grinberg (1972) expresa lo siguiente: "Los mitos dan una versión narrativa del problema donde los diferentes personajes en su interrelación desarrollan el drama del hombre y del grupo, en su búsqueda de la verdad, solicitado cuando la curiosidad y esa búsqueda se refieren a conocimientos de uno mismo."

Para Bion, el lenguaje toma un lugar predominante, pues los mitos formulados aparecen en estructuras verbales narrativas. Particularmente, el mito edípico es un compuesto filogenético arcaico que aparece como preconcepción en la mente del lactante. En el sucesivo contacto con los padres reales tendrá lugar la realización conjugada de tentaciones-prohibiciones-castigos, con la concepción edípica de los padres y su carga cultural específica. Formulado así por Bion, el mito edípico es un factor de la función k. Si toma la vía -k la conjunción lactante-pareja parental producirá bloqueos y obstrucción en el desarrollo pleno en términos de k.

En la primera parte del capítulo pusimos como ejemplo del caso Khatarina, los fundamentos teóricos de Freud y su manera de operar *in situ*. En esta segunda parte haremos una breve referencia al uso que Bion le da al cuadro en un caso clínico. Éste será utilizado como trasfondo teórico-práctico en donde se desliza, una vez más, el cambio de paradigma.

"El paciente había sido un destacado estudiante quien, al terminar su carrera, comenzó a laborar en una empresa como químico investigador, tenía buenas perspectivas y un empleo seguro. (*La tabla y la cesura*, 1982.)

Lo sorprendente en este caso es que un paciente familiarizado con el psicoanálisis y el método terapéutico que se basa en el lenguaje articulado, solicitara tratamiento con una tartamudez prácticamente invalidante. Se trataba de una persona que producía en la sesión "ruidos" extraños con su boca. El paciente le había referido a su psicoanalista que a veces tartamudeaba con tanta intensidad que durante un tiempo le resultaba imposible pronunciar palabra. Procuraba suspirar profundamente, hacer una pausa, exhalar y volver a comenzar, sentía alivio en cada exhalación.

Bion, al inicio de la sesión, no comprendía la situación, permanecía en la expectativa "sin forzar la observación", ni precipitarse en la búsqueda de una explicación que saturara la indagación clínica. Bion hizo algunos ensayos para categorizar la información (sensorial-emocional) dentro de algunos casilleros del cuadro. El analista, en contacto con el paciente, participó de útiles evidencias que le exigían tolerar la oscilación entre (Ps↔d) y (♀ ♂). Advirtió el peligro de distorsionar la evidencia para adecuarla a formular una conjetura explicativa precipitada.

En la práctica clínica, la finalidad de Bion fue desde su inicio reconocer y evitar el poder obstructivo de las teorías presupuestas, que podían producir inhibiciones resistenciales ante la posibilidad de intensa turbulencia. Por ejemplo, en el caso del paciente tartamudo su emocionalidad era tan intensa que sustituía el uso del lenguaje articulado por un balbuceo críptico. Bion fue muy original en el uso y la aplicación de modelos mentales en la práctica clínica. Para terminar nuestro desarrollo sobre este autor queremos enfatizar algunas diferencias fundamentales en relación con el psicoanálisis ortodoxo: la psicogénesis del aparato psíquico se ancla en la sexualidad, la libido y el principio de causalidad lineal. Freud conservó el criterio de "realidad objetiva" en las ciencias.

A pesar de que Bion se formó en la escuela kleiniana, en su trabajo encontramos diferencias significativas con ésta: Una es el concepto de "madre real" (primera relación vincular social) que comparte con Guntrip, Bowlby, Winnicott y otros. Bion subrayó la importancia del contexto de crianza en la génesis del aparato mental. La realidad no es objetiva, se objetiviza en la región correspondiente a los operadores (Ps↔d) (♀ ♂).

Una diferente postura con Klein, a nivel de ruptura, se refiere a las clásicas posiciones básicas: esquizo-paranoide y depresiva, ambas estructurantes de la organización psicológica del infante. Es en el pasaje de la primera a la segunda posición, y en especial en la buena consolidación de la posición depresiva, donde para Klein se construyó el "objeto total integrado", con sus diferentes cualidades. La escisión con Bion es decisiva porque el diseño del objeto total surge de la interacción y balanceo dinámico dentro de la función (Ps↔D). O sea, entre fragmentación-dispersión e integración-reunión.

Otra diferencia fundamental en su concepción del conocimiento es la formación de símbolos en Klein. En él, mientras el surgimiento del significante (conceptos) emerge de la alternancia (Ps↔D), el significado (uso) surge de una operación de la función (♀ ♂) bien lograda. Lo anterior constituye la esencia de la ruptura Bion-Klein, lo cual generó una organización cognoscitiva que no es mero espejo de lo "real objetivo", sino un trabajo de traducción y reconstrucción de y en la experiencia. Así pues, esto afecta al tema del conocimiento como curiosidad y como investigación.

Forzar la causalidad lineal en la narrativa obtura la inclusión de la complejidad en la interacción (Ps↔D), entendida como recurso en la toma de decisión y en el ejercicio del poder. La causalidad lineal para Bion, usada como dogma (columna 2 en el cuadro), obstruye el tránsito de los estados mentales dando al sujeto la ilusión de certeza y seguridad basada en la moral dogmática. El individuo protegido por el dogma elude el estado mental de incertidumbre-dolor, que se genera en el pasaje hacia lo desconocido, en el momento en el que se desarticula la organización previa al cambio. Este movimiento es el cambio catastrófico, brecha y censura que requiere un tiempo de procesamiento.

El cambio catastrófico inicia el crecimiento mental que puede darse en k o -k. Se caracteriza por: *a)* invarianza (corresponde a los elementos que permanecerán inalterados); *b)* subversión del sistema (se altera el orden preexistente); *c)* violencia (como eclosión emocional inherente a la alteración).

Ejemplos en -k pueden ser catástrofes reales como enloquecer, trastorno de la identidad y de la ubicación espacio temporal. También incluye la pertenencia a ideas y sistemas rígidos, inflexibles e inamovibles, cuyo cuestionamiento es severamente rechazado.

En k, cambio catastrófico consiste en el acto de conocer, de aprender de la experiencia, lo cual aumenta el conocimiento de las relaciones interpersonales y distingue la diferencia entre sueños y hechos, incluso todas aquellas acciones que cambian nuestra perspectiva, por ejemplo, la lectura, la novela, la poesía. Éstas nos proporcionan una visión distinta de las cosas, pasan de no-entender a entender y también de un periodo de la vida a otro.

De la simplicidad a la complejidad

El paradigma de la complejidad es producto de nuevos conceptos, ideas y reflexiones que fueron conectándose y que a partir de la década de los sesenta surgen como teoría general de los sistemas (TGS), cibernética, teoría de la información y el concepto de autoorganización.

En el desarrollo de nuestro trabajo se muestra cómo la complejidad (orden-desorden-organización) transformó la relación observador-observado, sujeto-objeto, el concepto de realidad y el acto mismo de conocer. La complejidad surge como un paradigma superador, que en un metanivel integra disciplinas que estaban desarticuladas en la tradición reduccionista en su sostenido anhelo de certidumbre.

Recordemos a Descartes. En el siglo XVII con el vocablo *cogitare* designó, de un modo directo, al acto psicológico que diferenciaba la realidad de lo íntimo, de la realidad de las sustancias extensas. Separó al sujeto pensante (*ego cogitans*) y la cosa extensa (*res extensa*). Es decir, separó filosofía y ciencia. Los siglos XIX y XX se caracterizaron por excluir todo lo singular e individual (Morin, 1994). El sujeto quedó al margen de la investigación y fue expulsado de la ciencia que buscaba leyes generales y universales.

Según esta epistemología era posible conocer la realidad en su totalidad. Realidad única, externa al hombre e independiente de él. Este paradigma se basó en dos tipos de operaciones lógicas: disyunción (separar las ideas claras de las ambiguas) y reducción (ir de lo complejo a lo simple). El objetivo era "descontaminar", separar lo ambiguo y eliminar la incertidumbre para acercarse a la verdad.

El pensamiento disyuntivo aisló tres grandes campos del conocimiento científico, la física, la biología y las ciencias del hombre (Morin, 1994). Tratadas como unidades aisladas (simplificación), cada una usó su propio método para resolver las dificultades y los problemas que se examinaban en una investigación. El objetivo de la ciencia fue descubrir un orden perfecto, detrás de la complejidad aparente de los fenómenos.

El pensamiento complejo supera esta fragmentación y la integra; dicho pensamiento pone al sujeto, a la experiencia humana, en el centro mismo de la investigación. La experiencia humana es una construcción personal, afectiva e intersubjetiva y el organismo humano es biológico y cultural.

Morin (1994) afirma sobre la complejidad: "es un conjunto de elementos diversos enlazados entre sí[...] tejido (*complexus*: lo que está tejido en conjunto) de constituyentes heterogéneos inseparablemente asociados". La interdisciplina hace posible una comprensión diferente a la reducción de todos los fenómenos a una realidad última, integrando lo más posible el pensar simplificador para tratar con lo real.

En resumen, diremos que la ambición del pensamiento simple fue controlar y dominar lo real. Para el pensamiento complejo la realidad es multiprocesal, multidimensional y por tanto irreductible. Hemos visto, en la sección correspondiente a Bion, cómo en la actividad de conocer están presentes orden-desorden-organización y las posibilidades de monitorear la incertidumbre y el caos en k o -k. Si se procesa el dolor modificándolo habrá crecimiento en k y aprendizaje por la experiencia; si se evita, habrá crecimiento en -k, característico del vínculo psicótico. Si nos basamos en el paradigma de la simplicidad, el objeto se explicará mediante la teoría. El observador es externo a los fenómenos que observa, se ubica por encima de los datos, los simplifica según se adecuen o no con su teoría. La teoría y el objeto de estudio real son isomórficos. Para lograr certeza se busca el objeto en estado puro. Conocer es una copia de la realidad, las "cosas" están previa y objetivamente significadas, así la tarea consiste en encontrar las regularidades.

En este marco conceptual, la conciencia es un bien en sí mismo, como una imagen objetiva de uno mismo, la cual corresponde al conocimiento de la realidad, única, objetiva y externa. El organismo humano no utilizaba sus habilidades cognoscitivas, sólo "captaba pasivamente" ese orden externo previamente establecido, entonces, para conocer el fenómeno real sólo era necesario buscar las causas en su comportamiento lineal y usar el método de la simplificación y así lograr una mejor comprensión del fenómeno (disyunción) y realizar una síntesis como resultado de ese análisis (reducción).

En el paradigma de la complejidad existe un lazo inseparable entre el observador y lo observado, entre el sujeto y el objeto. En una entrevista se le preguntó al biólogo cibernetista Maturana (1992) si sería posible conocer la realidad que está fuera de nuestra mente. Él sencillamente respondió: "No hay nada fuera de nuestra mente" y continuó "si digo que hay algo, ese algo está configurado por lo que yo hago. No hay manera de conocer el afuera sin contaminarlo con nuestra observación".

Para Maturana lo real es un argumento explicativo, pero lo que se explica es la experiencia, no la realidad. El entrevistador formuló una nueva pregunta: ¿Qué es entonces lo que impulsa el deseo de conocer? Nuevamente su respuesta fue sencilla: "La preocupación por explicar la experiencia. Cuando el científico dice querer conocer la verdad, la realidad, no hace eso puesto que lo 'real' es un argumento, un concepto que el investigador propone para explicar la experiencia". "Todo lo dicho es dicho por un observador a otro observador, que puede ser él mismo, sin embargo, el observador es un ser humano". Decimos entonces que el observador introduce un orden en función de sus percepciones y modos de procesar cada visión del mundo o de sí mismo desde un determinado punto de vista no reducible a otro.

Gracias al lenguaje, lo humano es posible y para acceder a éste es necesario que nuestro cerebro traduzca y otorgue significado a las configuraciones y los argumentos que desarrollamos sobre el mundo para explicar nuestras experiencias. Debido a las relaciones sociales, el organismo humano modula sus interacciones con otros en la convivencia coordinando sus conductas. Sin lenguaje y sin relaciones intersubjetivas no existe el ser humano. Un ejemplo lo constituyen los llamados "niños lobos" quienes no existen como seres humanos.

Para finalizar este trabajo haremos una breve referencia al conocimiento en la perspectiva de la complejidad diferente al que postuló la simplicidad. El conocimiento es un proceso de autoorganización del organismo que se configura-contextualiza con su ambiente externo. El conocimiento se organiza en función de las exigencias del organismo –que busca la sobrevivencia–, no es impuesto por un orden externo ya dado que se dirige hacia lo interno afanoso por la verdad. En la perspectiva de la autoorganización, el organismo es activo; se genera en lo interno y va a lo externo transformándolo según sus exigencias. Es activo y responde simultáneamente, esto ocurre con el organismo más primario (la ameba) o con el sistema más complejo (el hombre).

Conocer es configurar los hechos (Morin 1994), contextualizar los fenómenos organizados en estructuras estables a la observación, variables según el contexto donde éstos se generan, lo cual es diferente a pensar los hechos como lineales y causales. La complejidad integra la simplicidad.

Tres principios de los fenómenos complejos (Morin 1994) enriquecen la comprensión de los conceptos que deseamos compartir con el lector al trazar el diseño del texto:

1. *Principio dialógico*: dos elementos antagónicos pueden ser complementarios (mantener la dualidad en el seno de la unidad), como son orden y desorden. Por ejemplo en Freud la convivencia del yo con el ello y el súper yo. El yo como un sistema abierto sobre el ello y el súper yo, mantiene relaciones ambiguas pero fundamentales sostenidas en el pivote de la sexualidad. En Bion k y -k.

2. *Principio de recursividad*: en un ciclo autoorganizado, lo producido reingresa sobre lo que lo produjo. Lo ejemplificamos con el trabajo que

realiza el organismo en su afán de sobrevivencia, según su propia modalidad. Una parte se expresa como conducta y otra parte permanece como mecanismo interiorizado.

3. *Principio hologramático*: la parte está en el todo y el todo está en la parte. Por ejemplo, la célula que contiene la totalidad de la información genética del organismo, distinta, por cierto, a la exaltación de la linealidad.

Bibliografía

Anzieu, D. (1978), "El autoanálisis de Freud", en *El descubrimiento de psicoanálisis*, Argentina, Siglo XXI, pp. 99-107.
Bion, W.R., *A memoir of the future*,
———, *The Dream* (1975), Libro 1, Río de Janeiro, Imago.
———, *The Past Presented* (1977), Libro 2, Río de Janeiro, Imago.
———, *The Dawn of Oblivion* (1979), Libro 3, Pertshire, The Roland Harris Educational Trust Library, núm. 9, Clinic Press.
——— (1966), *Aprendiendo de la experiencia*, 1a. ed., Buenos Aires, Paidós.
——— (1972), *Transformaciones. Del aprendizaje al crecimiento*, Buenos Aires, Centro Ed. de América Latina.
——— (1974), *Seminario de psicoanálisis*, Buenos Aires, Paidós.
——— (1987), *Emotional Turbulence, Clinical Seminar and four papers*, Nueva York, International University Press.
——— (1982), *La tabla y la cesura*, Barcelona, Gedisa.
——— (1992), *Cogitations*, Londres, Karnak.
——— (1992), *Taming Wild Thoughts*, Londres, Karnak.
Carpio, A. (1974), *Principios de filosofía*, Buenos Aires, Glauco.
De Mendelssohn, Félix, *Building a Bridge to Heaven: Notes on the construction, deconstruction and reconstruction of the Tower of Babel*, Free Association Psychoanalysis and the Public Sphere, en *http://www.human-nature.com/free-associations/menbabel.html*.
Ferrater Mora, J. (1970), *Diccionario de filosofía abreviado*, Buenos Aires, Sudamericana.
Freud, S. (1894), "La neuropsicosis de defensa", en *Obras completas*, Buenos Aires, Amorrortu.
——— (1896), "La etiología de la histeria", en *Obras completas*, Buenos Aires, Amorrortu.
——— (1900), "La interpretación de los sueños", en *Obras completas*, Buenos Aires, Amorrortu.

——— (1901), "Análisis fragmentario de una histeria", en *Obras completas*, Buenos Aires, Amorrortu.
——— (1905), "Una teoría sexual", en *Obras completas*, Buenos Aires, Amorrortu.
——— (1908), "Las fantasías histéricas y su relación con la bisexualidad", en *Obras completas*, Buenos Aires, Amorrortu.
——— (1914), "Introducción al narcisismo", en *Obras completas*, Buenos Aires, Amorrortu.
——— (1915), "Los instintos y sus destinos", en *Obras completas*, Buenos Aires, Amorrortu.
——— (1917), "La aflicción y la melancolía, en *Obras completas*, Buenos Aires, Amorrortu.
——— (1923), "El yo y el ello", en *Obras completas*, Buenos Aires, Amorrortu.
——— (1924), "El final del complejo de Edipo", en *Obras completas*, Buenos Aires, Amorrortu.
——— (1924), "El problema económico del masoquismo", en *Obras completas*, Buenos Aires, Amorrortu.
——— (1924), "Neurosis y psicosis", en *Obras completas*, Buenos Aires, Amorrortu.
——— (1925), "La negación", en *Obras completas*, Buenos Aires, Amorrortu.
——— (1925), "Algunas consecuencias psíquicas de la diferencia sexual anatómica ", en *Obras completas*, Buenos Aires, Amorrortu.
——— (1927), "El porvenir de una ilusión", en *Obras completas*, Buenos Aires, Amorrortu.
——— (1931), "Sobre la sexualidad femenina", en *Obras completas*, Buenos Aires, Amorrortu.
——— (1938), "La escisión del yo en el proceso de defensa", en *Obras completas*, Buenos Aires, Amorrortu.
——— (1938), "Lecciones elementales", en *Obras completas*, Buenos Aires, Amorrortu.
Glover, Nicola, "The Legacy of Wilfred Bion", Psychoanalitic Aesthetics, The British School, en *http://human-nature.com/free-associations/glover/chap4.html*.
Gould Laurence, J., "Correspondence Between Basic Assumption. Theory and Klein's Developmental Positions: an Outline", Free Associations Psychoanaliysis and The Public Sphere, *http://en human-nature.com/rmyoung/papers/pap148.doc*.
Green, A. (1973), *La concepción psicoanalítica del afecto*, Buenos Aires: Siglo XXI.
Grinberg L., D. Sor y E. Tabak (1972), *Introducción a las ideas de Bion*, Buenos Aires, Nueva Visión.
Heidbreder, E. (1960), "El psicoanálisis. Freud", en *Psicologías del siglo XX*, Buenos Aires, Paidós.

Hinshelwood, R.D., "Seventy-five Years of Kleinian Writing (1920-1995)", Free Associations Psychoanalisis and the Public Sphere, en *http://human-nature.com/free-associations/hinbib.html*.

Issaharoff, E. (1979), "Freud y la ciencia natural", Conferencia de la Asociación de Investigación Epistemológica en Psicología y Psicoanálisis, Rosario, Argentina.

Klimovsky, G. (1989), "Aspectos epistemológicos de la interpretación psicoanalítica", en H. Etchegoyen (comp.), *Los fundamentos de la técnica psicoanalítica*, Buenos Aires, Amorrortu.

Laplanche, J. y J.B. Pontalis (1971), *Diccionario de psicoanálisis*, Barcelona, Labor.

Luhmann, N. (1990), *Sociedad y sistema, la ambición de la teoría*, Barcelona, Paidós Ibérica.

Magliavacca, Eva María, "Oedipus and His Human Destiny", Free Associations Psychoanalisis and the Public Sphere, en *http://human-nature.com/free-associations/emm.html*.

Maturana, H. (1992), "Diálogo con Humberto Maturana sobre realidad y conocimiento", en *Diario Clarín*, Buenos Aires, 28 de junio.

―――― (1996), *Desde la biología a la psicología*, Santiago de Chile, Universitaria.

―――― (1997), *Emociones y lenguaje en educación y política*, Santiago de Chile, Dolmen Granica.

―――― (2003), "La objetividad es sólo un concepto", en *El Mercurio*, Santiago de Chile, 21 de septiembre.

Meltzer, Donald (1985), "The Kleinian Development" Part. III: The Clinical significance of the Work of Bion, Nueva York y Sao Paulo, Clunie Press Series.

Morin, E. (1994), *Introducción al pensamiento complejo*, Barcelona, Gedisa.

―――― (2001), "La cabeza bien puesta", Buenos Aires, Nueva Visión.

Noceti E. y E. Sorribas (1982), *Las histerias y el Rorschach psicoanalítico*, Buenos Aires, Paidós.

Noceti, E. y J. Sinópoli (1999), "Pensamiento: De la información al crecimiento mental", Primeras Jornadas Interdisciplinarias en Sistemas, Instituto Laplace de Ciencias en Sistemas, Rosario, Argentina.

Ostrov, H.A. (1997), "Cien años de psicoanálisis. Teoría y técnica", en H. Fernández Álvarez (comp.), *Desarrollos en psicoterapia*, Buenos Aires, De Belgrano.

Premoli, E. (1994), *Éticas del siglo XX*, Rosario, Tekhne.

Prieto, J.L. (1994), *Introducción a la psicología. Conceptos y esquemas*, Madrid, Centro de Estudios R. Ames.

Sandler, Paulo C. (1997), "What is Thinking. An Attempt to an Integrative Study of W.R."

Schwanitz, D. (2002), "Cap. V", en *La cultura. Todo lo que hay que saber*, Madrid, Taurus, pp.325-329.

Sendín, María Concepción (2000), *Diagnóstico psicológico. Introducción*, Madrid, Psimática.

Sennett, R. (2002), *El declive del hombre público*, Barcelona, Península.

Sor, D. y M.R. Senet (1988), *Cambio catastrófico*, Buenos Aires, Kargieman.

Aproximación cognitivo-conductual al problema del conocimiento

Juan Carlos Carena y Liliana Ferranti
Universidad Católica de La Plata, sede Rosario, Argentina

Introducción

La discusión del enfoque y la concepción del conocimiento, que subyace en las teorías psicológicas, implica necesariamente una referencia previa a los marcos ontológicos y epistemológicos en que las mismas se encuadran.

Martínez Rizo (2002) señaló con acierto que en varias ocasiones estos marcos se confunden o desdibujan; y en su intento por diferenciarlos los destaca como pertenecientes al terreno ontológico: las discusiones relativas a la naturaleza de la realidad (como objeto de conocimiento), a la naturaleza del sujeto cognoscente y a la relación sujeto-objeto; en tanto que señala como propias del campo epistemológico a aquellas que remiten al problema de la naturaleza del conocimiento, la cognoscibilidad de la realidad y las cuestiones de la causalidad, repetibilidad y posibilidad de generalizar.

Para los fines de este trabajo, resulta pertinente mencionar la síntesis que dicho autor realizó en relación con la naturaleza del sujeto cognoscente: ubicó como posturas opuestas al positivismo (que siguiendo al empirismo inglés concebía a dicho sujeto como enteramente receptivo y pasivo, en cuya mente la realidad captada –mediante los sentidos– imprimía su propia reproducción) y al idealismo que en su versión extrema, confirió al sujeto la capacidad absoluta de creación considerando a la realidad como inexistente fuera de él. La propuesta intermedia de Kant, a finales del siglo XVIII, planteó la existencia de una realidad externa que nunca podrá ser conocida tal cual es, pues el sujeto cognoscente impone sus propias estructuras internas a las sensaciones relevadas por los sentidos.

Transferidas al plano epistemológico, estas discusiones conducen a la consideración de la naturaleza del conocimiento bien como una combinación de sensaciones, bien como construcción independiente elaborada por el sujeto, o bien como subjetiva, pero no desligada de la realidad externa.

Las teorías psicológicas, al tratar de descubrir la complejidad de las estructuras subjetivas y los fenómenos psíquicos implicados en el acto de conocer, lo han hecho desde supuestos ontológicos y sus contribuciones han enriquecido la discusión epistemológica. En este capítulo presentamos particularmente los aportes derivados de dos grandes líneas de investigación de gran envergadura en la psicología: el conductismo y el cognitivismo. Al analizarlas advertiremos que los términos conocimiento y aprendizaje se entrelazan al punto tal que resulta imperativo establecer previamente ciertas consideraciones: hablar de *aprendizaje* implica admitir que existe una distinción entre sujeto y objeto, y que este objeto o realidad externa al sujeto presenta por sí misma un determinado nivel de organización. Aprender supone apropiarse de dicha realidad haciéndola parte –de alguna manera– de las estructuras del sujeto que aprende; el conocimiento es, en este caso, la resultante de procesos de aprendizaje más o menos complejos, que varían en cada teoría según sea la caracterización del sujeto que aprende.

Aquellas teorías que se ubican en el extremo de las posiciones constructivistas no pueden plantear la noción de aprendizaje, pues niegan la oposición sujeto-objeto, y conciben, en cambio, al conocimiento como una pura construcción resultante de la actividad del sujeto. Veremos entonces cómo la referencia a la cuestión del aprendizaje se constituye en un indicador de relevancia a la hora de plantear el tema del conocimiento en las teorías que se presentan en este capítulo: conductismo y cognitivismo.

Ambas líneas, como bien señala Hill (1973), tienen en común haber surgido como movimientos de oposición a la psicología clásica –representada por Wundt (1879) y sus seguidores, que desde Alemania se expandió por toda Europa y América del Norte–, interesada especialmente en el estudio de la experiencia consciente y los contenidos de la conciencia (sensaciones, pensamientos y sentimientos) analizados en sus componentes fundamentales. No obstante, tomaron rumbos muy diferentes.

La idea de Watson, que se plasmó en el movimiento conductista, era desplazar el objeto de estudio de la mente hacia la conducta; conservando, sin embargo, el enfoque analítico sostenido por los ortodoxos en términos de estímulos y respuestas. Un año antes, Wertheimer desafiaba en Alemania al enfoque tradicional objetando justamente la preocupación por el análisis, pero manteniendo intacto el interés por el estudio de la conciencia.

Ambas líneas resultaron cruciales para la comprensión de los procesos de aprendizaje, la adquisición del conocimiento y los fenómenos de conciencia, por lo tanto, en este capítulo trataremos de:

• Ofrecer una descripción de las más importantes contribuciones realizadas por los principales exponentes del conductismo y el cognoscitivismo: conductistas y neoconductistas destacados (Watson, Guthrie, Thorndike, Skinner y Hull); cognitivistas de la escuela europea (teóricos de la gestalt, Piaget, Vigotsky) y americana (Ausubel, Bruner); autores que desde posiciones conductistas se han acercado a presupuestos cognitivos (Tolman, Gagné, Saltz, Bandura, Mahoney).

• Realizar un análisis crítico de los aportes de dichos autores a la problemática del conocimiento y del aprendizaje.

Principales aportaciones cognitivo-conductuales

Conductismo

El conductismo, como concepción clásica en la psicología americana, puede ser ubicado como uno de los movimientos más importantes y renovadores en la historia de la psicología misma. Hasta 1930 podía considerarse conductista a todo psicólogo que incluyera los siguientes puntos de vista en sus investigaciones y trabajos de experimentación: *a)* objetivismo; *b)* periferialismo y énfasis en la influencia del medio ambiente sobre el individuo; *c)* una acentuada inclinación por el estudio del aprendizaje, particularmente sobre la base de algún tipo de asociacionismo como el paradigma e - r, que utilizaron los conexionistas.

Teorías de la contigüidad

Concepción de Watson (1878-1958)

John Watson –fundador del conductismo– insistió en rechazar todo tipo de terminología subjetiva si se deseaba hacer realmente de la psicología una ciencia. Palabras como "mente" o "conciencia" no son usadas por los psicólogos conductistas, pues estos fenómenos, como tales, no pueden ser objeto de observación. Por otro lado, todo proceso de conducta puede ser más fácilmente analizado en términos de estímulos receptados a nivel de ciertas vías aferentes, y como respuestas emitidas mediante ciertas vías eferentes. El mismo Pavlov (1902) puede ser ubicado entre los periferialistas, a pesar de su insistencia en estudiar dichos procesos a partir de los conocimientos y de los métodos que brinda la fisiología del cerebro.

Es posible encontrar puntos en que los planteamientos de Pavlov y Watson se acercan: Watson fue el primero en adoptar las técnicas de Pavlov para condicionar respuestas de temor, ira, etcétera y, más adelante, llegó a sostener que el concepto de respuesta condicionada podría ser la clave de la formación de hábitos. Sin embargo, hay profundas diferencias entre Pavlov y el conductismo norteamericano. Pavlov trató de llegar al "interior del organismo" y formular hipótesis que le permitieran comprender las funciones del cerebro y los procesos mentales superiores. Sostuvo que había una unidad funcional en todos los niveles del sistema nervioso y que el cerebro ocupaba una posición de predominancia. Consideró al organismo como un todo integral, al proponer que: *a*) todas sus partes y funciones están estrechamente interrelacionadas; *b*) interactúa constantemente con el ambiente externo en un proceso de equilibramiento; *c*) hay unidad funcional entre la actividad interna y externa; *d*) hay unidad entre los procesos mentales y los materiales o somáticos.

Según Pavlov, la capacidad para adquirir reflejos condicionados depende de la maduración del sistema nervioso central, por lo cual la habilidad para aprender implica diferencias individuales hereditarias y de maduración. Por supuesto que la motivación para aprender es explicada en esta teoría como reducción de necesidades y obtención de reforzamientos.

Watson (1913), por su parte, propuso una psicología objetiva y antimentalista, cuyo objeto de estudio era la conducta observable, controlada por los estímulos ambientales, entendiendo por conducta "algo tan abstruso como el movimiento de los músculos" (Hill, 1973), de modo que el lenguaje era reducido al movimiento de los músculos de la garganta y el pensamiento al habla subvocal. Watson insistió en que el aprendizaje era el problema fundamental, básico, a estudiar, y del cual había que partir para establecer una comprensión adecuada de toda la conducta. El aprendizaje permitía encarar investigaciones de laboratorio donde las variables independientes (los estímulos), tanto como las variables dependientes (las respuestas) podían ser perfectamente identificadas, controladas y medidas. Dichas investigaciones lo condujeron a afirmar la total prevalencia del medio ambiente, y en especial de la educación, sobre la naturaleza: "lo que somos depende enteramente de lo que hemos aprendido". En este encuadre, la adquisición del conocimiento, era planteada como un caso de condicionamiento consistente en aprender a dar la secuencia adecuada de palabras en respuesta a una pregunta u otro estímulo condicionado.

Estas ideas que combinaban objetividad y fe en el aprendizaje tuvieron amplia aceptación entre los investigadores que luchaban para que la psicología se adaptara dentro del paradigma científico vigente en la época; sin embargo, para Pozo (1995), el "manifiesto conductista" de Watson se expandió rápidamente entre la comunidad científica de Estados Unidos, sin siquiera haberse constituido como teoría: "entroncada en una tradición pragmática y empirista, la propuesta de Watson era, ante todo, metodológica. [...] Su propuesta es ampliamente aceptada. Pero Watson, carece de elementos teóricos para desarrollarla". Dicha carencia promovió el desarrollo de diversas teorías bajo el común denominador del objetivismo, iniciándose así la era del neoconductismo cuyos principales representantes fueron Guthrie, Tolman, Skinner y Hull. Se caracterizó como la época más productiva, aunque también la que dio con la meta más cara de los psicólogos conductuales: elaborar una teoría unitaria.

Interpretación de Guthrie (1886-1959)

Al leer a Guthrie se tiene la impresión de que debe haber algo más en su teoría; parece tan simple y directa que uno la cree demasiado fácil. En toda su aparente simplicidad la teoría intenta explicar problemas que son considerados fundamentales, y se esfuerza por delimitar las condiciones esenciales que subyacen en la naturaleza del aprendizaje. Algunos de sus principios se alejan mucho de la comprobación experimental rigurosa; otros parecen ser nociones del sentido común que no poseen un fuerte soporte empírico; sin embargo, este autor provocó un gran impacto entre los especialistas de su tiempo. En 1952, afirmó que el aprendizaje se daba por asociación y que la contigüidad era la ley primaria de dicha asociación.

Una de las diferencias entre Guthrie y algunos de sus contemporáneos fue con respecto al papel que tiene el reforzamiento en la adquisición de conductas y en el mantenimiento de las mismas al no considerar que aquél fuera vital para el aprendizaje. Guthrie definió en 1949 al aprendizaje como el mejoramiento, mediante la práctica, de la experiencia de un acto. Entendía por mejoramiento a la reducción del tiempo requerido para producir el efecto exacto que define a dicho acto, la reducción de errores y movimientos inútiles, y el aumento de exactitud en la finalización del movimiento. En tal sentido, el aprendizaje es un cambio de las respuestas a dichos estímulos; es un cambio resultante de experiencias previas a tales estímulos. Por eso el único concepto que explica el aprendizaje en términos de experiencia es asociación entre estímulo-respuesta. También hizo hincapié en la aplicabilidad de los principios del aprendizaje en el campo educacional. Su sugerencia de cómo "romper hábitos" es muy conocida en el ámbito pedagógico.

El aumento de certeza de que una determinada respuesta seguirá a un determinado estímulo no puede ser explicado por el premio o el reforzamiento como lo hacen Skinner o Thorndike. Es, más bien, el efecto de la asociación de estímulos adicionales que han logrado producir una respuesta en una variedad de situaciones. En tal sentido se deben tener presentes dos aspectos: Cualquier respuesta aprendida podrá existir para siempre, a menos que sea inhibida por una respuesta que resulte incompatible con la anterior. Y es posible que una respuesta sea desaprendida no por la extinción que resulta de la falta de reforzamiento, sino por la inhibición producida por otras respuestas. A mayor cantidad de estímulos se necesitará mayor número de repeticiones, si se desea obtener un buen aprendizaje. Si bien una asociación entre una única estimulación y una sola respuesta puede ser establecida en una sola coincidencia momentánea, el aprendizaje generalmente requiere más de una repetición.

Otro de los principios fundamentales de la teoría de Guthrie señala que no se debe permitir a un aprendiz continuar una situación de aprendizaje si ha asociado respuestas incorrectas. La última respuesta que produce un organismo es la respuesta que más perdura; por lo tanto, el premio y el castigo pueden ser remplazados por este concepto teórico: "en una situación premiada, la última respuesta exitosa implica que el aprendiz deje de actuar o bien cambie la situación a tal punto que ninguna nueva asociación relacionada con la estimulación existente puede ser formada".

El aprendizaje se produce no sólo cuando el aprendiz da una respuesta correcta después de haber ensayado varias incorrectas, sino también cuando el aprendiz emite respuestas tanto correctas como incorrectas, en un mismo momento, a un conjunto de estímulos. Guthrie considera que el aprendizaje incluye cambios en la conducta que no son necesariamente los mejores o los más exitosos. Esta identificación del aprendizaje con la adquisición de un buen resultado parece muy buena para el sentido común, pero para una comprensión científica de la conducta humana no es útil. Así, afirma: "De la misma manera y en el mismo sentido en que los seres humanos adquieren habilidades y capacidades, también se adquieren faltas y errores e incluso se pierden capacidades que alguna vez se poseyeron. Nos alejaríamos de los métodos de la ciencia empírica si asumiéramos que todo aprendizaje es bueno, que toda acción tiene su fin".

La teoría del aprendizaje de Guthrie implica un análisis total del control que los estímulos ejercen sobre la conducta. Si una persona realiza o tiende a realizar aquellas respuestas que dio por última vez bajo las mismas circunstancias, al reproducir dichas circunstancias, se puede establecer el hábito por predicción de los e-r que lo componen. De igual modo, si se desea cambiar un hábito a "perderlo", lo importante es cambiar las circunstancias que lo produjeron; si la repetición exacta de los estímulos y respuestas que un organismo presenta pueden ser obtenidos bajo control experimental, presentaciones únicas de dichos estímulos serían más que suficientes para producir un perfecto condicionamiento de la conducta. Por eso, Guthrie hace notar que el comportamiento humano es predecible.

Cualquier tipo de aprendizaje implica aprender un gran número de conexiones específicas de estímulos-respuestas (movimientos). La habilidad adquirida mejora gradualmente, aunque el aprendizaje de cada pequeña parte se produzca en forma súbita. La probabilidad de que cualquier respuesta particular ocurra en un específico límite de tiempo, está en función directa de la proporción de estímulos presentes que son, en dicho límite de tiempo, señales para tal respuesta. Según Guthrie, lo que ha sido observado se transforma en señal de lo que ha sido dado. Para concluir, es necesario indicar que con estos principios Guthrie se coloca en una posición radical dentro del asociacionismo.

Teóricos del refuerzo

Watson y Guthrie dejaron claro en sus sistemas que el aprendizaje depende sólo de la *contigüidad* del estímulo y la respuesta, es decir, de que se presenten juntos en oposición a otro grupo de teóricos conductistas que afirmaron en cambio, que en el estudio del aprendizaje es fundamental reconocer el efecto reforzador de las recompensas; entre los que más sobresalieron destacan Thorndike, Skinner y Hull.

Teoría conexionista de Edward Thorndike (1874-1949)

Thorndike (1898) fue un pionero de la psicología experimental animal; tomó el modelo de la máquina controlada por impulsos y vio desde una perspectiva evolucionista darwiniana una continuidad entre el aprendizaje animal y el humano. Concebía al aprendizaje animal como el resultado de vínculos entre estímulos y respuestas que surgen por ensayo y error. Sus investigaciones hechas con una gran variedad de animales en laboratorio y con un riguroso método experimental le permitieron establecer tres leyes básicas y cinco menores que regularían todo el proceso de aprendizaje.

La *ley del efecto:* establece que las respuestas que conducen a una situación satisfactoria tienen mayor probabilidad de ser repetidas.

La *ley de la predisposición*: señala que la satisfacción tanto como la molestia que produce una respuesta, dependen del estado del organismo al momento mismo en que actúa. Esto exige que las unidades neuronales de conducción estén preparadas para responder, si así no fuese deviene el estado de perturbación.

La *ley del ejercicio*: indica que las conexiones se fortalecen cuando se repiten y se debilitan con el desuso.

Thorndike, fundamentalmente interesado en aspectos prácticos integró todos sus trabajos en un texto de psicología educacional, pionero en su tipo y que se hizo popular entre maestros y educadores al punto que aún hoy siguen influyendo sobre los procesos escolares y su aplicación en el contexto educativo.

Su propuesta sobre qué es lo más fácil o lo más difícil, o lo que más motiva o no al ser humano en su necesidad de cambiar comportamientos, fue una interesante contribución; ya que incorporó, dentro de su psicología objetiva, la ley del efecto y se convirtió en el primer teórico del refuerzo. Sus investigaciones fueron absorbidas y perfeccionadas por otros psicólogos de esta corriente.

Teoría del reforzamiento operante de Skinner (1904-1990)

Skinner produjo una gran cantidad de experimentos que implicaron un análisis descriptivo del comportamiento. La culminación del tratamiento teórico del concepto de contingencias del reforzamiento en la predicción y el control de la conducta humana, las variables ontogénicas y filogénicas de las cuales la conducta es una función y el mismo análisis de los hechos teniendo otro nivel de observación, son tratados cuidadosamente en su trabajo *Contingencias del reforzamiento, un análisis teórico* (1969).

El concepto watsoniano de que el medio ambiente condiciona las respuestas del organismo, influyó tanto en Thondike como en Skinner; éste llegó a diseñar aparatos adecuados para controlar y medir dichas variables.

En su tratamiento de la conexión e-r, Skinner ha tendido siempre a un positivismo estricto, en el sentido de enfatizar la descripción operacional de la conducta. Las teorías e-r consideran en general que el comportamiento depende de la relación que existe entre los estímulos ambientales (e) y la producción, modificación y mantenimiento de respuestas (r). Tales teorías pueden o no postular variables intraorganísmicas para explicar esta relación (e-o-r) y pueden o no enfatizar relaciones temporales, efectividad de los premios, asociación o combinación de efectos, etcétera; no obstante, todo ello, Skinner considera que la variable más importante en el condicionamiento operante es la contingencia entre una respuesta y sus consecuencias, y no la relación e-r.

Todo el sistema de Skinner es un análisis objetivo, ya que está basado en datos que cualquier experimentador puede repetir, es decir, en conductas observadas que en cualquier circunstancia pueden ser analizadas. El material de estudio es absolutamente empírico, descriptivo y positivista. Las variables utilizadas en la teoría de Skinner son las independientes y las dependientes. Las construcciones hipotéticas y variables que intervienen son desconocidas en la construcción de su teoría, esto se debe a que no son observables, y no por el hecho de que no existan.

En cualquier caso el acento está puesto en la conducta y no en lo que hay detrás de ella. La conducta es cualquier parte de la actividad total de un organismo, y por eso Skinner la considera como lo que un organismo está haciendo en un momento determinado, es decir, aquello que es observado de la actividad general de un animal o ser humano. En realidad todo ser vivo está en continuo intercambio con el ambiente que lo rodea, y de él depende casi todo el repertorio de comportamientos. El mismo Skinner dice: "por conducta se entiende simplemente el movimiento de un organismo o sus partes dentro de un marco de referencias provistas por el organismo mismo, o por varios objetos externos o por campos de fuerzas".

El experimento inicial de Skinner consistió en un cajón especial donde se colocaba a una rata que había sido privada de alimentos por varias horas. Dentro del cajón había una palanca que al ser presionada permitía la caída de una píldora de comida en una fuente o platillo pequeño ubicado debajo de la palanca mencionada. Mediante sucesivas aproximaciones se trataba de lograr que el animal presionara por sí mismo la palanca y así obtuviera su alimento. Ésta es la conexión primaria entre una r operante (presionar la palanca con la pata), y un e reforzador (la presencia del alimento).

r	e +

De aquí se desprende la ley del condicionamiento o aprendizaje de una conducta operante: "Si la emisión de una respuesta operante es seguida por la presentación de un estímulo reforzador, la fuerza de la conexión aumenta". En este caso debemos hablar de reforzamiento positivo, ya que es la presencia del e, lo que provoca un aumento de la probabilidad de reaparición de la respuesta ejecutada por el animal.

Esta ley básica permitió a Skinner estudiar en profundidad los cambios en la conducta contingentes a diferentes tipos y programas de reforzamiento, el cual diseñó cuidadosamente llegando a conclusiones interesantes acerca del valor de los reforzadores, el papel de los castigos y otras conclusiones que, llevado por su espíritu práctico, trató de aplicar a situaciones concretas más complejas; por ejemplo, son reconocidos sus programas de entrenamiento con pacientes psicóticos, el análisis de las formas de refuerzo utilizadas como medio de control político, social y económico, y su preocupación por diseñar una estrategia para que los estudiantes en las aulas pudieran avanzar gradualmente en el aprendizaje del material de estudio teniendo la oportunidad de realizar las discriminaciones necesarias y de reforzados en forma conveniente, que culminó con su propuesta sobre aprendizaje programado y máquinas de enseñar. Mediante éstas, Skinner puso de manifiesto su interés en el aprendizaje humano y la consideración por las diferencias individuales que creía vitales en el diseño de un sistema de instrucción

Teoría formal de la conducta de Clark Hull (1884-1952)

Uno de los intentos más importantes por formular una teoría del aprendizaje que implicara el análisis y la posterior comprobación experimental de todos los procesos del aprender, es el que ha hecho Clark Hull en la década de los cincuenta. La teoría de Hull es un acercamiento formal (matemático-deductivo) al estudio de la formación de hábitos y la influencia del reforzamiento.

Debemos destacar que la posición de Hull (1943) es neoconductista y periferialista, es decir, propone soluciones que implican: *1)* una gran insistencia en las técnicas objetivas para obtener y expresar los datos empíricos; *2)* un análisis de las variables estímulo-respuesta como las únicas legítimamente necesarias para expresar los resultados de la investigación y su formulación teórica; *3)* una referencia a los principios del condicionamiento de respuestas, en relación con un cierto tipo de asociacionismo como base de las leyes del aprendizaje; *4)* un énfasis muy marcado en la influencia de la estimulación del medio en el control del comportamiento y *5)* una notable tendencia a analizar los determinantes periféricos de la conducta.

Hull considera que el aprendizaje es supervivencia. Fue particularmente influido por el argumento darwiniano de que todas las formas animales se desarrollan mediante una serie de finas graduaciones. Causalmente los postulados enunciados por Hull señalan en forma explícita el tipo de interacción que existe entre el individuo y el medio ambiente. De por sí, todo animal debe emitir respuestas que son necesarias para asegurar en forma categórica sus propias adaptaciones a un medio ambiente naturalmente hostil. Los factores psicológicos del hombre son en realidad medios mediante los cuales pueden ser establecidas paulatinamente adaptaciones menores.

Para Hull (1952), el aprendizaje implica adquisición de *hábitos*. Los hábitos se adquieren en función de la presentación de reforzamientos contingentes a las respuestas emitidas. Ahora bien, la formación de un hábito depende del número de reforzamientos que se han dado y del límite natural del organismo para desarrollar dicho hábito. Por tanto:

• La teoría de Hull sobre el aprendizaje está basada en el concepto de que "todo organismo debe aprender para poder adaptarse y esta adaptación implica satisfacción de necesidades". El hombre debe adaptarse además a la situación social que le toca vivir, de manera que el grupo condiciona al individuo en sus respuestas de aprendizaje.

• Hull considera que la "satisfacción de una necesidad implica el reforzamiento de las conexiones establecidas". El premio o refuerzo de una respuesta aumenta la probabilidad o frecuencia de la respuesta, pero la repetición de lo aprendido por sí solo no fija las conexiones.

Su propuesta es uno de los más serios intentos por cuantificar rigurosamente los postulados teóricos, y probablemente su previa formación ingenieril haya influido en ella; no obstante, avanzó bastante en un intento por acercar las posiciones conductistas y cognitivas al tratar de interpretar algunas cuestiones como el aprendizaje por invisión (*insightful*) o la motivación, aceptó como válidos algunos principios cognitivos, pero interpretados como un aprendizaje previo de tipo conexionista. Sus contribuciones han sido puntos de partida para los investigadores posteriores que vieron en la obra de Hull el germen de muchas ideas valiosas para explicar el aprendizaje humano.

A modo de síntesis

Como síntesis de las aportaciones hechas por los conductistas previamente analizadas se pueden establecer las siguientes afirmaciones respecto a cómo es el comportamiento humano, y el resultado considerado por esta corriente como el más importante: el aprendizaje: *1)* prácticamente todo lo que hacemos (sentimos o pensamos) es el resultado de nuestro aprendizaje; *2)* se incluye como resultado de aprendizaje a la *conducta total* de un individuo que se traduce en su forma de percibir, pensar, actuar y sentir; *3)* el cambio de conducta es una consecuencia de la experiencia; *4)* el aprendizaje afecta a la persona total influyendo en su saber; en su querer hacer y en su saber hacer; *5)* aprendemos nuestras propias reacciones, es decir, nuestras respuestas.

Cognoscitivismo

Líneas clásicas: el movimiento cognoscitivista europeo

"Lo más general y común que podemos decir de la psicología cognitiva es que refiere la explicación de la conducta a entidades mentales, a estados, procesos y disposiciones de naturaleza mental, para los que reclama un nivel de discurso propio" (Riviere, 1987). Esta cualidad general engloba, sin embargo, a corrientes muy diferentes. Como ya mencionamos, la raíz del movimiento cognoscitivista puede ubicarse en Alemania a principios de siglo, y es hoy reconocido que allí tuvieron su origen teorías diversas que admiten como elemento común la adopción de una postura "organicista" (Pozo, 1995), la consideración como objeto de estudio –de los fenómenos psíquicos concebidos como totalidades– y el rechazo a la idea de un conocimiento reproductivo de la realidad, asignando al sujeto (entendido como organismo y no como mecanismo) un grado de organización cognitiva interna que le permite interpretar la realidad en un proceso marcadamente "activo". Entre estas teorías distinguimos a:

Psicología gestalt

Podríamos considerar a Wertheimer (1880-1943), Köhler (1887-1967) y Koffka (1887-1941) como los primeros cognitivistas; iniciaron en Alemania sus investigaciones acerca del fenómeno de la percepción y culminaron haciendo una propuesta sobre el aprendizaje, la cognición y la personalidad.

Si bien siguieron un modelo experimental no se resistieron a abrir la "caja negra": precisamente lo que Wertheimer cuestionaba a la psicología tradicional no era —como lo había hecho Watson— el estudio de la conciencia; por el contrario, ésta era su principal preocupación. Lo que cuestionaba era el estudio fragmentado de las "unidades" de conciencia y la concepción asociacionista del conocimiento. (Hill, 1973.) Para Wertheimer nuestros pensamientos no son conjuntos asociados de imágenes sino percepciones significativas totales. Su propuesta hacía hincapié en los sistemas cuyos componentes se relacionan de manera dinámica, de tal modo que la totalidad no puede inferirse de la consideración separada de sus partes.

Los teóricos de la gestalt plantearon tres principios que son fundamentales para interpretar todas sus aportaciones:

a. La ley de la buena forma

Las totalidades son denominadas *gestalten* (*gestalt* en singular), formas, pautas o configuraciones y para ser percibidas como tales requieren la concurrencia de tres factores: cantidad mínima de elementos, orden u organización y significado. Esto es aplicable tanto a los procesos preceptuales como de pensamiento, y por extensión, al lenguaje mismo. Esta especie de estructuralismo perceptual-cognitivo se extendió a muchas otras disciplinas dentro del campo mismo de la psicología y la psicoterapia, el cual llegó a configurar propuestas terapéuticas aún vigentes como la de Beck y otros.

b. Principio del isomorfismo

Apela a la concepción de que las formas físicas tienen su correlato en las formas psíquicas y viceversa. De esta manera, la propuesta innatista que realizan estos autores exige aceptar que todo acto de conocimiento es el resultado de una tendencia natural en los organismos –particularmente en el ser humano– a conformar una igualdad de formas o estructuras: allí donde no está la buena forma física, la mente se encarga de completarla. La generalidad de los productos culturales es configurada a partir de este principio innato de la mente.

c. El conocimiento a partir del acto de comprensión súbita, mediante el descubrimiento de las relaciones medio-fin *(insight)*

Comprender o realizar un *insight* es el acto psíquico fundamental por el cual el sujeto adquiere conocimiento. Toda situación perceptual o experiencial se presenta como problema porque se desconocen las relaciones entre las partes que componen ese todo, o porque sólo se percibe una parte de éste. Cuando el sujeto, mediante diversos intentos o realizando un esfuerzo por el cual se posiciona de una manera distinta frente al problema, puede descubrir súbitamente cuál es la relación entre medios y fines encuentra una o varias soluciones al problema.

Podríamos decir que la gran contribución de la gestalt al estudio del aprendizaje humano lo constituye este énfasis sobre la comprensión, sobre la percepción de las relaciones que se establecen dentro de un todo organizado. Aprender implica siempre cambiar una gestalt por otra mejor, más consistente, más organizada; es un proceso de reestructuración que no sólo ocurre mediante la experiencia, sino también por el paso del tiempo o la reflexión, lo que posiciona a estos teóricos en una postura diametralmente opuesta a la de sus contemporáneos americanos.

Teoría topológica de Kurt Lewin (1890-1947)

Según Swenson (1984), Lewin "elaboró una versión de la teoría gestáltica basada en el análisis del espacio vital de cada individuo. Intenta explicar así los factores motivacionales y también permite interpretar diferencias individuales entre los grados de aprendizaje y la modificación de la conducta". Se puede afirmar que este autor hizo un esfuerzo importante por formalizar en términos matemáticos aplicando principios de la geometría topológica, todos los procesos dinámicos que incluyen al sujeto en relación con su campo vital. En 1936 ofreció los diagramas más significativos de los criterios topológicos que facilitan la representación del espacio que rodea al sujeto y los elementos o variables intervinientes con los que se intenta establecer cuantificaciones y predicciones.

Esta propuesta de predictibilidad del comportamiento y del análisis del "entorno" fue un aporte esencial de este autor al campo educacional y social. Lewin definió cuatro tipos básicos de aprendizaje, caracterizándolos como cambios producidos en distintos niveles:

a. Cambios en la estructura básica del espacio vital: llamados de restructuración cognitiva, que permiten simplificar aquello que se presenta como complejo ante la percepción. Puede significar también un cambio en las concepciones equivocadas o erróneas hechas en el pasado y así permitir la generación de nuevas metas.
b. Cambios motivacionales: referidos al cambio de valencias en las metas y dirección o fuerza de los vectores que representan aquello a lo que cada persona tiende en la búsqueda o consecución de deseos y logros.
c. Cambios en el modo en que la persona se ve a sí misma: buscar transformar su ideología o cosmovisión de la realidad. Aquí Lewin admite los cambios de pautas de identificación grupal.
d. Cambios a nivel corporal: en las destrezas físicas o psicomotoras, que es el único camino que le queda a la persona cuando necesita superar barreras arduas o difíciles de su propio espacio vital.

Con estas formas del aprendizaje humano, Lewin estableció las bases de una serie de investigaciones en el campo de la psicología grupal y el liderazgo y de la psicología social en general. Dollard y Miller han aplicado muchos de sus conceptos en la Universidad de Yale y en la de Chicago haciendo una síntesis integradora con la obra de Clark Hull.

Epistemología genética de Jean Piaget (1896-1980)

Las contribuciones de Jean Piaget a lo largo del siglo XX fueron fundamentales en cuanto al estudio acerca del conocimiento. El autor ginebrino, cuya obra monumental se ha difundido ampliamente, parte de ciertas premisas básicas:

- Las estructuras lógicas que van a servir de base al desarrollo del pensamiento evolucionan desde el nacimiento, basadas en un marco biológico que sigue la pauta de la adaptación en términos de equilibrios y desequilibrios sucesivos.

- Los caminos pre-lógicos y lógicos de la niñez no son iguales a los del adulto, pero dan lugar a formas de conocimiento, que por su grado de complejidad pueden tener analogías con los de culturas más primitivas. La lógica del adulto, construida sobre los cimientos de la maduración y el desarrollo, es la base de la lógica científica y exige necesariamente tres postulados: *a*) el principio de reversibilidad, por el cual los caminos de ida y vuelta son fundamentales en el acto de conocer; *b*) el juego de formulación de hipótesis, base del trabajo psíquico, que pudiendo ser confirmadas o desconfirmadas, acercan al sujeto a un conocimiento más cierto de la realidad; *c*) el desarrollo de la abstracción como sustento de los constructos mentales más importantes, dado que al tomar distancia de las imágenes, los procesos lógicos pueden hacerse cada vez más complejos y lograr un mayor nivel de simbolización.

El sujeto interpreta la realidad mediante los modelos que construye para poder explicarla. Gracias a las percepciones y sobre todo a las acciones que realiza sobre dicha realidad, puede ir conformando un conjunto de representaciones, que se organizan en sistemas cada vez más complejos. El conocimiento se construye por medio de un verdadero proceso dialéctico, de una actividad mental individual que responde a necesidades internas, propias del desarrollo evolutivo y a partir de ideas previas que se modifican como consecuencia del desequilibrio que experimentan cuando ya no son eficaces para explicar la realidad.

Piaget siempre sostuvo la universalidad de su teoría del desarrollo de la inteligencia, independientemente de los contextos culturales; el sujeto epistémico, cuyo último nivel de desarrollo cognoscitivo es la "gestión científica hipotético-deductiva" (Dasen, 1995), es un sujeto universal que evoluciona en su capacidad de comprensión y conocimiento del mundo según una secuencia fija de niveles jerárquicos, los cuales cambian cualitativamente con la edad, y esto sucede naturalmente. Sus contribuciones –de fuerte impacto en la educación– están siendo revisadas a la luz de los enfoques socioculturales; sin embargo, aún mantienen gran vigor en el campo de la psicología y la pedagogía.

Teoría sociocultural de Vigotsky (1896-1934)

La obra de Vigotsky, revalorizada por la psicología contemporánea, tiene el valor de introducir el debate acerca del conocimiento, la influencia de la cultura.

Para el autor, la mente no se desarrolla naturalmente y tampoco lo hace sin ayuda, sino que depende, en gran parte, de la disponibilidad y la distribución de las "prótesis" existentes dentro de una cultura; es decir, de los conocimientos y procedimientos que cada cultura pueda trasmitir a sus integrantes. Esta posibilidad se concreta mediante un "apoyo social" que permite conducir al niño mediante la *zona de desarrollo próximo*.

Vigotsky supone que los procesos psicológicos superiores son esencialmente diferentes de los inferiores. Mientras éstos están ligados a lo biológico y a lo instintivo, aquéllos son de origen social: desde que el niño nace establece relaciones con otras personas, esas relaciones interpersonales son reconstruidas interiormente por el niño pasando entonces a ser intrapersonales, la actividad externa comienza a suceder internamente de modo que una función social se vuelve individual como condición de un largo proceso evolutivo.

> Todos los procesos superiores son, pues, de origen social. Pero unos tienen lugar en la experiencia cotidiana, son "conglomerados" que el niño no puede definir; los otros son analíticos, se relacionan con conocimientos anteriores y se integran en sistemas conceptuales. Son los conocimientos simbólicos que se inician con los aprendizajes escolares y finalmente conducen al conocimiento científico. Los primeros, que se adquieren en el hogar, son la *prehistoria* de los procesos psicológicos superiores; en la escuela se inicia la *historia* de los procesos psicológicos superiores. (Bravslavsky, 1993.)

Estos principios culminan con el concepto de *Zona de desarrollo próximo*. El nivel de *desarrollo real* (ndr), que se alcanza en un momento determinado expresa las funciones que ya han madurado y el nivel de *desarrollo potencial* (ndp) se refiere a aquéllas que están en proceso de maduración. La diferencia entre el primero, que es retrospectivo y el segundo, prospectivo, da por resultado la *Zona de desarrollo próximo* (zdp). Esa zona es producto de una serie de procesos evolutivos internos que son capaces de operar "solamente cuando el niño está en interacción con personas de su entorno y en cooperación con un semejante". "Una vez que (esos procesos) se han internalizado se convierten en parte de los logros independientes del niño".

Vigotsky considera que el verdadero conocimiento sólo se logra cuando se toma conciencia y se alcanza el control autorregulado del mismo. El tema de la conciencia lo preocupó especialmente y aún reconociendo el conocimiento de acción, sostuvo que el conocimiento en sentido estricto sólo se da cuando el pensamiento se conoce y se juzga a sí mismo. Bruner (1988) completa esta idea al plantear que el adulto actúa como "una conciencia para dos" hasta que los niños son capaces de analizar, tomar conciencia y regular su propio desempeño.

El conocimiento no es absoluto sino relativo, pues depende de las categorías socio-familiares que configuran el entorno del sujeto, por eso la aportación que este autor y sus seguidores realizan lleva a considerar que los avances de la humanidad dependen de la transmisión del conocimiento, que en su fundamento mismo tiene un carácter colectivo, lo que vale tanto para el conocimiento científico como para cualquier otro saber humano.

Líneas cognitivas actuales

Puede considerarse al año 1956 como el que marca el surgimiento de la nueva psicología cognitiva, ya que luego del Segundo Simposio sobre Teoría de la Información, celebrado en el MIT (Massachussets Institute of Technology) vieron la luz obras de los padres de esta nueva corriente: Chomsky, Millar, Bruner, Austin y otros.

Como bien afirma Pozo (1995), este fenómeno sólo puede interpretarse acertadamente si se lo contextualiza en el nuevo mundo científico abierto por "las ciencias de lo artificial" que se desarrollaron como consecuencia de la revolución tecnológica demandada por la segunda guerra mundial. Sin embargo, el enfoque de este movimiento americano es sustancialmente diferente al europeo, lo que habla de culturas científicas distintas.

En su libro *Psicoterapias cognitivas y constructivistas,* al hacer una revisión de los aportes de diversos autores, Michael Mahoney (1997) propuso considerar, dentro del movimiento cognoscitivista actual, las siguientes etapas:

a. Movimiento del procesamiento de la información

Este movimiento es también llamado movimiento cibernético por su introducción del concepto de circuito de *feedback* teleológico (dirigido a metas). Se dedicó al tema del almacenaje, la recuperación y el procesamiento de los *bits* de información apelando a un modelo mental similar a una computadora. Particularmente mencionaremos los aportes originales de Helmar Frank (1976) quien desde Europa apoya también los postulados de esta corriente.

Psicocibernética de Helmar Frank

A fines de los años setenta comienzan a desarrollarse, en Alemania en las Universidades de Berlín y Paderborn, nuevas investigaciones que configuran la corriente informacional europea que trata de explicar el procesamiento mental de información mediante el llamado "modelo de la psicocibernética o modelo psicoinformacional", con investigaciones que luego se extendieron a otras regiones de Europa y finalmente a Brasil y Argentina. Su objetivo básico es ocuparse del problema de la entrada de información a la mente, estudiar objetivamente los mecanismos de selección, procesamiento y conservación temporal de dichos datos, los registros en la memoria y finalmente los patrones de respuesta. Como antecedente, ya Steinbuch (1962) destacaba, como rasgo del impacto de la cibernética, la posibilidad de aplicar los métodos matemáticos en terrenos científicos en los cuales, hasta el momento, no parecían practicables: psicología, fisiología, sociología, etcétera. En la misma época, Herman Schmidt (1964) sostenía que la cibernética era la etapa más avanzada en la evolución de la construcción de sistemas técnicos que el hombre desarrolla con el fin de objetivar su relación psicofísica fundamental con la naturaleza.

De los estudios hechos por Frank y sus colaboradores se desprende la posibilidad de realizar una medición de la capacidad de la inteligencia en términos de la cantidad de *bits* de información (*bits/seg*) que cada individuo puede procesar en un estado de conciencia o también llamado "momento psíquico individual".

Tal concepción implica la aceptación de los procesos de aprendizaje, entendidos como procesos de adquisición de información acerca de la realidad, y deriva en un análisis de carácter cartesiano que conduce a una discriminación de todas las variables que intervienen en dicho acto (llevando en el plano pedagógico al desarrollo de una "didáctica cibernética").

Sucesivos experimentos permitieron definir que:

- El aprendizaje exitoso es el resultado de una fina y adecuada propuesta en la que es posible matematizar la cantidad de información que por unidad de tiempo está en condiciones de asimilar el sujeto.
- Se puede racionalizar adecuadamente la cantidad de material a aprender, de manera que la información presentada no sobreabunde sobre el dispositivo de selección y acomodación que tiene el aprendiz.
- La curva de aprendizaje resultante del proceso de captación, selección, procesamiento y almacenamiento de la información depende de una ecuación logarítmica que permite pronosticar paso a paso el resultado final, de manera que cada individuo puede aprender según su ritmo y según su capacidad intelectual.

Estas investigaciones dieron lugar al desarrollo de una propuesta que conduce a organizar las variables Palabra-Tiempo (w-t), de manera que cualquier instructor, inclusive una computadora, puede ofrecer información acorde a las posibilidades perceptivas e informacionales del sujeto.

Estos autores admiten la importancia de la conciencia como fenómeno fundamental, en cuanto reductora de la masiva información que llega a la mente, parten de una teoría del conocimiento de origen cartesiano y por supuesto dualista, porque no resuelve la interacción mente-cerebro, sino que admite que ambos procesos funcionan en paralelo. La amplitud de esta propuesta va desde una cibernética formal o general a una cibernética material que incluye las Cs. humanas, la biocibernética y la ingeniería cibernética; actualmente se halla en desarrollo una técnica que incluye la variable social, acercándose paulatinamente al gran tema que parecía haber dejado de la lado: la cuestión del significado.

b. El conexionismo moderno o procesamiento de distribución paralela

Esta línea (Schngider, Koch, Fodor) se entrelaza con la anterior, aunque estudia el proceso de información desde su perspectiva biológica (redes neuronales). Si bien tiene cierto grado de contacto con el conexionismo de Thorndike, es más sofisticado y mediacional como afirma Mahoney (1997). Las tres características que definen el conexionismo moderno son:

- La confianza en el procesamiento de distribución paralela.
- El intento de simular operación en redes neuronales lo que ha llevado al desarrollo de las "neurociencias cibernéticas" (trabajo que sigue el modelo computacional).

- La consideración de que algunos aspectos de la información biológica pueden ser sub-simbólicos, por los que la programación en algoritmos se hace más difícil admitiendo un mayor grado de complejidad en los procesos de aprendizaje y conocimiento.

c. Constructivismo o metateoría constructivista

Esta teoría (Bruner-Hajeck-Mahoney) enfatiza la naturaleza proactiva o anticipatoria del conocimiento, cerebro-mente dejan de ser considerados almacén o "banco de datos" para ser un sistema orgánico de actividades relacionadas unas con otras. En lugar de *feedback* (información a partir de variables ambientales) se convierten en *feedforward* (información hacia adelante a partir de variables organísmicas).

Hacen una aproximación al conocimiento experiencial como proceso en continua evolución sobre la base de la complejidad de la experiencia humana y la inclusión de procesos tácitos (inconscientes).

Teoría de la instrucción de Jerome Bruner (1915)

Bruner fue uno de los fundadores de la "nueva ciencia de la mente" y partícipe activo de la revolución cognitiva. Su sólida formación, su flexibilidad y su actitud interdisciplinaria le permitieron avanzar en una propuesta constructivista cada vez más elaborada.

Según su enfoque, conocemos el mundo de maneras diferentes y desde distintas actitudes, generando diversas "representaciones" (o "realidades", como prefiere denominarlas el autor). Recogió la idea de Piaget de que el niño tiene que descubrir el mundo otra vez y de que el conocimiento se construye por medio de la acción, afirmó que "los objetos y eventos no son previamente grabados o copiados, sino más bien transformados y percibidos en términos de acción desempeñada" (Bruner y Olson, 1973), y que "no existe un mundo real, único, preexistente a la actividad mental […] el mundo de las apariencias es creado por la mente". (Bruner, 1988.) El pensamiento es entonces un modo de organizar percepciones y acciones.

Esto lo lleva a criticar el trazado de límites conceptuales entre el pensamiento, la acción y la emoción como "regiones de la mente"; afirma que las acciones (anticipadas, en marcha o recordadas) inspiran nuestras representaciones del mundo, ya que al hacerlo, incluimos las ideas de cómo actuar sobre ese mundo posible; retomando la idea de Tolman de que el mapa cognitivo de un campo determinado "incluye la existencia de medios-fines para actuar dentro de él, de lo contrario se estaría en presencia de una teoría que deja al animal absorbido por el pensamiento".

En esa convicción, considera a la cultura como "un texto ambiguo que necesita ser interpretado constantemente por quienes participan en ella" (1988), de tal modo que está en constante creación al ser interpretada y renegociada por sus integrantes, "es tanto un foro para renegociar significados y explicar la acción como un conjunto de reglas o especificaciones para la acción".

d. La hermenéutica como componente de la nueva ciencia cognitiva

La hermenéutica, que significa *interpretación*, ha hecho un avance significativo durante el siglo XX a partir de la lingüística, la semiótica y la critica literaria. Autores como Madison, Messer y Saas (1988) comienzan a configurar un proyecto psicológico y terapéutico que parte de la base de que la mente del sujeto cognoscente se proyecta sobre las formas propias del conocimiento. Así, los lingüistas, afirman que el lector está en el texto y viceversa. Vittorio Guidano (1980) en Italia, paralelamente, con su psicología postracionalista incorporaba estas mismas nociones.

Por lo tanto, una psicología constructivista o hermenéutica es un enfoque basado en el principio de que la interacción entre sujeto y discurso se estructura dentro de un mismo nivel y ambos constituyen un paradigma ideal para interpretar el conocimiento y la *praxis* terapéutica.

Otras líneas cognoscitivistas americanas

A la clasificación de Mahoney, orientada hacia el campo de la psicoterapia, pueden agregarse los estudios de otros autores que complementan el vasto y heterogéneo panorama del cognitivismo contemporáneo. Entre ellos cabe mencionar a David Ausubel (1978), que con su análisis desde la psicología educativa vuelve a centrar el eje de la discusión en el aprendizaje.

Teoría del aprendizaje significativo de David Ausubel

Ausubel dedicó gran parte de sus esfuerzos a investigar los procesos mentales que dan lugar a los aprendizajes. Acuñó el concepto de "aprendizaje significativo", por oposición al aprendizaje "repetitivo"; hizo alusión a la posibilidad del sujeto de establecer relaciones "sustantivas y no arbitrarias" entre lo que se aprende y lo que ya se conoce. Sustenta sus ideas en una teoría de la asimilación, en la que el conocimiento es concebido como adquisición de información nueva, que depende en alto grado de la interacción que se establezca entre ésta y las ideas que existen previamente en la estructura cognoscitiva. El resultado de tal interacción "constituye una asimilación de significados nuevos y antiguos para formar una estructura cognoscitiva más altamente diferenciada". (Ausubel, 1978.)

La posibilidad de efectuar estas interacciones depende de ciertas condiciones:

- *Que el material sea potencialmente significativo*: a nivel lógico (un cierto grado de estructuración, organización y coherencia interna) y a nivel psicológico (congruentes con la estructura cognitiva del sujeto que aprende, es decir, que puede ser comprendido e integrado al sistema conceptual que ya posee; en términos del autor "la estructura cognitiva del alumno tiene que incluir los requisitos de capacidad intelectual, contenidos ideativos y antecedentes experienciales").
- *Que exista una disposición subjetiva para el aprendizaje*: una actitud favorable del sujeto que facilitará el otorgamiento de significación a los aprendizajes.

Resulta interesante destacar la diferencia que el autor establece entre significado lógico y validez empírica y lógica de las proposiciones; afirma que éstas no cuentan en la determinación de aquél, de tal modo que es posible que existan proposiciones con un fuerte significado lógico que, sin embargo, estén basadas en premisas inválidas o en fallas lógicas. Estas hipótesis generaron el interés de los investigadores, particularmente en referencia a la construcción del conocimiento científico, donde los aprendizajes previos parecen constituir una base crucial para su consecución.

En el aprendizaje significativo "los significados de ideas y proposiciones se adquieren en un proceso de inclusión correlativa en estructuras más genéricas. Aprendizaje de ideas incluyentes e incluidas" (1970). Este proceso puede efectuarse por recepción o por descubrimiento, pero ambas formas contemplan la actividad por parte del sujeto, que siempre es constructor de sus propios conocimientos; Ausubel destacó la prevalencia del aprendizaje receptivo en los procesos organizados de transmisión de la cultura, sostuvo que construir conocimientos no es necesariamente descubrir; lejos de querer descalificar al aprendizaje por descubrimiento, intenta desmitificarlo, "ponerle límites", resaltando otros caminos igualmente constructivos. Sostuvo que las metas de la educación sistemática deben orientarse hacia la adquisición, la retención y el uso de grandes cuerpos de información, y al desarrollo de habilidades para pensar crítica, sistemática e independientemente, y en pos de esas metas, revalorizó la idea de una instrucción organizada, planificada, y secuenciada según criterios aportados por la psicología educativa. Y, aunque la escuela no pueda asumir la responsabilidad total de que un alumno aprenda es responsabilidad de la misma generar las condiciones para garantizar que los conocimientos que debe trasmitir estén adecuadamente organizados y así facilitar su asimilación a la estructura cognoscitiva de cada alumno.

Una estructura cognoscitiva rica en contenidos y adecuadamente organizada en forma jerárquica, con respecto a niveles de abstracción, generalización e inclusividad de las ideas, pone de manifiesto una elevada capacidad de transferencia de tales contenidos a situaciones concretas como a la solución de nuevos problemas, lo cual implica al sujeto en un proceso dinámico y complejo que lo lleva a la adopción de enfoques cada vez más globalizadores.

Enfoques cognoscitivo-conductuales

Pese al avance del constructivismo, el conductismo en la actualidad parece mantener su vitalidad, La obra de Skinner, por ejemplo, es continuada por Ribes, quien intenta una síntesis integradora con la psicología interconductual de Kantor al tratar de dotar al sujeto del conductismo al menos de una estructura interactiva, en un tránsito hacia perspectivas más molares.

También otros autores desde el conductismo se han acercado hacia el cognitivismo demostrando que ambos supuestos no son incompatibles. Entre estos proyectos incluyentes están, por un lado los de Bandura (1977, 1986) cuya más reciente teoría es la de autoeficacia y por el otro, la teoría de la instrucción de Gagné (1985) dirigida hacia el enfoque del procesamiento de información sin abandonar la base teórica y metodológica del conductismo. No obstante, quien sentó las bases de esta integración fue sin duda Edward Chace Tolman (1932, 1948), con el desarrollo de su conductismo intencionista, que sin dejar de estudiar la conducta, reconoció que la misma está orientada por metas, y sin abandonar el rigor de los métodos conductistas advirtió la necesidad de la inclusión de variables cognitivas.

Teoría del signo-gestalt de Tolman (1886-1959)

Uno de los hombres que probablemente adquirió mayor nivel de prominencia e influencia entre los teóricos del aprendizaje fue Edward C. Tolman. Contemporáneo de Hull, Guthrie y Skinner, Tolman desarrolló un sistema que produjo una nueva alternativa viable según los puntos de vista neoconductistas de estos autores. A partir de su posición, fueron desarrollándose una gran cantidad de estudios e investigaciones y un buen número de experimentalistas dedicaron sus esfuerzos a sostener los conceptos básicos de su teoría.

Las diferencias entre las varias teorías del aprendizaje, en los últimos años de la década de los cuarenta, fueron claras y hubo dos corrientes netamente separadas: la que siguió a Hull y la que siguió a Tolman. Mientras Hull pareció acentuar una posición mecanicista, molecular y reduccionista con respecto al aprendizaje; Tolman (1932) afirmaba su posición "molar", cognitiva y perceptual.

Con seguridad algunas diferencias tanto de lenguaje como de conceptualización fueron más aparentes que reales; no obstante, los dos sistemas delimitaron aspectos básicos que implicaron posiciones absolutamente controvertidas.

A medida que se examinan los conceptos de Tolman se aprecia el carácter de su semántica. Utilizó un lenguaje nuevo para describir algunas ideas y observaciones ya conocidas. Su sistema es una innovación no solamente en los términos empleados sino también en los diseños experimentales que permitieron sostener su teoría.

El esfuerzo de Tolman produjo una inmensa cantidad de los llamados "experimentos de crítica", y con ellos, la polémica usual que invariablemente le sigue. Los problemas críticos en los que se centraron estos experimentos fueron: expectativas de premio, aprendizaje de lugar y aprendizaje latente.

Con frecuencia fue acusado de utilizar un lenguaje mentalista. Sin embargo, eso mismo permitió construir un puente en la gran separación que existía entre las distintas teorías del aprendizaje. Se le puede considerar un psicólogo neo-gestaltista cognitivo. Como Hilgard y Bower (1970) afirman: "Tolman guardó su lugar prominente en el frente de los teóricos del aprendizaje por su sensibilidad ante problemas importantes, por su ingeniosidad en la experimentación y por poner a otros en su lugar". Spence (1942) ubicó a Tolman entre los teóricos del signo-estímulo o signo-gestalt, junto a Lewin, Köhler y

Koffka. En tal sentido, para Tolman el aprendizaje está íntimamente relacionado con los procesos de la percepción y de la cognición.

El sistema de Tolman es único en su profunda consideración de los problemas que llevaron a varios autores a la interpolación de construcciones hipotéticas para explicar factores no observables que influyen en el proceso del aprender, y si bien su teoría tiene raíces en el conductismo, se desvía de la concepción clásica de dos sentidos: primero, con respecto a la comprensión de la conducta como tendente a fines, es decir, con propósitos y, segundo, en la comprensión de la conducta como molar. Según Tolman, el conductismo implica un tipo de psicología que, en contraste con el mentalismo, sostiene que los hechos psíquicos, ya sea en animales como en seres humanos, puedan ser caracterizados en términos de caminos o vías por las cuales los organismos funcionan para producir una conducta actual o probable. Enfatiza así la relación que hay entre comportamientos y logro de metas.

La conducta, para este autor, no es sólo respuesta a estímulos; es más bien una búsqueda de metas o tendencia hacia fines. Los estímulos guían hacia un fin y determinan a cada paso qué clase de medios puede uno usar para lograr dicho fin. Justamente, la búsqueda del fin es lo que da a la conducta unidad y significado.

En 1948, Tolman presentó un artículo titulado "Mapas cognitivos en niños y hombres", en el que admitía que el animal es bombardeado por estímulos, pero, su sistema nervioso es sorprendentemente selectivo con respecto a cuáles de todos estos estímulos reaccionará y en qué momento. Los estímulos que pueden ser recibidos no son conectados uno a otro de acuerdo con las respuestas que provocan. Los impulsos que entran en el sistema nervioso son analizados y elaborados en un control central en forma de tentativas, es decir, de mapas cognitivos del medio ambiente, donde están indicados los caminos, las regiones y las relaciones del medio que finalmente determinan qué respuestas, si las hay, debe emitir el organismo.

Estas ideas ubican a Tolman entre los precursores indiscutibles de las teorías cognitivas, inclusive su modelo de selección, procesamiento y conexión de estímulos contiene ya los rudimentos de los núcleos de investigación de las teorías de procesamiento de información.

Teoría del diseño instrumental de Robert Gagné

Las primeras publicaciones de Gagné (1965) referidas a las condiciones del aprendizaje lo posicionaban claramente dentro de la teoría conductista, pero su propuesta evolucionó al tiempo que fue incorporando variables cognitivas derivadas específicamente del modelo del procesamiento de información, por eso concibe al aprendizaje como un proceso de adquisición de información.

Según su perspectiva, las diversas condiciones (internas y externas) que dan lugar a tipos diferentes de aprendizaje son influidas por determinados *eventos* (conductas comunicativas con funciones específicas que Gagné identificó como componentes del proceso de instrucción). Tales eventos –anteriores y posteriores a la adquisición de la información por parte del aprendiz– van a ser fundamentales para el logro de competencias de aprendizaje (*learning outcomes*). En relación con estos eventos, Gagné describe ocho tipos de aprendizaje concebidos como bloques de un diseño instruccional completo, en el que cada tipo puede requerir un evento diferente de instrucción para optimizar el proceso de aprendizaje.

Los ocho tipos descritos por Gagné son: aprendizaje de señales, de asociaciones e-r, de encadenamientos, de asociaciones verbales, de discriminaciones, de conceptos, de reglas y de resolución de problemas. Como resultado de los mismos se logran competencia o habilidades que Gagné organiza en cinco categorías; actitudes, información verbal, habilidades intelectuales, estrategias cognitivas y habilidades psicomotoras.

Los continuos procesos de evaluación y revisión a los que el autor ha sometido su diseño han sido la clave para que se convirtiera en un modelo básico, ampliamente aceptado en el terreno de la instrucción. Podemos concluir que Gagné ofrece hacia el final de su obra una aceptación más definida de la importancia de la cognición como proceso y resultado del aprendizaje y si bien no habla de estados de conciencia admite al menos que cada aprendiz percibe sus motivaciones hasta la aceptación de sus propios pensamientos y generalizaciones, que intenta modificar a medida que se enfrenta con nuevos eventos.

Aprendizaje social según Albert Bandura (1925)

Albert Bandura (1977), creador de la teoría social del aprendizaje, sostiene que los seres humanos adquieren destrezas y conductas de modo operante e instrumental y que entre la observación y la imitación intervienen factores cognitivos que ayudan al sujeto a decidir si lo observado se imita o no.

La observación e imitación se da por medio de modelos que pueden ser los padres, los educadores o los pares.

La *imitación* puede darse por los siguientes factores: *a)* por instinto: las acciones observadas despiertan un impulso instintivo por copiarlas; *b)* por el desarrollo: los niños imitan las acciones que se ajustan a sus estructuras cognoscitivas; *c)* por condicionamiento: las conductas se imitan y refuerzan por moldeamiento.

Conducta instrumental: La imitación se vuelve un impulso secundario, por medio del refuerzo repetido de las respuestas que igualan las de los modelos. La imitación reduce los impulsos.

Los factores cognitivos se refieren concretamente a la capacidad de reflexión y simbolización, así como a la prevención de consecuencias basadas en procesos de comparación, generalización y autoevaluación. En definitiva, el comportamiento depende del ambiente, así como de los factores personales (motivación, retención y producción motora).

Bandura analiza dentro del marco teórico de la reciprocidad o las interacciones recíprocas de conductas, variables ambientales y factores personales como las cogniciones. Según la postura cognitiva social, la gente no se impulsa por fuerzas internas ni es controlada y moldeada automáticamente por estímulos externos. El funcionamiento humano se explica en términos de un modelo de reciprocidad triádica en el que la conducta, los factores personales cognoscitivos y los acontecimientos del entorno son determinantes que interactúan entre sí.

En la teoría cognoscitiva social, el aprendizaje es con mucho una actividad de procesamiento de la información en la que los datos acerca de la estructura de la conducta y de los acontecimientos de entorno se transforman en representaciones simbólicas que sirven como lineamiento para la acción. El aprendizaje puede ser un acto consciente al aprender de las consecuencias de las propias acciones o de tipo vicario, mediante la observación del desempeño de modelos.

Otro supuesto de la teoría cognoscitiva social se refiere a la distinción entre el aprendizaje y la ejecución de las conductas aprendidas. Al observar a los modelos, el individuo adquiere conocimientos que quizá no exhiba en el momento de aprenderlos. Los estudiantes adquieren conocimientos declarativos (conocimientos históricos) y fragmentos organizados (poemas, canciones), conocimientos de procedimiento (conceptos, reglas, algoritmos), así como conocimientos condicionales (cuándo emplear las formas de los conocimientos declarativos o de procedimientos y por qué hacerlo así). Cualquiera de estas formas son conocimientos adquiridos no demostrados en el momento.

El modelamiento, componente crucial de la teoría cognoscitiva social, consiste en términos generales en los cambios conductuales, cognoscitivos y afectivos que derivan de observar a uno o más modelos. Bandura distingue varias funciones de modelamiento, tres de las más importantes son: facilitación de las respuestas, inhibición y desinhibición y aprendizaje por observación.

Teoría de la formación de conceptos y aprendizaje verbal de Eli Saltz

Saltz sigue la tendencia ambientalista y experimentalista americana, pero bajo la influencia de Tolman y Bandura. Tomó como objeto de estudio los procesos de aprendizaje considerando que el eje fundamental de los mismos no se centra en torno a las conexiones e-r sino a la formación de conceptos.

Define a los conceptos como conjuntos limitados de atributos. Éstos remiten a aquellas características de estímulos indiscriminables que el organismo recibe tanto en el medio externo como interno, en tanto que la limitabilidad es una variable organizativa, determinada por la historia personal y cultural del sujeto. Aprender un concepto es, entonces, reunir los atributos en una unidad cognitiva o "hacerse a la idea" de que esos atributos se corresponden entre sí.

Saltz realizó una clasificación de los tipos de conceptos categorizándolos como: simples (definidos operacionalmente sólo por un atributo), conjuntivos (relacionales entre dos o más atributos definitorios), disyuntivos (inclusivos y exclusivos), y probabilísticos (los atributos sugieren pero no identifican claramente). Identifica al aprendizaje como "modelo de crecimiento del concepto"; afirma que el niño comienza aprendiendo un atributo y luego el concepto crece o se expande, de acuerdo con la siguiente secuencia: *1)* formación de conceptos simples (por inclusión sólo de un atributo); *2)* formación de conceptos más generales (por incorporación de nuevos atributos); *3)* integración (por inclusión de estímulos antes indiferenciados a conceptos anteriores o constituyendo conceptos nuevos).

Saltz destacó que el esfuerzo deliberado puede crear "significados" y facilitar el aprendizaje y la memorización; de esta manera introduce variables cognitivas más complejas.

Estudio comparativo de los enfoques teóricos presentados

Como el objetivo básico de este capítulo es confrontar las diversas líneas de investigación y teorías sobre el aprendizaje que surgieron a lo largo del siglo XX, se presenta a continuación un cuadro comparativo de las diversas variables que permiten hacer una lectura del entramado que involucra desde las concepciones de la naturaleza misma del conocimiento al estudio y análisis de la conciencia, tal como se infieren del análisis de dichas teorías.

Hemos tomado como punto de partida el cuadro que presentan Neimeyer y Feixas (1990) para comparar enfoques psicoterapéuticos y realizamos adaptaciones y ampliaciones con el fin de permitir la interpretación de aspectos más relacionados con los procesos de aprendizaje y el desarrollo del conocimiento.

Para establecer comparaciones entre las diversas aproximaciones teóricas se han considerado los siguientes aspectos:

1. El conocimiento visto desde su naturaleza, los criterios para validarlo y las características estructurales que lo configuran.
2. La conciencia, estrictamente en términos de si existe como fenómeno psíquico exclusivo del ser humano, y en tanto es también autoconciencia y autorreflexión.
3. La concepción del sujeto que se tiene en tanto el ser humano es un organismo vivo que responde a estímulos, que interactúa con otros y que posee intencionalidad o proyección. De hecho, resultaría demasiado exhaustivo trabajar toda la dimensión antropológica; por tanto, a los fines de este enfoque sólo se hace mención a la relación sujeto-objeto como fenómeno de conocimiento.
4. Las características que presentan estas teorías cuando se habla de interacción, específicamente la humana, en tanto y en cuanto posibilita la transmisión –o reconstrucción– del conocimiento y la cultura.

Cuadro comparativo de teorías y autores que aportaron al problema del conocimiento y el aprendizaje

ASPECTOS Graduación del objetivismo al constructivismo	1	2	3	4
1. CONOCIMIENTO				
NATURALEZA DEL CONOCIMIENTO	Realismo ingenuo. Realidad plenamente cognoscible. Conocimiento como representación directa o copia de la realidad, como descubrimiento de hechos ya existentes. Progresa mediante la acumulación de la acumulación. Watson Guthrie Skinner	Realismo crítico. Realidad cognoscible sólo de modo probabilístico e imperfecto. Hull Saltz Bandura Frank	Acepta la realidad externa, pero escoge la explicación de acuerdo con el sujeto. Tolman Gestálticos Piaget Vigotsky Ausubel Gagné	Relativismo. El conocimiento como la construcción de la experiencia y la acción del sujeto. Como la invención de nuevos marcos de interpretación. El conocimiento como evolutivo, evoluciona hacia niveles de mayor complejidad. Bruner Guidano Mahoney
CRITERIOS PARA LA VALIDACIÓN DEL CONOCIMIENTO	Dualismo objetivista. La proporciona el mundo real por medio de los sentidos. Correspondencia entre las representaciones con la realidad. Sólo un significado verdadero. Watson Guthrie Skinner	Realismo crítico. realidad cognoscible sólo de modoprobabilístico e imperfecto. Hull Saltz Bandura Frank	Aceptación de puntos de vista, objetivos y subjetivos. Validación por medio de la consistencia interna con las estructuras de conocimiento existente y el consenso social. Tolman Gestálticos Piaget Vigotsky Ausubel Gagné	Puntos de vista subjetivos. Cognoscente y conocido inseparables. Diversidad de posibles significados e interpretaciones alternativas. Bruner Guidano Mahoney

1. CARÁCTERÍSTICAS ESTRUCTURALES DEL CONOCIMIENTO	Conocimiento como formación de conceptos. Como clasificación, categorización y almacenamiento acumulativo. Watson, Guthrie, Hull, Skinner, Saltz	El conocimiento como estructura conceptual. Los pre-conceptos deben ser contrastados y corregidos con pruebas estadísticas o estocásticas. Bandura, Frank	Conocimiento como redes organizadas. Impacto de la intuición y del saber del inconsciente. Capacidad holística. Tolman, gestalt Ausubel Gagné	Conocimiento como delator de diferencias. Estructurado en sistemas auto-organizados y jerárquicos. Piaget, Vigotsky, Bruner, Guidano, Mahoney
2. CONCIENCIA	Plena, si existe. Definida como captación de la realidad. Watson, Guthrie, Hull, Skinner (aceptan la conciencia pero no la consideran objetivable)	Estados de conciencia influidos por procesos no conscientes. Tolman, Gestalt Piaget, Vigotsky Ausubel Gagné, Bandura Frank Saltz	El inconsciente predomina sobre los estados de conciencia.	Consciente e inconsciente considerados como categorías de una realidad subjetiva básica. Bruner Guidano Mahoney
3. CONCEPCIÓN DE SUJETO	Organismo reactivo Watson Guthrie	Organismo interactivo, con predominio de la influencia del ambiente. Hull, Skinner, Bandura, Frank, Saltz, Gagné	Activo, en interacción con el ambiente, con predominio del acto subjetivo. Gestalt, Piaget, Vigotsky, Ausubel	Organismo proactivo. Orientado a metas e intencional. Tolman, Bruner, Guidano, Mahoney
4. CARACTERÍSTICAS DE LA INTERACCIÓN HUMANA	Instructiva Watson, Guthrie	Recíproca Hull, Skinner, Frank, Gagné, Piaget	Grupal Tolman, Gestalt, Vigotsky, Ausubel, Bandura	Estructural, en redes, entre sistemas autoorganizados. Bruner, Guidano, Mahoney

Adaptado de R.A. Neimayer y G. Feixas, 1990. *Constructivist Contributions to Psichotherapy Integrations* (Journal of Integrative and Eclectic Psichotherapy, 9, p. 7).

Análisis crítico del cuadro comparativo

Los autores considerados conductistas (Watson y seguidores) han sido fieles a la concepción asociacionista que tiene sus orígenes en la filosofía aristotélica y posteriormente en el empirismo de Hume: ya sea por asociación de ideas, o estímulos y respuestas, el organismo va captando la realidad y aprende a actuar sobre ella; su aparente actividad en realidad es una sumisión pasiva del sujeto a los avatares de las circunstancias del ambiente. Tal vez pueda rescatarse en la obra de Skinner el esfuerzo por ofrecer una ingeniería del comportamiento que en manos de un capacitado instructor puede llegar a presentar reforzadores que movilicen al sujeto de manera tal que éste despliegue una mayor actividad para dominar las consecuencias de sus acciones.

Al hablar de organismos que aprenden, las corrientes conductistas no establecen diferencias entre los seres humanos y los demás organismos vivos, dado que no se preocupan por investigar las variables de la caja negra; el acto de conciencia, si existe, no interesa como fenómeno ni como contenido, es la sustancia nerviosa, el cerebro o el sistema nervioso, al que se remite como activador de respuestas frente al ambiente y procesador de los estímulos.

Según Pozo (1995) "La fuerte base experimental del conductismo sería –paradójicamente– el principal motivo de su crisis: los experimentos arrojaban numerosas anomalías empíricas que no encontraban respuestas en la teoría y si bien en un principio se consideraron irrelevantes, cuando el programa comenzó a debilitarse dejaron al descubierto la inconsistencia de algunos supuestos básicos". Por eso, a medida que avanzaba el siglo XX los investigadores conductistas fueron tomando distancia unos de otros, en tanto ofrecieron proyectos de investigación más atrevidos que fueron abriendo la caja negra y comenzaron a estudiar variables netamente cognitivas (Tolman, Bandura, Saltz), tales como la formación de conceptos verbales y sociales, la comprensión, etcétera, de modo que se van apartando de la teoría original de Watson, llegando así a terrenos cercanos a lo que luego se denominó el movimiento cognitivo.

En este estado, conocer no es sólo asociar sino aprender conceptos, o más aún, cogniciones. Puede considerarse que los estudios de Tolman constituyen el verdadero puente entre conductismo y cognitivismo. Siguiendo a Pozo, se ha de destacar que "la razón de tal desplazamiento radica en que el programa del asociacionismo es de naturaleza exclusivamente sintáctica, por lo cual sólo explica la relación formal entre los elementos pero no pueden decir nada acerca de su significado (semántica)".

Respecto a la concepción de sujeto, el conductismo lo considera como poseedor de una organización primitiva, de tipo reactiva, aunque la enorme producción skinneriana –retomada por autores como Kantor y Ribes– permitió virar hacia perspectivas más molares, que buscaron dotar al sujeto de una estructura más interactiva. También los estudios conductistas se han acercado mucho a otra vertiente: la cibernética y el procesamiento de la información, en la que mediante estudios comparativos entre los sistemas que aprenden y los seres humanos se está logrando un análisis minucioso de los procesos que pueden ocurrir en la caja negra.

Contrariamente al eje conductismo-neoconductismo, la corriente teórica llamada cognoscitivismo, que incluye al constructivismo, presenta un abanico de alternativas que hacen necesarios los tres niveles restantes de la graduación que presentamos en el cuadro comparativo anterior.

Se advierte una separación paulatina de los distintos autores que a pesar de mantener una postura polivalente, metodológicamente hablando, devienen en un realismo cada vez más crítico hasta el extremo de ofrecer una comprensión del conocimiento humano, evolutiva y relativa a las propiedades psíquicas de cada sujeto. Así, por ejemplo, autores como Hull, Saltz o Bandura, de fuerte raigambre neoconductista ofrecieron pruebas de laboratorio que sólo alcanzan a validar probabilísticamente; por lo tanto, las verdades con las que buscaron objetivar el conocimiento, sólo pueden ser sostenidas por una multiplicidad de hipótesis que llevaron al propio Hull a un exagerado conglomerado de posibilidades matemáticas y deductivas que generaron más bien grandes controversias teóricas que demostraciones definitivas.

Sin embargo, Tolman y más recientemente Ausubel, en Estados Unidos, y Piaget y Vigotsky, en Europa, gestaron una validación del conocimiento que admite puntos de vista objetivos y subjetivos y que exige la noción de estructura, básicamente como recurso teórico para sostener la idea de que el conocimiento deviene de la consistencia interna del acto psíquico más que de una verificación con la materia externa del objeto de conocimiento. Esto provoca la necesidad de interpretar el conocimiento a partir del consenso social y no tanto de una verificación hipotético deductiva.

La psicogenética de Piaget acentúa desde la lógica como base de la organización del pensamiento, un conocimiento científico, mientras que autores más recientes como Guidano y Bruner se refirieron a una diversidad de posibles significados e interpretaciones, dado que lo cognoscente y lo conocido son inseparables.

Este recorrido teórico permite alcanzar en las líneas llamadas cognitivo-constructivistas, una perspectiva tal que actualmente es preferible hablar de conocimiento en redes de estructuras autoorganizadas y jerárquicas y de saberes holísticos, que varían sustancialmente por las categorías socioculturales en las que están integrados.

En consecuencia, actualmente nos encontramos muy alejados de verificaciones y contrastes estadísticos para buscar un conocimiento a partir de semejanzas y diferencias ente sujetos cognoscentes. Se ha instalado así un campo de la filosofía que los positivistas de finales del siglo XIX jamás hubieran imaginado: la epistemología que se hace cada vez más necesaria en el lenguaje de los científicos porque en cada disciplina y, especialmente, en las ciencias humanas, de cada objeto de estudio deviene una *epistème* particular.

El tema de la conciencia como punto de partida del acto de conocimiento ha sido mejor estudiado por estos autores llamados cognoscitivistas y constructivistas pero no en el sentido clásico (funcionalismo, estructuralismo) sino a partir de un dinamismo que exige la presencia de procesos no conscientes. Habrá que admitir que muchos de ellos han recibido la influencia de las corrientes del psicoanálisis, del existencialismo y de áreas afines. Por ello, tenemos también una oscilación entre conceptos como flujo de conocimiento o momento psíquico individual en Frank (teoría psicocibernética) hasta Bruner, Guidano y otros, para los que ya *conciente* e *inconsciente* no son más que categorías de una misma realidad del sujeto.

Finalmente, para concluir el análisis del cuadro presentado corresponde señalar que, en los orígenes del conductismo, el sujeto era meramente un organismo reactivo. A lo largo de las diferentes teorías posteriores, los autores ofrecieron esquemas interpretativos en los que aparece un sujeto interactivo con más influencia del ambiente según él y viceversa.

En los proyectos constructivistas últimos se ve al organismo como proactivo, es decir, como capaz de ofrecer sus propias metas, para luego ocultarse sobre ellas, siendo así creador de su ambiente y modificador del mismo. Esta perspectiva ha tenido consecuencias importantes en el concepto mismo de interacción humana y, en definitiva, en el proceso educativo. Es decir, todo hecho de transición cultural ofrece un terreno fértil para un mismo paradigma denominado "acción de sistemas autoorganizacionales", cada sujeto es el sistema abstracto que funciona más allá de la teoría homeostática, en el que puede aplicarse el concepto de complejidades de Prigoyine. Así entonces, éste deviene responsable de su autoorganización y co-partícipe (aprendizaje colaborativo, entre pares de la organización de las estructuras de conocimiento y adaptación de los otros sujetos.

Uso de reforzadores para modificar conductas al empezar la clase. Caso experimental

Los teóricos conductistas basan sus hipótesis en el análisis de situaciones experimentales; el siguiente caso ilustra uno de ellas, en la que se busca verificar la eficacia de los reforzadores en la modificación de la conducta.

Numerosos estudios han aplicado fichas, monedas y otras técnicas semejantes como medios para producir mediante reforzamientos, conductas deseables o modificaciones en el comportamiento de los chicos. El sistema de reforzadores puede presentarse de diferentes maneras, aunque siempre los puntajes o fichas obtenidas son canjeables por juguetes, golosinas, tiempo libre u otro tipo de reforzadores como los sociales. Estas técnicas basadas en el concepto de aprendizaje y condicionamiento operante han sido efectivas en alto grado; en el caso que a continuación se presenta se las utilizó para modificar la conducta de alumnos de un sexto grado de escuela primaria. El objetivo era reducir el intervalo entre la llegada al aula (después del recreo o a la hora de entrada) y el momento en que los alumnos estaban adecuadamente ubicados en sus asientos, silenciosos, listos para comenzar a trabajar.

Treinta y un alumnos de una escuela oficial sirvieron como sujetos de la experiencia. Su maestra colaboró en la puesta en marcha de la misma y además sugirió indicaciones que facilitaron la recopilación de los datos.

Las observaciones preliminares fueron hechas durante ocho días consecutivos en la clase, antes de realizar cualquier actividad y sin que se introdujese la variable independiente. Estas observaciones se hicieron en los horarios que correspondían al comienzo de cada clase; esto es, 8.45; 11:15; 13:15 y 14:15 (los alumnos permanecían desde las 8:45 hasta las 16 horas en el lugar, donde además almorzaban).

Durante todo este tiempo la maestra fue instruida para continuar simplemente el dictado de sus clases como lo hacía comúnmente. Ella debía además registrar en una planilla el tiempo que demoraba desde el momento en que se suponía debía empezar la clase y el instante en que realmente lo hacía (luego de haber llamado la atención, pedido silencio, etcétera).

La maestra usó su propia consideración de cuándo la clase podía comenzar. Cuando todos los chicos estaban quietos en sus asientos, ella registraba el tiempo y empezaba. La diferencia entre este tiempo y el horario de clases constituyó el dato fundamental (variable dependiente) para registrarlo durante la experiencia.

Después de las observaciones previas, la maestra distribuyó a cada uno de los alumnos una hoja tipo planilla o formulario y explicó cómo sería usada. Se les dijo que cuando estuvieran quietos en sus bancos, ganarían puntos de acuerdo con una escala. Esta hoja sirvió como cartilla de puntos logrados por el alumno y también como un registro permanente de la conducta de toda la clase.

Los alumnos, además, elaboraron con la maestra la lista de reforzadores utilizados. Entre los más elegidos figuraban: no hacer prueba de lengua y obtener igualmente un "excelente", no hacer deberes de matemática por un día, ir al almuerzo 5 minutos antes, salir dos veces al recreo cinco minutos antes, etcétera.

Al comienzo, la maestra brindaba los puntos a los alumnos, de acuerdo con el siguiente esquema de posibilidades: si el alumno estaba en su banco sentado en menos de un minuto, después que comenzaba el horario de clase, recibía 10 puntos. Si permanecía sentado después de 5 minutos, había obtenido cinco puntos más. Después de 10 minutos, recibía cuatro puntos más y luego de 15 minutos le correspondían aún tres puntos más. Cada 15 minutos, a partir de entonces, permanecer sentado y en orden le permitía lograr otros dos puntos extras.

En el caso especial de que algún alumno estuviera fuera de su asiento (parado, jugando con otro, charlando, desatento, etcétera) durante alguno de los últimos periodos de 15 minutos, no se le llamaba la atención ni se le pedía que se sentara, sólo se le permitía lograr un punto si se sentaba en el momento en que eran otorgados los puntajes.

Durante el transcurso de una clase entera, un alumno podía ganar un máximo de 28 puntos por el hecho de estar sentado y ordenado durante ese periodo. Estar fuera del asiento con permiso de la maestra no implicaba que el alumno dejase de obtener sus puntos en los respectivos intervalos de 15 minutos. Desde el momento que había cuatro clases por día, el número máximo de puntos obtenible era 112. El alumno podía entonces ahorrar esos puntos para acumular una cantidad mayor, o cambiarlos en cualquier momento de acuerdo con el cuadro de reforzamientos que el grupo propusiera.

Al final de cada día, todos los alumnos sumaban sus puntos ganados. Además, graficaban esos puntos totales en un cuadro acumulativo que se mantenía en un pizarrón del aula.

Después de 10 días de usar este sistema, la maestra informó al grupo que lo dejarían de aplicar. Esta instrucción o consigna dio comienzo a la fase de "reverso" de la experiencia que se mantuvo dos días, y en la cual los alumnos volvieron a perder tiempo y a demorar el inicio de las actividades. Al final de esa fase, la maestra indicó que se volvía a usar el sistema de reforzamientos nuevamente. El procedimiento continuó hasta el día 32 desde la puesta en marcha.

Esta forma de trabajo permitió al maestro regular la disciplina y el orden de la clase trabajando. No se necesitaron las amenazas, los plantones o el "chistido" e hizo más agradable y placentero el comienzo de cada clase.

La actitud de la maestra antes de empezar la experiencia era más bien de duda y poca confianza en la eficiencia de los reforzadores. Más tarde, cuando observó los cambios operados en sus alumnos, se volvió más interesada y deseosa de utilizar esos puntos para otros cambios conductuales. Cuando la experiencia pedagógica finalizó, la maestra expresó que intentaría usar un sistema similar para el año siguiente, ya que éste le había resultado "realmente bueno".

Durante las observaciones previas los alumnos eran generalmente lentos para ir a sus asientos y estar quietos. El comienzo del sistema de reforzamiento produjo una marcada disminución en el tiempo en que les tomaba hacerlo. Después que se logró un promedio estable de dos minutos para la conducta de todos los alumnos, el sistema de puntos fue suspendido. El efecto de esta fase de dos días fue tan concluyente como el de la iniciación de la experiencia, ya que en ellos el promedio de tiempo aumentó nuevamente.

Las reacciones de los alumnos pueden ser consideradas favorables; por ejemplo, cuando se suspendió el sistema, varios chicos se sintieron muy molestos y disconformes hasta el punto de expresar que "no se los dejaba ganar más puntos". La reimplantación del sistema de reforzamientos produjo un retorno rápido al bajo nivel previo de dos minutos. También otras conductas positivas anexas fueron observadas. Tal fue el caso de un alumno que deseaba dar la mitad de sus 800 puntos a un compañero para ayudarlo a obtener el privilegio de ir a almorzar cinco minutos más temprano.

Tal vez el hecho más importante y apreciable de este sistema de obtención de reforzamientos, fue que la maestra trabajó con una técnica positiva y pudo consecuentemente obviar aquellos recursos negativos para el control de la disciplina.

El caso presentado sirve como claro ejemplo de la concepción conductista sobre el aprendizaje y el conocimiento, y brinda la posibilidad de examinar las concepciones que sustentaban sus principios teóricos.

Si tomamos las variables de análisis expuestas oportunamente en el cuadro comparativo es posible comprobar que:

a. La realidad es pensada como plenamente cognoscible, de allí que en el diseño experimental no aparezcan menciones ni referencias a variables intrapsíquicas que puedan incidir sobre su comprensión. La experiencia se interpreta en función de lo observable y el conocimiento sobre la misma se plantea como una representación ordenada y sistemática de los hechos observados; la acumulación de casos similares permite el progreso del conocimiento sobre dichas situaciones.

b. La validación de tales conocimientos, en consecuencia, está dada por la correspondencia entre esas representaciones con la realidad, que sólo admite un significado verdadero entendido como un antes y un después de la aplicación de los reforzadores operantes.

c. Desde el punto de vista de las características estructurales del conocimiento, el caso muestra que se parte de conceptos como: "disciplina", "orden", "están listos para el trabajo escolar", "reforzadores sociales", etcétera, que deben definirse operacionalmente para permitir luego la clasificación y categorización de las variables objeto de estudio: tiempo, conductas y refuerzos. El conocimiento obtenido, por medio del análisis de los resultados del caso, se plantea en términos de relación antecedente-consecuente y permite acumular información experimental para confirmar hipótesis y generar teorías al modo en que lo hicieron Watson, Guthrie, Skinner y Hull, entre otros.

d. La conciencia es sin duda un punto clave ya que se acepta que la plena captación de la realidad es la base del trabajo efectuado tanto en la maestra como en los alumnos y en el terapeuta que dirigió la experiencia. Se da por supuesta pero no se habla de ella ni se la incorpora en el análisis por considerarla como una variable intrapsíquica, por lo tanto inobservable y por consiguiente, no objetivable.

e. Con respecto a la concepción de sujeto, este caso se encuadra en el modelo skinneriano y en él los sujetos son considerados como individuos interactivos (tal como se observa en el caso del alumno que habiendo acumulado muchos puntos los quiere compartir con su compañero de clase, o la construcción de la escala de reforzadores en forma grupal). Asimismo, no deja de sostenerse la idea de un predominio de la influencia del ambiente sobre los alumnos (como lo pone en evidencia la consideración de que el cambio de conducta fue operado en los alumnos como consecuencia del uso de los reforzadores).

f. La interacción vista entre alumnos y entre docente y alumnos, se interpreta como reciprocidad donde unos estimulan a otros (refuerzo-social) colaborando en la mutua modificación de los comportamientos.

La presentación de este caso a modo de ejemplo y para los alcances de este capítulo solamente ilustra uno de los modelos teóricos presentados y discutidos. En términos de encuadres no conductistas se podrían tomar casos que presentaran otros abordajes terapéuticos, atendiendo a las variables de análisis aquí descritas en términos de conciencia, conocimiento y transformación.

Conclusiones

A lo largo de esta presentación hemos tratado de describir los conceptos sobresalientes de conductistas y cognoscitivistas en su intento por explicar los procesos que llevan al hombre a conocer y apropiarse de la realidad, sea interna o externa. Quizá sean estas aproximaciones las que más se han preocupado por esclarecer de un modo sistemático si el hombre asimila, incorpora, reestructura o construye dicha realidad, al tomar como objeto de estudio e investigación a dichos aspectos desde su especificidad como procesos psicológicos definidos.

Por tal motivo, sus hipótesis han sido de un alto impacto cultural, ya que se han transferido directamente al campo de la educación que –como afirma Vigotsky– es el camino que las sociedades adoptan para trasmitir, ampliar y profundizar el conocimiento.

Aún entre orillas tan alejadas como las de Watson y Bruner, es posible trazar un sutil puente que las comunica: la convicción de que el conocimiento –concebido como aprendizaje o como construcción subjetiva– es el motor de los procesos psicológicos que le permiten al hombre integrarse y formar parte de su mundo y de su cultura. La mayor o menor aceptación de unas u otras ideas a lo largo de la historia quizá dependa, como sustenta Bruner (1987): "no de lo que tengan de verdadero sino, al parecer, del poder que ejercen como posibilidades encarnadas de una cultura".

Bibliografía

Akkari, A. (1999), "Piaget y Vigotsky: convergencias y divergencias", en *Revista IRICE*, Rosario.

Ausubel, D. (1980), *Psicología educativa: un punto de vista cognoscitivo*, México, Trillas.

Bravlavsky, C. (1993) "La lengua escrita y los procesos de adquisición del conocimiento en una concepción socio-histórico-cultural", ponencia, Congreso Internacional de Innovaciones Educativas, Ministerio de Educación y Cultura, Córdoba, Argentina

Bruner, J. (1985), *Realidad mental y mundos posibles*, Barcelona, Gedisa.

——— (1986), *Acción, pensamiento y lenguaje*, Madrid, Alianza.

Carena, J.C. (1972), *Psicología del aprendizaje*, Rosario, Apis.

Castorina, J. (1994), "Problemas epistemológicos de las teorías del aprendizaje en su transferencia a la educación", en *Temas de Psicopedagogía*, núm. 6, Buenos Aires, Fundación EPPEC.

Dasen, P. (1994), "Culture and cognitive development from a piagetian perspective", en W. Lonner y R. Malpass, (eds.) *Psychology and Culture*, Boston, Allyn y Bacon.

Frank, H. y B. Meder (1976), *Introducción a la pedagogía cibernética*, Buenos Aires, Troquel.

Gagné, R. (1980), *Las condiciones del aprendizaje*, México, Interamericana.

Guthrie, E.R. (1938), *The Psychology of Human Conflict*, Nueva York, Harper y Row.

Hilgard y Bower (1970), *Theories of Learning*, Nueva York, Appleton Century Crofts.

Hilgard, M. (1964), *Teorías del aprendizaje*, México, Fondo de Cultura Económica.

Hill, W. (1973), *Teorías contemporáneas del aprendizaje*, Buenos Aires, Paidós.

Hull, C. (1952), *A Behavior System and Introduction to Behavior Theory Concerning the Individual Organism*, New Haven, Yale University Press.

Kelly, F. y J. Cody (1972), *Psicología educacional, un enfoque conductal*, Buenos Aires, Paidós.

Mahoney, M. (1997), *Psicoterapias cognitivas y constructivistas*, Bilbao, Desclée de Brouwer.

Martínez Rizo, F. (2002), "Las disputas entre paradigmas en la investigación educativa", en *Revista Española de Pedagogía*, año LX, núm. 221, Madrid, enero-abril.

Pavlov, I. (1927), *Lectures on Conditioned Reflexes* (trad. W.H. Gantt), Londres, International Publis.

Pozo, J.I. (1996), *Teorías cognitivas del aprendizaje*, Madrid, Morata.

Skinner, C. (1946), *Psicología de la educación*, México, UTEHA.

——— (1953), *Science and Human Behavior*, Nueva York, Macmillan.

Spence, K. (1942) ,"Theoretical interpretations of learning", en F.A. Moss (ed), *Comparative Psychology*, Nueva York, Prentice Hall.

Swenson, L. (1984), *Teorías del aprendizaje. Psicologías del siglo XX*, Buenos Aires, Paidós.

Vygotsky, L. (1978), *Mind in Society: the Development of Higher Psychological Processes*, Cambridge, Union Press.

Desarrollo de la conciencia en el existencialismo humanista

Raúl Sutich y Guillermo Finoquetto
Universidad Católica de La Plata, sede Rosario, Argentina

Con el fin de introducir al lector en el espíritu del existencialismo-humanista nos parece interesante y pertinente, comenzar el desarrollo de nuestro trabajo con una analogía anónima llamada "La lección de los gansos".

El próximo otoño, cuando veas a los gansos dirigiéndose hacia el sur para el invierno fíjate que vuelan en forma de v". Tal vez te interese saber lo que la ciencia ha descubierto acerca de por qué vuelan de esa forma. Se ha comprobado que cuando un pájaro bate sus alas produce un movimiento en el aire que ayuda al pájaro que va detrás de él. Al volar en v, la parvada completa aumenta cerca de 70% más su poder, en comparación con cada ave volando sola.

Las personas que comparten una dirección en común tienen sentido de comunidad, pueden llegar donde desean más fácil y rápidamente porque van apoyándose mutuamente.

Cada vez que un ganso sale de la formación en v siente inmediatamente la resistencia del aire, se da cuenta de la dificultad de hacerlo solo y rápidamente regresa a su formación para beneficiarse del poder de los compañeros que van delante.

Si nosotros tuviéramos la inteligencia de un ganso, nos mantendríamos con aquellos que se dirigen en la misma dirección.

Cuando el líder de los gansos se cansa, se pasa a uno de los puestos de atrás, y otro ganso ocupa su lugar.

Obtenemos mejores resultados si tomamos turnos haciendo los trabajos más difíciles.

Los gansos que van detrás graznan para alentar a los que van adelante a mantener la velocidad.

Una palabra de aliento produce grandes beneficios.

Finalmente, cuando un ganso se enferma o cae herido por un disparo, otros dos gansos salen de la formación para ayudarlo y protegerlo. Se quedan acompañándolo hasta que está nuevamente en condiciones de volar o hasta que muere, y sólo entonces los dos acompañantes vuelven a su bandada o se unen a otro grupo.

Si nosotros tuviéramos la inteligencia de un ganso, nos mantendríamos al lado del otro, apoyándonos y acompañándonos.

Aproximación teórica al existencialismo

El alma sólo discierne la verdad en medio de las tinieblas de la noche que lleva dentro suyo.[1]
P. Lamanna, (1998).

Aproximación histórico-política existencial

Ubicar al existencialismo en su contexto nos permite comprender las claves, las coordenadas de su filosofía y de las bases sobre las que se construye la psicología existencial en clave humanista. Tal vez no haya otro campo filosófico-epistemológico y terapéutico donde sea tan necesario hacer mención a las condiciones histórico-sociales de emergencia, de posibilidad de un discurso como en este caso. La propuesta es pensar y reflexionar sobre los aportes tanto filosóficos como psicológicos que han conformado el campo del existencialismo humanista, con lo cual se favoreció el surgimiento de un modo particular de encuentro entre la persona y la conciencia de sí, al hacer hincapié en la transformación dinámica que se opera en este encuentro.

El existencialismo no pertenece a un grupo que tiene un pensamiento unívoco y homogéneo sobre la problemática que aborda, por ello aquí mostramos divergencias y disputas más que notables entre unos y otros. Lo que podemos aducir primeramente es que en todos hay un abordaje común; una problematización en torno a un tema común: el existir; y esto se realiza *gracias a* y a su vez *contra* otras filosofías anteriores.

Históricamente nace en un contexto mundial de crisis, tiempos de desgarramiento, de ruptura, de violencia instrumental, de desenlaces fatales nunca vistos. Tiempos donde la conciencia de la ruina y lo ruin, de lo efímero del existir, la amenaza del absurdo y del sin-sentido afloran por doquier; tiempos donde el problema humano se debate entre la libertad y la responsabilidad frente al propio individuo y los otros. Tiempo histórico que sitúa la humanidad en campos disímiles que van desde la desesperación nihilista hasta la oportunidad más profunda de comunicación y apertura con el absoluto.

El existencialismo es hijo y síntoma de una época trágica, sin máscara donde lo trágico toma rostro desgarradamente humano. El existencialismo intenta ser luz en medio de la amenaza final que se cierne sobre el mundo y el ser humano. Las corrientes de la filosofía existencialista y de la filosofía fenomenológica, si bien se desarrollaron paralelas en el tiempo, lo hicieron en principio independientemente una de otra, luego el existencialismo se auxilió con las producciones del pensamiento fenomenológico.

Las guerras mundiales –tanto la primera como la segunda–, el interjuego de las potencias mundiales, la carrera armamentística y bélica, el avance nuclear, a la par que el hambre, la desolación de poblaciones completas, la consagración de unos sobre la aniquilación y la barbarie de otros, ocurridos en el siglo XX son tomados para realizar inflexiones, preguntas como ésta: ¿acaso hay un lugar para lo auténticamente humano?

Mientras la voluntad de dominio y poder se yerguen, parece que lo humano fuera parte de un engranaje fatal dentro de una maquinaria aún mayor.

El sacrificio del otro y el martirio de pueblos indefensos revelan, en este siglo XXI la precariedad, lo efímero, lo pequeño de nuestro "ser humano", a la vez que la incertidumbre sobre el futuro de cada hombre. Frente a este dolor algunos de los intelectuales en Europa asumen el compromiso ético de "pensar" la fragilidad de la existencia desde la vulnerabilidad de su existir. En esta zozobra de lo humano, los valores, los pueblos, en los que los principios políticos internacionales, religiosos y morales parecían no alcanzar a poner freno a la barbarie; era necesario crear un ámbito de pensamiento, reflexionar acerca de la propia finitud de la vida humana, mirar cara a cara al misterio de la vida y su abismo, la posibilidad o no de realizarnos en la historia y el destino, de la humanidad toda y de cada ser humano concreto, sencillo, cotidiano. Acaso la realización plena de lo humano y de los humanos no sea un imposible.

Acercamiento filosófico al existencialismo

El existencialismo tomó distancia de otras filosofías anteriores de corte más intelectualista, universalista, racionalista y cientificista, e intentó concebir al hombre concreto, frágil, vulnerable, en su singularidad y en sus debates cotidianos; y explicar cómo emerge en esa cotidianeidad la conciencia de sí y de los otros, (deja atrás al "yo" racional y cartesiano; así mismo se alejó del racionalismo trascendental kantiano, es decir, el "yo trascendental" que es a la vez todos y ningún hombre; tampoco se acercó a la idea impersonal del sistema hegeliano).

La tensión está puesta en acercarse a la vida y la muerte, pero no en sentido metafórico, genérico o trascendental, sino en las condiciones singulares, vitales y cotidianas donde se gesta cada vida humana en su particularidad, el modo de sufrir y el sentido que tiene en la vida de cada hombre; sino en la posibilidad de libertad y qué destino puede darle a su singularidad única. Cuáles son las contradicciones y las posibilidades en las que se debate su acción, cómo hace lugar a sus sueños y anhelos, a sus sonrisas y tristezas, su posibilidad de no ser y el arriesgarse a vivir cada día. El ser humano, cada uno, es irreductible a una mera logicidad categorial o conceptual. La riqueza y profundidad, lo misterioso de lo humano siempre escapa a todo intento de una verdad para todos pero que no represente a ninguno.

El existencialismo revela la imposibilidad de "objetivar" a lo humano (transformarlo en objeto de pensamiento sistemático y académico) reduciéndolo a la condición de género; tampoco cada ser humano es un ser sustituible, cual función aritmética; y lo humano es irreductible a lo pensable, a lo cognitivo. También lo irracional, lo emocional, lo afectivo, lo vital, traman lo humano, no como anexo o apéndice, sino como dimensión genésica y fundante. Los puntos de partida son los mismos para toda la corriente existencialista. En su desarrollo los autores, filósofos, psicólogos, sociólogos o artistas, etcétera tomaron caminos de solución divergentes; esto sitúa al existencialismo lejos de ser un movimiento uniforme y homogéneo, demostraron así que las concordancias son algunas y varios los caminos de resolución.

En la búsqueda de tales "verdades ineludibles" de la existencia, la crisis (y sus plurales) permite vislumbrar cierto rostro de lo humano como nunca antes, aunque la verdad sea una verdad dolorosa, acaso el costo de una verdad íntima, profunda y vital, donde la existencia se tensiona hacia aquello que es lo más propio de sí misma.

De esta manera se acentuó la preocupación por las cuestiones filosóficas, surgió gran interés por la filosofía existencialista la cual, en Europa tomó auge y que los científicos inmigrantes difundieron; la filosofía existencialista centra su atención en el análisis y la descripción rigurosa de la existencia o modo de ser del hombre en el mundo (existencia individual), esta existencia se asignó únicamente a las personas y no a las cosas.

La tesis fundamental del existencialismo es que la existencia precede de la esencia, es decir, el hombre no posee una esencia como algo determinado, sino que la va construyendo durante su existencia mediante su libertad.

Algunos de los aspectos más sobresalientes del ser humano: la libertad, la angustia, el dolor, debatirse históricamente en contradicciones, construir razones, racionalizaciones y reconocer las sin razones, la culpa, la conciencia de vivir y de estar vivos no como mero organismo biológico; en síntesis: asumir la agonía del existir (etimológicamente *agonía* es un concepto muy ligado a otros de génesis griega: *agónas* que significa lucha, combate, competición; y también *agonía* que implica la angustia, la ansiedad y el *agonistís* que convoca al luchador, al combatiente), o sea, la lucha del propio hombre, de cada hombre desde la vida y el tiempo. ¿Acaso en esta agonía-combate se tensa lo más propio de nuestro ser? ¿Cuáles son los desgarramientos de esta lucha?, ¿es posible transitar la vida sin asumir este combate?, ¿con qué herramientas luchamos?, ¿qué o quién nos espera más allá de la lucha? (metafísica de la agonía, agonía como epifanía del ser); tal vez la felicidad hace rostro y semblante como ofrenda y victoria en la existencia asumida como propia y plena.

Reconocemos que estudiar a un autor –su vida y su obra, sus ideas– es, de algún modo, un ejercicio de violencia sobre su obra, es un acto de parcialidad, una aventura que deviene imposible. Nuestras disculpas al respecto.

Algunos exponentes de esta corriente, en que nos basamos para pensar y reflexionar más cabalmente sobre los ejes de la conciencia, su transformación y dinamismo son: Kierkegaard, Husserl, Heidegger, Buber, Sartre, Camus, Merleau-Ponty y Emanuel Lévinas.

Cuanto más consciente, tanto más yo.
Kierkegaard

Soren Kierkegaard (1813-1855) quien fue un brillante filósofo danés, incidió profundamente en el movimiento existencialista. Frente a la verdad objetiva exaltadora por el idealismo y el cientificismo, éste afirmó que la verdad es la subjetividad que está presente en la conciencia de cada uno. Sostuvo que ser individuo es lo más propio e íntimo del hombre, de ahí su valor absoluto. En su obra *Estadios en el camino de la vida,* propuso para el despliegue de la individualidad un proceso en tres etapas: *1)* estadio estético; *2)* estadio ético y *3)* estadio religioso. El paso de un estadio a otro no se realiza intelectualmente sino vitalmente, mediante una "conmoción existencial" en la que el hombre se encuentra frente a la nada existencial. Ésta es la experiencia metafísica que denominó "angustia", y ella hace posible que el hombre realice el "salto" hacia el estadio superior; y llamó "salto" a este paso porque no es racional sino que es solo posible realizarlo mediante la fe. La desesperación no es algo accidental sino que es esencial en la vida del hombre, y el único refugio ante la desesperación es la fe en Dios, fe asumida en toda su irracionalidad, el ser humano solo y desnudo frente a Dios. Kierkegaard acentuó la singularidad (subjetividad) del ser y especificó su dimensión ético-religiosa (más allá de toda institución religiosa particular); en tanto cada individuo abre su conciencia hacia sí mismo (su ser) y a Dios, de este modo adquiere más profundidad sobre la realidad de sí mismo, cambia y amplía su horizonte de conocimientos.

Edmund Husserl (1859-1938), es otro de los exponentes que nos proponen pensar la temática de la conciencia y su transformación. Este autor es el máximo exponente de la corriente fenomenológica; se opuso tanto al intelectualismo idealista como al empirismo naturalista; describió el psiquismo humano como una relación con el mundo y señaló una psicología fundamentada en lo intencional e intersubjetivo, trató de descubrir el sentido de la experiencia humana por medio de conceptos como son: la orientación de la conciencia sobre objetos intencionales (análisis eidético), la distinción de una conciencia explícita o potencial, la introducción de una reflexión radical e intuitiva que permita hacer conscientes los lazos del mundo físico, social y cultural.

La fenomenología tiene por objeto de estudio los hechos mismos que se manifiestan en la realidad. Propiamente es una metodología para llegar al conocimiento de la esencia despojando al fenómeno de los elementos extraños que proceden del exterior o del sujeto que conoce.

Un autor que ha sido más que importante es **Martin Heidegger** (1889-1976) quien en su obra *Ser y tiempo* analiza la ontología y un modo particular del ser: existencia humana; ya que el hombre es el único ser capaz de preguntarse acerca de sí mismo vinculando profundamente ontología y análisis existencial; el hombre tiene conciencia de esta pregunta y a la vez esta pregunta habla de un conciencia específicamente humana.

Cada ser humano se encuentra existencialmente en el acto de decidir o elegir. *Ex-sistir* es ponerse fuera, la existencia se revela como "ser-ahí". Cuando el hombre inaugura la pregunta sobre sí mismo, en esta pregunta metafísica se trasciende a sí, pero con el costo de descubrirse a sí, y en los márgenes de sí, aflora la nada que aparece como un contrasentido, un absurdo del ser. El ser humano se distingue de los otros seres (cosas) en cuanto que no sólo es, sino "siente que es", estado afectivo donde se encuentra fáctica y efectivamente siendo; aunque no completo, ese *ex-sistir* abre la toma de conciencia, la posibilidad y el proyecto de ser, impulsa al humano hacia el porvenir, ulterioridad que se anticipa a la mera actualidad del ahora. Así pues, las posibilidades de cada hombre no son infinitas, más bien hay sólo determinadas posibilidades que se constituyen desde su situación actual en la cual se halla arrojado. Al constituir su proyecto, el existente humano se "futuriza" en una unidad particular entre presente y futuro. Las posibilidades de transformación de la conciencia no son potenciadas al infinito.

El ser humano es un ser abierto a un proyecto de sí, incompleto, inquieto, necesitado, con ciertos elementos y a la vez carente; el ser humano tiene conciencia de que necesita hacerse, transformarse. Cada humano es "ser-en-el-mundo", pero ambos planos, el humano y el de las cosas no pueden ni deben confundirse, aunque tampoco dicotomizarse en extremos; en esa relación se constituyen ambos. Conciencia de mismidad (siendo) y de la otredad (el mundo). Y siendo-en-el-mundo el hombre se puede perder en una vida banal, cotidiana, de excesivo trabajo, olvidando las preguntas fundantes que lo constituyen; es decir, viviendo una vida in-auténtica; escapando a la angustia, fugándose de sí mismo, evitando mirarse a la cara. A esto Heidegger lo llama la "caída en una existencia in-auténtica"; o sea, no se quiere asumir la conciencia de ser auténticamente humano, lo que provoca quedarse a merced de las cosas y de los otros: degradación de la soledad existencial humana en la compañía de los objetos mundanos que la economía ofrece.

Hoy podríamos preguntarnos con Heidegger, si las ofertas alocadas y vertiginosas de productos y servicios, los ritmos de vida propuestos e impuestos en la que nos encontramos inmersos actualmente, en nuestra sociedad postmoderna, restan apertura al tiempo dedicado a pensar sobre aquellas preguntas fundantes sobre conocer-nos; y sobre el dinamismo transformativo que esto conlleva.

En el exceso de trabajo se produce una profunda distracción de nosotros mismos; lejos de abrir lugar a la conciencia de sí, se produce un esfuerzo por aturdirse y no entrar en el trágico diálogo del existir, de dialogar con uno mismo y tolerar la falta de respuestas; el exceso de trabajo obtura la posibilidad de abrir acción transformadora de conciencia de quiénes somos y cuál es nuestro lugar en el mundo. Por el exceso de labores el sujeto niega la autoconciencia.

Dentro de este universo de incertidumbres hay un único camino que no es dudoso: la propia muerte. Ésta es una de las seguridades más profundas que acompañan la experiencia del ser humano, todos tenemos algo asegurado: la muerte. La certeza consciente y trágica de la muerte y de lo inevitable repta en el interior de lo humano, es una presencia oculta del no-ser en el ser que somos, hay una angustia del ser que se asume como consciente.

Martin Buber (1878-1965) es un filósofo profundo quien hizo aportes sobre la filosofía existencialista y sobre el valor de existir para la religión; él es representante de primera línea y organizador del judaísmo centroeuropeo. En la época confusa de mitad del siglo XX advirtió a los hombres angustiados por el miedo vital que no buscaron la salvación en el individualismo erróneo ni el colectivismo (que deja que se diluya la propia responsabilidad en el colectivo). En su obra *Yo y tú*, expuso su concepto sobre la "dualidad del ser humano", a la cual considera la esencia fundamental del mundo: orientación y realización, conciencia de lo bueno y malo, del espíritu y la materia, forma y contenido, ser y convertirse en, vida y muerte; llegan, sin embargo, a la unidad sólo si el ser humano se confronta con las polaridades y no intenta alejar del mundo las tensiones a ellas vinculadas. Es decir, sí y sólo sí cada humano asume la perspectiva existencial (conciencia) de aceptar estas dualidades y armoniza estas tensiones; en este acto de conocimiento, cada humano se constituye más auténticamente y se transforma.

En este diálogo asumido concientemente, como coloquio ético entre el yo y el tú, hay una posibilidad de transformación existencial hacia una vida en plenitud.

Sin duda **Karl Jaspers** (1883-1969) ha sido uno de los grandes pensadores que nos permiten abordar esta particular trilogía entre conocimiento, conciencia y transformación. Afirmó que lo que le interesa a un filósofo, un psicólogo, un artista, un educador o cualquier profesional en perspectiva existencialista tiene como centro "el hombre"; es decir, ocuparse de la pregunta por sí mismo con otros, además le interesa el "cómo" del comportamiento humano y no sólo el "por qué" de sus acciones.

Este autor estudió medicina, psiquiatría, psicología y filosofía, intentó abarcar al ser humano como un todo y así para conocer el límite y las posibilidades humanas en vez de dividir al hombre en partes. En tanto hay conciencia de tales límites, y gracias a ellos, el hombre toma conciencia de sí y puede hacer algo; no es en contra de esos límites si no en el conocimiento de ellos que se puede encontrar el cauce hacia el propio ser.

En su concepción de lo real integra tres dimensiones, o tres nombres del ser: el *todo* (el mundo y las cosas), lo *originario* (el humano), y lo *uno* (la trascendencia); hay un impulso original en el hombre en tanto que intenta ir más allá de las cosas (el todo), intenta llegar más allá de sí (originario) abriéndose al uno infinito. Nombrando el mundo puede buscarse a sí mismo y en este devenir se abre la trascendencia como posibilidad. En esta perspectiva "conocer" es apertura, es entrar en diálogo con el mundo; tomar conciencia es "aclarar la existencia".

Cada uno de nosotros, en tanto humanos, somos seres situados; situados en un tiempo histórico, en una geografía particular y única, en una sociedad específica; estamos situados en relaciones vitales: amistad, amor, cariño, celos, odios, recelos, etcétera; situados en y desde un lenguaje particular que nos habita y habitamos; cada palabra pronunciada nos sitúa; situados vitalmente en una cultura; vivimos siempre en situación, la existencia es siempre situada. Por lo tanto, cualquier transformación que se opere en el campo de la conciencia o en el del conocimiento siempre será situada. El ser humano cambia, se transforma de una situación a otra. Cualquier consulta psicológica remite siempre a una situación que puede traer angustia, y la apuesta terapéutica puede ir en vías de "acompañar" para elaborar esa situación por otra más auténtica y plena. Cualquier intervención terapéutica es situada y habilitante de una nueva situación posible.

Este ser situado lo podemos nominar "horizonte", horizonte vital, existencial, de conciencia, donde la vida de un ser humano acaece y se da. Cada horizonte vital es una mirada sobre la triple dimensión de la que antes hablábamos, un modo de ver, sentir y conocer-se a uno mismo y a lo otro, lo originario y lo uno. Cada horizonte traza modos particulares y únicos de relacionar estos tres modos del ser, y si bien uno puede ensanchar el propio horizonte existencial, nunca podrá abarcar todos los horizontes que pueden ser tan amplios que no se comprendan todos.

Resulta interesante que al cuestionar al propio horizonte ("conciencia" del propio horizonte) se pueda llegar a relativizarlo (mi modo de ver el mundo y de posicionarme en él no es el único posible) y, a la vez que mire (lo otro), se mire ("autoconciencia") y se descubra en su intimidad y desnudez más auténtica. Cuando hay salud hay posibilidad de reconocer que hay otros "horizontes" posibles; en una posición rígida, defensivas o conservadora no se puede reconocer más que al propio horizonte como el único posible y válido para todos los hombres. Al respecto dice Jaspers: "aunque me esfuerce por superarlo[...] estoy ligado siempre a un cierto punto de vista…", nosotros añadimos que si bien es verdad, el horizonte es siempre conciencia abierta y dinámica.

El ser humano siempre está en "perspectiva", en una intuición, en un modo de dar lugar a las cosas, a mí y al otro (semejante o absoluto). El hombre es hacedor desde la libertad, elige y configura su destino desde una libertad existencial irrenunciable; aparece lo humano determinado por circunstancias múltiples, pero a la vez tiene siempre la posibilidad de la decisión. O soy yo quien decido sobre mi vida; o bien, así, otros decidirán por mí. En tanto que "resuelve" sobre sí, es; resolución y elección son una y la misma cosa. Creación propia y auténtica del sí mismo en su originalidad, fidelidad existencial. Existir es el acto por el cual cada hombre acepta su finitud, sus límites y su situación particular en el mundo, y este acto lo realiza responsable y libremente.

Existen situaciones particularmente difíciles donde cada humano se debe enfrentar con las preguntas ineludibles como ¿por qué cosas quiero luchar?, ¿cuáles son mis culpas y mis responsabilidades fallidas?, ¿qué hacer frente al dolor y al sufrimiento propio y del otro?, y la gran pregunta sobre la muerte. A tales momentos de la vida, Jaspers los denominó: "situaciones límite", en tanto momentos fuertes, potentes, intensos, donde la angustia, la culpa y la muerte afloran, y uno no puede pasar sin conciencia por esos momentos. Sólo no evadiendo tales situaciones vitales, el humano puede realizarse, y trascender-se en tanto acción metafísica. Se es más plenamente al atravesar estos momentos difíciles y plenos de la vida concreta.

No podríamos hablar de existencialismo sin nombrar a **Jean Paul Sartre** (1905-1980) y su posición fundamental sobre la libertad humana. Ser libre no es sinónimo de tener éxito, fama y honores, sino que es posibilidad de elegir, poder de elección. Este autor está convencido del originario "absurdo" de existir (recordemos sus palabras "absurdo es que hayamos nacido y absurdo es que muramos"). Sólo en pocos momentos de nuestra vida tomamos conciencia de este absurdo en la vida, mientras tanto vivimos autoengañando nuestra conciencia, postergando de este modo la acción plenamente libre.

En la temporalidad angustiosa de un tiempo histórico concreto, a la que llamamos "mi propia historia" se desarrolla la conciencia de ser. Temporalidad que también enmarca la angustia de la finitud y la precariedad de nuestra vida, lo vulnerable que somos los humanos y la precariedad de nuestra conciencia.

La relación con el no-ser es la condición más importante de la libertad, ya que el ser humano debe luchar constantemente por ella. Cada hombre no puede elegir, "tiene" que elegir, está obligado a elegir, es una condición de necesidad en el hombre. ¡Está arrojado a elegir! Si relacionamos a estos pensadores podemos decir que Sartre adoptó la concepción del tiempo de Heidegger, la cual se determina desde el futuro: el comportamiento presente del ser humano está determinado por un propósito, una meta, una intención situados en el futuro, y desde el tomar conciencia de ese futuro situamos y transformamos nuestro presente. Futuro y presente se tensionan; mi elección del mañana (conciencia deseante a futuro) reorganiza mi presente (autoconciencia de quién soy).

Sólo el ser humano está en situación de establecer una vinculación entre lo inexistente aún hoy (futuro) y sus acciones momentáneas (presente); en esta comprensión de tiempo corresponde al pasado un significado que se tensa a partir de un futuro, es decir, los sucesos del pasado son hechos y en cuanto tales no pueden cambiar, pero sí puedo cambiar su significado; el significado es el resultado del proyecto del instante sobre el futuro. Cuando estamos en una instancia terapéutica e interpretamos, notamos cómo la "interpretación" es apertura de sentidos, no sólo desde el hoy, sino que resignifica también el ayer de cada persona, hacia un mañana. Apertura de la conciencia de sí que resignifica su propia historia, en que los hechos del pasado cobran un sentido nuevo a la luz del hoy, hacia un futuro nuevo. La interpretación es apertura a futuro.

Cada determinación histórica es diferente para cada ser humano, por lo tanto los modos de existencia serán siempre distintos de un humano a otro; los modos de realización de la existencia entonces siempre serán distintos. El error de un terapeuta, un consejero, un pensador o un educador, estará en imponer o proponer a todos los hombres y mujeres moldes o modelos iguales para la realización de sí.

En este recorrido por las inflexiones y reflexiones de estos grandes pensadores tan cercanos a nuestro tiempo, queremos tomar también los aportes de **Merleau-Ponty** (1908-1961). Podemos observar que el autor trabajó la relación del "ser-en-el-mundo" heideggeriano (inter-textualidad de los pensadores), aunque con algunos aportes y sesgos de la fenomenología de Husserl, además de aprovechar en su escritura aportes de las orientaciones psicológicas contemporáneas, más específicamente de la escuela de la gestalt y del conductismo para construir un pensamiento original, propio y rico.

El hombre, gracias a su corporeidad, se abre al misterio de la conciencia, pero en esa conciencia no está solo, está la experiencia de sí y de lo otro, abierto al mundo. Experiencia y conciencia se necesitan e imbrican mutuamente. Debido a su "ser perceptivo" se abre a una casi infinita posibilidad de encuentros con lo demás y los otros, se abre así a una comunicación —percepción— de los otros totalmente original y nueva cada vez. El lenguaje vehiculiza y posibilita la configuración de la conciencia; o sea, que la conciencia es siempre dialógica, en diálogo con otros y otras.

Cada yo, terreno identitario, es un campo experiencial siempre abierto a la novedad. Abrirse a la experiencia de la percepción es abrirse a lo auténticamente diverso donde la vida acaece (simétricamente cerrarse a esta apertura es negar la vida, tanto la propia como la absoluta alteridad del otro). La conciencia es hasta cierto punto corporal, y el cuerpo no es mera materialidad orgánica, sino que es en cierto punto espiritual consciente; esto contra cualquier intento empirista, racionalista o positivista (cientificista) de querer apresar el cuerpo y la conciencia dentro de los cánones reguladores de su actividad.

Para comprender lo humano, Merleau-Ponty nos remite necesariamente a los aportes de la fenomenología. El ser humano se auto-revela como conciencia y corporeidad. No es posible la percepción sin pensamiento ni el pensamiento sin los aportes de la percepción.

La cultura nos ofrece, en objetos múltiples, presencias de los otros bajo la forma del anonimato (de cuántos productos que consumimos desconocemos su autoría), interactuar con tales objetos (libros, prendas de vestir, una poesía, una película, etcétera) nos lleva a reconocer que hay otros, aunque no los conozcamos. Un objeto "artesanal" tiene la riqueza diferenciada que tiene la marca singular y única de un ser humano, pieza exclusiva e irrepetible, como cada ser humano. Cada proceso terapéutico es un hecho artesanal, singular, único e irrepetible, donde la configuración se realizará sobre el material de la propia vida que trae uno de ellos (el paciente). Aunque aceptemos que el existir del otro y de los otros es un hecho, no excluye que sea a la vez un enigma y un problema; en última instancia, el otro es una evocación a una decisión.

Cuando en los campos de la filosofía o de la psicología se habla de las relaciones sujeto y objeto, conciencia y mundo, yo y no-yo, no se tiene presente el fondo originario, vital, experiencial, donde la acción y la realidad se dan; mundo absolutamente no diferenciado, previo a toda discriminación, anterior a cualquier dualidad atisbable. Desde esta posición podemos hablar de una "filosofía de la ambigüedad en Merleau-Ponty", la conciencia reposa sobre esta "ambigüedad". En cualquier acción que realiza un ser humano, la dualidad sartreana de "en-sí" y "para-sí" se rompe, y la relación del hombre con el mundo es un esfuerzo del organismo para tomar posesión del mundo, y esta experiencia se realiza a partir de las experiencias presentes y pasadas de un sujeto en tanto totalidad.

El ser humano es también "ambigüedad" en tanto que no es ni mera corporeidad ni espiritualidad pura, ni mera materialidad como tampoco sólo conciencia de ser. Cada ser humano vive "ambiguamente" en este mundo, con otros humanos, ensayando equilibrios no definitivos, en situación de perpetua de inestabilidad o de estabilidad dinámica. La constitución de cualquier nueva experiencia abre la posibilidad de un problema nuevo, una perturbación, una ruptura del equilibrio anteriormente logrado; así, el organismo entra en tensión y responde desde su cúmulo experiencial intentando resolver la tensión. Cada estímulo es a la vez problema, tensión y desafío para cada organismo.

Cada situación que saca al ser humano de la tranquilidad de su equilibrio es advertida como una situación problemática, en la que para su resolución se necesita una elección. Todo problema conlleva la posibilidad, y el yo asume una posibilidad entre varias. Así la percepción se revela no como mero hacer conciencia de los estímulos exógenos o endógenos, sino que percibir es revelar (a nosotros mismos, a nuestra conciencia) las múltiples posibilidades que frente al mundo (lo demás y los otros) cada ser consciente tiene. Abrirse al mundo implica también la posibilidad de abrirse a los otros; y así, desde esta apertura, la relación humano a humano "realiza" el ser del hombre.

Con respecto a la trascendencia, Merleau-Ponty sostiene la postura atea. En vez del camino religioso, que sí está presente en otros autores a lo largo de este trabajo, Merleau-Ponty propone que la vía de plenificación del ser humano puede encontrarse en la acción política, en tanto que esta acción establece en el seno de una comunidad humana la supresión de toda forma de sometimiento del hombre al hombre. La "conciencia" es en referencia a una comunidad política donde el hombre conoce, se conoce con otros y se transforma con otros.

Gabriel Marcel (1889-1973) fue un expositor del existencialismo cristiano contemporáneo. En sus obras intentó dejar por sentado que una reflexión sobre el mundo, el hombre, el ser y Dios, nunca puede realizarse por separado, a este aspecto tendría la principal diferencia con otros de los pensadores citados en este capítulo.

Marcel criticó cierta tendencia de las filosofías modernas y contemporáneas a desentenderse de ciertas perspectivas idealistas; este desentendimiento conllevaría cierta incapacidad de trascender, dejando al humano en una posición de impotencia e imposibilidad de plenitud de sí.

La filosofía conduce hacia una pregunta esencial: "¿qué es el ser?", (retomamos aquí a Heidegger), y esta pregunta hay que formularla desde la propia subjetividad, desde el yo singular que realiza este planteo ontológico. Los seres humanos nos movemos entre la *indagación* racional sobre el ser, actitud lógico-racional, en la que al pensar hay un "poner en frente al objeto", una objetivación –sabida o no–, otra actitud profundamente humana es la *búsqueda* de la autenticidad de nosotros mismos (conciencia de ser), somos seres en búsqueda sin "objetivar" nuestra propia existencia, asumimos que tanto en la pregunta como en la respuesta acerca del ser, nuestra mismidad está plenamente comprometida. La psicoterapia está comprometida en esta "búsqueda de autenticidad" que cita este pensador francés.

La clave es plegarse en la "intimidad de sí" para encontrar la presencia misma del ser en nosotros. La filosofía está presente en este acto de recogimiento sobre sí y sobre el misterio. En esta clave de pliegue íntimo descubrimos el misterio mismo del ser, y aquí residen las verdades que un humano necesita. Esta postura da cuenta del acercamiento al "socratismo cristiano" que Marcel sostuvo.

A las verdades de lo íntimo, verdades íntimas, no se llega sino desde el ejercicio de la libertad. En esta experiencia íntima lo primero que descubre y siente el ser como lo propio de sí, es su cuerpo, está unido a él como en un "sentimiento fundamental". Está encarnado, es un ser en un cuerpo (encarnación), ése es él, la encarnación define su situación en tanto ser humano; aunque la plena intimidad del ser no se concluye en el cuerpo, pero sí el cuerpo participa de este misterio conciencia que soy.

El cuerpo es instrumento del misterio de la mismidad. Y gracias al cuerpo el ser se abre al mundo y descubre la presencia de los otros; juego entre la trascendencia del *ser-ahí* y la inmanencia del *ser en-mí*; al mismo tiempo pertenece al universo y él le pertenece, y con los otros, relación yo-tú, conforma su ser. Sólo por la vía fidelidad hay autenticidad; si el yo es leal al otro, y el "tú" se es absolutamente leal, se dan las condiciones propias para "crear" el propio ser (fidélité créatrice). Aunque tampoco aquí se resuelve la existencia, sino en el misterio y la trascendencia más absoluta. En esta apertura a la trascendencia que indicábamos anteriormente el "tú absoluto" sale al encuentro de la apertura; el ser en su pureza y grado extremo se hace presente en el encuentro yo-tú, se manifiesta al ser en su pequeñez y vulnerabilidad. El tú en tanto presencia in-finita en su finitud.

El amor es el modo sublime de comunicación del ser con los otros "tú" y con el tú absoluto. Cualquier terapia, en algún momento de su trayecto, debe asumir las cuestiones del amor y la comunicación en el curso de la misma. No hay auténtica terapia sin abordar estos temas nodales del ser humano.

El pensamiento científico tiende a construir problemas que tarde o temprano podrán resolverse o dejarse; la filosofía tiene un alcance diferente, ella nos enfrenta con el misterio, con lo profundo del ser. Desde esta concepción, podemos afirmar que el pensamiento filosófico es apertura de la conciencia de una persona para ahondar e iluminar el misterio mismo; no dispuesto a soluciones prontas, superficiales o fáciles; lo que nos conduce a pensar que hay mayor apertura de conciencia cuanto mayor disponibilidad al absoluto hay, ya que ahondar en el misterio es ahondar en no mismo (meta-conciencia).

El "tener" (poseer) presenta una relación de exterioridad, de diferencia entre el objeto y el sujeto que posee. Hay también un cierto sometimiento de lo poseído al sujeto, aunque reconoce también muchos casos en que el poseedor (sujeto) concluye en el someterse a aquellos bienes (objetos) que posee; en este caso de existencia venida a menos, el ser se diluye en el tener. Aquí estamos frente a una conciencia sin conciencia de su propia esclavitud, donde el sujeto confunde plenitud de sí con bienestar y buen-pasar; donde cree ficcionalmente que ser feliz es sacrificar la vida (existencia plena) a los objetos.

Habitar existencialmente el tiempo es mucho más que perdurar mediantel paso del calendario y del destino. En este sentido "perdurar" (en tanto mera continuidad temporal) es postergar el asumir la existencia y la vida propia en toda su plenitud. Lo trágico, entonces, no es la muerte (solamente) sino el no haber asumido en plenitud cada instante de la vida.

Emmanuel Lévinas (1906-1995) es uno de los pensadores que más ha incidido en la segunda mitad del siglo XX y hasta nuestros días. Tal vez conocer algunos datos sobresalientes de su historia nos permita conocer la hondura de su pensamiento.

Nació en Lituania, posteriormente se fue a Ucrania con su familia, ya iniciada la Primera Guerra Mundial. Retornó a Lituania para irse luego a Francia, donde comenzó estudios filosóficos siguiendo las teorías de Husserl y Heidegger. Presenció la famosa confrontación en Davos (Suiza) entre Heidegger y Cassirer, donde se dio la disputa sobre Kant y sobre la metafísica en general. De este modo, a los 30 años se encontró con los aportes de la tradición judía, la cultura francesa, los aportes de la literatura rusa, la fenomenología alemana y el neokantismo; un trasfondo cultural exquisito y hondo.

Su vida osciló entre dos tradiciones profundas de Occidente: la tradición filosófica griega, y la tradición judía. Puso en diálogo a Husserl y Heidegger, al tiempo que hizo aportes propios, esto es lo que lo situó como uno de los pensadores más delicados y profundos del siglo XX. Cabe resaltar que en tanto experiencia vital, al nacionalizarse francés luchó a favor de la resistencia francesa, fue tomado prisionero por los nazis desde 1939 hasta 1945. En el seno de su familia muchos murieron por la acción alemana. Estudió el *Talmud* y continuó con otros estudios filosófico-teológicos. Fue profesor en varias universidades hasta que en 1973 ingresó en la Sorbona donde logró gran fama.

Respecto a su teoría, cabe destacar que el yo no descubre el mundo más que poniéndose al descubierto, exponiéndose al mundo.

El "rostro del otro" se transforma en presencia metafísica; a diferencia tal vez en Heidegger, la apertura no es al mundo y de éste al ser, sino que, en Lévinas, la apertura es desde el horizonte del yo hasta el horizonte del otro, apertura relacional, comunicacional y ética a la vez. Cuando veo al otro (apertura a la exterioridad) mi mirada se expone, desnuda, al rostro desnudo que frente a mí me contempla. A esta distancia de rostridad y confrontación, yo podía matar al otro o viceversa; pero las miradas encuentran el horizonte ético fundante: ¡no matarás! ¿La exigencia ética es acaso más esencial que la exigencia del ser? (el olvido del "otro" es a la metafísica heideggeriana lo que el olvido del ser es a la metafísica clásica). Podríamos decir que Lévinas señala en Heidegger el olvido del "rostro del otro".

En su conciencia cada humano puede buscar y encontrar la verdad, el bien, la felicidad o la justicia, como algunas otras cuestiones que "significan" lo humano; podríamos decir que la conciencia de humanidad se obtiene debido al rostro del otro que se me ofrece; y cuando hablamos de "lo humano" pensamos una comprensión profunda de la subjetividad en relación con el otro, y del otro, una compresión profunda y recíproca hacia mí mismo. Este camino de búsqueda de la ética y de lo humano es in-finito. Desde aquí entendemos mejor la primacía de lo ético sobre lo ontológico, a la cual alude Lévinas.

La racionalidad, la búsqueda y el conocimiento son in-tensionalidad (tensión hacia) que se refiere al otro. Dios, según Lévinas, es el único que puede sustentar un terreno ético propiamente dicho. Dios, instancia última de la ética y del infinito.

La profundidad de mi conciencia será en tanto y en cuanto me dispongo a mirar al semejante a los ojos; y en esta mirada trazo un horizonte que me excede y me antecede: Dios.

Como hemos visto, los problemas filosóficos no dejan de ser planteados una y otra vez en cada periodo de la historia, y a su vez por cada hombre, en los límites y pliegues de su ser sapiente.

Psicología con fundamento humanista-existencialista

Trazos de contexto

A mediados del siglo XX apareció la "psicología humanista" como "una nueva concepción" junto a las otras dos potentes teorías del psicoanálisis y el conductismo.

La inmigración de muchos europeos, originada por convulsiones políticas y sociales, produjo traslados masivos; lo cual, pese al dolor del tiempo histórico, provocó una renovación cultural, filosófica y humanística que empezó, tanto en Europa como en el continente americano, esta renovación transformó y enriqueció las letras, las artes y la ciencia misma. Recordemos que ante el surgimiento de múltiples tecnologías de la producción y de la comunicación, muchas personas se sintieron en dicho contexto histórico, desamparadas y arrojadas a la soledad; aunque esta vez no se trató de una soledad como estado fundamental de la existencia humana, sino de la forma neurótica de la soledad que acompaña a la creciente alienación de los individuos con respecto a sí mismos y a otros seres humanos, en una sociedad también enferma, mediada por la tecnología. Para muchas personas se hizo claro que el rápido desarrollo tecnológico no podía continuar poniendo en peligro la importancia de cada ser humano o del género humano en su totalidad.

Gracias a estos filósofos y pensadores, hoy podemos enriquecer nuestro quehacer. Tales aportaciones nos permiten situar esta nueva "concepción" de ser humano, la cual lleva implícita, para los psicólogos y todos aquellos que trabajan en el área "psi" una nueva forma de entender el trabajo terapéutico. En este capítulo se hace necesario pensar la relación entre el sujeto, el mundo, los otros, el fin último, y el objetivo de este fin último. Los conceptos de salud (y enfermedad) se significan de un modo nuevo; lo cual hace necesario cambiar la posición sobre qué es la terapia. Así empieza a tener cada vez más importancia el "sentido de la existencia", el "fin último", explicitando o implicando la trascendencia.

Hablar del sentido de la vida implica pensar en la vida de alguien. Cada humano es portador de la pregunta por el sentido es un ser espiritual, una persona, es decir, "un centro activo donde el espíritu se manifiesta..."[2] Para Scheler (1968), la libertad, la conciencia de sí y la objetividad, son esenciales del ser, no son cualidades *a priori*, innatas. Son potencias a desarrollar, requieren maduración y aprendizaje que gesta una transformación innovadora.

La vida no es sólo una tarea sino un misterio, en donde la persona se decide constantemente ante las preguntas que la vida plantea asumiendo la responsabilidad ineludible de trazar su propia biografía. Las preguntas son orientadoras y conducentes de los procesos; cada pregunta tiene un significado particular que ayuda a configurar el sentido, la dirección y la unidad de todo un proceso. Es la vida misma la que interroga y el ser humano debe responder.

El sentido de la vida debe ser entendido como el de una vida personal en una situación concreta; tanto la persona como su sentido de la vida son únicos. "La vida es una cadena de preguntas que el hombre ha de responder... y para cada pregunta hay una sola respuesta: la correcta".[3] Frankl (2001.)

Poder dar la respuesta correcta implica la tarea de elección entre diversas alternativas, aun dentro de los condicionamientos de la naturaleza humana y cultural. No existen parámetros específicos de respuesta, ésta es adecuada cuando se da ante una pregunta única para un ser humano determinado, aunque en el mismo contexto otras personas capten preguntas diferentes. Elegir le corresponde a un ser libre y responsable.

Noción de sujeto en el existencialismo-humanista

"En la búsqueda de sentido el hombre es guiado por su conciencia. En una palabra: la conciencia es un órgano de sentido. Se podría definir como la capacidad de percibir totalidades llenas de sentido en situaciones concretas de la vida"[4] Frankl (1988). El sentido no es algo que se imponga desde afuera, no es algo que se pueda dar, sino que se debe encontrar, y para ello es necesaria la toma de conciencia de la propia responsabilidad frente a la vida. Porque siempre que se responde se responde "ante algo", que es justamente la conciencia; y "ante alguien", desplegando así la capacidad específicamente humana de autotrascendencia. Frankl introduce el término "voluntad de sentido", que significa la "tensión entre el ser y el deber ser".

Por su *libertad* la persona se despliega, desde una libertad condicionada no determinada. Es libre para llevar a cabo "responsablemente" sus decisiones. Existen situaciones frente a las que hay que responder: condicionamientos biológicos, psicológicos, sociales, culturales, históricos. Por eso se habla de una libertad situada en el tiempo y en el espacio. La libertad no es ni omnipotente ni caprichosa, ser libre implica haber pasado por una conciencia reflexiva. Del pasado no se es libre, pero sí se es libre para tomar una actitud frente a la historia.[5] Finoquetto, Saint-Girons (2003).

La emergencia de la concepción de una psicología existencialista-humanista del hombre tiene por objetivo señalar la profundidad y hondura de la naturaleza humana. Tanto la psicología como la filosofía existencialista-humanistas están presentes en una fuerte interacción, de tal manera que al pensar en uno de estos campos nos remitimos a pensar en las aportaciones del otro.

- El ser humano, como tal, es siempre mucho más que la suma de sus partes. El hombre debe ser considerado no sólo como el resultado de la adición de varias partes y funciones. Cada uno es mucho más que la materialidad de su biología; así mismo cada uno es más que su sola conciencia.
- El ser humano conlleva una existencia en un contexto humano. Su ser más íntimo se encuentra y se expresa en relación con los otros seres humanos. Y esta relación a la vez lo humaniza y lo constituye.
- El ser humano es consciente de sí, de sus límites y de su finitud. La conciencia finita del humano forma parte esencial de su ser, también finito.
- El ser humano tiene capacidad de elección, de opción. Es un ser de elección. La conciencia hace al hombre, no mero espectador, sino partícipe y gestor de sus experiencias, así como también responsable de sus decisiones.
- El humano es un proyecto abierto, es in-tensional (vive en tensión hacia...). La "in-tencionalidad" es la base sobre la cual el hombre construye su identidad y su proyecto vital.

El ser humano tiene características que son inherentes a su especie, es capaz de expresar toda clase de sentimientos sublimes y amistosos, oscuros y asesinos, impulsos de cooperación y también de dominación del otro; deseoso de buscar la verdad, cae en embustes y engaños, deseos solidarios y antisociales; también es digno de confianza, ya que puede estar en relaciones cooperativas, cuya vida tiende fundamentalmente a moverse de la dependencia a la independencia. De esta manera, cada individuo es verdadera y profundamente miembro único de la especie humana y no un elemento reemplazable en un engranaje social, o un soporte pasivo de una macroestructura.

Ética y trascendencia

La pregunta ética por excelencia dentro de la concepción existencialita-humanista que cualquier terapeuta puede y debe admitir es: ¿has obrado según la llamada más íntima de tu existencia?, ¿estás siendo pleno con ella?

En relación con (y a diferencia) el contexto de los griegos, que hicieron de la ética una estética política de la existencia; la perspectiva existencialista humanista fue hacer de la existencia el arte de saber vivir.

Responsabilidad significa dar una respuesta haciéndose cargo de las consecuencias del acto libre. El ser humano no es sólo un ser impulsado por el placer, sino orientado por y hacia los valores. Los valores atraen y la persona se dirige a ellos.

La conciencia existencial es apertura trascendente, no sólo hacia el absoluto, sino también hacia los otros, los otros rostros que me salen al encuentro; cada acción honesta que realizo en el campo de la ciencia, el arte, la política, el deporte, la cultura en general, me trasciende, salgo de mi mismidad y me abro a otros (que tal vez no me conozcan), abandono el solipsismo de "ser-existiendo-en-el-mundo". Hay entonces un carácter trascendente implícito necesariamente en la conciencia del hombre, lo cual hace a cada humano único en su profundidad y en sus opciones. Esta condición trascendente, acaso la más sublime que puede vivir un ser humano, genera un tipo de existencia muy especial en relación con los otros modos de existencia posible (de un árbol, un perro o un río).

La posibilidad de que el ser humano se oriente hacia un sentido está dada por su dimensión *espiritual*, definida ésta como la capacidad de autoconciencia, la persona se "da cuenta" de lo que hace. Queremos aclarar que "sentido de trascendencia" no implica necesariamente abrazar una religión particular, aquellos que son creyentes y no pertenecen a ningún credo, así como aquellos que no creen en una referencia al absoluto, también pueden generar un sentido trascendente y espiritual.

A partir de esta capacidad *trascendente* el ser humano puede orientarse hacia la búsqueda de un sentido y, aún más, es capaz de encontrar una razón a su existir: *autotrascender*. El sentido aparece ante la pregunta del "para qué", a diferencia de la pregunta del "por qué". Se encuentran sentidos situacionales cuando se "autotrasciende". No se habla de "el" sentido sino de "un" sentido, el cual debe hallar la persona misma. Así, *autotrascendencia* significa salir de uno mismo en pos de realizar valores. Es "olvidarse de sí" para empeñarse en algo distinto de uno mismo en el despliegue de valores. "...ser humano... es estar preparado hacia algo o alguien, entregado a una obra, a un ser que ama o a Dios".[6] Frankl (1991). Por su *auto-distanciamiento* puede tomar distancia entre lo que uno es y lo que le pasa, entre el ser y el tener.

El hombre siempre ha buscado distinguir las facultades que lo diferencian de los animales, algunos han situado su capacidad de pensar y razonar, otros su ser-político, esencia del hombre, otros su ser-trascendente, otros su ser de lenguaje, etcétera Una de tales facultades es gestar "conciencia de sí mismo" esto significa poder tomar distancia y ver-se (inflexión en la mirada, mirada que se torna sobre sí misma), entonces el hombre se encuentra trabajando, estudiando, haciendo deportes, amando, jugando con sus hijos, etcétera Pero este desdoblarse no es sólo espacial sino también temporal; el hombre tiene la capacidad de imaginarse en otro lugar y en otro momento haciendo otra cosa. Esta característica particular del hombre de colocarse fuera del aquí y ahora e imaginarse de vacaciones en una isla o dando una conferencia en una universidad dentro de un tiempo o recordando su infancia en la casa paterna o el primer día de clases en la escuela de su barrio. Esta capacidad que distingue al hombre de los demás seres es la que le permite superar y trascender el tiempo.

La pregunta ética por excelencia, dentro de la concepción existencialista-humanista, que cualquier terapeuta puede y debe admitir es: ¿has obrado según la llamada más íntima de tu existencia?, ¿estás siendo pleno con ella?

Habitando el tiempo

Hay personas que tienen dificultades para relacionarse con el tiempo; no se manejan con libertad sino por obligación y así se convierten en objetos y esclavos del tiempo, pero cuanto más capaces son de dirigir sus vidas de manera consciente, más podrán emplear el tiempo creativa y constructivamente. Podemos, aquí, diferenciar dos grandes grupos:

Aquellos humanos que viven presos del tiempo, que le temen, es posible que, además, experimenten sensaciones de vacío y de soledad. Estas personas viven como si fueran *robots* dirigidos permanentemente por alguien que les dice qué deben hacer y qué se espera de ellos, sin que tomen en cuenta sus motivaciones. Por otra parte, no son capaces de responder, no pueden elegir, tal vez por no ser conscientes de sus motivaciones. Ese vacío, esa falta de conciencia de sí mismos también les hace sentir temor ante la posibilidad de estar solos, sin alguien con quien hablar.

Cuando una persona no es consciente de sus sentimientos ni de sus deseos, se encuentra en medio de una gran confusión, expuesta a diversos peligros y busca a su alrededor otros que la orienten. En ese estado de desconcierto pueden llegar a un desorden tal que los lleve a perder u olvidarse (no conciencia) de sus propios límites, como le ocurrió al personaje interpretado por Tom Hanks en la película *El náufrago*, dirigidia por Robert Zemeckis, este personaje al estar completamente solo y sin saber qué hacer, se inventa un amigo para tener con quien hablar y así lograr encontrar una salida.

"Los sentimientos de soledad se presentan cuando uno se encuentra vacío y temeroso, no simplemente porque se necesite protección de la muchedumbre como un animal salvaje que se protege formando un grupo compacto con sus congéneres".[7] May (1996).

Eugène Ionesco nació en Slatina en Rumania el 26 de noviembre de 1909. Pasó su infancia en París, y en 1925 se dirigió a Bucarest. Allí colaboró en revistas literarias y volvió a París justo antes de la guerra. A lo largo de su carrera artística alternó obras y conferencias sobre teatro. Ingresó a la Academia Francesa en 1970. Se comprometió particularmente en la defensa de los derechos del hombre. Murió el 28 de marzo de 1994 en París.

En su obra de teatro *El Rinoceronte*, Ionesco invita a reflexionar sobre la identidad de este animal que se encuentra en un universo ligero, superficial, estereotipado, en donde sólo queda la pereza, la sumisión que proviene de la preocupación por decidir. Es el animal que está latente en cada uno de nosotros, con sus instintos fáciles, aunque esta facilidad puede acarrear lo peor.

Este autor, además, se reveló contra la fanatización de las masas frente al totalitarismo. Ionesco hizo una alegoría sobre el tema de la individualidad en crisis, la obra fue inspirada por las olas totalitarias que, en sus remolinos, atrajeron a tantos de sus amigos intelectuales.

El mundo descrito en esta obra es casi parecido al nuestro, con sus diferencias e indiferencias, sus locos y sus sabios, sus revueltas y sumisiones. No obstante, recordemos que además existe en nosotros un gran hombre, un hombre con la facultad de pensar de manera diferente y con voluntad de actuar.

Todos los personajes sienten que tienen afinidades con ese animal poderoso. Finalmente sólo **Béranger**, que al comienzo parece poco atento a la acción y un poco perdido (ingenuo, tal vez tonto), resiste a esta transformación y revela al final de la obra su humanidad:

"¡Me defenderé contra el mundo entero!... *(se vuelve hacia la pared del fondo donde siguen fijas las cabezas de rinocerontes y grita:)* ¡Contra el mundo entero, me defenderé contra el mundo entero, me defenderé! ¡Soy el último hombre y seguiré siéndolo hasta el fin! ¡No capitulo!" telón.[8]

Ionesco (1959)

El personaje de Béranger nos permite hablar sobre el segundo grupo que está compuesto por personas con conciencia de su propio cuerpo, de sus sentimientos, de sus deseos, que consideran las formas constructivas de vivir el tiempo, que hacen de cada momento un momento fecundo. Estas personas no habitan el tiempo como un lugar de paso: si nos detenemos a analizar sus discursos raramente escucharemos de ellos frases tales como "matar el tiempo" o "pasar el tiempo". Por el contrario, conciben el tiempo como una apertura continua, mantienen una conciencia clara de las posibilidades y descubren la realidad presente.

Esto significa tomar decisiones de un modo libre y responsable. Su lema será "ser algo, más que hacer algo": lo que equivale a oponer el *ser* a *hacer como si fuera* (ser psicólogo *vs.* trabajar de psicólogo, ser profesor *vs.* ganarse la vida como profesor, etcétera). Entonces, trabajar será un despliegue creativo y espontáneo de la persona que ha afirmado conscientemente su relación con su cuerpo, sus sentimientos, sus deseos, su tiempo, independientemente de la época en que le haya tocado vivir. Coincidimos con Rollo May cuando expresa: "la cuestión básica es la forma en que el individuo, con conciencia de sí mismo y del periodo en el que vive, es capaz, mediante sus decisiones, de alcanzar la libertad interior y de vivir de acuerdo con su propia realidad interna".[9] May (1996).

Cuanto más conciencia de sí mismo tiene una persona, más llena de vida está. Sin embargo, asumir el proyecto vital no significa estar atado a decisiones rígidas; sino lograr tener conciencia de sí mismo, pero a la vez sin estar obsesivamente pendiente o sentirse condicionado en cada instante por lo que se dice y hace, de lo contrario la persona estaría constantemente fuera de sí, racionalizándo todo sin ser capaz de gozar o crear, autoobservándose constantemente.

Esto constituye una característica del ser humano que a cada instante se trasciende a sí mismo. Podemos citar a Simone de Beauvoir: "la vida se ocupa, a la vez en perpetuarse y en sobrepasarse a sí misma[...] si todo lo que se hace es conservarse a sí misma, entonces vivir es sólo no morir y la existencia humana no se distingue de un absurdo vegetal".[10] May (1996).

Con esta afirmación podemos remontarnos a los textos sagrados, en los que se exalta la entrega de la propia vida en aras de los valores en los que uno cree.

Citaremos también un fragmento de la canción *Honrar la vida* de la cantautora argentina Eladia Blázquez:

> No... permanecer y transcurrir
> No es perdurar, no es existir
> Ni honrar la vida.
> Hay tantas maneras de no ser,
> Tanta conciencia sin saber
> Adormecida.
> Merecer la vida no es callar ni consentir
> Tantas injusticias repetidas,
> Es una virtud, es dignidad
> Es la actitud de identidad
> Más definida.
> Eso de durar y transcurrir
> No nos da derecho a presumir
> Porque no es lo mismo que vivir
> Honrar la vida.
> No... permanecer y transcurrir
> No siempre quiere sugerir
> Honrar la vida.
> Hay tanta pequeña vanidad
> En nuestra tonta humanidad
> Enceguecida.
> Merecer la vida es erguirse vertical
> Más allá del mal, de las caídas
> Es igual que darle a la verdad
> Y nuestra propia libertad
> La bienvenida...
> Eso de durar y transcurrir
> No nos da derecho a presumir
> Porque no es lo mismo que vivir
> Honrar la vida.

Como notamos en la letra de la canción y como señalamos en párrafos previos, el ser humano no sólo es impulsado por los *instintos*, sino atraído por los *valo-*

res. Es más, existe en él un "poder de obstinación del espíritu", que consiste en oponerse al instinto, con la posibilidad de decir "no" a las demandas biológicas en la búsqueda de una realización superior, en orden a un valor.

Viktor Frankl planteó una axiología universal, en la que los valores constituyen una guía que marca el sentido; es decir, son caminos para encontrar sentido. Éstos tienen una posición secundaria con respecto al sentido, son "ríos que conducen al mar". Los valores son universales en el mundo del sentido, sin embargo, es más amplio este mundo que el de aquéllos. Se ofrecen a la responsabilidad exigiendo una respuesta personal, y sólo puede ser responsable "algo" que sea espiritual y, por tanto, libre. Si no hubiese conflicto no habría necesidad de respuesta. Los valores son presentados por la tradición, ya que la historia ocupa un lugar central en la vida del ser humano. El humano es espíritu encarnado, un ser histórico.

Pueden distinguirse tres tipos de valores a desarrollar en la historia personal:

1. *valores "de creatividad"*: producir algo, crear una obra.
2. *valores "de vivencia"*: experimentar, disfrutar, amar.
3. *valores "de actitud"*: se despliegan frente a un destino invariable con una "postura": "estar de pie" frente a situaciones límite.

La "situación límite" considerada con un doble sentido: como separación de algo, frontera y como fin. Paradójicamente puede presentarse como una posibilidad de otra cosa, así se produce un salto cualitativo y se convierte en finalidad. "Pegar el salto" es encontrar sentido; y se despliega la "existencia posible"; es decir, se muestran capacidades espirituales que si no hubiesen estado el límite no se conocería.

¿Cómo entendemos la terapia existencial-humanista?

"Qué difícil resulta a la humanidad actuar de acuerdo con la frase esculpida en un templo ateniense, pues como muchos afirman, desde Sócrates no hay algo más difícil que conocerse a sí mismo."

Fundamentalmente podemos decir que la concepción humanista-existencialista consiste en:

- Un encuentro entre dos personas favoreciendo una profunda comunicación, no de intelecto a intelecto sino de existencia a existencia.

- El paciente vive en desacuerdo interno, con sentido de no plenitud, lo cual es percibido como una situación de vulnerabilidad que trae angustia y malestar subjetivo.
- El terapeuta gesta una aceptación positiva incondicional, a la vez que una comprensión empática con la persona que solicita la terapia, a nivel afectivo y cognitivo, lo que favorece la comunicación sincera y honesta.
- Quien solicita terapia expresa sus sentimientos, sus ideas, emociones y proyectos; abre su existencia y se comunica tanto en modo verbal y no verbal.
- Sus sentimientos e ideas deben tener como centro de reflexión a su existencia misma.
- Desconfía de que sus sentimientos y sus percepciones, sean adecuados a la realidad.
- Siente el desajuste interno y lo expresa como problema o conflicto.
- Experimenta ciertos sentimientos o ideas deformadas, poco "confesables". Dialoga sobre ellas. Coloquio terapéutico-existencial.
- Después de la terapia, quien la solicitó logra favorecer un acuerdo interno y reorganización de su sentido vital-existencial.
- Gestar un nuevo proyecto de sí no ingenuo. Con un sentido nuevo y pleno de habitar un proyecto existencial y vital único. Mejora no sólo su funcionamiento psíquico si no su sentido vital, emocional, valorativo de sí, y se siente creador de lo que ha hecho consigo mismo.

Uno de los elementos más importantes a tener presente en el despliegue existencial-humanista es: la *empatía* que consiste en sentir que uno puede situarse en el horizonte afectivo-emocional, en los valores y la posición subjetiva del otro. En términos más sencillos implica la capacidad de "ponerse en la piel del otro", desarrollando un tipo de comunicación singular y única, en que las necesidades, los sentimientos y las circunstancias del otro son valoradas por ser tales.

Este modo de relación auténticamente "empática" se da si y sólo si el terapeuta es capaz, genuina y profundamente, de adoptar actitudes de comprensión y aceptación favoreciendo en cada caso que la otra persona pueda discernir y elegir por sí misma. No juzgar ni anticiparse a lo que el otro va a comunicar.

En las sesiones terapéuticas se suele utilizar no sólo el diálogo y la empatía, sino también la introspección. El concepto *introspección* en su génesis, deriva del latín *intro* que significa dentro y *spectare* que remite a pensar "lo que se ofrece a la vista, que convoca la mirada", también indica aquello que se ofrece a la contemplación intelectual". Entonces se puede decir que la introspección, en términos generales, es el proceso mediante el cual las personas pueden hacer una mirada, contemplarse y ofrecerse a sí mismas a la reflexión intelectual; abrirse al universo de la propia intimidad.

Al concepto de "intro-spección", en tanto modo de conocimiento, la psicología, lo ha tomado de filosofías anteriores a ella y ha gestado un tipo de "hermenéutica" de sí; en tanto cada ser humano busca la interpretación de su propia existencia. Esta acción hermenéutica está desarrollada con preguntas y respuestas que sólo se abordan mirando hacia el interior de sí desde su situación vital concreta.

El terapeuta acompaña en esta "interpretación" de sí, que no siempre es sencilla, diáfana y transparente, a la propia persona; especialmente cuando se está viviendo una situación límite de profunda angustia, dolor, o frente a una situación de duelo intensa. Además de acompañar, el terapeuta tiene la función de *no-olvido* de las preguntas y respuestas en que esta persona funda su existencia y su proyecto.

Lenguaje, cultura y existencia

Antes de partir a ultramar, Gauguin copió la obra de Manet, quien –en su juventud–, se había ejercitado imitando a Tiziano, el cual había copiado a Giorgone, cuyo estilo provenía directamente de Dürer.[11] (Revista *VSD*, 1992.) Sin embargo, ¿quién no reconocería a Manet en *Desayuno en el campo* y quién dudaría del pincel de Gauguin en *Mujeres de Tahití*?

Una de las señales distintivas de la fortaleza del "sí mismo" es la capacidad de sumergirnos en la tradición sin dejar de ser nosotros mismos individualmente.

"...Somos como enanos subidos sobre los hombros de gigantes. Vemos más cosas que los antiguos y más lejanas, pero no por la profundidad de nuestra vista o por nuestra talla, sino porque ellos nos levantan con su altura gigantesca." (Bernardo de Chartres, sabio medieval.) Así pues, los "gigantes" son todos aquellos que nos precedieron y abrieron el camino a nuestras reflexiones actuales.[12] (UCALP 2003.)

Somos tradición y cultura, existe en nosotros un diálogo de tradiciones, gracias al lenguaje se da este diálogo; la tradición que recibimos de nuestros mayores y que vamos recreando y creando, reproduciendo y produciendo, la llamamos cultura.

La cultura es la acción de cultivar; el hombre se ocupa de sí mismo sin permanecer en puro estado natural. El hombre culto es aquél que ha cultivado sus múltiples relaciones, relaciones con la naturaleza, con los otros hombres, con su propia interioridad y con lo divino. Cultura es el cultivo inteligente de estas relaciones con uno mismo, con los otros, con la naturaleza y con el absoluto.

La primera dimensión de la cultura es la interiorización y enriquecimiento de cada sujeto, es aprender y poseer lo aprendido; esto crece hacia adentro nutriendo su mundo interior para luego salir mediante la comunicación con los demás. El origen de toda cultura es el núcleo creativo, discursivo y afectivo de la persona.

El descubrimiento de la interioridad y su cultivo son el requisito para un verdadero diálogo interior en el que el hombre eleva su espíritu; tener espíritu cultivado es saber leer las obras humanas porque en un sentido más estricto *cultura es toda manifestación humana, es la expresión externa de la interioridad de los hombres.*

El lenguaje y su utilización constituyen un elemento primordial en estas relaciones culturales. Comunicar no consiste en un intercambio de "mensajes" entre un emisor y un receptor que hablan acerca de algo. En una concepción humanista, no podemos hablar de comunicación como un acto mecánico, como sería el levantar el auricular cuando el teléfono suena, no podemos dejar de observar y tener en cuenta que ambos hablantes intervienen en el diálogo implicando todo su ser y que ambos construyen el sentido de lo dicho.

Creemos pertinente mencionar aquí los estudios realizados por el semiólogo francés Patrick Charaudeau quien afirma que comunicar es como "una *mise en scène*, un acto inter-enunciativo en el cual el saber que los protagonistas del lenguaje construyen y se construyen no es sólo referencial, sino que depende de los saberes que se suponen entre ellos y constituyen *filtros de sentido*".

Entonces, llama yo al productor del acto de habla y tú al interlocutor y diremos que:

* El "tú" no es un simple receptor de mensajes sino un sujeto que construye una interpretación en función del punto de vista que posee sobre las circunstancias de discurso y sobre el "yo".

* Ese mismo tú-interpretante ("tú") no es el mismo tú-destinatario al que se dirige el yo. En consecuencia, el tú devuelve al yo una imagen ("yo") diferente de aquélla que el "yo" creía o quería tener.

Dicho de otra manera, el yo se dirige a un tú-destinatario que considera apropiado para su propósito lingüístico y, al descubrir que el tú-interpretante no es el mismo que se había imaginado, se descubre a sí mismo un otro "yo" imaginado o fabricado por el "tú".[13] (Charaudeau 1983.)

Catherine Kerbrat-Orecchioni reformuló el clásico esquema de la comunicación de Jakobson y llama *alocutor* al yo y *alocutario* al tú, significado anteriormente mencionado: *ambos construyen el sentido*. Representamos a continuación el esquema al que nos referimos:[14] (Kerbrat-Orecchioni 1980.)

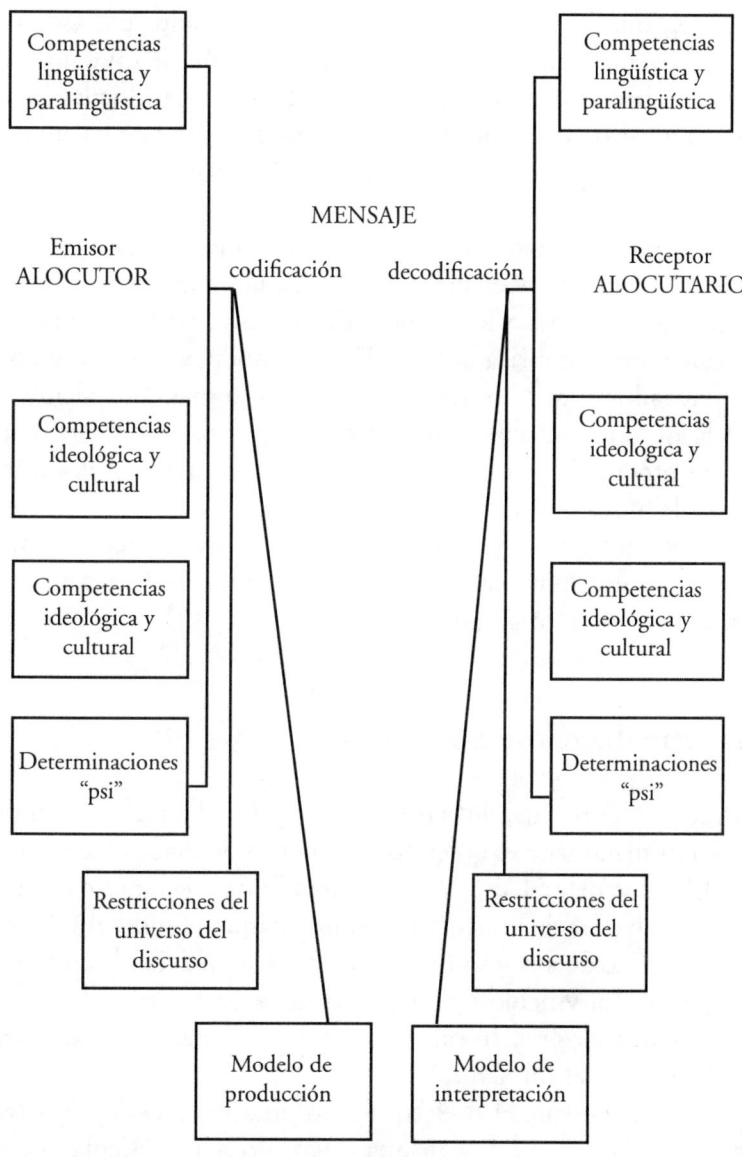

La autora llamó "competencias lingüísticas" al conocimiento que se tiene de una lengua. Las "competencias paralingüísticas" hacen referencia a los gestos, los tonos de voz, las entonaciones con que acompañamos una emisión lingüística. Como el conocimiento de la lengua no es suficiente, necesitamos además poseer "competencias culturales", lo cual significa conocer los códigos culturales de la comunidad en la que nos encontramos (países que comparten la misma lengua pero con historia y expresiones diferentes, esto es, con modos diversos de concebir la realidad).

Las determinaciones "psi" son los diferentes estados emocionales que pueden intervenir en la producción o interpretación de un enunciado. El universo del discurso está compuesto por el alocutor y alocutario; el momento y el lugar de la enunciación. Este universo limita e impone condiciones, tales que influyen en la elección de las palabras, de los gestos, de los tonos de voz.

Como vimos en el esquema superior, estas competencias deberían encontrarse en el alocutor y en el alocutario; así también, la comprensión de las determinaciones "psi" y la aprehensión del universo del discurso debería ser la manera más simétrica posible. De este modo, el modelo de producción (enunciado producido por el alocutor) es lo más equivalente posible al modelo de interpretación (interpretación por parte del alocutario del enunciado producido por el alocutor); aunque la simetría absoluta entre ambos modelos sea inalcanzable.

De esta manera, cada encuentro terapéutico es vivido como una oportunidad comunicacional cada vez nueva. Sentido de la autenticidad de cada encuentro en su originalidad.

Hacia la realización existencial

La madurez se alcanza cuando la persona toma conciencia de su responsabilidad. El ser humano sano es quien ha integrado a su conciencia el sentido de la vida, del dolor, del trabajo, de la responsabilidad y el sentido del amor.

Es posible hablar de un sujeto maduro cuando el individuo puede hacerse responsable de sus acciones (asumir su subjetividad) en la relación con los demás (en vínculo de reciprocidad) y así construir una sociedad humana donde todos tienen cabida de manera digna, esto podría llamarse plenitud ética del ser humano.

La madurez emocional o el equilibrio emotivo-racional son también importantes a la hora de la consulta terapéutica. Un psicólogo comprometido con la "búsqueda de sí mismo", presupone un compromiso de la personalidad entera que busca e intenta gestar un proyecto vital.

El deber ser en la ética existencialista-humanista (principalmente en V. Frankl) implica la orientación del ser humano a la búsqueda del significado y orientación de su existencia concreta, y la libertad de asumir un compromiso responsable en orden a tal elección. Tanto en Jaspers como en Frankl y Marcel, ser una criatura limitada y contingente, vulnerable, pero a la vez abierta al infinito y a la eternidad, es especificidad de lo humano, y reconocer esto es signo de madurez en la existencia.

La terapia existencial-humanista pone la mirada en la capacidad que el hombre tiene de sanarse, justamente en la fuerza, otorga privilegio a la potencia espiritual de cada humano, de vivir y asumir las situaciones límite, y a partir de las mismas, superarlas y salir fortalecido en el proyecto vital. En este sentido sanarse es realizarse con otros.

Ubicamos al ser humano con la posibilidad de realizarse gracias a la *conciencia* de ser, de asumir esto con sus límites y sus posibilidades. En tanto uno se compromete con esta "conciencia de ser", favorece el *conocimiento* de sí, no elude las verdades sobre sí mismo, esto permite una nueva configuración de las relaciones (vínculos) consigo mismo, con los otros y con lo trascendente. En esta conciencia que se abre al conocimiento de sí y de los otros y lo otro, se opera, se gesta y dinamiza una *transformación* de sí absolutamente nueva. Ahora bien, el humano que vive esta conciencia de ser se asume, trasforma y se transforma en una nueva conciencia de sí mismo, adquiere rasgos de obra de arte, en tanto cada humano es autor y gestor, escultor de sí, tallador de la propia madera, hacedor del propio barro, dueño de su propio escenario vital, creador del nuevo universo simbólico y semántico donde sí mismo y los otros tendrán lugar y cuerpo. Obra de arte que no se guarda para uno mismo, sino que está en constante relación con otras obras de arte –tan originales como la propia–, sin eludir el dolor de ser artista, al contrario, asumiendo como ascesis fundante de una existencia plena.

En párrafos anteriores hemos hecho referencia a la importancia del lenguaje, hemos hablado de "meterse en la piel del otro", lo que equivale a no creerse dueño de la verdad interpretando lo dicho por el paciente desde el universo propio, sino compartir "su" universo y desde allí juntos buscar y construir el significado. Es decir, significar la realidad a partir del universo que terapeuta y paciente crean en el ámbito de la psicología humanista. Esto implica, para el terapeuta, necesidades y desafíos; se requiere de valores personales nutridos de fuertes motivaciones auténticas por las cuales vale la pena luchar y vivir.

Amadou Hampaté Ba, filósofo y humanista africano propuso, aunque desde nuestra cultura pueda parecer extraño, ser como camaleón, aunque esto no quiere decir ser hipócrita, poco honesto o acomodaticio a las circunstancias…, Hampaté Ba lanzó el desafío de imitar al camaleón.

En la escuela del camaleón
El camaleón es un gran profesor.
   Mírenlo.
   Cuando toma una dirección, no desvía nunca la cabeza. Hagan como él. Tengan un objetivo en la vida y que nadie los desvíe de él.
   El camaleón no gira nunca su cabeza, sino su ojo. Mira para arriba, para abajo. Eso quiere decir: "Infórmese. No crea que usted es el único en la tierra".
   Cuando llega a un lugar, adopta el mismo color. No es por hipocresía. Es, primero, por tolerancia y luego por saber vivir. Enfrentarse unos contra los otros no arregla nada. Jamás se construyó nada en la disputa. Siempre hay que tratar de comprender al otro. Si nosotros existimos, debemos admitir que el otro también existe.
   Si el camaleón avanza, levanta un pie, se balancea; eso se llama prudencia en la marcha.
   Para desplazarse, cuelga su cola, así, si sus pies se hunden puede quedar suspendido. Eso se llama, asegurar su trasero:* no sea imprudente.
   Cuando el camaleón ve una presa, no se precipita sobre ella, sino que envía su lengua. Si su lengua puede traerle a la presa, la trae. De lo contrario, tiene la posibilidad de traer otra vez su lengua y evitarse el mal. Actúe suavemente en todo lo que haga.
   Si quiere hacer una obra durable, sea paciente, sea bueno, sea humano.[15]

El terapeuta que desarrolle las virtudes-condiciones y las asocie con su propia existencia, encontrará una postura emocional de tranquilidad, hallándose a sí mismo, y con ello alcanzará la autoconciencia creativa que le permitirá descubrir y hacer descubrir el sentido de la vida. Lograr un aumento en la percepción del sí mismo, que es la que origina la angustia con el consecuente alivio de la existencia de sus analizados, permite alcanzar *su* estado de "conciencia de tranquilidad".

El terapeuta acompaña y sostiene el desarrollo de la existencia y el sentido de la misma (de acuerdo con V. Frankl), lo cual permite que cada sujeto pueda escribir su propia historia vital. Vivenciar los afectos, abrirse a la experiencia del amor y la amistad, aceptar-se y aceptar al otro, transformar y transformarse, comprometerse con una causa o con alguien, gestar vínculos afectivos solidarios, estar abierto y dispuesto a la comprensión del significado de la propia existencia (hermenéutica de sí); son signos ineludibles de salud.

La *conciencia* brinda tranquilidad, esta tranquilidad conlleva esperanza porque posibilita *ver la meta* y concentra las energías en un punto final. En cuanto el terapeuta ayude al paciente a tener metas claras, acciones claras que produzcan una retroalimentación, el paciente verá con más claridad la meta, y así sentirá más tranquilidad puesto que serenidad equivale a ausencia de angustia; de esta manera el paciente sentirá menos síntomas.

Parafraseando a Rollo May: en la medida en que el terapeuta se haya encontrado a sí mismo, posea esas cualidades y tenga conciencia de sí, la autoconciencia creativa o intuición será alcanzada y no correrá el riesgo de confundir lo que él siente con lo que él cree que el paciente siente.

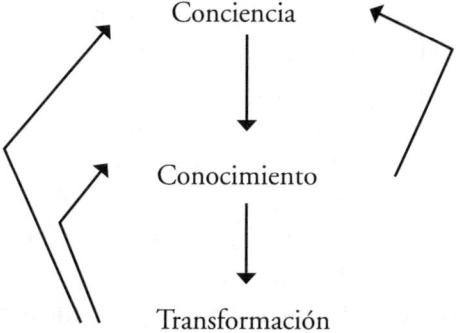

Presentación de un caso clínico

Nos parece oportuno exponer un caso clínico, en el que se pueden observar consideraciones e interesantes resultados, al utilizar como fundamentación epistemológica y psicológica del tratamiento esta perspectiva existencial-humanística.

No queremos por ello dejar de considerar la importancia de las aportaciones de las teorías psicológicas, que permiten una comprensión profunda, a la vez que brindan técnicas e instrumentos importantísimos para el abordaje terapéutico. Sin ellos se haría imposible arribar al resultado, que utilizando un lenguaje tradicional se podría expresar como el "camino de la cura".

Es importante remarcar el inconveniente que presenta la exposición del caso presenta, debido a la necesidad de hacerlo en una breve síntesis se corre el riesgo de no ser lo suficientemente claro y explícito.

El caso de Juan y María José

Este matrimonio formado por María José (ama de casa) y Juan (abogado) se presentó a consulta, con un altísimo grado de intolerancia y serios inconvenientes para mantener intimidad; ya fuera por causas afectivas y emotivas o por trastornos orgánicos.

María José acusaba a su marido de llegar siempre tarde de su trabajo y de mentirle; ya que cuando ella le preguntaba la hora en que llegaría, él siempre respondía con un horario más temprano del que en realidad llegaba, Juan justificaba su retraso con "excusas" como: que se había encontrado con un cliente que lo invitó a tomar un café o que lo había detenido el tránsito lento, etcétera. Otras veces le decía que se había sentido tan cansado al salir de su trabajo que había necesitado un descanso y que se había tomado "unos minutos" para tomar un café, distenderse y dejar las tensiones afuera y llegar a su casa más descansado. El marido concluyó diciendo que llegara temprano o tarde ella siempre encontraba argumentos para quejarse de él con respecto al horario de llegada.

María José explicó: "Él *siempre* llega tarde, o mejor, casi siempre llega tarde, y me deja esperándolo con la comida hecha, y después se queja de que está pasada y fría; como si esto fuera poco, además de que me miente, me deja esperando y siempre me desplaza por algo que le parece más importante que yo. Todas la noches pretende... ¡ah!, ¡entonces sí! Se pone dulce..., se olvida de todo lo que me hizo y pretende tener intimidad como si nada hubiera pasado".

Él, por su parte, plantea que ella sólo cree que la quiere sí y sólo si él está siempre a su lado; para lo cual él tendría que salir de su trabajo corriendo, y en cada momento libre ir a su lado. Juan siente que su esposa ya no confía en él, que todo el tiempo le exige su presencia. Confiesa que a veces se ha preguntado si ella en verdad lo quiere.

Juan dijo: "Siempre busca una causa para alejarse de mí: se acuesta temprano y cuando voy a su lado ya está dormida, o se queda hasta tarde leyendo en la sala de estar o conversando con alguno de nuestros hijos".

Para continuar con el sentido del discurso podemos decir que es frecuente encontrar personas que no se preocupan por indagar acerca de preguntas existenciales; es más, podemos conocer muchas personas que manifiestan un amplio desarrollo intelectual, con estudios universitarios o superiores, que son reconocidos profesionales que muy pocas veces han realizado esta actividad hermenéutica en el sentido introspectivo. En estas situaciones personales, notamos cómo el estudio, el trabajo, o una determinada actividad conlleva al olvido de sí mismos, de su sentido trascendente, ignorando la vivencia de su yo existencial. Si la persona es abierta en su sentir con respecto a sí mismo, tiene altas probabilidades de descubrir muchos laberintos y atolladeros que su propio psiquismo ha ido construyendo y fortaleciendo. La racionalidad puede ser uno de estos obstáculos. Razones (argucias de la razón) que no son verdades.

Podría decirse que transforman lo anormal en normal y lo normal en anormal. Su comunicación sufre una fuerte transformación y deterioro; la manera de mantener la relación es siempre cuestionando al otro. Cada uno a su juicio y bajo su "horizonte de percepciones" observa y constrye la realidad (la cual uno y otro consideran como la verdad), pero sin entrar en diálogo auténtico escuchando al otro y sus necesidades.

María José y Juan transformaron un matrimonio, en una relación con demasiadas discusiones, en la que el modo de entenderse eran los malos entendidos y los supuestos. Al ser esa situación tan habitual, se volvió como algo "normal"; y lo "anormal" terminó siendo los momentos dulces y cariñosos, las metas compartidas, las realizaciones y el proyecto de vida común (pérdida del sentido).

De su proyecto en común no hablaban, sólo lo hacían sobre de las carencias y lo negativo; los supuestos errores del otro eran lo único que los unía y comunicaba. El hecho de levantarse todos lo días para resolver el enojo de la noche anterior era el único motivo de existencia y de unión, lo cual se convirtió en necesario para su comunicación.

Frente a cada una de sus situaciones cotidianas, se podría encontrar, y de hecho es así, diferentes interpretaciones. Con el aporte de distintas teorías psicológicas que se apliquen al caso se puede ayudar a aliviar y comprender parte de la dinámica que se ha establecido.

El hecho de considerar al sentido profundo de lo humano y lo comunicacional desde la configuración existencial-humanística ha permitido revertir este modo de interacción. Al favorecer un aumento de la percepción, que conlleva al desarrollo de una mayor conciencia y con ello más conocimiento de sí mismo y del otro; punto de vista nulo en María José y Juan. Para ello se trabaja en la posibilidad de ver al otro y en ubicarse en el lugar del otro.

Después de abordar el conflicto y encaminar a los pacientes hacia una postura emocional de tranquilidad, y por efecto de algunos de los señalamientos que produjeron una gran influencia y apertura, se logró hacerle ver a María José las ocasiones que su marido se había mostrado solidario con ella. Recordemos que una queja de Juan era que su esposa partía siempre de lo que no había y nunca de lo que sí existía.

El terapeuta les preguntó: "¿Hace cuánto tiempo que están juntos?"
La respuesta fue: "24 años".

Terapeuta: "Usted, María José, se ha puesto a pensar cuántas señoras quisieran quejarse de lo que usted se queja, me refiero al hecho y a la frecuencia del deseo de su marido por intimar con usted; al grado de atracción y a la influencia de su persona en la existencia de su marido, aun después de tantos años de casada, ¿no le parece esto amor?

Usted, Juan, se puso a pensar cuántos esposos lo "envidiarían" al observar que, después de tantos años de casados, tiene una esposa que, como si fuera el comienzo de su vida conyugal, lo espera todas las noches y desea que usted llegue temprano; además, trata de agradarlo con sus comidas preferidas".

¿Cuál fue la respuesta? Se miraron casi estáticamente, en un acto simultáneo, estiraron los brazos y se tomaron de las manos, hubo sonrisas –casi lágrimas de parte de ella– y se dio por finalizada la sesión considerando que tenían mucho por hablar entre ellos.

La maduración (plenitud existencial) podemos pensar, entonces, que comienza con la actitud de apertura dialógica, que puede iniciarse con *un otro* que está afuera (el terapeuta) y termina en una relación íntima consigo mismo.

¿Qué sucedió en el caso de María José y Juan?, ¿en qué consistió esta maduración? Mediante diversos señalamientos, puntuaciones interpretativas, trabajaron distintos momentos de su vida. Lo que marcó el cierre del proceso fue el aumento de la percepción, un despertar de la conciencia, el cual se dio en un re-conocimiento del amor de uno para con el otro, lo cual se logró mediante decodificar, de una forma diferente, los mensajes emitidos por ellos mismos dentro de un marco amoroso (sentido de vida que eligieron cuando decidieron casarse y aún sostenían).

Cada uno percibía las situaciones a su manera y no desde la perspectiva del otro, lo cual los llevó a perder su propio sentido; es así que el logro del trabajo terapéutico es el aumento del re-conocimiento del otro y así se opera un significativo cambio de postura, lo cual transforma la actitud de uno para con el otro, al reasignar mutuamente un nuevo sentido a cada una de las conductas se reduce considerablemente el problema.

Se espera que quien sostiene un proceso terapéutico, tarde o temprano, encuentre un sentido –ya sea parcial o total– con respecto a la vivencia y al sentido particular que estaba indagando. Esta conclusión aunque provisional es siempre válida.

Es importante hacer notar que el proceso de este matrimonio pasó por las siguientes etapas:

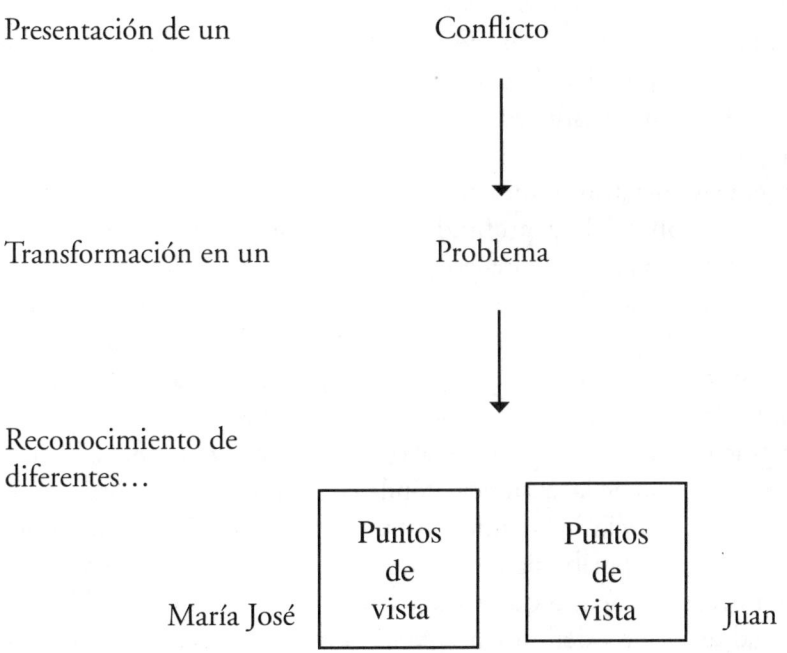

Mediante la cuidadosa intervención lingüística del terapeuta, se superó la visión de la situación como un *conflicto*, se estableció implícitamente una cadena semántica que redujo la tensión significante de las palabras utilizadas por el matrimonio para describir las vivencias.

Dentro de la situación clínica, el valor del diálogo es fundente, ya que abre posibilidades a un fecundo momento terapéutico: encontrarse con lo que está viviendo, en los límites de su existir, y esto gracias a la palabra.

La terapia existencialista-humanista lejos de ser un formulario para determinar cómo actuar frente a diferentes tipos de problemas; plantea la libertad y la capacidad de acción siempre nueva con cada persona y en cada situación. Es conveniente pensar "en la situación justa, tener la palabra necesaria en el momento oportuno". En esto consiste la "habilidad" clínica que, junto con el bagaje experiencial y teórico, cada terapeuta puede realizar en una intervención oportuna.

A modo de conclusiones (inconclusas)...

Así como en el inicio de nuestro trabajo recurrimos a la analogía de "los gansos", nosotros, en tanto terapeutas, hemos notado que en algún momento las personas se cansan de vivir. Es entonces cuando empezamos a animar para emprender el viaje, acompañamos al caído hasta que retome el camino, porque el esfuerzo es más llevadero cuando no se está *solo* en su andar (camino-vuelo).

En el existencialismo-humanista vemos cómo una intervención oportuna alienta con palabras profundas, de tal modo que aquellos que están viviendo una situación de malestar particular (síntomas subjetivos) puedan encontrar la senda sincera para llegar a dar sentido a esos síntomas (hacer lugar a la palabra). Notemos que el terapeuta no es tutor, ni guía, ni director de conciencia del otro, sino un "acompañante" que "interviene abriendo sentidos", el arte está en el uso del lenguaje.

La psicología humanista es una convocatoria, un grito, un llamado, hacia lo profundo de la existencia donde el hombre intenta abrir un puente desde la existencia inauténtica, extraviada y banal, hacia un modo del existir abierto a la posibilidad de constituirse y de poseerse auténticamente como proyecto. Proyecto que no se realizará sino en y desde la libertad, la necesidad de elegir y definirse aceptando los riesgos y la angustia que esto trae consigo.

Cada proceso terapéutico es un camino, a veces más largo, otras más corto, donde asumir la conciencia de estar vivos es un ejercicio de libertad. En el ejercicio de la libertad, el terapeuta da lugar a la "esencia" misma de la persona al indagar sobre su existencia. Hacer terapia es un ejercicio reparador de la libertad personal. Esta apertura no es fase preparatoria, sino es esencia misma del acto terapéutico, es construcción compartida. No hay soluciones prefijadas ni hay recetas de cómo existir. Liberarse de fantasmas para construir libremente (libertad-de-conciencia) en un proceso dinámico de autotransformación de la propia existencia.

FILOSOFÍA EXISTENCIALISTA	PSICOLOGÍA HUMANISTA
Momento histórico particular y único	Conciencia de sí abierta al diálogo
El ser-ahí-con-otros	Respeto total por la persona
Ética inflexiona en el ser	Valores y virtudes humanas
Situaciones límite	Potencia interior - auto-creación
Culpa, angustia, lucha y muerte	Búsqueda del "sentido vital"

TERAPIA EXISTENCIALISTA - HUMANISTA

Intuición
|
Empatía
|
Amor
|
Diálogo
↓
Conciencia
↓
Conocimiento
↓
TRANSFORMACIÓN

Notas bibliográficas

[1] Lamanna, P. (1998), *Historia de la filosofía*, Tomo VI, "La filosofía del siglo XX", Edicial, 2ª edición, Argentina.
[2] Scheler, M. (1968), *El puesto del hombre en el cosmos*. (pp. 55) Losada, Buenos Aires.
[3] Frankl, V. (2001), *Psicoterapia y existencialismo*. (pp. 31 32) Herder, Barcelona.
[4] Frankl, V, (1988), *La voluntad de sentido*. (PP. 30-31) Herder, Barcelona.
[5] Finoquetto, G.; Saint Girons, C. (2003), APSA, Congreso Argentino de Psiquiatría, Mar del Plata.
[6.] Frankl, V. (1991), *La voluntad de sentido* (pp. 141) Herder, Barcelona.
[7] May, R. (1996), *El hombre en búsqueda de sí mismo* (pp. 22) Ediciones Fausto, Buenos Aires.
[8] Ionesco, E. (1959). *Rinocéros* (Obra de teatro cuyo original es en francés).
[9] May, R. (1996). *El hombre en busca de sí mismo* (pp. 216) Ediciones Fausto, Buenos Aires.
[10] *Op. cit.* (pp. 112).
[11] Extraído de un artículo de la Revista VSD núm. 787, octubre 1992, París.
[12.] Universidad Católica de la Plata, "*Curso de Ingreso 2003*", Editorial Universidad Católica de la Plata, 2003
[13] Charaudeau, P (1983), *Langage et Discours: éléments de sémiolinguistique (théorie et pratique)* (pp. 38, 46) Hachette. París.
[14] Kertbrat-Orecchioni, C. (1980), *L'énonciation: de la subjetivité dans le langage* (pp. 27) Hachette Universitaire, París.
[15] Apertura del "X ème Congrès Mondial de la Fédération Internationale des Professeurs de Français", julio 2000 París.

Traducción e interpretación de los textos originales en francés realizada por Mariángeles Torcetta, profesora adjunta de Psicolingüística y Comunicación en la UCALP, sede Rosario.

* Nota del traductor: Se ha traducido "cola" para mantener la cohesión textual, pero el sentido que debe dársele es "cuidar el trasero".

PARTE 3

MÁS ALLÁ DE LA PSICOLOGÍA

Un encuentro con la filosofía oriental: manantiales filosóficos

John Hanagan
Saint. Michael's College, Estados Unidos

*Hay más cosas en el cielo y en la tierra...
de lo que has soñado en tu filosofía*
WILLIAM SHAKESPEARE

Hay una historia que se cuenta alrededor de las fogatas del mundo árabe. Siglos atrás, las tribus vagaban perdidas en un vasto desierto árido. Sufrían terriblemente y sólo se sostenían por la débil idea de que en lo gran desconocido existía un oasis. Así que enviaron grupos de sus mejores exploradores en un intento por localizar las aguas salvadoras. Los ancianos estaban casi seguros de que no existía esperanza en el sur, así que enviaron a su equipo más débil –poetas y soñadores– en esa dirección. Después de varios días de arduo camino, el equipo del sur llegó a una pared alta. Usando cualquier cosa que estuviera a la mano, los hombres construyeron una escalera firme que utilizaron para trepar hasta la pared. Sentados hasta arriba de la pared vieron una escena sorprendente. Detrás había un lujoso oasis con cascadas inundadas de agua clara, higueras abundantes y hermosas mujeres cuidando jardines de vegetales frescos. Los exploradores sentados en la pared observaron el jardín y después miraron hacia el desierto. ¿Qué debían hacer? ¿Regresar mediante el calor ardiente hasta llegar a una recepción hostil entre sus camaradas, o quizá, ser ridiculizados o incluso asesinados? ¿O debían brincar la pared, llegar al oasis y cosechar la recompensa de su duro trabajo dejando a sus amigos resguardarse por ellos mismos?

Consideremos ahora una historia que fue contada hace más de dos mil años en el antiguo mundo griego. Imaginemos a miles de personas atrapadas desde su nacimiento en las profundidades de una oscura caverna, encadenados de tal manera que sólo pueden ver la pared frente a ellos. Detrás de estas personas hay un fuego brillante entre ellos, y el fuego se eleva un camino sobre el cual pasan otras personas cargando objetos cuyas sombras se proyectan en la pared de la caverna. La gente encadenada sólo ha visto estas sombras sobre la pared durante toda su vida; esas sombras son su única realidad.

Esta poderosa imagen fue creada por Platón (1991, VII, 514A-521b) en su obra maestra *La República*. Por supuesto ambas historias bosquejan las dimensiones de la conciencia humana. Vivimos en los desiertos áridos y las cavernas oscuras de nuestras mentes. Atados por las cadenas de miedo y prejuicio, escudriñamos las imágenes que danzan adentro; imágenes elaboradas durante nuestros años de crecimiento por cada fuerza disponible por nuestra cultura: la familia, la iglesia, el gobierno, los medios de comunicación y la escuela. Esta imagen encuentra eco en el cuento de Juan José Arreola *El Guardagujas* (1998, p. 27). Él ve a la humanidad viajando en un tren controlado por estas mismas fuerzas. Y reúne todas estas fuerzas bajo la rúbrica de *La Empresa*. Entonces continúa: "si mira usted por las ventanillas, está expuesto a caer en la trampa de un espejismo. Las ventanillas están provistas de ingeniosos dispositivos que crean toda clase de ilusiones en el ánimo de los pasajeros. No hace falta ser débil para caer en ellas. Ciertos aparatos, operados desde la locomotora, hacen creer, por el ruido y los movimientos, que el tren está en marcha. Sin embargo, el tren permanece detenido semanas enteras, mientras los viajeros ven pasar cautivadores paisajes mediante los cristales" (1998, p. 27).

Esta ilusión, este espejismo es doble: no sólo vemos caricaturas superficiales de la realidad (el primer nivel de ilusión), además trabajamos bajo la creencia de que estas caricaturas representan una realidad única y verdadera (el nivel de ilusión más profundo que los hindúes llaman *maya*). Quizá el ejemplo más sencillo de esta ilusión es el prejuicio racial. El reverendo Martín Luther King Jr. soñó que un día todos los hijos de Dios serían juzgados no por el color de su piel sino por la cualidad de su carácter. Sin embargo, aún un amplio segmento de la humanidad sostiene la creencia inamovible de que aquéllos con piel más clara son superiores en todos los sentidos a nuestros hermanos y hermanas de piel oscura. Un famoso presidente de Estados Unidos, bien educado y bastante respetado, una vez dijo: "el único indio bueno es un indio muerto". Con refuerzos como estos, la gente ordinaria está en grave peligro de ser tragada por estas ilusiones que son tan destructivas como insanas. "No hace falta ser débil para caer en ellas".

Pero por supuesto ésta no es la historia completa. Hay un oasis en el desierto. La imagen de Platón es más amplia. Después del fuego que proyecta las sombras sobre la pared de la caverna, se puede encontrar un afilado y escarpado ascenso que conduce al mundo exterior. Si un peregrino es liberado de sus cadenas, su travesía para pasar del fuego hacia la entrada de la caverna es terriblemente dolorosa. Esto es porque sus ojos que se han acostumbrado a las tinieblas por tanto tiempo, encuentran la luz que emanan del fuego y de la entrada de la caverna insoportablemente brillante. Pero con perseverancia, el peregrino puede alcanzar el aire fresco y los cielos abiertos de la verdadera realidad. Al principio debido a su adolorida visión sólo verá sombras. Gradualmente, conforme su visión se fortalezca, será capaz de mirar directamente al sol, la fuente de toda luz.

Cada elemento de esta alegoría tiene significado: las cadenas y las sombras, el camino y el fuego, el afilado y escarpado ascenso, el mundo exterior en la noche y durante el día, y el brillo del sol. Un análisis completo de la filosofía de Platón está fuera del intento de este capítulo, pero es suficiente decir que Platón señaló las etapas mediante las cuales pasa una persona en su camino a la iluminación, la escalera que sube hacia la luz. Estamos enfrentados con el prospecto de un viaje profundo en esta vida, un viaje que comienza en las cadenas de imágenes culturales y pena emocional, y termina en la bienaventuranza de la unión con la fuente de todo; pero aquí Platón hace la misma pregunta planteada en la narración árabe: una vez liberados de la caverna, ¿por qué querrían regresar?

Esta visión de la condición humana puede encontrarse virtualmente en todas las filosofías y religiones del mundo. Los parámetros básicos son los mismos: nos encontramos en un lugar de sufrimiento y confusión, y es nuestra vocación comprometernos en un viaje de retos y recompensas mediante la niebla de nuestras propias mentes y corazones de manera que podamos reclamar nuestros derechos de nacer como hijos del universo. Las preguntas fundamentales que animan este viaje son tres: ¿dónde estamos? (¿cuál es la naturaleza de la caverna y de nosotros mismos?); ¿hacia dónde vamos? (¿cuál es la naturaleza de la realización humana?), y ¿cómo llegaremos a nuestro destino? Las religiones occidentales frecuentemente responden estas preguntas en términos de pecado y salvación, el camino hacia el hogar visto como la obediencia a los mandamientos de Dios. El énfasis de las tres grandes religiones occidentales se centra en alcanzar el paraíso apegándose a los dogmas básicos: en el cristianismo: la comunión con Cristo; en el judaísmo: mantener la alianza; en el Islam: rendirse a la voluntad de Alá.

Desde el tiempo de Descartes, las filosofías occidentales más influyentes han caracterizado la oscuridad de la conciencia debido a la debilidad de la razón. Esta postura ha dado pie a la explosión de la ciencia y la tecnología, las grandes filosofías racionalistas de la era moderna, y al nacimiento en los últimos 150 años de las ciencias sociales, entre las que encontramos a la psicología. La psicología científica se ve a sí misma basada en experimentación empírica dura y en la evidencia, basa sus conclusiones en análisis estadístico riguroso. Para algunos observadores, la práctica clínica encuentra su legitimidad porque está sentada en el método científico. Dado este contexto racionalista, la psicología está influida por el modelo médico, y sus preguntas básicas concernientes a la condición humana están proyectadas en términos de enfermedades: ¿dónde estamos? Inmersos en obsesiones o alucinaciones psicóticas o neuróticas. Cabe la pregunta: ¿a dónde vamos? Hacia la salud mental, definida como la liberación de la neurosis o psicosis. ¿Cómo llegamos allí? Comprometiéndonos en un curso profesional de análisis o terapia.

A lo largo del último siglo, este acercamiento a la psicología ha ayudado a mucha gente que sufre, pero también ha dejado una profunda sensación de estar incompleto entre muchos investigadores, terapeutas y pacientes. La pregunta más desafiante y por lo tanto más fructífera es: una vez libres de la neurosis, ¿a dónde voy? ¿acaso vivo una vida de eterna felicidad? Por supuesto que no. Una vez que estamos libres de todo rasgo fetichista, la gran aventura del significado de la vida nos aguarda. Muchas psicologías tradicionales han creado modelos poderosos de desorden mental, pero las nociones de bienestar están menos articuladas. Tenemos manuales y técnicas diagnósticas profundas, poderosas intervenciones clínicas, y un alto grado de triunfo en aliviar el sufrimiento agudo, pero aún permanece una sensación de vacío, una sensación de que la cura de la neurosis no es el fin del viaje.

Muchos psicólogos han sentido una aguda necesidad por un modelo teórico que vaya más allá de la patología de personas individuales, buscan abrazar las dimensiones más profundas de la conciencia humana, e incluir el anhelo del corazón humano por la conexión universal. Por lo tanto, este nuevo acercamiento que incluye y trasciende los rasgos de la psiqué humana, es llamado "transpersonal". Esos psicólogos intentan encontrar una visión de bienestar humano que no sólo fomente el balance emocional y mental, sino que abrace estas metas tradicionales dentro de un contexto más amplio de relación humana, actualización propia, y un asentamiento en el centro sagrado del ser y del cosmos. Esta búsqueda ha sido avivada por el descubrimiento de la filosofía oriental, con su énfasis en la iluminación y la unión con las dimensiones sagradas de la existencia. En la próxima sección examinaremos algunas de las filosofías orientales que están animando el desarrollo actual de la psicología transpersonal.

La filosofía oriental

Debemos señalar que el surgimiento de las grandes tradiciones del Oriente —el hinduismo y el budismo que se originaron en la india, y el confucionismo y taoísmo, en China—, son prácticas de gran profundidad. Todas buscan liberar a las personas de las cadenas de la ilusión y ayudarlas a descubrir la verdadera naturaleza de la realidad. Nos concentraremos en las penetraciones y métodos de la tradición hindú que intenta ubicar a la humanidad de las sombras a la luz. El budismo puede ser visto como un movimiento de reforma dentro del hinduismo, así como el cristianismo puede ser visto como un movimiento de reforma del judaísmo. Nos moveremos entre estas dos religiones filosóficas.

El nombre original de buda era Siddartha, quien fue educado en un apartado lujo, se casó y tuvo un hijo. Sin embargo, a los veintitantos años, no contuvo el deseo de aprender algo del mundo y, mientras estaban descuidados los guardias, se las arregló para salir de su palacio. Pronto se encontró con la enfermedad, la pobreza, la vejez y la muerte. Estas crueles realidades le sobresaltaron el corazón. Entonces resolvió abandonar a su familia y su lujosa vida de manera que pudiera encontrar si había algún sentido para la vida humana que en ese momento le parecía desprovista de sentido ante la pena, la vejez y el olvido de la muerte. El único camino espiritual que en ese momento Siddartha consideraba lo suficientemente poderoso eran las prácticas ascéticas del hinduismo. Por lo tanto, se unió a un grupo de ascéticos del bosque que realizaban el ritual de ayuno y privación. Después de seis años de ardua práctica, Siddartha no se sentía más cerca de la verdad. En su desesperación, juró sentarse debajo de un árbol en meditación profunda hasta que muriera o alcanzara la iluminación. Después de siete días, y muchas tentaciones, finalmente llegó a alcanzar un gran despertar. De hecho el nombre *Buda* simplemente significa "el hombre que despertó". En el budismo ortodoxo, el Buda no es un dios, es un hombre como todos nosotros, la única diferencia es que él esta despierto (un Buda) mientras que nosotros todavía estamos dormidos en la noche de ilusión.

Se dice que después de su iluminación, lo primero que hizo Buda fue buscar a sus compañeros del bosque, y les dio un famoso sermón en un lugar llamado el Parque del Venado. En este sermón Buda bosquejó las "cuatro nobles y grandes verdades" de las cuales se dio cuenta en su despertar; las verdades sobre las cuales está fundada toda la estructura teórica y práctica de las enseñanzas del budismo. Estas verdades señalan el hecho del sufrimiento humano en este mundo, la causa de ese sufrimiento, y los métodos para su alivio.

Entonces, la primera noble verdad es que la vida es sufrimiento. La palabra en sánscrito usada aquí es *dukkha*. Una posible derivación de este término significa un mal ángulo de alineación del eje de una rueda. Por lo tanto, vamos por la vida tambaleándonos, torciendo la dirección y apostando la estructura de nuestras vidas. Con esta comprensión aparentemente simple, el Buda agregó una importante dimensión a la alegoría de Platón sobre la caverna. Los habitantes de la caverna viven en la oscuridad y la ilusión pero, más profundamente, ellos llevan existencias permeadas con la pena y el sufrimiento. La mayoría de nosotros presentamos caras compuestas y contentas al mundo, y así es como debe ser. Pero también tenemos historias de decepción, desilusión, pérdida, fracaso y sufrimiento. Como Henry Thoreau (1962, p. 7) observó, " la mayoría de los hombres llevan la vida desesperada".

Se puede notar que la enseñanza budista no está animada solamente por un deseo académico o teórico de traer la luz a las sombras. Por encima de todo, está motivada por una compasión cariñosa de ayudar a la humanidad a trascender el terrible sufrimiento de la condición humana. Para el buda, la sabiduría (*prajna*) sin compasión (*karuna*) sería estéril y seca, mientras que la compasión sin sabiduría sería ciega y mal dirigida. De manera que la sabiduría y la compasión son dos lados de la misma moneda. Platón se preguntaba por qué alguien que ha escapado de la caverna no querría regresar a las profundidades para ayudar a otros. Él sabía que muchos que lo habían intentado –Jesús y Sócrates, por ejemplo– habían sido asesinados. Entonces, ¿por qué lo intentaron?, Buda responde por "amor". De hecho hay una categoría completa de seres en la tradición budista que pospone la iluminación final de manera que puedan regresar una y otra vez a rescatar a la humanidad del sufrimiento de la ilusión y la ilusión del sufrimiento. Estos seres son llamados *bodhisattvas*. Uno de estos es llamado *Avalokitesvaran* en sánscrito, *KwanYin* en chino y *Kannon* en japonés. Los tibetanos consideran al Dalai Lama como la reencarnación de este ser, que es reverenciado como la encarnación de la compasión. El significado literal de *avalokitesvara* es "él que escucha", un símbolo adecuado para la escucha compasiva del terapeuta.

La segunda noble verdad señala la causa del sufrimiento. Buda dice que el sufrimiento es causado por el apego, *trishna* en sánscrito. Ésta nuevamente se revela muy simple. Sufrimos porque nos apegamos. Sin embargo, esta simplicidad es engañosa, porque hay varios niveles de apego. Obviamente nos apegamos a nuestras posesiones materiales y a las experiencias que nos traen placer y alegría. En un nivel más profundo, el Buda enseño que la gente trata de asirse a las cosas buenas de la vida –sentimientos de felicidad y amigos cariñosos–, pero esa vida es un constante flujo de personas y eventos. Intentar detener el flujo de la vida es como tratar de capturar un gran río dentro de un vaso de agua. Las personas y los eventos están en constante movimiento, así como Heráclito lo señaló: la única cosa que no cambia es el cambio en sí mismo. De manera que aferrarse a las cosas tal como son, o a la gente que creemos que conocemos es tan imposible como tonto. Y cuando la gente o las cosas, que no queremos que cambien, cambian, sufrimos los resultados.

El nivel de apego más profundo y el que causa el sufrimiento más agudo, se encuentra dentro del reino de la conciencia en sí misma. Aquí regresaré a los complejos análisis de la mente que fueron desarrollados por los sabios hinduistas de la filosofía vendata y yoga. En la vendata, la mente es considerada como un instrumento interno compuesto de varias partes que se distinguen por sus funciones. La mente inferior, llamada *manas*, recibe las impresiones de la sensación y así monitorea la entrada del mundo exterior. Esta señal, inicialmente caótica, se transforma en experiencia personal por medio del centro de la mente conocido como la esencia del yo, o *ahamkara*, y finalmente armonizado en una conciencia total por una mente superior, llamada *buddhi*. Estas tres funciones trabajan juntas para formar una conciencia del mundo. Pero ésta es una conciencia ilusoria menor. A este nivel de desarrollo, el *buddhi* trabaja al servicio del *manas* tratando de controlar el mundo material que ha sido enseñado como real e importante. El *buddi* está apegado a este mundo, y nunca se da cuenta que es un mundo que él mismo ha creado.

Robert Pirsing en su libro, *El zen y el arte del mantenimiento de la motocicleta* (1982, cap. 7), creó una poderosa analogía sobre este tema. Dice que nuestra relación con el mundo externo es como ser confrontado con una playa de incontables granos de arena. Por ejemplo, cuando conozco a una persona me enfrento con un sorprendente número de hechos, a cualquiera de los cuales puedo investir de importancia. Pero la mente no puede asimilar y armonizar tantos datos. Así que elegimos y escogemos. Llegamos a la playa y nos retiramos con una mano llena de arena, y llamamos a ese puñado "el mundo". Los factores que determinan nuestra elección de los hechos, nuestra fabricación de la realidad, por supuesto es un producto de la cultura y la educación. Pensando que percibimos la realidad absoluta, nos volvemos más apegados a nuestra propia creación y nos adherimos a ella con una inexorable tenacidad.

Las cadenas en la caverna de Platón no tienen cerraduras. Nos aferramos a ellas con un gran apego mortal con tal de quedarnos en el mismo lugar. Hacemos esto reforzando nuestros prejuicios sociales y políticos por medio de las películas y la televisión, por medio de los libros que leemos, y por la gente con la que nos relacionamos. Armados con estas creencias encontramos una falsa seguridad. Nos olvidamos que somos indeciblemente vulnerables. Pero la vida tiene una manera constante de desafiar nuestro universo ficticio: podemos conocer a una persona que pertenece a un grupo contra el cual hemos sentado un prejuicio profundo, y no alcanzamos a ver que esta persona es innegablemente buena y decente; eventos como que alguno de nuestros padres o hijos muera, nos divorciemos, o el país sea devastado por una guerra, pueden servir para aniquilar el mundo que hemos creado. El sol sale, y nos quedamos a vagar en océanos inmensos de vacío. A esto San Juan de la Cruz llamó la "noche oscura del alma". En este momento de cambio tenemos dos opciones: nos retiramos a una versión más apretada y rígida de nuestro mundo construido, un tipo de fundamentalismo que no es otra cosa que una prisión de máxima seguridad; o podemos soltar nuestra atadura a ese mundo y entrar en la noche oscura "sin otra luz y guía sino la que en el corazón ardía". Éste es un periodo de extrema vulnerabilidad y exploración, es el viaje más largo y difícil que cualquier ser humano pueda realizar: el viaje de la cabeza al corazón, de la conciencia más baja a la más elevada.

De acuerdo con la filosofía vedanta, la mente tiene otras funciones más allá del *manas*, el *buddi* y el *ahamkara*. Hay un profundo y bastante inconsciente depósito de hábitos, memorias, y experiencias que es llamado *chitta*. Es a partir de aquí que las memorias e imágenes burbujean hasta la conciencia, y las actitudes y los valores apenas comprensibles, ejercen una poderosa presión en nuestras decisiones conscientes. Dejado por sí mismo, *chitta* sólo agregaría un apego obsesivo a la mente del mundo que hemos creado. Claramente, si vamos a descubrir nuestras esencias auténticas, si vamos a convertirnos en las personas que anhelamos ser, tendremos que encontrar una manera de traer luz a estos rincones tenebrosos de la mente.

En el nivel más profundo de la mente, los sabios hindúes asumen la existencia de la conciencia pura. Ésta es llamada de varias maneras por diferentes escuelas: el sí mismo, purusha, brahman, atman, o jiva. En realidad ellos enseñan que este nivel más interno de conciencia es una chispa divina. Es una conciencia serena y abarcadora que yace en el centro de la mente como si fuera el ojo de un huracán. La mayoría de la gente al estar atrapa como lo está, en el drama y la excitación de los vientos de la vida que pasan mediante la superficie de la conciencia, sólo tienen una conciencia vaga de esta piscina profunda de sabiduría interna. Las perturbaciones, las modificaciones implacables de la mente son comparables a murmullos y ondas en la superficie de un lago, las cuales son llamadas *vrittis* en sánscrito.

Por lo tanto, el viaje mediante la noche oscura hacia los reinos de la conciencia debe cumplir tres tareas: *1)* debe permitir a las ondas de la superficie del *manas* volverse tranquilas hasta que el agua claree; *2)* debe traer luz o atención a los rincones oscuros de la conciencia; y *3)* debe encontrar una manera de desatar el apego del *buddi* al mundo del *manas*, y permitirle atender los susurros sutiles de la voz sagrada de su propio fuero interno.

El sendero según el budismo

¿Cómo realizamos el viaje de las sombras de la caverna hasta la luz del mundo exterior, del sufrimiento en el centro de la existencia humana hasta la tranquilidad de la hermandad del Budda; de nuestro apego al mundo fabricado del *manas* a una apertura bienaventurada al *atman*, el centro divino de nuestros seres? ¿Qué camino debemos seguir hacia la libertad? Las prescripciones dadas por cada una de las filosofías que estamos considerando: platonismo, budismo e hinduismo, tienen mucho en común, y mucho que es único. Regresemos primero al budismo.

Hemos usado una revisión de la psicología vendata para poder explicar la naturaleza más profunda del apego al cual Buda enseñó como su "segunda noble verdad". Recordemos que este apego es la fuente del sufrimiento. Entonces la "tercera noble verdad", es que podemos trascender el sufrimiento, si trascendemos el apego, y la "cuarta noble verdad" es la enseñanza de Buda del método de trascender a ambos, tanto al sufrimiento como al apego. Ésta es su versión del sendero hacia la conciencia. Este camino tiene ocho pasos, lo cuales Buda llamó los ocho nobles peldaños del camino. Las etapas son, creencias correctas, aspiraciones correctas, discurso correcto, acción correcta, trabajo correcto, esfuerzo correcto, atención adecuada y concentración adecuada.

Los dos primeros pasos en el camino aconsejan alinear nuestras creencias y deseos hacia la mejor de nuestras habilidades, con la verdad. Por supuesto, esto implica el reconocimiento de que estamos en la oscuridad, y de que hay ardientes anhelos por despertar. La palabra *filosofía* literalmente significa "el amor a la sabiduría". Es este amor, esta búsqueda, la que Buda recomiendó. Con tiempo y compromiso profundizaremos en la sabiduría y la compasión.

No es simplemente el contenido de los sistemas de nuestras creencias y valores lo que es importante. Es la manera cómo sostenemos estas creencias lo que determina el grado de nuestro sufrimiento. Ya hemos visto esto desde un ángulo diferente. Si podemos abrigar la confianza necesaria para ver nuestros puntos de vista del mundo y los sistemas de valores, simplemente como nuestro mejor esfuerzo por el momento, seguirán dos importantes consecuencias. Primero, de hecho somos capaces de nutrir nuestro propio deseo por crecer en sabiduría, y segundo, podemos consignar cada día de manera ligera, pero sinceramente. Esta última idea es un poco sutil. La situación quizá se refiera a cómo jugar un juego. Si me apego a la idea de ganar, si el juego lo veo de manera muy seria e implica la vida o la muerte, probablemente voy a ser hermético y controlador y mi juego estará fuera de lugar. Pero si puedo jugar por la alegría de cada momento, olvidándome de ganar, probablemente avanzaré en el juego sin reservas, y tal vez podré jugar con lo mejor de mí mismo. Quizá es lo mismo con la vida. Ésta es la enseñanza fundamental del gran hinduismo clásico, *El Bhagadav Gita*. Dicha enseñanza insta a una práctica llamada karma yoga: consiste en la realización sincera de cada acción, pero con una absoluta separación de los resultados. La liberación que esta actitud trae es profundamente refrescante.

Los siguientes tres pasos en el camino de la conciencia que Buda enseñó, tienen que ver con actividad. De varias maneras expresan la importancia de la integridad y la consistencia de nuestra vida exterior con nuestras creencias interiores. Así, nuestras palabras deben reflejar lo mejor de nuestras convicciones internas y también deben hacerse acción, de manera que nuestros pensamientos, nuestras palabras y nuestras acciones formen una fábrica completa.

El camino de la "acción correcta" señala a los preceptos morales del budismo. Hay cinco: no lastimar, no tomar lo que no es tuyo, practicar la responsabilidad sexual, no mentir y practicar el consumo cuidadoso, especialmente del alcohol. Existe aquí un claro reconocimiento de que puede ser imposible cultivar la sabiduría interior y la compasión si nuestro exterior vive sin integridad, armonía y honestidad.

El trabajo correcto tiene dos significados. Primero, uno no debe comprometerse con una profesión que traiga más sufrimiento al mundo. Un budista estricto, por ejemplo, no debe ser un cantinero. Segundo, es importante encontrar una profesión que refleje la verdadera vocación de uno. El trabajo verdadero debe ser una manifestación de los valores más honestos y de los amores más profundos. Nunca debe seguirse solamente por ganancias sociales o financieras.

Los últimos tres pasos del camino budista de la conciencia se dirigen hacia la práctica de las disciplinas de la meditación. Primero, debemos dedicar nuestros esfuerzos y energía a alcanzar las metas que hemos planteado para nosotros mismos. Después practicar la atención o la presencia perfecta en cada momento de nuestras vidas, incluso cuando estamos lavando los trastes. Finalmente, la concentración correcta es el acto de meditación en sí mismo. Debe recordarse que la mente inferior es arrastrada con el pensamiento y las perturbaciones, bastante parecido al viento sobre las aguas de un lago. La meditación es simplemente el ejercicio por medio del cual permitimos a nuestros cuerpos y mentes asentarse en el silencio, de manera que las olas del pensamiento en la superficie de la mente puedan tranquilizarse trayendo la claridad a la conciencia. Esta claridad nos permite observar nuestra actividad mental de manera imparcial y objetiva, lo que nos abre a la primavera de la sabiduría en nuestros corazones, y nos permite retener nuestro mundo construido con la ligereza y la sinceridad mencionadas anteriormente.

El sendero según el hinduismo

Las prácticas recomendadas (*sadhana*) del hinduismo son, en muchos sentidos, más comprensivas que las del budismo. *Sadhana* en sánscrito significa el camino a la realización. En la gran filosofía clásica del yoga, el yoga sutra de patanjali, es una amplia orden de actividades que está condensada en ocho prácticas complementarias llamadas *ashtanga yoga*. Un compromiso leal a este camino significa llegar a la emancipación de nuestra conciencia más elevada. El proceso culmina en la unión (yoga) con nuestro yo más profundo.

Para entender las prácticas del *ashtanga yoga* (algunas veces llamado raja yoga), necesitamos reexaminar el mapa hindú de la conciencia. El análisis expuesto anteriormente estaba basado en un modelo funcional de la mente. También podemos encontrar un análisis fascinante basado en la estructura orgánica del ser humano. De acuerdo con el patanjali, el ser humano está constituido en capas, como una cebolla. Hay cinco niveles de conciencia, algunas veces llamados "cuerpos" o envolturas (*koshas* en sánscrito). El primer nivel es el del cuerpo físico, llamado *annamaya kosha*, o la "funda" del alimento. Éste es el nivel más denso de ilusión, hecho de alimento y cuya conciencia llora por sobrevivir, nada más. Dicha supervivencia necesita oscurecer nuestra conciencia más elevada. El segundo nivel es *pranamaya kos-*

ha, o el nivel del aliento. El aliento es considerado en el pensamiento oriental como el vehículo de la energía vital, el portador de la vida en sí mismo, el *élan* vital del que habló Bergson. El tercer nivel llamado *manomaya kosha*, el lugar del *manas*, es la mente inferior de la que se habló anteriormente. El cuarto nivel es *vinajanamaya kosha*, del reino de Buddhi. Finalmente, el más profundo, incluso más que la sabiduría intuitiva de la mente, es el que encontramos en el *anadamaya kosha*, el nivel de la alegría bienaventurada. Dentro de estos cinco *koshas* dormita el atman, el sí mismo.

Las ocho prácticas del ashtanga yoga impulsan a movernos mediante estos cinco niveles de nuestro ser, cada uno decreciendo en densidad o nubosidad, hasta dispersar las nubes en el claro aire de la sabiduría y la compasión, la chispa de la divinidad que reside en el centro de cada persona. Comenzamos nuestra relación con el mundo externo y progresamos mediante nuestros cuerpos, el aliento, la mente inferior y la superior, hasta la conciencia más elevada de todas. Estos dos primeros pasos conciernen a la postura moral que tomamos para el mundo. Si nuestro comportamiento y actitudes están fuera de orden nos encontraremos ahogándonos nosotros mismos en un mar de tensión y preocupación, por lo tanto seremos incapaces de buscar los niveles más profundos de conciencia. Así, el *patanjali* recomienda 10 prácticas morales, llamadas las cinco *yamas* (restricciones) y las cinco *niyamas* (observancias). Las *yamas* son no lastimarás (*ahimsa*), la verdad (*satya*), no robarás (*asteya*), control en los sentidos (*brahmacharya*) y no apego (*aparigraha*). Las *niyamas* son la limpieza o pureza (*saucha*), contentamiento (*santosha*), autodisciplina (*tapas*), autoestudio (*svadhayaya*) y la rendición a Dios (*ishvara pranidhana*). Se podría dedicar un libro entero a estas prácticas, pero sus nombres son suficientemente evocativos de los valores morales del pantajali.

El tercer paso en el camino del yoga trata con el cuerpo físico. Éste es llamado hatha yoga y está compuesto por una serie de posturas (llamadas *asanas*) que otorgan salud a los órganos, las articulaciones y los músculos. Las posturas del hatha yoga, tal como el saludo al sol, son la parte más famosa y popular del sistema del yoga, pero por ahora debe quedar claro que éstas significan sólo un paso importante en el proceso de la liberación. El cuarto travesaño también es parte del hatha yoga, pero trata con la regulación y profundidad de la respiración. Éste es llamado *pranayama* y consiste en varios ejercicios de respiración, por ejemplo, aspirar y expirar por un poro de la nariz. Estas respiraciones tienen la intención de traer el aliento a cada parte del cuerpo, y traer balance a los canales de energía vital, llamados *nadi*, que fluyen mediantel sistema nervioso.

Por lo tanto, los primeros cuatro pasos en el camino del yoga equilibran y regulan las dos primeras *koshas*, y las llevan a la armonía con ellas mismas y con el mundo exterior. Ahora, los niveles restantes de esta práctica tratan directamente con la conciencia. La quinta etapa es llamada *pratyahara*, y se refiere al retiro de los sentidos. Esto no es tan extraño como parece. Cuando nos comprometemos en una actividad de concentración, por ejemplo escribir o tocar algún instrumento musical, algunas veces recogemos nuestros sentidos y nos concentramos. Esto nos libera de la distracción externa conforme nos movemos al sexto nivel del yoga, el cual, de hecho, es llamado concentración (*dharana*). Conforme la concentración se profundiza, se mueve hacia el séptimo nivel o contemplación. Ésta es la etapa de la meditación, que en sánscrito es traducida como dhyana. Esta palabra fue transliterada en chino como *chan*, que luego en japonés se convirtió en *zen*. Como hemos visto, ésta es la práctica de la quietud del cuerpo y de la mente, auxiliada por las primeras prácticas del hatha yoga que permiten al cuerpo descansar tranquilamente sin esfuerzo. Conforme la práctica de la meditación se profundiza, ésta finalmente evoluciona hasta la etapa final, samadhi: la absorción final o identificación del yo con el sagrado fuero interno.

El sendero según el plutonismo

Completaremos nuestro estudio sobre los caminos de la conciencia examinando brevemente la filosofía de Platón para liberarnos a nosotros mismos de la prisión de nuestras mentes inferiores. Se puede afirmar que Platón también fundó una religión apuntada a la liberación y también que tal vez la religión de Platón sea la más exitosa del mundo. Ésta tiene sus iglesias, su canon de libros aprobados, su sacerdocio, sus acólitos y sus rituales. Robert Pirsig llamó a la creación de Platón "La iglesia de la razón", aunque la mayoría de la gente la llama "escuela". Platón desarrolló la primera institución o escuela formal en la cultura occidental. Sin embargo, el propósito de la escuela no era obtener vasta información u obtener un trabajo: el propósito de la escuela era nada menos que la obtención de la sabiduría, la libertad de la caverna, y la liberación que viene con la iluminación.

Así como los maestros del yoga, Platón también insistió en una atención cuidadosa a la dieta y al ejercicio físico. Enseñó la necesidad de "una mente sana en un cuerpo sano". Sólo deberían estar en la escuela aquellas personas jóvenes que fueran talentosas, que amaran aprender y que anhelaran la consecución de la conciencia más elevada. Él afirmó que la educación "no debe ser una instrucción compulsiva, porque para el hombre libre no debe haber ningún elemento de esclavitud en el aprendizaje. El ejercicio puesto en vigor no daña el cuerpo, pero el aprendizaje impuesto no permanecerá en la mente". (*La República*, VII, 536.)

La idea educativa de Platón se parece a la siguiente: a los 17 o 18 años el niño tendría un entrenamiento no compulsivo y elemental en literatura, música y matemáticas simples, de los 18 a 20 años el joven tendría un intenso entrenamiento físico y militar; de los 20 a los 30 años se dedicaría al estudio de las matemáticas, especialmente aritmética, geometría, astronomía y música; de los 30 a 35 años se dedicarían a la experiencia práctica y al servicio público; y después de los 50 debería buscar el estudio de la filosofía hasta que la visión de la pura belleza fuera alcanzada. Esos pocos elegidos deberían servir en el supremo consejo del estado.

El peregrino

Hemos examinado las enseñanzas de las tres escuelas de pensamiento sobre la naturaleza de la mente condicionada y sobre la posibilidad de emancipación de ese condicionamiento. También hemos visto varias recomendaciones para alcanzar esa emancipación. Pero una visión especifica de madurez humana aún parece elusiva. Al comienzo de este ensayo señalamos que varias psicologías tradicionales tienen excelentes herramientas de diagnóstico y poderosas intervenciones clínicas, pero que la psicología transpersonal estaba buscando una visión de la realización humana más amplia y rica. Ahora debemos preguntarnos: ¿cómo es realmente el fértil oasis del desierto?, ¿podemos bosquejar los contornos del mundo fuera de la caverna? Es fácil decir que seremos iluminados o unidos con el Dios principal, pero ¿qué significa esto realmente? ¿Cómo serán diferentes nuestras vidas?

En lugar de buscar la salud o la iluminación en lo abstracto, me gustaría plantear algunas preguntas sencillas: ¿quién piensas que serás cuando tus sueños sean realizados? ¿quién quieres ser?, yo me pregunto esto a mí mismo constantemente. ¿Adónde creo que voy en esta búsqueda humana..., hacia qué?, ¿qué espero de mí mismo y de la vida?, ¿puedo ser más feliz?, ¿puedo ser mejor?, ¿más noble?, ¿más sabio?, ¿más rico?, ¿más poderoso?, ¿más listo?, ¿más famoso?, ¿valoro todas esas metas?, ¿qué prioridad le doy a cada una? Hemos examinado los caminos de la conciencia con cierto detalle. Pero ¿quién es el caminante? y ¿hacia qué sueño de sí mismo está viajando?

Me siento rebasado por estas preguntas, pero dejarlas sin contestar sería permanecer encadenado en la oscuridad, sería seguir las reglas de la vida establecidas por otros. Me temo que la vasta mayoría de la humanidad está asentada en este nivel, como testigos de los odios y las guerras que continuamente violan nuestro hermoso planeta. Creo que este miedo es comprensible, dado lo difícil que es negociar y comprender la vida. Es demasiado tentador poner nuestras energías en la construcción de una vida y la educación de una familia. Entonces, podemos reducir la vida espiritual a seguir (más o menos) unas cuantas reglas como los Diez Mandamientos, asistir a misa los domingos y ser honestos en los negocios. Pero la vida tiene su manera de tocar a la puerta de nuestras conciencias, o de visitarnos con desafíos que rompen nuestros corazones. Sin embargo, cuando nuestros corazones se rompen, en este momento, se pueden abrir y es cuando nuestros sueños por alcanzar un mejor "yo" son vigorizados. Las grandes preguntas de nuestra vida ejercen su poder. El planteamiento de estas preguntas, desde las profundidades de nuestro ser, nos colocan en el camino hacia nosotros mismos, porque el poder de la vida radica en las mismas preguntas. Rainer Maria Rilke (1978) le aconsejó a un joven poeta:

> Ten paciencia con todo lo que no está resuelto en tu corazón y trata de amar las preguntas en sí mismas como si ellas fueran cuartos cerrados o libros escritos en una lengua extranjera. No busques las respuestas que no te pueden ser dadas ahora, porque no serás capaz de vivirlas. Y el punto es vivir todo. Vive las preguntas ahora. Quizás después, algún día lejano en el futuro, gradualmente incluso sin notarlo, vivirás a tu manera dentro de la respuesta.

Las enseñanzas de las filosofías y las religiones son guías útiles y necesarias en nuestro viaje. Cada tradición postula su ideal de realización humana. Las religiones occidentales hacen reverencia a lo santo, el ser ideal de Platón era el filósofo, el budismo habla del *bodhisattava*, el hinduismo honra al sage. Cabe preguntarnos si el santo, el filósofo, el bodhisattava y el sage son todos ellos el mismo incluso, ¿son el mismo dentro de cada tradición? ¿Cualquier ser humano puede aspirar o alcanzar el nivel de estos seres ejemplares? O ¿estamos condenados a ser ordinarios haciendo lo mejor por ganarnos con dificultad una existencia magra en las entrañas de la caverna?

Es difícil hablar de la última realización humana. Hay muchas razones para esto. Primero, porque la mayoría de nosotros sólo ha visitado los reinos más elevados de la conciencia por breves momentos, así, hablamos a partir de una experiencia magra directa. Segundo, porque incluso si estuviéramos más familiarizados con la iluminación, el vocabulario de la vida ordinaria no puede contener la inmensidad de la conciencia pura. Y tercero, incluso aquellos que han presenciado claramente un alto grado de conciencia ofrecen diferentes versiones de perfección. Algunos dicen que la meta de cada persona es trascender completamente el mundo material y sus placeres tentadores. Ésta es la traducción de algunos santos cristianos, y de la antigua escuela gnóstica. También parece estar implicada la historia de los exploradores árabes con la que comenzó este capítulo. Parece sabio disfrutar el descanso del oasis tras varios años de vagar en el desierto.

Otros dicen que el final del viaje de una persona yace en una inmanencia profunda, como la de un taller de los espíritus terrenales, o más radicalmente por medio del empirismo. El cientificismo, la wicca y las religiones terrenales como el cinto japonés, cada una en su modo propio, recomiendan la inmersión en lo material.

Sin embargo, una tercera opinión se encuentra en muchos de los escritos del cristianismo, en el budismo zen, y en las filosofías de Platón y su escuela. Como lo aseguran los maestros zen, uno debe esforzarse por llegar a la parte más alta de la montaña, pero una vez ahí debe perseverar, y el único camino posible es ir hacia abajo, hasta el valle de la vida. Esto es mostrado con una dulce elegancia en la alegoría zen de la manada de 10 bueyes, la cual está incluída como un apéndice de este capítulo. El individuo altamente realizado es alguien que ha alcanzado las alturas, que diariamente camina a paso largo con una sonrisa gozosa mediante los senderos polvosos del mundo.

En un sentido, este tercer sendero es como la escalera de Jacob. Los ángeles ascienden al cielo y regresan a la Tierra. Esto también sugiere que el viaje hacia la conciencia más alta no es una línea recta. Nos movemos entre la claridad y la compasión, y en otros momentos, entre un descuido frustrante. Conforme progresamos con nuestros momentos de lucidez seguramente iluminarán nuestros momentos de descuido, pero creo que incluso hasta los santos tienen sus malos días. Esto me parece profundamente consolador.

De acuerdo con estas consideraciones generales, recordemos que cada uno de nosotros encarna estos ideales filosóficos de una manera única y personal, que ninguno de nosotros puede ser contenido por una teoría o definido por un dogma. Los mapas de la filosofía y la religión no deben ser confundidos con los ricos y misteriosos contornos de la tierra. El menú no es la comida. Cada uno de nosotros debe respetar las peticiones de la naturaleza humana, aunque dentro de estos parámetros estamos llamados a forjar un sí mismo de sorprendente novedad. Herman Hesse (1995, 6) plasmó esta idea con gran elocuencia:

> La vida de cada hombre es un camino hacia sí mismo, un intento hacia un camino, la sugerencia de un camino. Ningún hombre jamás ha sido completamente él mismo, pero cada hombre se esfuerza en serlo, el lerdo, el inteligente, cada uno lo mejor que puede. Cada hombre al final de sus días lleva a su alrededor los vestigios de su nacimiento, el legado, los cascarones del mundo primaveral. Hay muchos que nunca llegaron a ser humanos, permanecen ranas, lagartijas, hormigas. Muchos hombres son seres humanos por encima y peces por debajo. Aún cada uno representa un intento de parte de la naturaleza por crear un ser humano.

Qué pensamiento tan magnífico: cada uno de nosotros es un intento de la naturaleza por crear un ser humano. Qué privilegio tan maravilloso y qué responsabilidad tan maravillosa. La naturaleza nos ha dicho a cada uno de nosotros, "Aquí están tus dones y tus desafíos. Veamos qué puedes hacer con ellos. Veamos qué puedes hacer de ti mismo y así de la humanidad". También hemos señalado que conforme nos creamos a nosotros mismos, también creamos un universo. Hesse expresa esta idea con palabras tan profundas como conmovedoras: "pero cada hombre no es sólo él mismo, él también es único, particular, siempre un punto significativo y notable donde los fenómenos del mundo se interceptan una y otra vez. Eso es por lo que la historia de cada hombre es importante, eterna, sagrada..." (1995, 5)

Por tanto, parecería en vano intentar dar una respuesta definitiva o final a las preguntas que nos llaman a nuestro destino personal. Yo creo que uno de los grandes beneficios de la psicología transpersonal está en abrir las mentes y los corazones de los pacientes para iniciar un viaje personal único hasta alcanzar las profundidades de ser uno mismo. La psicología transpersonal escucha a todos atentamente, con su entrenamiento puede sugerir puntos de vista más amplios, sistemas de valores y ejercicios físicos y espirituales para que la persona profundice en su propia experiencia. También es importante que tranquilice y anime al paciente, para que éste confíe en las preguntas que lo fortalecen y lo conducen en el camino de la vida. Sin embargo, el último poder de curación yace en la verdad de que el sabio y compasivo psicólogo también es un caminante que está comprometido con la mayor de las aventuras: vivir el misterio de la vida en sí mismo. Si

Hesse está en lo correcto, nosotros somos llamados a cada momento a no ser menos que intersecciones únicas y sagradas de todo lo que es. Hacer esto con presencia, con sinceridad, con coraje y con conciencia, bien puede ser el mayor logro del viaje de nuestras almas.

Los 10 dibujos del boyero del budismo zen

Dibujos realizados por Shubun (siglo XV, Kyoto, Japón) y poemas escritos por Jonh Hanagan (siglo XXI, Kyoto, Japón)

Esta serie clásica de dibujos ilustra el *Camino* hacia una conciencia más elevada y fue transmitida por los antiguos maestros del budismo zen. Cómo el buey es un animal sagrado en la India, llegó a simbolizar la dimensión sagrada de cada ser humano. Solamente el descubrimiento de esta dimensión podrá satisfacer los anhelos del corazón humano.

Los primeros modelos de estos dibujos provienen desde tiempo inmemorial. Al principio, el conjunto constaba sólo de cinco y luego de ocho dibujos. La primera interpretación completa fue realizada por Kakuan Shien, monje chino budista del siglo XII. Desde entonces, muchos artistas han expresado de esta manera su entendimiento del zen. Los dibujos presentados aquí fueron realizados por un monje japonés del templo Shokoku-ji (Kyoto) en el siglo XV. Se llamó Shubun y se le consideró como el primer gran maestro del dibujo a tinta. Sus dibujos manifiestan la economía de estilo y el uso de los espacios abiertos que caracterizan la estética japonesa.

Los poemas fueron escritos durante un retiro en el templo Shorin-ji zen ubicado en las montañas, al norte de Kyoto. Estos poemas combinan intuiciones logradas por medio de la práctica zen y del estudio de la filosofía y de la psicología occidentales. Más que explicaciones de un especialista, estos poemas son concebidos como reflexiones personales y como una invitación general a celebrar el llamado del buey sagrado, que espera en las profundidades del corazón del hombre.

1. La búsqueda del buey

Los hombres se ahogan en un mar de ansiedad. Adquiriendo y gastando, bajo el temor de ser aniquilados, buscan consuelo en la promesa de una vida después de la muerte. Pero son muy pocos los que, bendecidos por el asombro y, quizá, por el dolor, se formulan una pregunta más profunda: ¿hay vida antes de la muerte? Y, así, inician ellos la búsqueda siguiendo el cauce de ríos anónimos y escalando montañas nunca halladas.

2. La observación de las huellas

Dondequiera hay signos de vida, algunos claros, otros borrosos. Abundan los maestros, los libros absorben la mente, la poesía reaviva el corazón.

El hombre se pasa años siguiendo instrucciones y consejos ajenos; pero, al final, todos los maestros y todas las doctrinas conducen al interior del yo: el camino hacia la vida pasa siempre por el corazón. El retorno al silencio se reitera una y otra vez.

3. El avisoramiento del buey

Relámpagos de intuición, atisbos de amor y paz, momentos de éxtasis y gozo. Hallazgos de santuarios en los que es muy delgado el velo que separa los mundos. Nacen canciones distintas mientras se extinguen antiguas palabras. Y en ese momento el buey se pierde nuevamente. Desciende la niebla del olvido, tan sólo para reincendiarse luego en una hoguera de vida. Cada nuevo atisbo añade claridad.

4. La captura del buey

Transformación, *metánoia*, *kensho*. Surgimiento como desde un capullo de seda. Creencias y valores se mudan como profundas capas tectónicas. El poder y la energía empiezan a brotar desde el centro. Florecen los botones de la libertad y de la responsabilidad. La vida se expande hasta posibilidades infinitas. Y, ahora que ya tenemos al buey, ¿qué haremos con él?

5. La conducción del buey al campo de pastoreo

Años de asimilación: acostumbrándonos a una nueva visión. Con olvidos todavía, pero caldeados por la llama de cierto conocimiento. Seguir la profunda guía del corazón. Aprender a confiar en la vida. Aprender a decir "¡sí!" a lo que es. Los vacilantes, indecisos pasos del recién nacido, se convierten en un seguro avance de sagrada vitalidad.

6. La cabalgata a casa sobre el buey

Se deja el control. Seguimos con total abandono el fluir de la vida sabiendo que nos llevará a lo largo de un cauce cordial. Cabalgamos bajo la belleza interpretando la canción de nuestro espíritu. La música de nuestra flauta responde al llamado de la paloma. Al sol, a las nubes, a la lluvia, a la bruma: a todos los reconocemos y los saludamos con el corazón. Ya no hay retorno.

7. El olvido del buey. A solas ya con nosotros mismos

La identificación es total. El vivir ha devenido tan íntimo y tan completo que ya no hay diferencia entre el viviente y la vida. Sólo queda ahora el arrobado, extático, sereno fluir del yo. Ya no queda nada que buscar, nada que esperar, nada que experimentar más allá de los susurros del propio corazón.

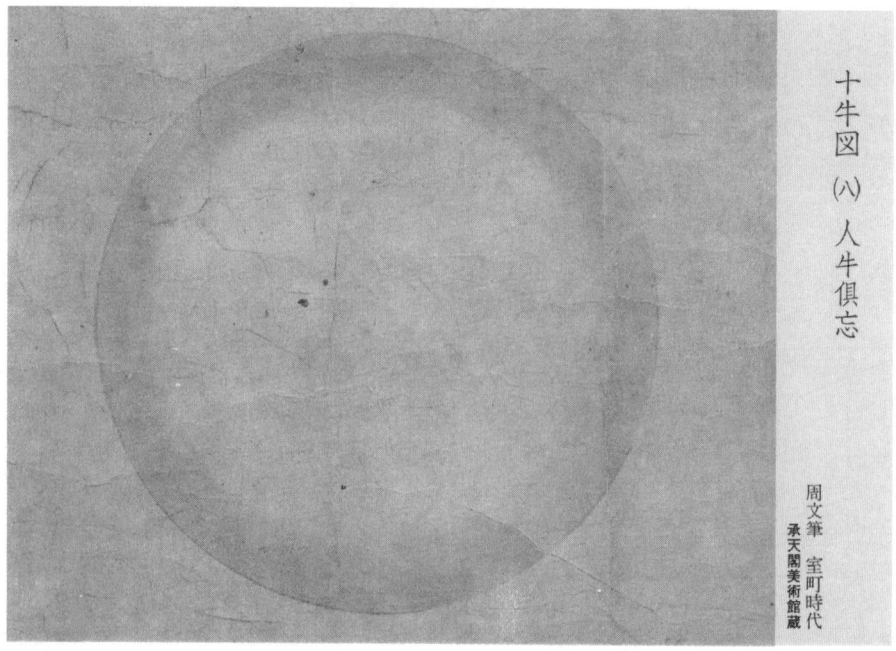

8. Olvidado el buey, el olvido de nosotros mismos

Cuerpo y alma se han desvanecido. La conciencia de sí y la preocupación del yo se han evaporado como un copo de nieve al calor de la llama devoradora. Habitamos el centro de un vasto mar de vacío, de un desalojo cálido, nutriente, fecundo. El ego se queda quieto. No existe ya nada especial, nada sagrado. El centro nos abraza y retiene.

9. De vuelta a la fuente

Cuando nuestra alma reposa en quietud absoluta, la multitud de las cosas de este mundo explotan en jubilosa celebración. Y nosotros las reconocemos como ellas son y las saludamos. ¡Oh, seductora ilusión! ¡Oh, sorprendente milagro! El corazón se arrodilla, reverente, y rompe en llanto agradecido.

10. Viviendo en el mundo

Sin pretensión de nada, no atrapados por convenciones, ni seducidos por conductas extrañas, libres de vanas esperanzas, avanzamos ágilmente por los caminos del mundo con gozosa apertura. Y de un modo tan natural vamos sanando con nuestra sonrisa los corazones marchitos. Vivimos en plenitud sobre la tierra, cubiertos de su polvo, hasta alcanzar el silencio de la muerte...

Bibliografía

Aitken, R. y B. Matsuo (1978), *A Zen Wave: Basho's Haiku and Zen*, Nueva York, Weatherhill.

Akira, H. (1990), *A History of Indian Buddhism: From Sakyamuni to Early Mahayana*, Honolulu, University of Hawaii Press.

Allen, D. y A. Malhotra (eds.) (1997), *Culture and Self: Philosophical and Religious Perspectives, East and West*, Boulder, Westview Press.

Arreola, Juan José (1998), *El guardagujas*, Madrid, Santillana.

Becker, C.B. (ed.) (1999), *Asian and Jungian Views of Ethics*, Westport, CT, Greenwood Press.

_____, (1986), *The Bhagavad Gita* (trad. Barbara Stoler Miller), Nueva York, Bantam Books.

_____, (1994), *The Bhagavad Gita* (trad. W.J. Johnson), Oxford, Oxford University Press.

Bhatt, S.R. y A. Mehrotra (2000), *Buddhist Epistemology*, Westport, CT, Greenwood Press.

Bhattacharyya, H. (ed.) (1953), *The Cultural Heritage of India*, Calcutta, The Ramakrishna Mission Institute of Culture.

Brannigan, M. (2000), *Striking a Balance: A Primer in Traditional Asian Values*. Nueva York, Seven Bridges Press.

Bryant, M.D. (ed.) (1992), *Huston Smith: Essays on World Religion*, Nueva York, Paragon House.

Buetow, H.A. (1991), *Religion in Personal Development: An Analysis and a Prescription*, Nueva York, Peter Lang.

Carmody, D.L. y J.T. Carmody (1996), *Mysticism: Holiness East and West*, Nueva York, Oxford University Press.

Chari, V.K. (1964), *Whitman in the Light of Vedantic Mysticism: An Interpretation*, Lincoln, NE, University of Nebraska Press.

Cheetham, E. (1994), *Fundamentals of Mainstream Buddhism*, Boston, Tuttle Publishing.

Conze, E. (1959), *Buddhism; Its Essence and Development*, Nueva York, Harper.

Corless, R.J. (1989), *The Vision of Buddhism: The Space under the Tree*, Nueva York, Paragon Press.

Decarvalho, R.J. y S. Krippner (1991), *The Founders of Humanistic Psychology*, Nueva York, Praeger.

Deutsch, E. (1973), *Advaita Vedanta: a Philosophical Reconstruction*, Honolulu, University of Hawaii Press.

_____ (2000), *The Dhammapada* (trad. J. Carter), Oxford, Oxford University Press.

Dry, A.M. (1961), *The Psychology of Jung A Critical Interpretation*, Londres, Methuen y Co.

Epstein, M. (1995), *Thoughts without a Thinker: Psychotherapy from a Buddhist Perspective*, Nueva York, Basic Books.

Fisher, R.L. y S. Fisher (1993), *The Psychology of Adaptation to Absurdity: Tactics of Make-Believe*, Hillsdale, NJ, Lawrence Erlbaum Associates.

Forman, R.K. (ed.) (1998), *The Innate Capacity: Mysticism, Psychology, and Philosophy*, Nueva York, Oxford University Press.

_____ (1995), *Freud and beyond: A History of Modern Psychoanalytic Thought*, Nueva York: Basic Books.

Gandhi, K. (ed.) (1986), *The Evolution of Consciousness*, Nueva York, Paragon House.

Griffiths, P.J. (1986), *On Being Mindless: Buddhist Meditation and the Mind-Body Problem*, La Salle, IL, Open Court.

Harcum, E.R. (1994), *A Psychology of Freedom and Dignity: The Last Train to Survival*, Westport, CT, Praeger.

Hare, R.M. (1982), *Plato*, Oxford, Oxford University Press.

Herman, A.L. (1991), *A Brief Introduction to Hinduism Religion, Philosophy, and Ways of Liberation*, Boulder, CO, Westview Press.

Herrigel, E. y D.T. Suzuki (1953), *Zen in the Art of Archery* (trad. R.F. Hull), Nueva York, Pantheon Books.

Hesse, Herman (1995), *Demian* (trad. W.J. Strachan), Londres, Picador.

Jayatilleke, K.N. (1963), *Early Buddhist Theory of Knowledge*, Londres, G. Allen y Unwin.

Johnson, M.G. y T.B. Henley (eds.) (1990), *Reflections on the Principles of Psychology: William James after a Century*, Hillsdale, NJ, Lawrence Erlbaum Associates.

Kalupahana, D.J. (ed.) (1991), *Buddhist Thought and Ritual*, Nueva York, Paragon House.

_____ (1995), *Ethics in Early Buddhism*, Honolulu, University of Hawaii Press.

Kalupahana, D.J. y G.P. Malalasekera (1976), *Buddhist Philosophy: A Historical Analysis*, Honolulu, University of Hawaii Press.

King, S.B. (1991), *Buddha Nature*, Albany, State University of Nueva York Press.

Knott, K. (2000), *Hinduism A Very Short Introduction*, Oxford, Oxford University Press.

Krippner, S. (1999), *Humanistic and Transpersonal Psychology A Historical and Biographical Sourcebook*, Westport, CT, Greenwood Press.

Kupperman, J.J. (1999), *Value and What Follows*, Nueva York, Oxford University Press.

Lao, Tsu (2001), *Tao Te Ching, The Definitive Edition* (trad. Jonathan Star), Nueva York, Jeremy P Tarcher/Putnam.

Leuba, J.H. (1925), *The Psychology of Religious Mysticism*, Londres, Kegan Paul, Trench, Trubner y Co.

Levine, M. (2000), *The Positive Psychology of Buddhism and Yoga: Paths to a Mature Happiness: With a Special Application to Handling Anger*, Mahwah, NJ, Lawrence Erlbaum Associates.

Levine, S. y O. (1995) *Embracing the Beloved*, Nueva York, Doubleday.

Moore, C.A. (1962), *Philosophy and Culture –East and West: East-West Philosophy in Practical Perspective*, Honolulu, University of Hawaii Press.

Morgan, K. W. (Ed.), (1956), *The Path of the Buddha Buddhism Interpreted by Buddhists*. Nueva York, Ronald Press.

Plato (1905), *The Myths of Plato* (trad. J.A. Stewart), Londres, Macmillan.

_____ (1961), *The Collected Dialogues of Plato, Including the Letters*, Nueva York, Pantheon Books.

_____ (1991), *The Republic of Plato* (trad. A. Bloom), Nueva York, Basic Books.

O'Connell, R.J. y P. (1997), *Plato on the Human Paradox*, Nueva York, Fordham University Press.

Olson, R.P. (1997), *The Reconciled Life: A Critical Theory of Counseling*, Westport, CT, Praeger.

Parsons, W.B. (1999), *The Enigma of the Oceanic Feeling: Revisioning the Psychoanalytic Theory of Mysticism*, Nueva York, Oxford US.

Pratt, J.B. (1907), *The Psychology of Religious Belief*, Nueva York, Macmillan.

Prebish, C.S. (ed.) (1975), *Buddhism–A Modern Perspective*, University Park, PA, Pennsylvania State University Press.

Price, A.W. (1989), *Love and Friendship in Plato and Aristotle*, Oxford, Oxford University Press.

Rao, K.R. (ed.) (1993), *Cultivating Consciousness: Enhancing Human Potential, Wellness, and Healing*, Westport, CT, Praeger.

Reischauer, A.K. (1917), *Studies in Japanese Buddhism*, Nueva York, Macmillan.

Renou, L. (ed.) (1961), *Hinduism*, Nueva York, G. Braziller.

Rice, D.H. (1998), *A Guide to Plato's Republic*, Nueva York, Oxford University Press.

Rieber, R.W. (1988), *Asian Contributions to Psychology*, Nueva York, Praeger.

Rilke, R.M (1987), *Letters to a Young Poet* (trad. Stephen Mitchell), Nueva York, Vintage Books.

Robertson, R.R., y Combs, A.R. (eds.) (1995), *Chaos Theory in Psychology and the Life Sciences*, Mahwah, NJ, Lawrence Erlbaum Associates.

Schilpp, P.A. y M. Friedman (eds.) (1967), *The Philosophy of Martin Buber*, La Salle: Open Court.

Scotton, B.W., A.B. Chinen y J.R. Battista (eds.) (1996), *Textbook of Transpersonal Psychiatry and Psychology*, Nueva York, Basic Books.

Sinha, P. (1987), *The Gita as It Was: Rediscovering the Original Bhagavadgita*, La Salle, IL, Open Court.

Spilka, B. y D.N. McIntosh (eds.), (1997), *The Psychology of Religion: Theoretical Approaches*, Boulder, CO: Westview Press.

Stein, M. (1998), *Transformation: Emergence of the Self*, College Station, TX, Texas A&M University.

Suzuki, D.T. (1960), *Manual of Zen Buddhism*, Nueva York, Grove Press.

—— (1961), *Essays in Zen Buddhism: First Series*, Nueva York, Grove Press.

Symington, N. y J. Stokes (1998), *Emotion and Spirit: Questioning the Claims of Psychoanalysis and Religion*, Londres: Karnac Books.

Thich Nhat, Hahn (1995), *Being Peace*, Berkeley, CA, Parallax Press.

Thoreau, H.D. (1962), *Walden*, Nueva York, Twane.

Ulanov, A. y B. Ulanov (1975), *Religion and the Unconscious*, Philadelphia, Westminster Press.

Watts, A.W. (1961), *Psychotherapy, East and West*, Nueva York, Pantheon Books.

Weinstein, M.A. (1985), *Reflections on Virtue Reflections on Virtue*, Amherst, University of Massachusetts Press.

Welwood, J. (1990), *Journey of the Heart*, Nueva York, Harper Collins.

Wilber, Ken (1996), *A Brief History of Everything*, Boston, Shambhala.

Wilce, G. (1996), *The Person Who Is Me: Contemporary Perspectives on the True and False Self*, Londres, Karnac Books.

Woods, R. (ed.), (1980), *Understanding Mysticism*, Garden City, Nueva York, Image Books.

Wright, C., B.C. Smith y C. Macdonald (eds.) (1998), *Knowing Our Own Minds*, Nueva York, Oxford University Press.

Yalom, I.D. (1980), *Existential Psychotherapy*, Nueva York, Basic Books.

Yokoi, Y. y Dogen (1976), *An Introduction with Selected Writings*, Nueva York, Weatherhill.

Desde el punto de vista de la psicología transpersonal

Carolyn S. Turner
Harvard Medical School, Boston, Estados Unidos

"La historia de la psicología es la de gente que va a tientas hacia un mejor entendimiento de ellos mismos", escribió Wayne Weiten (1998) en la cuarta edición de su texto, *Variaciones de la psicología y sus temas*. En éste, se refiere a los padres intelectuales de la psicología así como de las disciplinas de la filosofía y la fisiología.

El pensamiento transpersonal y sus teorías tienen sus raíces en las filosofías tanto occidentales como orientales, tal como se describió en el capítulo anterior. La psicología transpersonal también está basada en teorías psicológicas previas y en acercamientos a la comprensión de la condición humana. En las teorías principales y las aplicaciones clínicas, discutidas en capítulos previos, se puede ver una conciencia en expansión. La fundación del psicoanálisis, las premisas del pensamiento cognitivo, del comportamiento existencial y humanístico, todos ellos pertenecen al proceso de lograr una mayor comprensión y conciencia a nuestras experiencias humanas.

Las perspectivas mucho más expansivas acerca de lo que nuestras percepciones, interpretaciones y sentimientos "realmente" significan —en varios niveles de la conciencia— proveen caminos para observar los eventos más confusos de la vida. Los problemas a los que nos enfrentamos pueden llevarnos a posibles soluciones que probablemente expandan nuestras perspectivas. Cuando la inquietud surge en nosotros, a partir de los conflictos internos tales como los deseos o las necesidades que se enfrentan entre sí, encontramos resolución y transformación al tiempo que nos volvemos conscientes de nuestros asuntos inconscientes y comprendemos lo que nos motiva y lo que nos importa a niveles más profundos.

Dado que se puede ver la evolución de la conciencia mediante muchos aspectos, este capítulo se centra en algunos de los antecedentes filosóficos, así como en los modelos terapéuticos ya abordados. En términos de desarrollo, la psicología transpersonal puede ser vista como el florecimiento natural de ideas previas, un proceso orgánico de ampliación y profundización de la conciencia. Las influencias de la filosofía y la ciencia se dan a la par, así como los descubrimientos en disciplinas como la física cuántica (Capra, 2000), la teoría del caos (Prigogene & Stengers, 1985), y la teoría de cuerdas (Brian Green, 1999). Dicha información científica revela la unidad e interconexión del universo, lo que muchos filósofos han señalado a lo largo de los siglos.

Mientras la ciencia continúa develando misterios, nosotros obtenemos confianza en aceptar y valorar más de nuestra mente abierta y su sagacidad intuitiva. Muchos puntos de vista filosóficos y científicos son ilustrativos de la naturaleza inclusiva del pensamiento transpersonal. La unidad, o interconexión de todas las cosas, y la inclusión pueden ser considerados como las piedras angulares de la psicología transpersonal y como elementos esenciales en las filosofías y prácticas que nos llevan hacia una conciencia y una transformación mayor.

La búsqueda por la conciencia parece más fuerte en algunos hombres, como si ésta fuera un propósito mayor en la vida. Otros parecen inconscientes ante el hecho de que los eventos de la vida, los sentimientos y las reacciones propias, ofrecen posibilidades para incrementar cada día la conciencia. Abraham Maslow, por ejemplo, bosquejó una jerarquía o pirámide de las necesidades humanas que guían la satisfacción de las necesidades básicas a la autorealización. Este camino de la vida no es un sendero en línea recta, parece más una espiral que regresa sobre sí misma mientras se revisan las etapas de desarrollo una y otra vez, a niveles más profundos. De manera que nuestras ideas del tiempo, la secuencia y el orden cartesianos deben dar lugar a nuestras experiencias reales y a observaciones de la naturaleza no lineal del mundo y de la vida, mientras consideramos las posibilidades descritas por Maslow, Capra, y otros.

Maslow (1968), considerado uno de los fundadores de la psicología humanística, fue uno de los iniciadores de la psicología transpersonal como campo. La nombró: "cuarta fuerza de la psicología" en relación con las tres primeras fuerzas, el psicoanálisis, el conductismo y la psicología humanística. Para él, la psicología transpersonal era el siguiente paso después del humanismo. Describió la psicología transpersonal como transhumana y centrada en el cosmos en lugar de las necesidades e intereses humanos. En *Los alcances más lejanos de la naturaleza humana*, Maslow (1995) definió al taoísmo como un modelo de pensamiento no lineal, necesario para un tipo de actitud terapéutica que permite al paciente expandirse y abrirse paso mediante sus propias defensas. El entretejido de ideas de la filosofía occidental y la ciencia moderna, junto con la práctica clínica, es un ejemplo de la interconexión, la cual es central para la psicología transpersonal y la evolución de la conciencia. Es fácil confiar en estas ideas más amplias, si creemos que el universo es benevolente y cooperativo, y que la filosofía y la ciencia nos encaminaran hacia esta visión positiva.

Basados en la idea de que el contexto de la vida es unificada y holista y no lineal –o el sólo resultado de la causa y el efecto–, se crean las posibilidades que pueden asustar o liberar. Los eventos en el mundo actual parecen estar ampliando las polaridades de "lo bueno" y lo "malo" con el resultado de que mucha gente se siente forzada a calificar algún hecho como "bueno" o "malo". Cuando alguien cercano adopta una postura claramente distinta a la nuestra, nos damos cuenta de que ambas maneras de ver los eventos, la gente, las opiniones, o creencias, pueden ser limitadas y hasta confusas.

Cuando surge un conflicto de ideas u opiniones, surge también una fuerte necesidad por "estar en lo correcto" y parece imperativo convencer al otro de la validez de nuestra postura. En tales momentos parece como si el panorama completo de la vida estuviera cambiando, y nuestra visión del mundo estuviera en serio peligro. Nos podemos sentir frustrados y amenazados hasta el punto de la ira, la agresión o la violencia. O podemos acallar esas emociones terroríficas y quedarnos inmóviles ante los sentimientos de impotencia.

Tal conflicto puede ofrecer una oportunidad para examinar lo que nos lleva a considerar a un miembro de la familia, un amigo o un vecino, como un oponente. Entre más nos preocupemos por un caso específico, más probabilidad hay que investiguemos lo que ocurre dentro de nosotros y que nos aleja. Por ejemplo, cuando amamos a alguien, estamos motivados a buscar en nuestros sentimientos, pensamientos, actitudes y creencias lo que nos mantiene en conflicto, pues lo que "queremos" es estar en armonía con esa persona. Entonces el conflicto puede ser una llave que abra la puerta de nuestros corazones y despierte nuestra conciencia. Pensar que algo tiene que ser de una manera o de otra exclusivamente, puede ser transformado en mirar los posibles modos de ver soluciones inclusivas, las cuales disuelvan la polaridad y unifiquen los extremos bajo una visión más amplia que abrace todo. En *Una breve historia de todo*, Ken Wilber (1996) escribió acerca de las polaridades en el contexto de la idea budista de la "no-dualidad", un concepto fundamental en la psicología transpersonal. Describió la no-dualidad no como la falta de diferencias; ya que, las diferencias que vemos están en la superficie de las apariencias. Ellas no son últimas o finales en la perspectiva más amplia de la existencia total y del cosmos.

Estas ideas comprensivas de la no-dualidad y la unidad son entendibles en lo abstracto, pero no siempre son fáciles de traducir en la vida diaria. Si vamos a traer dichos conceptos en términos prácticos, nuestras experiencias y sentimientos diarios nos pueden proveer de oportunidades para practicar una aplicación consciente. Un deseo de hablar y actuar de acuerdo con nuestras intenciones provee un ejemplo de conciencia que puede centrarse en el momento presente de manera que podamos observar nuestras respuestas y reacciones a las experiencias y eventos.

Rollo May escribió sobre las diferencias entre lo que pensamos que queremos hacer –nuestras intenciones– y lo que realmente hacemos, lo que refleja la intencionalidad. En su artículo, "Intencionalidad: el corazón de la voluntad humana", May (1995) se refiere a cómo la psicoterapia o la introspección intencional, empuja la "intención" hacia la dimensión más profunda de intencionalidad. Si ponemos atención a nuestras intenciones conscientes, y después observamos cuando algo las impide o cambia nuestro comportamiento intencional, entonces estamos equilibrados en el umbral de la conciencia más profunda.

En términos de May, daremos un ejemplo de cómo la intención consciente puede llevar a la intencionalidad oculta y de cómo la atención puede llevar a una conciencia mayor. Una cantante que "perdió" la voz, intentó todo tipo de tratamiento que pensaba que le podía ayudar a recuperar su habilidad para cantar. Por dos años consultó especialistas en diversos campos de las terapias tradicionales y alternativas y no obtuvo ningún éxito. Finalmente, con abrumadores sentimientos de haber sido abandona por todos a su alrededor, su desesperanza la llevó a tener la sorprendente clarividencia de que la fuente de su agudo dolor era que ella se había abandonado a sí misma. En un principio, ella estuvo lamentándose y enojándose con los otros, hasta que vio que su propia tristeza y enojo eran el resultado de su falta de bondad y compasión hacia el hecho de que ya no podía "cantar". Cuando lloró al darse cuenta de la angustia de su propio abandono, fue capaz de abrazar, consolar y tranquilizar esa parte abandonada de sí misma, lo que le permitió sentir amor. Parece cierto que volverá a cantar de nuevo, y su voz vendrá de su amor por la música y por la alegría que siente y comparte cuando canta.

Igual que la cantante, nosotros podemos elegir mirar lo que realmente está pasando en nuestras profundidades pre-conscientes e inconscientes, y cuando estemos listos, enfrentaremos sentimientos reprimidos, experiencias antiguas no digeridas y creencias adoptadas, que ordenaron nuestras construcciones más jóvenes del mundo. Esta dimensión de la tras-conciencia no sólo llega detrás de sí misma, sino también llega más allá del descubrimiento de nuevas estructuras en la realidad, nuevas formas en las que podamos vivir, que reflejen una vasta, comprensiva y transpersonal visión del mundo.

Hace casi 40 años, Rollo May discutía sobre una visión unificada y abarcadora de la conciencia extendida. Hace más de dos mil años, un filósofo chino escribió acerca de vivir en una conciencia que crece y cambia acorde con la sabiduría permanente. A Lao Tzu se le acreditó haber escrito el *Tao Te Ching*, una de las primeras referencias al flujo de la conciencia. Jonathan Star (2001) cuenta la leyenda de que, durante el tiempo de Confucio, Lao Tzu le entregó los versos del *Tao Te Ching* a un guardián de puerta, representando el poder de las escrituras para abrir la puerta del entendimiento. El paso de esta sabiduría también simbolizó un punto de retorno en la vida, un despertar de la conciencia a "la gran y sublime visión de los antiguos sabios chinos". Conforme se leen varias traducciones y comentarios de la lengua mística y sucinta, se vuelve visible que las palabras sugieren un significado mayor, que no puede ser alcanzado sólo con el texto. El significado se expande mientras se contempla y se incorpora por medio de la práctica, y éste abre el corazón a la "puerta de los misterios", un proceso de transformación.

Aquellos individuos que buscan comprender los misterios de la vida, los que buscan el significado y el propósito de sus vidas, también contribuyen a la evolución de la conciencia. En su libro, *Incorporando el espíritu*, la psicóloga transpersonal Jacquelyn Small (1994), escribió sobre el anhelo de ser ambos: humanos y divinos, esto es la búsqueda por la trascendencia, consciente e inconsciente. Aquellos que están conscientes de sus deseos para ser todo lo que pueden ser –para auto-realizarse, en términos de Maslow–, utilizan muchas formas de práctica. Thich Nhat Hanh, un monje y maestro budista vietnamita, ofreció una práctica gentil de meditación cuidadosa, que se centró sobre la atención en el momento presente, otro tema transpersonal.

Con la conciencia de nuestros sentimientos, pensamientos y reacciones, se vuelven visibles nuestras actitudes y creencias, y comenzamos a ver quiénes somos y así podemos decidir quiénes elegimos ser en esta vida. Las maneras como experimentamos los eventos, incluyendo nuestras reacciones ante las situaciones, nos llevan a diferenciar entre "responder" con claridad o "reaccionar" con sorprendente energía. Las reacciones fuertes usualmente reflejan sentimientos más profundos de previas heridas no resueltas y no asimiladas.

Algunas de estas experiencias no digeridas pueden alimentar nuestros deseos de formas ocultas. Nuestros deseos nos llevan a explorar todas las partes de nosotros mismos. Algunas veces nuestros deseos nos llevan frente a frente con los aspectos que nos desagradan, o que incluso repudiamos. Small (1994) afirmó que aprender las maneras de aceptar y sanar estas partes indeseadas, integrando así esas piezas perdidas de nosotros mismos, es una gran parte de la transformación de la conciencia. Señaló que: "La alineación de nuestro yo más profundo, con los sentimientos que acompañan el aislamiento y la vergüenza, deben experimentarse plenamente antes de que puedan ser transformados".

El viaje hacia los reinos "sombríos" de la naturaleza humana, como lo describió Carl Jung, es bastante conocido (el arquetipo sombrío). Joseph Campbell (1970) en *El héroe con mil caras*, Thomas Moore (1992) en *El cuidado del alma*, y muchos otros también han dedicado amplios estudios al lado oscuro de la experiencia humana. Campbell escribió acerca del proceso del despertar a la vida como el viaje del héroe, una valiosa empresa que resulta en una mayor conciencia y transformación.

En nuestros viajes personales, nuestras necesidades nos pueden impeler, inconscientemente, a avanzar hacia una mayor conciencia, incluso mientras exploramos la oscuridad de la vida. Debido al estrés, el dolor, la presión, la desilusión o la desesperanza, nos podemos volcar sobre algo que tiene un impacto negativo sobre nosotros y sobre otros. Nos podemos volver dependientes de alguna cosa, cuando en realidad buscábamos otra. Las adicciones son comunes en nuestras vidas. Muchos de nosotros estamos conscientes del peligro de las adicciones a la cafeína, al cigarro, al alcohol, a las drogas, incluso al trabajo, al ejercicio, a la comida o al sexo. Casi cualquier cosa se puede convertir en adictivo cuando depositamos nuestro poder fuera de nosotros mismos y pensamos que necesitamos algo, o alguien más para poder sobrevivir. Jacquelyn Small (1994) considera a la adicción, o cualquier dependencia extrema, como un acomodo equivocado de nuestro deseo de trascender algo en la vida. En su obra *Transformadores*, describe un camino mediante la adición como un sendero de transformación hacia un "sí mismo más elevado".

Thomas Moore (1992) consideró al "cuidado del alma" como un viaje interior, mediante la depresión, la ansiedad o el dolor. Mientras los estados emocionales oscuros son reconocidos, aceptados y explorados, nuestros sentimientos de miedo o terror son sanados compasivamente, de manera que nos pueden informar e instruir. En su libro *El perdón*, Robin Casarjian (2002) recomienda hacer un espacio para la ira, y así permitir existencia a los sentimientos de enojo y dolor, de manera que podamos entender lo que están tratando de decirnos acerca de cómo cuidar de nosotros mismos y actuar con un poder auténtico. Lo que aprendemos al permitirnos "sentir" nos puede ayudar a aceptar todo de nosotros mismos, un elemento clave para abrir la auto-comprensión, el auto-perdón y el amor propio.

Así como los estados emocionales dolorosos nos pueden llevar hacia el interior de nosotros mismos, de igual manera lo puede hacer la enfermedad. Algunas personas creen que todas las enfermedades deben ser tratadas en un modo puramente físico. Pero hay otros que reconocen la influencia de la mente y el espíritu sobre la salud y el bienestar del cuerpo. Frecuentemente se afirma que el cuerpo, la mente y el espíritu están interconectados. Un equilibrio saludable en un área afecta a las otras. Caroline Myss (1997) señaló que una disfunción física o espiritual puede causar malestar o la enfermedad en el cuerpo. Afirmó además que la enfermedad puede ser un camino hacia la conciencia. Existen innumerables historias y libros que cuentan cómo algunas personas han enfrentado las enfermedades y discapacidades con valentía y creatividad transformándose de modos inimaginables. No olvidemos aquéllos que han enfrentado enfermedades catastróficas o a la muerte, lo cual los enfrentó de manera dramática a sus peores pesadillas. No todos los caminos llevan dolor, aunque no hay duda que puede haber mucho sufrimiento en la vida. Algunos dicen que hay mucho dolor en la vida pero que el sufrimiento es optativo.

Podemos considerar dichos pensamientos dentro de nuestra conciencia individual y después decidir cómo queremos aprender. Gary Zukav (1990) en su libro *El lugar del alma*, señaló una opción: podemos elegir aprender mediante la sabiduría, en lugar de elegir aprender del sufrimiento. Deepak Chopra (1993) fue más allá al declarar que con el reconocimiento de las posibilidades para una vida más consciente, no necesitamos sufrir nuestras visiones más temibles de la enfermedad o de la vejez. Todos tenemos el poder de influir sobre nuestra salud, nuestro envejecimiento, y sobre la vitalidad con que vivimos la madurez avanzada. Dichas ideas tienen el poder de revolucionar nuestras formas de pensar acerca de la enfermedad, del envejecimiento y de la muerte. Escritos recientes sobre la transición de la muerte (Stephen Levine, 1989 y 1995) mostraron las visiones de otras culturas y maneras más positivas de experimentar la inevitable conclusión de la vida, tal como la conocemos.

Otro camino de despertar se puede dar por medio de nuestros anhelos por la vida y por la conexión con cada uno. John Welwood (1990) en *El viaje del corazón*, describe, "la relación con el otro" como un camino espiritual hacia una mayor comprensión del sí mismo. Stephen y Ondrea Levine (1995), en su libro *Abrazando lo amado* exploran la relación como un camino de despertar. Ambas obras tratan sobre el desafío provisto por el amor a otro. Cuando utilizamos nuestros deseos más profundos de conexión e intimidad con un ser amado, el coraje que necesitamos lo tomamos del amor. Otorgamos al amor la capacidad de mostrar el camino hacia una conciencia más profunda de todo lo que dentro de nosotros nos puede impedir amar. Todas las viejas heridas e ideas de temor que hemos construido pueden cerrar nuestros corazones. Es posible elegir el amor en lugar del miedo.

Estos ejemplos de nuestros deseos, anhelos y dependencias, es decir, nuestra humanidad, sirve para llevarnos a una creencia positiva de que podemos confiar en nosotros mismos. Podemos confiar en que nuestros procesos internos nos llevarán a donde necesitamos ir. Podemos confiar que al escuchar nuestras inspiraciones más profundas, éstas nos guiarán a incrementar nuestra conciencia. Este conocimiento interno es descrito por Peter Russell (1998) en su libro, *Despertando a tiempo*, como una característica del estar conscientes de ser humanos. Podemos estar conscientes de nuestros pensamientos y sentimientos, de nuestro conocimiento, y del yo que sabe. Sin embargo, muchos de nosotros hemos puesto mucha más energía en comprender el mundo que nos rodea que en entendernos a nosotros mismos y a los demás.

El ímpetu de la inconformidad, así como el anhelo de significado, el propósito y el crecimiento espiritual, nos llevan a mirar más allá de los marcos conocidos de la referencia. La mente tiene una tendencia a recolectar información para apoyar sus creencias, pero hay casos reportados por algunas personas que fuerzan y desafían nuestras viejas maneras de pensar. Los reportes de estados diferentes o no comunes de conciencia, inducidos por la enfermedad, las drogas, la meditación o los trances chamánicos, revelan experiencias que invitan a la expansión de la comprensión. Los estados de percepción de la realidad inusuales, los eventos paranormales, las experiencias físicas cercanas a la muerte u otros eventos inexplicables son reportados por un número enorme de personas de todo el mundo. Algunos de estos fenómenos han recibido cierta credibilidad por el hecho de que el entrenamiento y la reputación de aquéllos que los han reportado es tradicional y conservador; ¡por ejemplo, el psiquiatra de Harvard, el doctor John Mack (1995), con su obra *Abducciones: encuentros humanos con extraños*; el doctor Brian Weiss (1998), *Muchas vidas, muchos maestros*. Hay quienes creen en dichos reportes, también están los que de manera renuente aceptan las posibilidades y también están aquellos que desechan totalmente las posibilidades de que haya otras formas de vida o memorias de la vida pasada.

El propósito de este trabajo no es aceptar o rechazar ideas, sino en presentar una visión transpersonal, incluso de presentar posibilidades múltiples para el desarrollo de la conciencia. A partir de la diversidad obtenemos la sabiduría colectiva de otras tradiciones y culturas; y a partir de una amplia variedad de ideas y creencias enriquecemos nuestros potenciales y realizamos nuestras oportunidades colectivas.

Una visión transpersonal de la transformación incluye todos los caminos que le han servido a otros, y que también pueden ser útiles para nosotros. La naturaleza ecléctica de la psicología transpersonal provee a los practicantes y terapeutas de todo tipo de posibilidades para aliviar el sufrimiento y utilizar diferentes medios terapéuticos. Algunos encuentran que el trabajo corporal y las terapias de masaje ayudan a conectarse con memorias arraigadas físicamente, de manera que las experiencias no procesadas y los traumas pueden liberarse. Otros encuentran que la acupuntura, las prácticas de movimiento del cuerpo y otros tipos de trabajo energético facilitan el equilibrio y la sanacion. Las terapias de arte y música ofrecen más vías para explorar y expresar sentimientos que bloquean nuestro proceso natural de expansión y crecimiento. Cualquier método cuya finalidad sea abrir porciones de energía, de manera que éstas floten libremente, puede ayudar en nuestras transformaciones personales.

Mediante la historia ha habido aquellos que se han percatado del reino interior. Peter Russell (1998) señaló que podemos leer acerca de aquellos que "han conocido la esencia de la conciencia y al hacerlo se han dado cuenta que esta esencia interna es la esencia de toda creación". Posteriormente, relató que en la filosofía hindú, el conocimiento del "*Atman*, la conciencia que se manifiesta dentro de todos nosotros, es *Brahman*, la fuente y esencia de toda creación".

Mientras que la mayoría de nosotros sólo tiene poca experiencia con tales consideraciones, todos podemos ser dirigidos en el camino de la conciencia mayor. Como Russel advirtió, es imperativo que nos volvamos conscientes. Si continuamos con nuestro camino hacia la inconsciencia, ponemos en peligro el mundo en que vivimos, nuestra propia sobrevivencia y la de nuestros hijos. Este autor se aventuró un poco más en su disertación del "fuerte principio antropológico", el cual postula que el universo puede en sí mismo estar consciente y que la energía universal colabora con nosotros en la creación. Nuevos descubrimientos en la ciencia, como mencioné anteriormente, parecen apoyar esta teoría, pero hay algunos que no están de acuerdo. Debemos decidir por nosotros mismos qué dirección elegir para nuestras vidas con toda la información que sea posible obtener, y con cualquier seguridad y confianza que tengamos en la guía de nuestra propia sabiduría interna.

Capra (2000) formuló el concepto de "punto de retorno", el cual es un tiempo para informarnos acerca de lo que está pasando en el mundo y conscientemente elegir las acciones que tomaremos para apoyar un mundo sustentable. Russell señaló la importancia de estar consciente de cómo los ciclos de cambio se han ido acelerando mediante la historia. La duración y la frecuencia de ciertos ciclos de crecimiento y expansión se están acelerando rápidamente. Por ejemplo, el crecimiento de la tecnología se vuelve mucho más importante para la comprensión de nuestra humanidad, por lo tanto debemos volvernos más conscientes con todo lo que tiene que ver con la prisa de manera que *despertemos a tiempo* para detener la destrucción de nuestro mundo y de cada uno de nosotros.

Russell (1998) también observa, a la luz del desarrollo de la ciencia de la teoría del caos, que hay una gran oportunidad así como un peligro evidente en tiempos de crisis. Esta idea de peligro y oportunidad existente en cada crisis no es nueva, está ilustrada por el antiguo carácter chino para crisis que se traduce como "peligro y oportunidad". Russell extendió la coexistencia de opuestos al sugerir que lo que luce como una trayectoria hacia un peligroso final, bien puede ser una oportunidad para un nuevo comienzo. No es fácil que nos convirtamos en lo que podemos ser; esto es opcional para cada uno, sobre todo si trabajamos sobre esa finalidad. Es posible que los eventos sombríos que continúan amenazando nuestra seguridad y nuestro futuro así como el del planeta puedan ser los catalizadores hacia nuestro despertar y nuestra transformación. La elección de ver nuestras vidas, o cualquier evento en una forma negativa, parece agregarse a la negatividad incrementando el potencial para la destrucción. Al mismo tiempo, cuando buscamos los aspectos positivos en la naturaleza de nuestros procesos de evolución como seres conscientes; estamos ampliando el potencial para una mayor transformación hacia resultados nuevos, creativos y optimistas.

Por último, el optimismo es un tema central en la psicología transpersonal. La visión de que el universo básicamente es amigable, unido e inclusivo, subyace a la mayoría de las psicoterapias humanísticas y transpersonales, sin negar la presencia y utilidad de los retos, el conflicto o el sufrimiento. Al lograr todo esto, al ser conscientes de quiénes somos en una perspectiva más amplia, al reconocer, aceptar y soltar nuestros sentimientos, podemos usar nuestras experiencias para movernos hacia lo vital, el equilibrio y la salud de nuestros cuerpos, mentes y espíritus. Podemos alinear nuestras energías con la energía creativa del universo hacia un sinergismo que puede afectar nuestro bienestar, el de otros y el de nuestro mundo.

Los temas de la psicología transpersonal discutidos aquí son aspectos capturados del flujo dinámico de la energía vital, el tao de la vida. Al encontrar palabras para describir nuestro pensamiento, podemos transformar continuamente nuestras ideas tratando de alcanzar el significado suficiente para impulsarnos hacia adelante en ese proceso. Este viaje de la vida que todos compartimos es un desafío, hermoso y alegre, que todos podemos crear.

Bibliografía

Campbell, J. (1970), *The Hero with a Thousand Faces*, Nueva York, World Publishing.
Capra, F. (2000), *The Tao of Physics: An Exploration of the Parallels Between Modern Physics and Eastern Mysticism*, Boston y Londres, Shambhala.
Casarjian, R. (2002), *Forgiveness: A Bold Choice for a Peaceful Heart*, Nueva York, Bantam Books.
Chopra, D. (1993), *Ageless Body, Timeless Mind*, Nueva York, Harmony Books.
Greene, B. (1999), *The Elegant Universe*, Nueva York, W.W. Norton & Company.
Jung, Carl G. (1968), "Archetypes and the Collective Unconscious" en *Collected Works of C.G. Jung*, vol. 9, part 1, London, Routledge and Kegan Paul.
Lao, Tzu (2001), *Tao Te Ching, The Definitive Edition* (trad. y comentarios Jonathan Star), Nueva York, Jeremy P. Tarcher/Putnam.
Levine, S. (1989), *Who Dies?: An Investigation of Conscious Living and Conscious Dying*, Londres, Anchor.
_____ (1995), *Embracing the Beloved*, Nueva York, Doubleday.
Mack, J. (1995), *Abductions: Human Encounters with Aliens*, Nueva York, Ballantine Books.
Maslow, A (1968), *Toward a Psychology of Being*, Nueva York, Van Nostrand.
May, R. (1995), "Intentionality: The Heart of Human Will", en *The Journal of Humanistic Psychology*, vol. v, núm. 2, pp. 202-209.
Moore, T. (1992), *Care of the Soul: A Guide for Cultivating Depth and Sacredness in Everyday Life*, Nueva York, Harper Collings.
Myss, C. (1997), *Anatomy of the Spirit*, Three Rivers, Three Rivers Press.
Prigogene, I. e I. Stengers (1985) *Order out of Chaos*, Londres, Fontana/Flamingo.
Russell, Peter (1998), Waking Up in Time: Finding Inner Peace in Times of Accelerating Change. Origin Press.
Small, J. (1994), *Transformers: The Artists of Self-Creation*, California, DeVorss & Co.
_____ (1994), *Embodying Spirit: Coming Alive with Meaning and Purpose*, Nueva York, Harper Collins.

Star, Jonathan (2001), *Translation and Commentary of Tao Te Ching: the Definitive Edition*, Nueva York, Jeremy P. Tarcher/Putnam.
Thich Nhat, Hanh (1995), *Being Peace*, Nueva York, Parallax Press.
Weiss, B. (1988), *Many Lives, Many Masters*, Bukcs, Fireside Books.
Weiten, W. (1998), *Psychology Themes and Variations*, Monterey, CA, Brooks/Cole Publishing Co.
Welwood, J. (1990), *Journey of the Heart*, Nueva York, Harper Collins.
Wilber, K. (1996), *A Brief History of Everything*, Boston y Londres, Shambhala.
Zukav, G. (1990), *The Seat of the Soul*, Nueva York, Simon y Schuster.

Musicoterapia, autoconocimiento y transformación: caso clínico

Ginger Clarkson
Universidad de las Américas Puebla, México

Lo que sigue es un caso de musicopsicoterapia transpersonal que empezó con un asunto mundano en la vida de una paciente, y que terminó con algunas experiencias místicas y la resolución de un duelo que había sido negado durante décadas. En solamente 10 sesiones del método bonny de la imaginación guiada con música (GIM), la paciente pudo desapegarse de una relación de pareja insalubre del pasado y cambiar algunos patrones autodestructivos en su vida actual. No solamente hubo una sanación del asunto mundano (la razón del por qué la paciente buscó la psicoterapia en un nivel consciente), sino que hubo también una reconciliación con algunas pérdidas que había sufrido en el pasado y habían sido guardadas en su inconsciente.

GIM es una técnica psicoterapeútica transpersonal diseñada por la doctora Helen Bonny en la década de los sesenta, cuando trabajaba con el psiquiatra transpersonal Stanislav Grof, en una clínica psiquiátrica de Maryland, Estados Unidos. Una sesión típica de gim consiste en cuatro secciones, se empieza con un preludio en que el paciente o "viajero" escoge un asunto no resuelto o una pregunta interior como una intención o asunto foco para explorar. En la segunda parte el viajero se acuesta boca arriba, con ojos cerrados, para escuchar la "inducción" (algunas frases suaves y repetidas) de la psicoterapeuta para enfocar la mente hacia adentro.

En la tercera parte de la sesión de GIM, el paciente escucha un programa de música clásica, seleccionado cuidadosamente, que tiene una conexión emocional con el tema y con el estado anímico de la persona. Durante este tiempo, el paciente hace una forma de asociación libre expresando en voz alta las sensaciones físicas, imágenes, memorias, emociones, e *insights* evocados por la música, en un estado del "sueño despierto." Al principio del viaje musical, el viajero puede experimentar marea, pesadez, calor, frío y una sensación de flotar o girar, que indican un cambio al otro estado de la conciencia. El psicoterapeuta o facilitador interviene verbalmente y físicamente para ayudar al paciente a conectarse más profundamente con los temas, las imágenes y las sensaciones corporales claves que están emergiendo como reacción a la música.

Durante la cuarta parte de la sesión, el psicoterapeuta guía al paciente para regresar a un estado ordinario de conciencia, y así inicia un postludio para procesar los símbolos, las metáforas, las imágenes y los *insights* del viaje musical. A veces se crea un "mandala" como puente no verbal entre las experiencias musicales y la discusión verbal que sigue. Como el psicólogo suizo Carl Jung sugirió, dibujar en una hoja que tiene un círculo vacío (que representa el ser entero) es una manera ideal para expresar la materia que está emergiendo de los reinos inconscientes. Una sesión clásica de GIM dura más o menos una hora y media.

En enero de 2003, junto con una profesora empecé una serie de 10 sesiones semanales de GIM: Mónica, una mujer atractiva de 41 años, había terminado seis meses de psicoterapia verbal y tradicional, sin haber resuelto su síntoma de tener pánico cada vez que era necesario presentar una investigación en inglés durante los congresos internacionales de psicología. En la entrevista inicial, aprendí que Mónica tenía una relación muy difícil con su madre, una mujer obsesiva-compulsiva, que murió dos años antes de iniciar la terapia. Por otro lado, Mónica tuvo una relación cariñosa con su padre (un ingeniero químico obsesivo-compulsivo) hasta su muerte, ocurrida desde hacía 20 años. Ella dijo: "Yo y mis dos hermanas –que éramos inseguras– nos llevábamos mal con nuestra madre a pesar de parecernos a ella. Las dos hermanas seguras se llevaban bien con nuestra madre y ellas se casaron con maridos ejemplares." Mónica reportó sin emoción visible que una de sus hermanas mayores, Alicia, falleció de repente hacía un año y que Ángel, él más cercano de sus tres hermanos, había fallecido a la edad de 21 años de leucemia, hacía 20 años.

Mónica mencionó que, cinco años antes de mudarse a Puebla para trabajar en una nueva posición académica, había terminado con su novio César, profesor titular en una universidad de Veracruz. En ese momento ella estaba en otra relación de pareja con Daniel, un profesor de física de la misma universidad poblana. Mónica describió su relación de cuatro años como "estable y tranquila." Daniel estaba inmerso en su investigación tanto como estaba Mónica en la suya. Ellos vivían en domicilios separados y hacían citas para divertirse juntos cuando no estaban preparando clases o presentaciones para los congresos profesionales. Sobre la cualidad de su relación sexual, ella dijo: "No es mi mejor amante."

Sin mostrar emoción, Mónica notó que desde 1994 ella había padecido de esclerosis múltiple y que, después de algunas hospitalizaciones, tenía que aplicarse inyecciones cada tres días. Según ella, su enfermedad estaba en un estado "controlado" con las vitaminas y los medicamentos homeopáticos y con la droga Interferon. Después de su diagnóstico, ella dejó de fumar y empezó un régimen de ejercicio físico. Recibía masajes de vez en cuando para su dolor de espalda. Para tratar de controlar el pánico, antes de cada congreso profesional en inglés, Mónica tomó algunas pastillas de Tafil (ansiolítico o tranquilizante menor) y recibió tratamientos de acupuntura.

A pesar de venir de una familia católica, Mónica había dejado de practicar la religión. Ella comentó, "Me parece que no creo en Dios." Ella se describió a sí misma como demasiado "hiperkinética e impaciente" para tomar algunas clases de yoga o para probar la meditación. Dijo, "no puedo poner la mente en blanco." Ella estaba igualmente pesimista acera de su talento musical: "Estoy negada para la música. No puedo cantar ni tocar la guitarra. Me da pena bailar en público, pero me gusta la trova las canciones cubanas y mexicanas de protesta." A pesar de considerarse a sí misma "más visual que auditiva," ella aseguró, "no recuerdo muchos sueños."

Mónica describió sus síntomas de pánico cuando ella tenía que hablar en inglés: "tengo tensión en la boca y horrible dolor muscular en el cuello". Recordó un incidente relevante cuando tenía siete años: "Antes de una competencia de natación tuve pánico y no terminé, a pesar de estar a punto de ganar (el concurso)". Ella comentó que normalmente le gustaban los retos, y no pudo entender por qué no quiso tener éxito en esa competencia.

Después de terminar la entrevista, tuvimos tiempo para una sesión abreviada de GIM, usando tres piezas de música con una duración de un poco más de once minutos. (En las transcipciones de las sesiones de GIM, hay paréntesis alrededor de todas mis intervenciones terapéuticas. Los comentarios de Mónica no tienen comillas; las selecciones de música están indicadas entre los corchetes.) Mónica escogió el tema, "¿Cómo podría relajarme?" Cuando ella estaba acostada con ojos cerrados, usé una inducción con la sugerencia: "Imagina tu respiración abriendo cada parte de tu cuerpo para recibir la música".

["Morning" del *Peer Gynt Suite* de Grieg] Siento las manos pesadas y, con cosquilleo ligero, muy, muy pesadas.

["Serenata para cuerdas" de Dvorak] (¿Y ahora?) Siento dolor en la boca del lado izquierdo y en la mandíbula. Quiero abrir la boca. Del lado derecho no siento nada. (¿Qué está pasando?) Estoy en un jardín muy bonito con rosas. Hay dos bailarinas. La mujer tiene un vestido de holandesa. Veo a mi papá sentado junto a su escritorio y escuchando la música. (¿Cómo te sientes?) Emocionada.

["Ave Verum" de Mozart] Me dan ganas de llorar. (Quédate con eso.) [Mónica llora] (¿Qué estás experimentando?) Es una emoción fuerte y agradable ver a mi papá jugando ajedrez. Él está en su despacho. No estoy llorando de tristeza. Es como verlo real. Otra vez veo la bailarina en el jardín. Es como un espectáculo. Se confunde la imagen de mi papá con una fotografía que tengo de mi hermano jugando ajedrez.

Al final de la música, Mónica exclamó sorprendida: "En 20 años no he visualizado a mi papá tan real, sólo en sueños. Me relajaba con la bailarina. Me emocionaba ver a mi papá. Siento las manos relajadas y pesadas. El lado izquierdo está más tenso." Le comenté: "es la parte receptiva y femenina". Ella contestó: "Mi masajista encuentra más tensión en el lado izquierdo de todo mi cuerpo."

Cuando Mónica salió, reflexioné sobre el contraste entre su comportamiento controlado y poco emocional durante el estado ordinario de conciencia, y sus lágrimas de gozo al ver la imagen de su padre durante el estado no-ordinario de conciencia evocado por la música clásica.

Una semana después, Mónica acudió a su segunda sesión en la serie. Le di un *test* que se llama "MARI", diseñado por Joan Kellogg, una psicoterapeuta de arte en Estados Unidos. El *test* usa varios dibujos de mandalas que representan más de 50 configuraciones universales. Regularmente uso la evaluación de MARI con cada paciente terapéutico para obtener una "fotografía" de su mundo interior, lo que me da pistas psicológicas y espirituales para las sesiones musicales que siguen. Mónica escogió seis configuraciones agradables y una forma no agradable para ella. Entonces ella seleccionó entre 50 tarjetas de colores diferentes, una para combinar cada configuración ya escogida. Según la evaluación normal para el *test*, las opciones de Mónica indicaron "mucha intuición y confianza en el proceso de autoconocimiento; intentos compulsivos para sanarse a sí misma y a los demás; codependencia en relaciones familiares simbióticas; el duelo sin querer superar las pérdidas; una fortaleza, firmeza y asertividad que a veces parecen agresividad o manipulación; como bebé, una entrada apoderada a la vida; una orientación sensual y sexual hacia las relaciones íntimas; y los sentimientos abrumados." Mónica estaba asombrada por la exactitud de los resultados en relación con su carácter.

El tema de Mónica para la tercera sesión fue: "¿Cómo podría disminuir el miedo a lo desconocido?" Escogí un programa de música desarrollado por Helen Bonny titulado "Quiet Music" o "Imaginación." Este programa tiene varias piezas impresionistas con muchas texturas e instrumentos variados que típicamente evocan una variedad de imágenes e ideas durante los viajes de GIM. La "Imaginación" dura, aproximadamente, 34 minutos. La transcripción sigue:

["Danza sagrada y profana" de Debussy] (¿Qué está pasando?) Siento como si alguien estuviera caminando con pasos más fuertes y con prisa y ahora más suave.... (¿Y ahora?) Llego a un jardín tranquilo. (¿Cómo es?) Grande con andadores. Ya no hay prisa. (¿Cómo es no tener prisa?) Me siento bien. Ahora la música indica que tengo que apurar. Tengo que buscar una salida. Me voy hacia la salida. Otra vez todo está calmado. Puedo descansar tranquila un rato. Veo a alguien tocando el piano en el jardín. Sigo caminando. Otra vez tengo que salir. Tengo que ir a otro lugar. Tengo que decidir adónde. Me siento calmada. Estoy yendo por un pasaje muy bonito. Tengo que llegar hasta allá. No llegué porque se acabó la pieza.

["Preludio al Atardecer de un fauno" de Debussy] El lugar donde estoy ya no es bonito. Es el mismo jardín transformado por una tormenta a algo más seco. Se tiene que volver a construir. Estoy pensando cómo hacerlo tan bonito como antes. Estoy mirando a la gente sembrando para hacer el jardín más y más verde otra vez. Es como si el Mago Merlin estuviera poniendo flores para hacer el lugar más agradable. Otra vez estoy en el camino hacia el lugar perfecto. Hay demasiada luz. El sol no me deja ver bien. (¿El sol no te deja ver bien?) Hay una cascada a lo lejos (Descríbelo). Es un lugar muy verde con casitas y animales. El clima es agradable. Hay gente sonriente. (¿Ves a alguien familiar?) No. Veo mujeres con vestidos largos y frutas en la mano, como recolectoras. Es como si yo estuviera llamada por una flauta hacia otro lugar. Ya no hay un camino claro. (¿Cómo es seguir sin camino?) No sé para donde ir. Ya no tengo muchas ganas de llegar. Estaba bien donde estaba. Me quedo muy tranquila, plácida. Otra vez veo la cascada, muy agradable, con piedras, como el bosque de Blanca Nieves.

["Venus" de Holst] Es como despertar después de dormir y reconocer el lugar. No es mi lugar. Hay una sensación de extrañeza. (Continúa) Voy caminando. Veo a Daniel vestido de traje. Tomo su brazo y caminamos juntos. Él me indica hacia dónde necesitamos caminar. (¿Cómo te sientes con él guiándote?) No totalmente bien. Me suelta y me siento mejor. Me puso en el camino adecuado. Ahora veo un lago con cisnes. Flotando en el agua está mi hermana, [Alicia], que murió. (¿Cómo te sientes?) Es raro porque yo sé que ella está muerta. (¿Ella puede verte?) No se mueve. Se aleja. (Conserva esta imagen.) Ya se fue. Otra vez veo el lago solo.

["Fantasia on Greensleeves" de Vaughan Williams] Otra vez estoy esperando a Daniel que me toma del brazo. Caminamos más lentamente para regresar después de ver el lago. Me siento triste porque ya no regresamos al mismo sitio. [Llora] Daniel me llevó para despedirme de mi hermana. [Suspira] Otra vez ya no está Daniel. Veo los jardines del principio. (¿Cómo es estar allí?) Bien. Hay una banca. Hay alguien en la banca pero no sé quién es. (¿Podrías acercarte?) Sí.

[Repetición de "Fantasia on Greensleeves"] Me paré junto a la banca. Tengo que seguir. No sé a dónde. Pero estoy cansada. (Siente eso.) Llego a un lugar como antes pero todo está chiquito. No me gusta. Está más en chiste. No hay nadie. Estoy buscando a Daniel para que me lleve a otro lugar. Lo veo pero no se mueve. No me está esperando como en otras ocasiones. Me toma por el brazo y caminamos juntos. El camino se pone seco otra vez, se ve descuidado. Me agarra fuerte Daniel. [El programa de música termina.] Llegamos a otro lugar pero acaba la música. No sé a dónde vamos.

Después de regresar a un estado ordinario de conciencia, Mónica empezó la discusión del postludio con el comentario: "No llegué al lugar ideal. La música acabó. No me sentí frustrada, aún con el jardín seco." Le comenté, "tienes adaptabilidad." Ella admitió, "es más familiar la prisa que el descanso. Vivo con prisa. No me gusta esperar. Daniel no tiene prisa." [Mónica no solamente estaba dándose cuenta de la rapidez de su vida, sino estaba siendo más consciente sobre el valor de la paciencia que había tenido su novio en su vida actual.] Como tarea, le di a Mónica la sugerencia: "Respira cuando tienes que esperar. Da gracias por ese momento de descanso." A pesar de sus lágrimas durante la música, en el postludio ella no mencionó el tema de la despedida de su hermana fallecida. Decidí no presionarla con un diálogo sobre este asunto tan doloroso hasta cuando tuviéramos una relación de más confianza.

Una semana después Mónica llegó para su cuarta sesión de gim con la intención de explorar "¿Cómo podría entender inglés?" Platicamos sobre que uno de sus oídos no podía escuchar ciertas frecuencias bajas. Sugerí que asistiera a un centro Tomatis en la Cuidad de México, donde hay tratamientos para la estimulación auditiva. Mónica y yo estuvimos de acuerdo que su problema era más una falta psicológica de atención que una deficiencia física. Después de la inducción, puse un programa de música con el título "Exploraciones", que tiene una mezcla de piezas de la época impresionista y del periodo barroco.

["Pino de Roma" de Respighi] (¿Qué ves?) Estoy en un teatro y veo una flautista. Ahora veo una oficina donde trabajé en la preparatoria. Había música al fondo para trabajar. Hay muchos escritorios. Estoy viendo los libros. Me da pena porque borré algunos libros. No me regañaron tanto. Me gusta el laboratorio para trabajar. (¿Qué te gusta?) Me trataban bien. Fue mi primer empleo. Estaban contentos con mi trabajo. Veo a todos los contadores trabajando en sus escritorios. Ellos se levantan y salen. Me quedo sola.

["Sirenas" de *Nocturnes* de Debussy] No sé qué hacer allí. (¿Cómo que no sabes?) No sé contabilidad. Alguien necesita decirme qué hacer. Este coro [en la música] me está explicando. Un personaje de caricatura me da las instrucciones sobre lo que tengo que hacer. Me está señalando que lea el papel que extendió. (¿Puedes leerlo?) No. Tiene letras impresas como en manuscritos viejos. El papel es grande con algunas letras en rojo. El personaje puso el papel en mi bolsa y se fue. Me da miedo sacar el papel tan pesado de mi bolsa. (Conserva esa sensación.) Algo dice el papel sobre la atención. Entre el papel hay una cebolla y empieza a manchar lo que dice. (¿Cómo te sientes con respecto a las manchas?) Ya quedan menos letras. Todo se empieza a manchar. Luego hay un viejito que puede volver a escribirlo. La música dice lo que tiene que poner en el papel. El viejito acabó, pero yo no sé qué dice el manuscrito.

["Salvation is Created" de Chesnokov] Veo el rollo de papel sobre el agua. Empieza a flotar. Un niño lo agarra. (¿Qué hace?) Lo tira. Me imagino un coro de monjes cantando y leyendo la música en el mismo papel. Ya no está manchado ni mojado. Es como partitura de música. Hay un monje con barba larga que dirije a lo demás. Lo veo sentado como llorando. Es como si su anillo tuviese poderes mágicos.

["Canon en Re" de Pachelbel] Creo que no es un monje bueno. Tiene una mirada dura e hipócrita. [Se queda dormida por un rato] [¿Una forma de resistencia?] Me cuesta trabajo respirar. Hay algo atorando la garganta. Los violines quieren desatorarlo. (Conserva esa sensación.) Veo las placas de un coche. (¿Lo conoces?) Es un coche que tuvimos cuando era niña. Toda la familia va de viaje a Acapulco en una camioneta azul. (¿Cómo te sientes?) Bien. Ya llegamos a una casa muy bonita. Estoy pescando con mi hermano [que falleció]. Me veo claramente con mi traje de baño. Me veo muy pelona (expresión mexicana popular que hace referencia a tener un cabello muy corto). [La música se detuvo.]

Durante el postludio de esta sesión, Mónica tuvo muchas asociaciones personales con las imágenes que fueron evocados por el programa de música. Dijo: "Toda mi vida era el laboratorio y César [el ex-novio]. Siempre estaba yo atrás de César. Nunca me permitió crecer como ser humano. Él estaba muy celoso y omnipotente. Me sentí dependiente para estar segura. El estaba conmigo durante mi cirugía porque tuve miedo. Fue mi primera pareja y me amó a pesar de mi celulitis. Me sentí mejor como mujer y como empleada. Lo seguía de Veracruz a Jalapa. César es tan inteligente y musical que me escondió." La asociación de Mónica con el rollo de papel pesado en su bolsa fue: "Me dio miedo salir al mundo". En relación con "Algo dice el papel sobre la atención", ella mencionó: "Tuve atención solamente en César y su laboratorio". Cuando le recordé la imagen del niño tirando el rollo de papel, Mónica exclamó: "Mi niña interior activa dice: ¡Ya no!" Su asociación con el anillo fue "el gran anillo feo de graduación de César".

Sobre el monje "no bueno", ella notó "César tiene barba y cuando regresó dijo que yo le debía todo. Él creó dudas acerca de mi competencia. Me privé de tomar un curso (post-doc) en otro laboratorio por no separarme de él, que era quien sabía cómo arreglar mis problemas electrónicos. Él tampoco quiso que yo fuera. Necesita siempre ser el centro de todo. Consulté a César sobre mi enfermedad [esclerosis múltiple]. Como un padre me daba consejos médicos. Pero seguía mi propia intuición. Quise avisar a César sobre la muerte de mi hermana [que murió hace un año] pero no lo hice. Todavía César es como mi fantasma. El año pasado estuvo en un congreso profesional en Veracruz, al que asistí yo también. Llegó tarde, como si fuera un rey. Mencionó publicaciones que hizo conmigo hace años. Me ignoró. No pudimos resolver nuestra separación. Él va a morir con su rencor".

Comenté: "César padece un carácter psicopático que no puede tolerar la memoria de su humillación". Mónica inclinó la cabeza y continuó: "me causó molestia ver a César rodeado con tantas chicas admirándolo. Ya no me siento atraída hacia él físicamente. Sueño frecuentemente con seguir como colega de César. En realidad no podemos platicar con respeto mutuo de colegas. Todavía imagino tres veces por semana que él está mirándome con una bola mágica. Me va bien con otra pareja y éxito profesional, a pesar de su pronóstico malo".

Cuando le recordé a Mónica el momento en que no pudo respirar, me respondió: "No pude expresarme con César". En referencia a la memoria de sí misma en su traje de baño de tantos años, ella notó: "La niña de seis años no dudó de sí misma". En lugar de recibir una respuesta a su pregunta acerca de cómo dominar inglés, Mónica salió de la cuarta sesión con un *insight*: "Tengo miedo de ser exitosa profesionalmente". Como tarea, le pedí escribir sus reflexiones acerca de su copia de la transcripción del viaje musical.

Una semana más tarde, Mónica apareció con preocupación sobre un asunto: "Todavía imagino que César está mirándome. ¿Cómo podría enterrar [metafóricamente] a César?" Mi inducción consistió en proponerle: "Está la imagen de César enfrente de ti para que puedas expresarle tu verdad". Seleccioné un breve programa de música llamado "Nutrición", que contiene dos piezas acogedoras, con suavidad, estructura y estabilidad. Durante la sesión decidí repetir la última pieza para apoyar la terminación del viaje musical.

["Intermezzo" de *Rosamunde* de Schubert] (¿Qué sientes?) Me siento triste porque estoy despidiéndome de César. (Díselo directamente.) "Me siento triste porque estoy despidiéndome de ti." Le di un abrazo, pero ya pasó. (¿Ya pasó?) Más o menos. Siento el mismo dolor como si alguien se hubiera muerto de verdad. [Llora] En el funeral hay una caja de muertos cerrada. Siempre he sido tímida y no me gustaba ver adentro de una caja de muertos. Yo sé que César no está dentro. Veo a César bailando con esta música con una pareja, quizás conmigo. Sé que tengo que parar el baile. Su pareja está disfrazada, pero él no. César me lleva en el baile. Él está agradeciendo por el baile. Me da un beso y le doy un abrazo. Nos quedamos abrazados. Me siento reconfortada.

["Ave Verum" de Mozart] Él me suelta y se va. Y ya. No sé cómo me siento. (Busca en tu cuerpo.) Dejó de llorar después de haber llorado mucho. Es un alivio. Otra vez estoy en el jardín donde no pude encontrar el sendero. Ahora hay un sendero claro. El jardín está lleno de flores bonitas. Espero un futuro muy bonito. Voy caminando y caminando. Ahora el jardín no se pone seco como antes. No hay nadie excepto yo y un hombre a lo lejos. Es Daniel. Bailamos juntos. Él no me lleva. Me quedo con Daniel.

[Repetición de "Ave Verum"] Estoy contenta y triste a la vez. Estoy contenta porque llegué al lugar donde quise llegar. Estoy triste que César no llegará a su lugar. Quiero prevenir a César de llegar a mi jardín. Es para Daniel y para mí. Hay más y más flores. Veo otra vez a mi papá. Veo su cara claramente. [Llora] Él no habla. Siento que está orgulloso de mí. Ahora siento que ya no necesito evitar a César ni a nadie. ¡Ya puedo sola!

Durante el postludio, la cara de Mónica estaba radiante, victoriosa. Ella admitió que hubiera reprimido la muerte de su hermano Ángel hace 20 años: "por primera vez vi la cara de mi hermano del lado izquierdo de mi papá, con otros muertos. Estaba viendo a mi gente querida muerta, como mi amiga Mary que se murió hace tres años de leucemia." Metafóricamente, el jardín interior de Mónica estaba poniéndose verde y fértil, después de dos décadas de aridez (negaba los sentimientos del duelo).

La siguiente sesión empezó con el tema original de Mónica: "¿Qué puedo hacer para entender inglés?" Escogí el "Concerto para dos violines" de Bach, mas un programa de música llamado "Melancolía", con piezas contenedoras y predecibles.

["Concerto para dos violines"] Estoy otra vez con papá en su despacho. Allí pone este disco y me dice: "escucha bien la música". Él está conduciendo. Me quedo sentada escuchando. Hay gente —no sé quien— que me está viendo. Allá está mi hermano que murió. (¿Cómo se ve?) Está sonriendo y mirándome sin hablar. Se levanta para hacer algo, pero no sé qué. Junto a él está mi hermana que también murió. Él lleva la batuta de una manera importante. (¿Cómo te sientes?) Rara. (¿Tienes alguna emoción?) Sí. El me pidió que levantara la silla. Me siento más tranquila sentada. Alrededor de mi silla están mi papá, mi hermano y mi hermana y Daniel. Me siento bien.

["Prelude in Sí menor" de Bach] Todos dicen que me levante. Me toman por los brazos. Aquí está mi mamá, está viva y luce saludable. [Llora] Estoy caminando en medio de todos, todos juntos. Vamos caminando sobre una nube. Me da miedo porque sé que las nubes no están firmes. Tengo confianza que los muertos pueden caminar por las nubes. Aun Daniel puede hacerlo. Estamos llegando a un lugar todos juntos. No hay nada, nada.

["Mein Jesu" de Bach] Me siento en una silla muy cómoda. Los demás se van y me dejan sola. En el umbral el único que se queda es mi papá, está sonriendo. (¿Cómo te sientes al verlo?) Bien. Me quedo sentada y cómoda, oigo la música. Me levanto en otro escenario, en un teatro. Frente al escenario, escondido, está mi papá. Los demás se quedan en las nubes. Empiezo hablar lento, estoy dando una conferencia. Mi papá sonríe como si yo estuviera haciéndolo bien. Él está en lugar de César para cuidar que yo haga bien las cosas. Hay aplausos. Hay un señor con lentes, alto, que no conozco, se para y se acerca hacia mí para decir algo, pero no llega hasta mí.

["Chorale Cantata de Pascua" de Bach] Sé que es importante, pero no sé por qué. El señor no tiene expresión facial. Se pierde en la multitud. Camino otra vez a las nubes donde toda la familia está esperándome, mi madre está enferma. Todos me abrazan. Caminamos con Daniel. [Llora] Él me jala y, como en una boda, mi familia me entrega a Daniel. Mi hermana le dice que me cuide. Ya me veo sola con Daniel. Empiezo a ver caras de mis otros hermanos y amigos que viven todavía, parece como si estuviera casándome. Creo que atrás está César. No siento nada, absolutamente nada.

["Aire en Sol" de Bach] Entro en una casa. Estoy sola. Otra vez me veo de niña. (¿Cuántos años tienes?) Seis. La veo clarísima. (Descríbela.) Tengo traje de baño azul, con una cara de no saber qué hacer. Alguien me da un paquete como de regalo. No sé quién. Abro el paquete. Hay un payaso que me da una nota. Sigo siendo niña y me falta ser adulta para preguntarle qué dice la nota. Es un papel chiquito. Lo abro, pero no sé que dice. (¿Cómo te sientes de no saberlo?) Bien. Voy con mi hermano que murió y se lo doy. Él también es niño, lo lee y me señala hacia la luz. Entre destellos veo a mi hermano como niño y como adulto de 21 años. [La música termina.]

Durante el postludio, Mónica estaba sorprendida por el contenido de su viaje interior: "las nubes me sostienen, igual a mi familia muerta". Le comenté: "como el árbol familiar". Ella continuó: "Daniel siempre aparece para darme apoyo y estabilidad. Mi papá está apoyándome en mi presentación profesional. Está bien. Mi hermana [Alicia], la última que murió, me entregó a Daniel para que me cuidara. Mi familia muerta no puede continuar cuidándome y me entrega a Daniel para que cuide que no caiga en los baches". Le pregunté: "¿Y tu mamá?" Mónica contestó: "Verla sana y caminando me impactó. Ella tuvo 10 años de enfermedad, con senilidad, y no me reconoció en sus últimos años. Ella parece como dos mujeres distintas. En este viaje apareció como mamá competente otra vez." Una vez más Mónica recibió una respuesta muy sorprendente y no directamente relacionada con su pregunta sobre su dificultad con el inglés.

Antes de llegar para su séptima sesión de GIM, Mónica escribió acerca de sus reacciones hacia el viaje anterior y un sueño clave que tuvo después. Me dio una transcripción del sueño, la primera vez en su vida que soñó con su tío Toño:

> Está toda la familia y le hacemos una ceremonia al tío Toño como la cabeza de la familia. A mí me toca ser la maestra de ceremonias, pero no se me ocurre qué decir. No entiendo por qué tenemos que hacerle una ceremonia a un señor que desde que yo tengo uso de razón está encerrado en su cuarto. Sin embargo, por otro lado me acuerdo que de alguna manera intentaron que yo lo viera como un héroe. Hay tanta contradicción en las dos imágenes que tengo sobre el tío Toño, que no sé ni cómo empezar el discurso. Afortunadamente me salva la campana; es decir, me desperté, y ya no tuve que pronunciar ningún discurso."

Mónica me entregó algunos apuntes sobre su interpretación de su propio sueño:

"Yo crecí con la idea de que el famoso tío Toño había sido un hombre muy exitoso, por un lado, apoyó a sus hermanos después de que el abuelo murió, y por otro lado fue un médico muy importante. No importa donde fuéramos, invariablemente la gente nos preguntaba: '¿qué eres del doctor?, ¡ah, eres su sobrina, guauuu!!!' Por un lado crecí sabiendo que el tío Toño era lo máximo, pero, por otro lado, veía al viejito místico encerrado en su recámara. Y luego me enteré que era alcohólico. Y según la versión de mi mamá, se encerró en su cuarto a beber después de que murió mi tía Mary en sus brazos. La razón fue que, a pesar de haber sido el médico más destacado de todos, no pudo salvar a su propia cuñada. Ahora sé que todos los alcohólicos tienen un pretexto que usan para explicarse su alcoholismo, y a mí me compartieron esa explicación como la desencadenadora. El señor "San Alcibiades", que educó y apoyó a mi papá, que fue un exitoso profesionista, tuvo un fracaso profesional enorme (así lo percibió él aunque no haya sido su culpa), y a partir de ese día echó a perder su vida, bebía encerrado en un cuarto de un caserón que supongo no volvió a disfrutar. Me parece que algo tiene que ver con mi miedo al éxito."

Mónica terminó el análisis de su sueño con lo siguiente declaración:

"Los hermanos de mi papá tuvieron mucho éxito profesional. Digamos que el único que no destacó tanto en ese aspecto fue mi propio padre. Sin embargo, yo siempre estuve muy orgullosa de que él fuera nuestro papá, pues tenía valores muy diferentes a sus hermanos. El ejemplo del alcohol es obvio, lo que más me gustaba era que el hobby de mi papá fuera el ajedrez en lugar de la cacería. Era el 'inteligente' de la familia, para mí eso lo hacía más importante, pues yo prefería que fuera el 'inteligente' en lugar del 'rico.' Y lo más importante, yo creo que mi papá fue un hombre muy honesto en todo el sentido de la palabra, y que tenía unos valores muy sólidos, idea que no tengo acerca de sus hermanos.

Siguiendo un silogismo básico: ¿prefiero ser como los tíos que tuvieron éxito profesional, o como mi papá? Además de eso, tengo otra pregunta más obvia: ¿Quiero tener tanto éxito como el tío Toño, y luego tener un error garrafal en lo que yo considere más importante, y que eso me destroce la vida?"

Usamos un programa de música contemporánea que se llama "Abriendo el corazón", para explorar el impacto de los valores familiares en su niñez. Durante el viaje ella tuvo un recuerdo de salir, a la edad de tres años, del jardín enorme y vacío de su tío para regresar a su pequeña casa, donde pudo sentir el amor de sus padres y de sus siete hermanos. Dijo: "prefiero mi casa definitivamente". Tuvo una imagen emocional de su querido hermano fallecido, Ángel, su "compañero de la niñez", mostrándole la luz del paraíso.

Había un descanso durante las vacaciones de Semana Santa, y entonces el octavo encuentro con Mónica consistió en una plática para integrar las siete sesiones de GIM.

Ella dijo: "después de la última sesión lloré por tres días a causa de mi hermano. Negué su muerte por tantos años. Había olvidado qué tan buenos amigos fuimos cuando éramos niños. Siempre estaba con Ángel. Éramos amigos inseparables, como uno solo." Con lágrimas continuó: "mi hermana dijo que perdí mi mejor amigo hace 20 años. No pude llorar hasta la semana pasada. Negué mis memorias de Ángel. Tuve la idea loca de que quise su muerte. En mi niñez hablamos juntos en nuestros sueños. Nos separamos en nuestra adolescencia, durante la secundaria. En la preparatoria, Ángel era novio de mi mejor amiga y compartimos mucho. Antes de la universidad nos separamos un poco, yo iba a una escuela privada y él a una escuela pública. Él se divirtió demasiado con tantas novias y, por pereza, no fue aceptado en la universidad. En el momento en que cayó enfermo, no estuvimos tan unidos. Me convencí que no lo quise tanto. ¡Qué tonta!"

Mónica confesó: "en teoría soy atea, pero ahora tengo dudas si existe una vida después de morir. Durante Semana Santa pensé tanto en Ángel, tuve recuerdos reprimidos. Daniel es demasiado racional para compartir lo que estoy experimentando." Hice una intervención en ese momento para sugerirle que compartiera con su novio el duelo sobre su hermano fallecido. Para apoyar sus reflexiones espirituales, le di a Mónica una copia del libro: *Soñé que era normal*, que escribí sobre el tema de la experiencia de las vidas pasadas, en relación con los niños autistas.

Después de expresar su gratitud por el regalo, Mónica dijo: "fue tan obvio el apego al éxito en mi familia, pero no lo vi antes. Cuando estaba con César, tuve miedo del éxito. Yo era 'la que trabajó con César.' Él pudo contestar para mí, rescatándome. No hay casualidades. Escogí un hombre egocéntrico que era como mi Dios, el investigador, el músico, el 'todo.'

Admiro a Daniel por *algunas* características. Me regaña por mi inseguridad. El es muy centrado y muy seco. No compartió su divorcio –un pleito horrible– conmigo. Ahora no puede ver a sus hijos. Daniel trata de no pensar en ellos. Se contradice mucho. Nunca habla sobre la separación de sus hijos, hace siete años." Le expliqué: "Daniel es un espejo para ti. La negación es igual". Terminamos esa sesión verbal con nuevos *insights* y mucha materia para contemplar en la siguiente semana.

Mónica regresó a mi consultorio con una sonrisa: "Estoy muy contenta con la integración. Me diste tu libro en el momento perfecto. Gracias al libro hablé con Daniel sin decirle que era tu libro. Platicamos del autismo y una nueva visión sobre el síndrome. Entonces comentamos de la autora, 'mi psicoterapeuta.' A Daniel le interesa el poder científico de la música. Logré credibilidad sobre mis sesiones de musicoterapia. Platiqué sobre Ángel y mis lágrimas. Daniel no entendió completamente, pero escuchó. Él hizo asociaciones con su propia vida y la necesidad de estar listo para enfrentar la tristeza. Hablamos de la musicoterapia, y ahora él cree en eso. Ahora estamos más abiertos hacia las terapias de cualquier sentido. Me siento bien que ahora Daniel sabe cómo me siento. Hablamos dos horas sobre mis tíos alcohólicos y corruptos y mi preferencia por mi papá menos exitoso."

Mónica reflexionó: "Mi 'hermana gemela' no terminó su doctorado por miedo al éxito, como yo. Fue mejor hacerlo como 'anónimo.' Todavía me da miedo terminar las cosas. A la edad de seis años no terminé la carrera en la alberca. Ahora, a pesar de gozar el proceso de escribir, no quiero enviar mis artículos a la editorial, por miedo de sentirme burlada y vista [en público]. Pero, con más confianza, Mónica dijo: "ahora no necesito ir a los congresos drogada. Tengo menos ansiedad por el congreso que tendré en un mes". Le recordé que no solamente habría cambios en su vida profesional sino también en su relación de pareja. Ella contestó: "quiero una relación menos seca con Daniel. ¿Cómo podría acercarme a él?" Sonriendo, dije: "sería el capítulo dos en nuestra psicoterapia".

La novena sesión de GIM empezó con la pregunta, "¿Cómo puedo superar el miedo de ser vista en público?" Después de seguir mi sugerencia: "rendir el peso del cuerpo al apoyo de los almohadones," Mónica escuchó un programa musical llamado *Creativity* III. Este programa consiste en cuatro piezas con temas melódicos dramáticos para evocar ideas imaginativas. Usé solamente las primeras tres piezas para esta sesión porque Mónica llegó a un punto de integración después de 32 minutos de música.

["El idilio de Siegfried" de Wagner] (¿Qué está pasando?) Me veo en un vestido azul como ponente en un congreso en frente de todos mis profesores. Atrás está mi papá que yo sé me va a ayudar. (¿Cómo te sientes?) Bien, con confianza en papá. César por supuesto está allí. Se va a ir. Algo falta. No es tan claro como en otras sesiones [de gim]. César se levanta y se va, ni de malas ni de buenas. A mí no me importa. Es importante. Voy a tratar de hablar en inglés. No siento mucho la música ahora, pero voy a tratar. No puedo porque me duele la mandíbula. Es mi "talón de Aquiles" cuando necesito presentar. [Subo el volumen de la música.] Empiezo a hablar en inglés. Me siento tensa. (¿En qué parte del cuerpo lo sientes?) En la boca y las piernas. Siento mucha tensión. Prefiero salirme. Salgo del salón. (¿Cómo te sientes saliendo?) Mal. Yo sé que no debo salir, pero no sé qué hacer. (Quédate así un rato.) Mi papá se acerca y me empuja diciendo que no debo sentir miedo. Veo a Daniel sentándose. Y regreso al salón. Me estoy preparando para hablar. Ahora sí sale la voz. (Siente eso en todo tu cuerpo.) Ya lo hice bien. Ya no hay profesores míos entre los oyentes. Son mi colegas de Singapur. ¡Sí pude! (Repítelo) ¡Sí pude! Y mi amiga de Singapur sonríe. Se quita la tensión que tuve antes porque terminé. Un señor me hace una pregunta en inglés que no entiendo. Le digo: "hable más lentamente". Cuando habla más lentamente puedo entender y contestar. Me empieza a doler otra vez la mandíbula. Termino y salgo del salón a un pasillo. Camino lentamente, a gusto. (Siente eso en tu cuerpo.) Me siento en una mesa con mucha gente en un jardín. Empiezo a hablar con la gente. Es una fiesta con gente bailando. Daniel viene de otra mesa para bailar conmigo. Estoy bailando. Veo una mesa llena de los fisiólogos que estuvieron entre los oyentes al principio. Los veo muy lejos. Estoy bailando con Daniel y no con César. La división es clara. (La división es clara.) Daniel me va a dejar a mi mesa. No sé quien está allí, quizás la persona que me invitó a Singapur.

["Symphony núm. 2" de Hanson] Me siento rara, con tensión en el pecho, porque sé que la gente está hablando en inglés. Me veo a mí misma hablando con una persona. (¿En inglés?) Supongo. (Siente eso.) Sé que tengo que levantar y subir a donde están los músicos. Toda la gente me ve. Pero no pasa nada. (¿Cómo te sientes?) Bien. La gente no me presta atención. Hablo en el micrófono. En una mesa está mi papá riéndose. Empiezo a hablar. Toda la gente pone atención. No sé si hablo en inglés. Voy a tratar de hablar en inglés. Tengo tensión en la boca. (Concéntrate en eso.) Otra vez tengo que dar una conferencia. Hay una pantalla en el aire libre de la fiesta. Empiezo a hablar bastante bien. Está llena de gente. Otra vez me duele. (Piensa en el dolor.) [Pausa] Estoy nadando en el mar con mi visor. Estoy muy a gusto viendo los peces de muchos colores. Empieza a bajar la tensión. Voy saliendo del mar. Cuando voy a la superficie otra vez veo a la gente de la fiesta.

["Sospiri" de Elgar] Estoy en traje de baño mojado. (¿Cómo es?) La gente no se da cuenta. Nadie me ve. (Di eso otra vez.) *Nadie me ve*. Me siento en mi mesa para secarme. No me importa que soy la única persona en traje de baño. Incluso me voy a acostar. Me siento cómoda como si estuviera en la playa, pero estoy en la fiesta. Otra vez Daniel me busca para bailar. No me importa llevar el traje de baño. No pasa nada. Me pongo una ropa encima y me voy. Me siento bien. (Quédate así.) [La música para.] Tengo la imagen de poner flores en una tumba. (Podrías continuar con eso en un sueño o en la próxima sesión de GIM.)

Durante el postludio, Mónica se dio cuenta de que "nadie me ve." Cuando ella se quejaba del dolor físico, le dije: "es un hábito viejo y no va a desaparecer inmediatamente." Sugerí que ella tratara de no engancharse tanto con las sensaciones del dolor, solamente las notara de una manera desapegada. Entonces Mónica comentó: "mi papá está siempre ayudándome en mis imágenes". Afirmé: "es tu aliado espiritual". Antes de terminar la plática, le di a Mónica una copia de la transcripción de su viaje musical y le pedí, como tarea, escribir sus asociaciones.

Como una profesora responsable, Mónica me entregó, anterior a su décima sesión de GIM, dos hojas llenas de asociaciones y sueños relacionados con sus experiencias transpersonales de la semana pasada. Leí sus palabras escritas con mucho interés: "Tuve un episodio de sonambulismo. Además me levanté a escribir mi sueño, pues si me esperaba a que amaneciera, se me iba a olvidar. De hecho, cuando leí lo que escribí, me quedé sorprendida, pues solamente me acordaba de la cuarta parte:

1:45 am: ¡Tengo miedo! [Los verbos fueron cambiados al tiempo presente] Mi tío Toño está sentado en su sillón, tapado como inválido. Habla con muchísimos trabajos y no se entiende nada (creo que es cierto que no se le entendía cuando hablaba). El caso es que me acerco para saludarlo con todo respeto, cuando se empieza a desfigurar y a convertirse en monstruo. Luego, algo pasa en mi cuello, no me acuerdo qué es, pero me quita algo de ahí, y eso quiere decir que estoy curada del [bloqueo sobre el] inglés. Me levanto con taquicardia a hablarle por teléfono a alguien para avisarle, cuando me doy cuenta que es una pesadilla y que estoy dormida. Me despierto, se me quita el miedo, y ahora me regreso a la cama.

2:30 am: Sueño que estoy acostada y me quiere llevar "el diablo". Me está jalando para llevarme con él. Supongo que el diablo es el tío Toño, pues ya se ha convertido en monstruo. Sé que tiene que venir alguien "bueno" para contrarrestar al diablo y poderme salvar. Estando dormida, me pregunto si ese "bueno" podría ser mi papá, como en mis viajes musicales, pero no tengo respuesta. En este momento me despierto con mucha ansiedad porque no sé quién va a ganar.

No puedo regresar a mi cama porque tengo muchísimo miedo, miedo de apagar la luz y que se vuelva a aparecer "el diablo". En otras palabras, tengo miedo de que me pase algo; es como miedo a morirme. ¿Qué quiere el diablo? Claramente es una lucha de poderes: El diablo contra "el bueno" (supongo que son mi tío Toño contra mi papá, pero ¿por qué no veo a mi papá?)

Por más que quiero regresar a mi cuarto no puedo; todo me tiembla. Tengo miedo hasta de moverme, como si cualquier movimiento fuera letal. Son las 2:45 am. Ya me puedo mover, así que me regreso a la cama.

4:15 am: Primero tengo un sueño con cuatro colores fuertes. Sé que es importante pero no puedo despertarme para apuntar (cuatro cuadrantes, uno de cada color). [Entonces] vuelvo a soñar con el diablo. Cuando llego a la mesa, han desaparecido las hojas en las que escribí hace un rato. Estoy muy extrañada; aparece Ángel; me sujeta impidiendo que me levante de la silla. Conforme me toca, me empieza a transmitir 'algo' que me hace temblar sin poderme controlar, como si fueran estímulos eléctricos. Tiemblo tanto que me despierto, tengo una parálisis de sueño (por primera vez en mi vida). Cuando por fin me puedo mover, prendo la luz y ya se me quita el miedo. Ahora ya estoy tranquila, como si la "energía" que me pasó Ángel me hubiera tranquilizado, así que ya voy a apagar la luz. Es muy extraño, pero siento como si esa energía que me pasó Ángel (no mi papá) hubiera contrarrestado los efectos del monstruo-tío Toño."

Al fin de este reporte tan sorprendente, como una profesora sistemática, Mónica incluyó un resumen de lo que había cambiado en su vida desde la iniciación de sus sesiones de GIM:
"Estoy muy contenta, pues la musicoterapia está al punto de terminarse y yo ya soy capaz de hablar en inglés, le puedo ganar a la figura del tío Toño. La terapia superó por mucho mis expectativas:
1. Me despedí de Alicia [mi hermana fallecida desde hace un año].
2. Enterré a César [figurativamente].

3. Reforcé las diferencias tan claras entre mi relación con César (dependencia total) y mi relación con Daniel (solidario, compañero). El hecho de que Daniel me llevara a despedirme de Alicia fue lo mejor que me pudo haber pasado.

4. Mi papá me dio a entender que de aquí en adelante él va a ser como mi "guía en la vida", en lugar de César. Y, a diferencia de César, con mi papá nunca me voy a pelear, así que no me va a volver a pasar lo mismo.

5. [Ahora sé] los motivos de mi inseguridad profesional y mi bloqueo para el inglés. Confío en que eso ya esté terminado.

6. Lo más importante que todo: Me acordé que mi compañero de la infancia fue Ángel, que lo quise, y que me duele mucho que muriera."

Aunque yo había tenido mucha fe en el poder de la psicoterapia transpersonal para estimular el desarrollo personal y el crecimiento espiritual, los cambios tan fuertes en la conciencia de Mónica, durante solamente nueve sesiones de GIM, me asombraron.

Cuando llegó a mi consultorio para la última sesión en nuestra serie de GIM, Mónica habló sobre su narración escrita:

"Durante toda mi infancia tuve sonambulismo, y durante mi adolescencia tuve terrores nocturnos, con taquicardia y sudor, sin pesadillas. Es hereditario. Papá también tuvo terrores nocturnos. Eliminé mi sonambulismo cuando me mudé a Veracruz en una casa no familiar. Hace una semana tuve un sueño importante y me levanté por primera vez desde hace por lo menos 14 años. La energía de Ángel me protegió contra el diablo. Por fin pude dormir porque Ángel le ganó al tío Toño. Ángel era como un ángel extraterrenal."

Mónica tuvo frustración por no poder recordar los cuatro colores en uno de los sueños reportados. Usé un ejercicio breve de la imaginación guiada para recuperar la memoria de ese sueño. Le sugerí: "cierra los ojos y trata de entrar otra vez en el mismo sueño para sentirlo claramente". Casi inmediatamente Mónica notó, con sorpresa: "veo todos los colores fuertes y brillantes, con rojo y amarillo a la izquierda y verde y azul a la derecha. En el cuadrante, el rojo está arriba del amarillo, y el verde está arriba del azul." A pesar de recordar los colores, ella no pudo encontrar un significado personal para ellos. Pero comentó: "durante la sesión pasada supe que la imagen de la tumba era de César y no me dolía." Le expliqué: "es tu liberación [del pasado]".

Mónica empezó la parte formal de la sesión de gim con la pregunta: "¿qué significa la imagen de Ángel para mí?" Acostada, con los ojos cerrados, escuchó mi inducción, en la cual sugerí que una luz del color de su preferencia [naranja] estuviera absorbiendo todo lo que ella no necesitara en su cuerpo y su mente. Escogí un programa de música llamado "Peak Experience", diseñado por Helen Bonny con piezas espiritualmente elevadas para apoyar los viajes interiores trascendentes. El programa duró aproximadamente media hora.

[Andante del "Concierto para piano núm. 5" de Beethoven] Está Ángel tocando esta canción en el piano. (¿Y tú, qué haces?) Estoy observándolo. Mientras él toca miro al cielo. (¿El se percata de tu presencia?) Sí. Está enseñándome cómo suenan las teclas. Ahora estamos tocando los dos. (¿Cómo te sientes?) Bien. Ya dejamos de tocar. Él se levanta y me quedo sola tocando. (¿Y él?) Él sigue viendo al cielo, pero camina como si estuviera siguiendo a alguien con un papalote. Él se aleja más cada vez. Sigo tocando el piano. Ya no quiero tocar, pero me quedo sola al piano. (¿Cómo es estar sola?) Es triste. [Llora.]

["Gloria et in Terra Pax" de Vivaldi] Siento como si aún estuviera. Ya quiero que se acabe de ir. Finalmente se mete en una cueva. Me quedo afuera y Ángel permanece en la cueva. (¿Cómo es quedarte afuera?) Más tranquila. La cueva se cierra con piedras grandotas. Entro en la casa porque ya se fue. Siento que ya la casa va a ser igual. Todas estas imágenes eran de mi niñez. (¿De qué edad?) 12. Ahora estoy creciendo cuando subo las escaleras de la casa. Empiezan a crecerme los senos y estoy cada vez más hecha una mujer. Del lado izquierdo está César como monje, más y más lejos. Daniel está al otro lado, a la derecha. Está cerca de mí.

["Adagio en Do" de Bach] Entro en lo que fue mi cuarto [como niña]. Ahora es la biblioteca con libros, hay un escritorio. Empiezo a leer sobre cosas nuevas para mí, muy interesantes. Mi papá está enfrente explicándome. Cierro el libro después de aprender algo. Me levanto y veo por la ventana la cueva lejos. No puedo abrir la ventana. Me bajo y me salgo por la puerta [de la casa]. Estoy sentada en una banca al aire libre mirando el cielo como buscando a alguien. No veo a nadie. Me levanto.

["In Paradisum" del *Requiem* de Fauré] Oigo el coro. Ya no está dirigiendo el coro el "monje César". En este coro hay niños, ya no castrados ni dominados. Cantan libremente lo que quieren, y no lo que quiere César. Los niños están vestidos de rojo y se ven muy libres. (¿Cuántos años tienen?) 10 años. Los veo. Me salgo de la iglesia y los sigo oyendo. Veo la tumba de César otra vez. No me importa. Voy a dejar algunas flores. Quiero ver el nombre: "César", pero no puedo porque la tumba está polvosa.

["Preludio al Acto I" de *Lohengrin* de Wagner] Se empieza a aclarar la letra. Es el nombre de César. Me voy. No siento tristeza. Me acerco a la cueva donde está Ángel. Está cerrada completamente con piedras. Me espero afuera. Una rendijita se abre. Es totalmente oscuro. Sé que Ángel está al fondo. Me da miedo entrar. (Siente eso.) Ya no está tan oscuro. Puedo entrar y veo a Ángel muy lejos de mí. Me pide que me acerque. Él está sentado en una silla grande como el Papa. Está bien iluminado. Me siento junto a la silla en el cielo y él me toca. Todo se ilumina cuando me toca. (¿Dónde?) En la cara. No lo puedo tocar. Me levanto como si yo fuera chica y él grande. Él puede ver todo el mundo desde su cueva y me enseña. Ve toda la gente que existe, me suelta y me manda para allá. Me suelta después de cargarme en la palma de su mano gigante. Ya me voy. Dejo de ser chiquita. La cueva empieza a cerrar. Estoy otra vez con gente como yo, no gigante como era Ángel. Ahora veo la tumba de César claramente. Doy la vuelta y veo la cueva de Ángel, quien tiene poder para darme energía. El poder está con Ángel y César no tiene nada porque se murió. (Quédate con este *insight*.) [La música para.]

Durante el postludio de la sesión, Mónica estaba asombrada por las imágenes trascendentales de su viaje musical. Ella dijo: "Ángel tiene el poder espiritual. Quizás Ángel estaba dirigiendo el coro de niños bonitos y libres. Ángel representa la luz. César representa la manipulación. Tío Toño representa la corrupción y el alcoholismo. Daniel representa el apoyo para mí. Papá representa lo bueno". Le advertí: "Ángel es tu alma gemela espiritual. Es el momento para que leas sobre los arquetipos del *animus* y *anima* por Carl Jung. Ángel representa la luz, la parte iluminada dentro de tu psique".

Terminamos la serie de 10 sesiones de GIM en una manera sorprendente y maravillosa. Mónica no solamente había sanado su fobia sobre el uso del inglés en los congresos profesionales, sino que había aprendido la causa psicodinámica de su miedo irracional. Después de tres meses de musicoterapia, ella pudo desapegarse de su obsesión con su ex-novio César y apreciar más plenamente los atributos de Daniel, su novio actual. Durante sus sesiones transpersonales, Mónica integró las partes conscientes e inconscientes de su vida y descargó las lágrimas congeladas por 20 años desde la muerte de su querido hermano Ángel. Esta profesora científica y racional estaba aprendiendo cómo incorporar su parte emocional y espiritual para gozar sus experiencias sin tanta prisa y autoexigencia. Ella terminó su serie de musicoterapia con confianza en sus capacidades para mejorar su relación de pareja y tener éxito profesional. Con mucho valor y dedicación a su proceso terapéutico, ella realizó una transformación impresionante que no había alcanzado en seis meses de psicoterapia tradicional. Con mejor reconocimiento y gratitud por los valores heredados de su padre, Mónica sintió dignidad sobre su propia manera de vivir.

Bibliografía

Bonny, H. (1978), *Facilitating GIM, Sessions*, Baltimore, ICM Books.
_____ (1994), "Twenty-one years later, A GIM update", en *Music Therapy Perspectives*, núm. 12, pp. 70-74.
_____ (2002), *Music and consciousness: The Eevolution of Guided Imagery and Music* (L. Summer, ed.), Gilsum, NH, Barcelona.
Bruscia, K. y D. Grocke (eds.) (2002), *Guided Imagery and Music: The Bonny method and beyond*, Gilsum, NH, Barcelona.
Burns, D. (2002), "The Effect of Classical Music on the Absorption and Control of Mental Imagery", en *Journal of the Association for Music and Imagery*, núm. 7, pp. 34-43.
Clark, M. (1991), "Emergence of the Adult Self in Guided Imagery and Music (GIM) Therapy", en K.E. Bruscia (ed.), *Case Studies in Music Therapy*, Gilsum, NH, Barcelona, pp. 321-332.
Clarkson, G. (2003), [Copia de una sesión.] Datos sin publicar.
_____ (2000), *Soñé que era normal: La travesía de una músico-terapeuta dentro de las esferas del autismo*, México, Alfaomega.
McKinney, C.H. (1990), "The Effect of Music on Imagery", en *Journal of Music Therapy*, núm. 27, pp. 34-46.
Osborne, J. (1981), "The Mapping of Thoughts, Emotions, Sensations, and Images as Responses to Music", en *Journal of Mental Imagery*, núm. 5, pp. 133-136.
Summer, L. (1988), *Guided Imagery and Music in the Institutional Setting*, Saint Louis, MO, MMB Music.

PARTE 4

APROXIMACIÓN ANTROPOLÓGICA

La autoconciencia y la ampliación de los niveles de conciencia

José Eduardo Tappan Merino
Escuela Nacional de Antropología e Historia de México

Un trabajo, cuando no es al mismo tiempo una tentativa de modificar lo que se piensa y aun lo que se es, no resulta divertido [...] trabajar, sin embargo, es comprometerse a pensar otra cosa que lo que se pensaba antes.
Michel Foucault

Sobre la naturaleza del problema y las dificultades de dar cuenta de él

Existe una bibliografía muy grande sobre lo que es la ampliación de los niveles de conciencia, sin embargo, las diferentes perspectivas sobre este tema, por lo general, lo tratan desde una dirección que podríamos llamar poco rigurosa. William James, el padre de los psicólogos norteamericanos, insistió una y otra vez en que "nuestra conciencia normal de vigilia" no es más que un tipo especial de conciencia, en tanto que en derredor de ella, y separadas por la más tenue de las pantallas, se extienden formas de conciencia totalmente diferentes". (Ken, 1984.) Ese es el principal problema, concebir a la conciencia como pantalla o pantallas en donde se reflejarán la realidad (interior o exterior). Por ello suponemos que debemos cambiar el tipo o las características de las pantallas para percibir de mejor manera o más ampliamente la realidad. Sin embargo, en la conciencia no hay nada pasivo, no se trata de una proyección de la realidad, no es una pantalla que pueda o no ser impactada por los acontecimientos de la vida, la conciencia es un efecto, no una causa. Es decir, participa activamente en la conformación de la realidad interior como de la exterior, la conciencia es una construcción, no algo que se encuentra originariamente en el humano; la conciencia, como la realidad, se van conformando con la manera en que nos insertamos en el mundo, especialmente a partir del lenguaje. Se trata, por lo tanto, de situar a la conciencia como aquello que nos delimita y confiere identidad. Para entenderla hay que ir por un camino largo.

En primer lugar será necesario dirigirnos al significado del concepto de conciencia, ya que es a partir de esta problematización que se desprenderán las posibilidades y características de su ampliación. También será necesario investigar sobre la autoconciencia, por lo que en este trabajo realizaremos otras aproximaciones a ese problema de la conciencia para desarrollar y acercarnos a un adecuado nivel de complejidad, que ni lo trivialice ni lo complique demasiado.

En general, el asunto de la conciencia ha sido visto como una característica propiamente humana. Los seres humanos somos los únicos que la poseemos dentro del mundo animal. Sin embargo, esta idea cada día es más discutida, las investigaciones de los etólogos han arrojado alguna información que cuestiona radicalmente la manera en que abordábamos el asunto de la conciencia. ¿Los animales tienen conciencia? Es evidente que si entendemos como conciencia la característica humana de discernimiento, la respuesta es simple: los animales no la tienen. Si la pregunta rebasa el ámbito antropomórfico y antropocéntrico, entraremos en un territorio complejo y profundamente interesante, donde el concepto muestra matices insospechados.

El estudio del comportamiento de los monos nos está proporcionando datos que trastocan enormemente la visión que teníamos de los animales y de nosotros mismos. Los investigadores japoneses para estudiar a los macacos en espacios abiertos como la playa, les ponían unos tubérculos para que bajaran de las zonas boscosas y convivieran en áreas de fácil observación. Lo que descubrieron es que una hembra remojaba la raíz en el mar para quitarle la arena adherida, ésta poco a poco descubrió que la sal del mar mejoraba el sabor. Esta conducta fue imitada por otros miembros del grupo, a este fenómeno se le llamó "el mono 100". La investigación continuó y se buscó forzar mayor convivencia a la orilla de la playa. Se arrojaron granos, ya que tardarían más tiempo en separar el grano de la arena, se encontraron que una hembra del grupo al observar que los granos flotan en el agua, simplemente tomó puños de semillas y arena, y se metía en el mar para arrojarlos en el agua, lo que le permitió tomar las semillas con mucha facilidad, fenómeno que después fue imitado y constituido un aspecto cultural de ese grupo de macacos.

Aparecen las preguntas: ¿tenían conciencia de lo que estaban haciendo? La respuesta es obvia: sí. Sin embargo, vemos que lo que entendemos por conciencia debe ser ampliado, y no reducido al problema de la racionalidad. Se puede tener conciencia sin que se tenga un saber racional de ésta. Sabemos también que los orangutanes son esencialmente seres sociales, que su comportamiento y habilidades de sobrevivencia se encuentran más determinadas por la educación que por la información genética. Sabemos ahora que existen clases sociales y que las prebendas y los beneficios son diferentes si se está en una u otra de estas clases. Las crías aprenden maneras de localizar fuentes de agua en las alturas, a construir techos con hojas, a transformar algunas superficies para que sea más cómodo su pernoctar, sobre lo que se puede comer y dónde encontrarlo, etcétera. Resulta muy interesante que la capacidad de ascenso social esté determinado por el nivel de instrucción y destrezas aprendidas, conforme mayor sea la información y habilidades, mayores posibilidades se tienen de escalar en su sistema social.

Investigar a orangutanes hembras y machos implica un estudio muy complejo, ya que se requiere trasladar el equipo de investigación a la copa de los árboles, que es donde se realiza su vida social.

Por otro lado, la vida de los chimpancés es sorprendente, los descubrimientos superan todas las expectativas formuladas; anteriormente, al estudiar a los chimpancés en cautiverio, se suponía que lo que se observaba en esas condiciones era generalizable a la vida salvaje. Hoy se sabe que estábamos equivocados, podemos hablar con claridad de naciones de chimpancés y de diferencias culturales entre cada una de estas naciones. Sabemos que existe una organización social sumamente compleja en la que se encuentran presentes, suborganizaciones de caza, de defensa del territorio, en donde existen diferentes herramientas arcaicas empleadas con variados propósitos, existen relaciones de parentesco, clases sociales e incluso guerras entre naciones de chimpancés. El llamado macho alfa es quien lidera a cada una de las "naciones", una exhibición de fuerza y violencia, exigiendo la sumisión de los miembros de su grupo hasta que alguno de los machos jóvenes se siente con la fuerza y el poder suficiente para derrocarlo. Existe una especie de chimpancés llamados *gonogos* o *gonobos*, son un poco más pequeños que sus primos; sin embargo, existen diferencias importantes. En general, la dominante aquí es una hembra, el lugar que tienen los desplantes de violencia y las relaciones de sometimiento son remplazadas por la sexualidad. Esta observación dispara un gran número de preguntas que aún no se alcanzan a responder. La pregunta que resulta de mayor interés para este ensayo es sobre la conciencia de estos simios. Si estamos de acuerdo con que su reacción no es el efecto espontáneo del contacto con la naturaleza, esto implica cierto plano de subjetividad, vemos entonces que no son simples rehenes de los instintos. Sabemos que sienten y sufren, que las madres chimpancés no son indiferentes a la muerte de sus vástagos. Resultará claro que su convivencia con la naturaleza depende directamente de lo que aprenden, pero no saben lo que ignoran. Se sabe lo que se sabe, aprenden en la infancia y la adolescencia, al tener la edad adulta llegan a un límite en el que no pueden aprender más, condición que es diferente en los humanos.

Cualquier perspectiva que se tome para analizar la conciencia en los seres humanos se desprenderá de la autoconciencia, es decir, en la medida en que somos conscientes de nuestra conciencia y de nuestra existencia. La conciencia es accesible para nosotros en el momento en que tenemos una distancia subjetiva de la misma. Esto significa poder mirarnos desde la perspectiva en que lo propio pueda ser cuestionado, problematizado. Al poder escapar de las certezas y afirmaciones de que las cosas son lo que son, se podría decir que la conciencia será percibida si se hace a partir de criterios en un cuerpo metodológico, visto a partir de un cierto "lente", "nada es verdad o mentira todo es según el color del cristal con que se mira". Quizá podríamos ir más allá, al decir que la conciencia es el cristal, mientras que hacer conciencia significa examinar ese cristal, sus impurezas, sus fracturas, sus puntos opacos, su color. Todo esto determinará lo que se mira, lo que se piensa, y será indispensable hacer explícito que existe ese cristal que determinará incluso lo que se tome como verdad o mentira.

La conciencia también es una perspectiva, una posición asumida explícita o implícitamente. Esto significa que la conciencia podrá ser entendida por el lugar y la manera en que se enfocan las cosas, por los parámetros desde los que se juzgan y se realizan las lecturas del mundo y de nosotros mismos. Sin embargo, es complejo estudiar lo evidente, lo cotidiano, podemos decir que la mismidad sólo es asequible si incluimos la dimensión de la otredad, de la alteridad. Se puede ver mejor el propio país desde el extranjero, nuestras costumbres resultan más claras a partir de examinar otras formas de vida, al estar frente a otros pueblos, por contraste, aparece de manera más evidente, lo propio al ser ya costumbre, rutinario, deja de ser claro y se mimetiza con el demás entorno de nuestras vidas.

La mejor manera de ocultar algo es ponerlo a la vista, al alcance de todos, como un paisaje que siempre miramos. Por ejemplo, en el habla se produce desgaste por el uso, esto impide conocer el valor que tiene nuestra geografía, nuestro vocabulario, nuestras costumbres, se pierde la dimensión metafórica. Se trata de profundizar sobre la manera en que miramos las cosas, regresarle su valor prístino a nuestras perspectivas del mundo, a nuestras ideas particulares y culturales de nuestro paisaje, idioma, etcétera; es decir, todos los elementos que integran nuestra cultura.

A lo largo de la historia de Occidente, quizá se encuentren aproximaciones sobre el tema de la autoconciencia en la filosofía; sin embargo, es hasta Descartes que al proponer su famoso: "pienso luego existo", se trasladó ya como objeto de la especulación filosófica. Es la posibilidad de reflexionar sobre la reflexión, sobre el pensamiento mismo que puede confirmar la existencia. Aquél que es incapaz de pensar su propia existencia puede no darse cuenta de que existe, así sucede con los animales para quienes su existencia no tiene ningún sentido, no saben que existen. Están atrapados a la fuerza de los instintos y de la supervivencia, no saben lo que saben ni tampoco lo que ignoran. Son un engrane más de la compleja maquinaria de la naturaleza. Es decir, hacerse consciente de la existencia es la única posibilidad que ofrece la filosofía; sin embargo, no es la única que proporciona Occidente para la existencia misma, la garantía de la existencia se encuentra en el pensar, supone la filosofía, como instancia sobre la que puede gravitar nuestra conciencia.

Los diccionarios definen a los humanos como "animales racionales". El yo es el centro virtual donde se sitúa el eje de coordenadas de nuestro pensamiento: pienso racionalmente mi existencia y la de aquel otro. El yo se transforma en el centro, y la razón o la racionalidad en el punto de apoyo de nuestro pensar y de nuestro existir. Se trata, por lo tanto, de hacerse consciente del sí mismo, de hacer que el yo se expanda y se apropie de todos los actos, aun de los involuntarios o automáticos. El yo intenta definir lo que es propio e identificar lo que no es; definir e identificar lo irracional son también producto de la racionalización de la conciencia, lo característico de nuestra persona, lo que señala nuestra singularidad en el mundo, en pensar individual, nuestra propia perspectiva del mundo.

Toda la arquitectura del pensamiento moderno se fundamenta y gira alrededor de la razón-conciencia, la filosofía pone como sinónimos a la razón y a la conciencia. Ambas intentan despojarse del "lastre" de los sentimientos, de los prejuicios, es decir, esta perspectiva de escudriñar al mundo y a la condición humana desde la conciencia de la conciencia y la racionalidad, han construido a la filosofía y a la ciencia, que son presupuesto, hijas legítimas de este desarrollo histórico occidental. Sin embargo, es importante desentrañar el intrincado sistema que se pone en juego frente a este asunto de hacer consciente la conciencia, de ser consciente, de concientizar.

Para explicar a la conciencia, los esfuerzos se han dirigido especialmente a la esfera de la educación, informal y formal. Se tienen por ejemplo los primeros momentos de la socialización, en donde los procesos mentales se ponen en juego primero para apropiarnos del entorno y poder establecer juicios cada vez más complejos y abstractos. Jean Piaget (1970) distinguió cuatro etapas o estadios en el desarrollo intelectual del niño. La primera es el estadio *sensoriomotriz*, que abarca aproximadamente desde el nacimiento a los dos años, en este periodo el niño se ocupa principalmente de adquirir control motor y conocer los objetos del mundo físico, pero aún no forma símbolos de estos objetos, es decir es incapaz de generar abstracciones. El segundo periodo es el *preoperacional*: parte de los dos a los siete años aproximadamente. Durante este tiempo el niño adquiere las habilidades verbales y comienza a elaborar símbolos de los objetos, es decir, la posibilidad de nombrarlos; pero en esta fase, sus razonamientos ignoran el rigor de las operaciones lógicas. Después, la etapa tercera es de las *operaciones concretas*: de los 7 a los 12 años, cuando el niño es capaz de manejar conceptos abstractos como los números, también puede establecer relaciones. El niño trabajará con eficacia siguiendo las operaciones lógicas siempre y cuando lo haga con símbolos referidos a objetos concretos y no abstractos, con esto último aún tendrá dificultades. De los 12 a los 15 años (edades que se pueden adelantar por la influencia de la escolarización), desarrolla la etapa operacional formal: operará lógica y sistemáticamente con símbolos abstractos, sin una correlación directa con los objetos del mundo físico. Para Piaget no toda la población llega a este nivel.

La propuesta de Piaget (1970) fue llamada epistemología genética, la cual responde a las preguntas: ¿cómo conocemos? y ¿qué somos capaces de conocer y de entender?, muestra la manera en que intervienen los diferentes periodos de la infancia en la constitución de una inteligencia normal. Para la mayoría de los estudiosos, la conciencia es simplemente efecto de estos procesos de conocimiento, que se van constituyendo en diferentes periodos del desarrollo psíquico y mental del niño, y de los diferentes mecanismos que se van implementando para lograrlo. Es decir, la conciencia es un subproducto, son los residuos resultantes de la información que se tiene y de las heurísticas (concebidas como las astucias de la razón que se ponen en juego para allegarse información o conocimientos). Entendemos con lo anterior, y de manera preliminar, que las posibilidades, los límites y las características de la conciencia, se encuentran determinadas en una importante medida por la manera en que en la infancia se pudieron allegar o imposibilitar procesos o estímulos. Esta conciencia puede ser comprendida, también, como una perspectiva desde la cual nos relacionamos con el mundo y con nosotros mismos, además de que en la edad adulta no sólo se tratará de aumentar cuantitativamente los estímulos sino las posibilidades de articularlos y transformarlos en experiencia. Se trata, por tanto, de la manera de hacerse de nuevos conocimientos, de articularlos, incluso de modificar nuestras formas de vida.

Con lo anterior, hemos tratado de presentar los diferentes niveles de conciencia desplegándolos en tres vertientes:

a. El primero tiene que ver con la antropología: especialidad de las ciencias sociales que intenta estudiar los diferentes planos de la cultura. Es, además, lo que podríamos llamar la ciencia de la alteridad, la ciencia del otro; y en especial la etnología (rama de la antropología) que intenta sistematizar las preguntas que lanzamos a la otredad. Preguntas que nos regresan como un *bumerang* mostrándonos cosas que no quisiéramos saber de nosotros mismos, incluyendo la manera en que se intenta concebir lo diferente, y las otras perspectivas del mundo y sus formas de vivir; dichas preguntas también nos muestran cómo lo distinto no puede ser sometido a los esquemas y juicios de nuestra propia idiosincrasia, y de nuestra cultura, al tratar de encontrar desde las lógicas propias y las maneras autóctonas, las perspectivas del otro.

b. La segunda vertiente del presente estudio tiene que ver con lo que sería propiamente la conciencia como *Weltanschauung* –imagen del mundo– para entenderla como el efecto de múltiples fenómenos que construyen nuestra manera de estar y de ser en la vida y en la cultura. *Weltanschauung* que (preliminarmente) puede ser traducida como cosmovisión, concepción del mundo, la manera de verlo y de relacionarse con él. La manera de estar, de vivir e interpretar la vida en la práctica. La *Weltanschauung,* término que expresa una "visión" global del conjunto del universo así como la dimensión parcial y local del sujeto concreto; la *Weltanschauung* es lo que el hombre interpone para intentar captar el sentido que tiene el mundo, sus relaciones, el cosmos, su aldea, sus vecinos y su familia para él, se trata por lo tanto de una perspectiva vital, esta palabra alemana subasume y mantiene implícitamente aquello que le sirve como marco de orientación, como conjunto de coordenadas y brújula de su acción práctica. Los elementos constitutivos de esta *Weltanschauung* son las ideas, las creencias, los juicios de valor, las actitudes vitales sean justificadas o no racionalmente y los sentimientos, por lo que no podría ser sinónimo de ideología, idiosincrasia o simplemente de concepción del mundo ya que implica su práctica y más.

c. Para finalizar con los fenómenos mismos que constituyen y determinan a la conciencia, es necesario presentar los límites y características de lo que se reconoce como nuestra propia cultura, analizar qué es aquello que consideramos ajeno, y tratar de descubrir el proceso histórico que se encuentra atrás determinando la constitución de este proceso civilizatorio occidental. Para mantener cierta distancia frente a lo que constituye nuestra mismidad lo haremos desde la perspectiva de la teoría crítica, que resulta no ser del todo complaciente con nuestra propia cultura, muestra de la manera más clara y explícita aquello que reenvía directamente a la autoconciencia y a los niveles de conciencia. Se quiere abordar este problema en un diálogo intercultural, mostrando las salidas que ofrecen y las maneras como enfrentan diferentes pueblos el mismo problema cultural. Sin embargo, sería totalmente falso pensar que los pueblos occidentales son iguales, de hecho comparten un conjunto de elementos fundamentales pero, si bien son muy semejantes, también es importante comprender las diferencias.

Ha sido fundamental en este ensayo no dar por sentado que nuestra perspectiva cultural es la adecuada para dar cuenta de la conciencia. De hecho, ha sido indispensable mostrar que occidente ha generado lo que podríamos llamar, sus propias maneras de entender la conciencia. Es por esto que para poder hablar del camino occidental, ha sido necesario emplear un conjunto de conceptos que pertenecen a los dominios de diferentes disciplinas.

Tomemos como ejemplo que los occidentales son los únicos que se colocan en el lugar más alto de su propia cosmovisión y las comunidades indígenas lo hacen también, cada uno de estos pueblos se concibe a sí mismos como el de los verdaderos hombres; esto los reviste de un fuerte carácter etnocéntrico. Al fortalecer sus creencias y tradiciones cada comunidad ubica sus coordenadas culturales en el centro mismo de su cosmos. Por ejemplo, están las comunidades ubicadas en la antigua delimitación de Mesoamérica en donde la tradición se sigue sin ningún tipo de cuestionamiento, en ocasiones, incluso, sin saber los motivos de un ritual, éste se ejecuta regularmente y sin cambio alguno, ya que se teme a la innovación, a lo que rompe su costumbre; las mejoras, por lo general, son fuertemente criticadas, dentro del prestigio comunitario está la aspiración social individual pero se trata de "mantener intacto el espíritu de la colmena".

Otro aspecto es que frente al racionalismo, que es la perspectiva teórica imperante en las metodologías de investigación, se da por hecho que pensar algo es someterlo a una tarea intelectual; sin embargo, no diferenciamos pensar de intelectualizar o especular. Se considera que estas son las únicas vías para hacernos de conocimiento, olvidando que una parte importante de la tradición occidental propone que existen otras vías y que a partir de éstas las cosas pueden ser comprendidas de otra manera, agreguemos lo que simplemente podría ser la perspectiva más clásica griega que veremos posteriormente.

Antes de explorar lo que es propiamente el concepto de conciencia y su posibilidad de brindarnos conocimiento, debemos comenzar por preguntarnos cuáles son las herramientas con las que contamos para realizar esta tarea. Es decir, de qué manera podemos acercarnos a la conciencia y al conocimiento, se trata de ¿pensarlo?, ¿intuirlo?, ¿sentirlo?, ¿nos será revelado? Existen diferencias, algunas sutiles y otras abismales, entre aprender la realidad o interpretarla; entre verificar nuestros sistemas cognoscitivos y cuestionarlos; entre construir esquemas o dejarnos habitar por sensaciones y sentimientos. Se trata de ver en la experiencia de aprender y aprehender los fenómenos y las diferencias que existen entre lo que conforma: pensar, conocer, intelectualizar, saber, entender, comprender y explicar algo. Además, si vamos a analizar las formas de conciencia occidentales y no occidentales a partir de los parámetros occidentales contemporáneos, implica necesariamente una tergiversación de los fenómenos en estudio, es por esto que a continuación revisaremos las herramientas con las que contamos para realizar este análisis.

Descubriremos que bajo nuestra tradición cultural se dice que se piensa cuando en realidad se intelectualiza, esto resulta evidente según los factores que se exaltan cuando nos embarcamos en la tarea del conocimiento. En realidad, en muchas ocasiones tiene que ver más con reducir la propia ansiedad y angustia que con obtener la verdad de algún conocimiento. Se trata entonces de un medio analgésico lo que se está buscando al intelectualizar; se sacrifica además la dimensión afectiva, ya que es considerada por nuestro prejuicio como ajena al mismo proceso de conocimiento, de tal suerte que, en nuestra tradición cultural se imprimen tales características al estudiar las formas de conciencia, que de hecho estamos previamente esquematizando para transformarlas en materia susceptible de ser intelectualizada, domesticada y pacificadora. Por ejemplo, si tuviéramos la dificultad de analizar a los animales en sus condiciones naturales de existencia y, entonces, para facilitarnos la tarea tuviéramos que cazarlos y construir un conjunto de suposiciones sobre cómo puede ser su vida salvaje, para así poder llevar nuestras hipótesis al escritorio en donde hacemos nuestras investigaciones. Se trata de evitar hacer lo mismo con la conciencia, por lo que es de vital importancia conocer las herramientas con las que contamos para analizar a la conciencia en su accionar.

En general, decimos que vamos a pensar cuando tenemos un diálogo con nosotros mismos, llamamos a una de estas voces: el súper yo. Esta voz aparece cuando construimos una especie de diálogo con nosotros mismos en el que podríamos imaginar o personificar a dos actores, uno maduro que nos regaña y que supuestamente lo hace para nuestro bien, nos insulta, nos dice cosas terribles, intenta someternos y que sigamos sus instrucciones; ese juego grotesco lo llamamos pensar. Pero esa manera de proceder no nos ayuda, nos confunde más. Es muy reciente que se ha podido teorizar que esa supuesta internalización de las consignas morales, es en realidad una instancia psíquica, llena de ideales imposibles de alcanzar, que se constituyen a partir de satisfacer a los otros, principalmente a nuestras figuras parentales. Esta voz que se escucha, a manera de imperativos categóricos, nos conduce a la esfera de lo irrealizable, de lo imposible, y de la que, por lo tanto, no puede surgir nada bueno. Esta voz es de la muerte, de la destrucción, es cuando nos regañamos y nos fustigamos para hacer algo que generalmente terminará en gran fracaso.

Por el empleo amplio de la palabra se usa de formas diferentes. Cuando se dice: ni pensarlo, significa un no rotundo, se refiere a una idea sobre la que no puede haber mayor detenimiento. Pensar mal, significa hacerse figuraciones y fantasías negativas sobre algo o sobre alguien. El sentido que popularmente se le da a pensar es el de permitirse hacer fantasías, supuestamente realistas.

Sin embargo *pensar*, quiere decir otra cosa, proviene del latín: *pensare*, que significa pesar, calcular, por ello pensar no es una actividad solipsista, requiere de hacer acopio de los factores esenciales para formarse un criterio, lo que lleva a examinar con cuidado las evidencias. En el pensar es necesario obtener información suficiente para formar un dictamen. La lógica es un ejemplo extraordinario de lo que es el mismo proceso del pensamiento. Sólo podemos calcular si tenemos los suficientes elementos para normar un juicio. Pero aparece una pregunta ¿cómo pensar la poesía, cómo pensar el amor, cómo pensar lo que sentimos? Es por esto que existe un conjunto de fenómenos lógicos que tampoco son mesurables, ni tienen criterios cuantificables, ni traen consigo elementos de juicio. No toda experiencia humana es reductible a los procesos de pensamiento, de hecho podríamos decir que son muchísimos los fenómenos que resultan inefables, inatrapables para el pensamiento, por lo tanto también el pensamiento, empleado como método de conocimiento, tiene posibilidades y límites.

Para aprender de la experiencia, para conocer es necesario, antes de considerar que las herramientas que nos proporciona occidente no funcionan y dirigirnos a emplear diferentes planos o niveles de conciencia de otras sociedades, preguntarnos sobre los mecanismos que estamos empleando en nuestra experiencia de conocimiento. Para evitar las ambigüedades y no confundirse de que cualquier actividad mental pudiera ser considerada un pensamiento o algo útil en el aprendizaje, los griegos propusieron regularizar los parámetros de la actividad del pensamiento en leyes generales lógicas. De esta manera se distingue entre las formas correctas de pensar y las incorrectas, que para Aristóteles son tres: *a) principio de identidad*, que tiene que ver con tomar en cuenta el fundamento de cada principio o fenómeno que lo hace ser eso que es, tener claro cuáles son lo elementos que lo constituyen y lo hacen ser idéntico a sí mismo y diferente de otros; *b) principio de no contradicción* que propone que una cosa no puede ser ella misma y su contrario; su formulación lógica es: un enunciado no puede ser a la vez verdadero y falso y *c) principio del tercero excluido* que conduce a que un determinado juicio o pensamiento, o bien es cierto o es falso. Al mismo tiempo contamos con las falacias que son pensamientos de carácter incorrecto pero que aparecen como correctos, también podemos entender a las falacias como maneras tramposas para defender y construir argumentos. En la actualidad, sin embargo, no establecemos diferencias y nuestros procesos mentales son, para nosotros, del todo desconocidos.

Cuando estamos con-fundidos, es decir cuando no tenemos demasiada distancia de los problemas que nos acosan, debemos tomar una distancia de los mismos, sacarlos de nuestras tortuosas cavilaciones, hablar de ellos, exponerlos a otros, eso es *considerar* algo (considerar etimológicamente viene de *con-sideral*, poner bajo las estrellas), se trata de una acción en donde la opinión de los otros es importante: "pongo a su consideración tal problema", considerar es una manera de adquirir un punto de vista, de hecho, al considerar algún problema se trata de hacer explícitos los mecanismos y procedimientos que se emplearon para llegar a los resultados de los mismos.

Debemos diferenciar la operación del pensar de la de considerar, e identificar los otros procesos mentales –intelectualizar, especular, etcétera– supuestamente empleados para hacernos de conocimiento. Freud nos advertía de los peligros de *intelectualizar*: proponía que se trataba simplemente de una defensa del yo, frente a la evidencia de algo que nos angustia, nos atemoriza o nos culpabiliza de manera inconsciente. Cuando actuamos, fabricamos una explicación cuyo propósito es el de pacificarnos, más que el de entender realmente el problema. Se trata de reducir algo a forma o contenido intelectual o racional, sabemos que en la vida las emociones tienen tanto o más peso que las razones, por ello intelectualizar es acartonar, simplificar, empleando únicamente la vía del conocimiento intelectual. De aquí se desprende que el intelectualismo represente una tendencia a expresar lo que son las cosas, sólo mediante conceptos abstractos, y que deje de lado toda consideración concreta y vital de los acontecimientos o de los fenómenos. Esta primacía exagerada otorgada al entendimiento se considera normalmente un exceso, por lo que el término se suele emplear en sentido peyorativo. Sin embargo, es la manera más común de procesar mentalmente la información, cuando la gente dice que debe pensar fríamente en realidad la operación mental que despliega es la de intelectualizar, es en esta acción cuando en general estamos tan preocupados por resolver la angustia que nos causan las dudas o los problemas que no comprendemos, que encontramos entonces respuestas que detienen nuestro proceso mental, destinadas a pacificar la inquietud, más que ha comprender realmente el asunto problematizado.

La palabra *conocer* tiene también varios usos: bíblicamente se emplea para decir que hubo relaciones sexuales, *a* conoció a *b*. En otros usos más comunes se trata de averiguar algo por medio de las astucias de la razón, de las características y comportamientos de la naturaleza, de cualidades y relaciones de las cosas.

Previo al conocimiento es necesaria la ignorancia, el conocimiento supone llenar los huecos que existen debido a la ignorancia. Conocer las nubes, poder leer lo que significan para saber lo que puede suceder, o bien decodificar: ¿lloverá o no lloverá? Conocer supondría que es la manera de hacerse de conocimiento, en este sentido el conocimiento es entendido simplemente como información, como datos, alguien que conoce es alguien que está informado. Por ejemplo, el juez conoce del caso, el samurai no conoció la derrota; tiene que ver con conocer por experiencia vital. Desde el punto de vista epistemológico, el conocimiento es la relación que establece un sujeto cognoscente con un objeto de conocimiento, mediante la cual el sujeto capta, a partir de un procedimiento que se llama metodología de la investigación, la realidad del objeto. El proceso del conocimiento, así entendido, constituye el objeto de estudio de la teoría del conocimiento y por supuesto de la epistemología.

El *saber* se refiere en primer lugar al conocimiento que se desprende de una perspectiva personal, el saber por lo tanto no se basa en la creencia sino en la experiencia, que a su vez implica saborear y obtener sabor; es decir, tener una posición subjetiva frente a un asunto determinado, de manera directa y comprometida, que puede ser independiente de los consensos sociales. Este conocimiento de la experiencia debe salir del marco de la condición sensible, empírica y relacionarse con otras ideas, vinculándose con el acervo del que se disponga (saber popular, escolar, experiencial, artístico, científico, filosófico, etcétera). En el saber se entretejen entonces los conocimientos con base en conciliar lo sensible con lo abstracto, la experiencia con la intuición, diálogos que tocan profundamente a la vida que vive la persona, se trata de aquello que no es necesariamente científico, pero que tampoco es *doxa* (entendida como pura opinión), es algo que si bien no es ajeno a la razón tampoco se explica exclusivamente a partir de ella. Debemos entonces distinguir entre el sabio, el erudito y el conocedor.

La sabiduría es el arte de la apropiación de los conocimientos, en donde el sujeto y su experiencia de la vida participan activamente, esta búsqueda de integridad entre la experiencia degustada, masticada y digerida, así como entre la opinión propia y la tradición (no siempre en concordancia, ya que en muchas ocasiones ejerce una actitud crítica), la pasión y la razón, vistas como la llamada actividad superior de la conciencia; es decir, el saber es la capacidad de realizar sucesivas y variadas aproximaciones al objeto de conocimiento desde diferentes direcciones implicando distintas posiciones. Por ello debemos diferenciar entre el que sabe y el conocedor, conozco la música de Mozart, es diferente de: sé de la música de Mozart. El saber implica la posibilidad de una acción práctica, el conocer no.

Los griegos distinguían dos clases de sabiduría (que era la meta máxima de sus vidas): la *sophia* que trata de una sabiduría teórica, contemplativa, diferente al de la *phrónesis* que se trata de una sabiduría práctica cercana de la *techne,* en donde si bien se encontraban diferenciadas los grados más altos de saber, la sabiduría consiste en articularlos con la experiencia práctica. En este sentido, la sabiduría no es en realidad un ideal, se trata de una manera de ser y estar, por lo tanto, es un efecto de la manera en que se vive la vida, es un producto de lo sensible y requiere de la participación de la experiencia, es posible hablar del saber en el que se encuentre implicada la verdad, por ejemplo: eso es amargo, eso dulce, etcétera.

Entender es percibir el sentido o significado de algo, "al buen entendedor pocas palabras"; entender es percibir las tendencias, las direcciones o los sentidos manifiestos o latentes de los fenómenos. Entender algo no implica pensar, comprender, justificar o aceptar, queda a nivel superficial del intelecto y no necesariamente dentro de nuestros sistema ético o de valores, se trata de un juicio de nuestra razón. Entender se refiere a una manera de pensar: "a mi entender"; es decir, sería uno de los primeros pasos en los procesos intelectuales del conocimiento, en la labor del entendimiento es indispensable tener primero una descripción, una expresión fenomenológica que nos ayude a entender para luego entretejer las relaciones que existen con otros fenómenos. Sin embargo, si por ejemplo se le da una instrucción a una persona y se le pregunta ¿entendiste lo que tienes que hacer? podría responder que sí, pero esto no implica necesariamente que comprenda por qué lo hará, es posible que pueda estar o no de acuerdo, incluso puede parecerle injustificable, pero sí entiende lo que tiene que hacer.

Comprender se trata de una captación intelectual que implica el pensamiento, tiene que ver con que algo pueda ser incluido en nuestros propios esquemas conceptuales, una tarea en donde está concernido directamente el conocimiento en su dimensión afectiva y sensible. En el ejercicio de la comprensión, se entretejen diferentes órdenes de conocimiento que llevan a aceptar o incluir una experiencia, fenómeno o idea. No es posible comprender algo que no entiendo. La actitud comprensiva implica entender y poder situarse en ese lugar imaginario del otro. Los hilos de la trama de la comprensión tienen que ver con los propios modelos o formas en que está organizada nuestra subjetividad, para que se pueda identificar y aceptar o simplemente rechazar un juicio. Es decir, tiene que ver para decirlo de alguna manera con la gramática misma de nuestro pensamiento, de nuestra moral, de nuestra ética, sólo podemos comprender aquello que le es afín a esta arquitectura de nuestros pensamientos, a esto que hemos llamado estructura gramatical del pensamiento. La comprensión se sitúa siempre en el eje imaginario e implica la capacidad de dar cuenta, de dar razón de lo que comprendemos.

Es necesario distinguir claramente comprender de juzgar o explicar, ya que el que comprende no necesita juzgar, se juzga de hecho lo que no se comprende, el juicio se requiere únicamente cuando no se puede comprender un acto o un fenómeno. Por otro lado, la comprensión es efecto del explicar, de buscar una explicación para poder comprender algo, por ello, se trata de situaciones diferentes que pueden estar eslabonadas o no en un proceso de conocimiento. El comprender algo no implica que necesariamente sea fácil de transmitir o comunicar. Por lo que es posible que existan fenómenos que si bien pueden ser comprendidos (la verdad, el espacio, el tiempo, el movimiento etcétera), quizá no sean fácilmente "apalabrables".

Explicar lleva a encontrar elementos de juicio para fundamentar una argumentación, o bien, es encontrar el conjunto de elementos que intervienen en un determinado fenómeno para causarlo, presupone la acción de reunir todos los argumentos o manifestaciones de que se dispone, así como buscar allegarse de otros elementos relacionados con el asunto que se quiere explicar, a partir de ello se reúnen todas las evidencias y todos los juicios para responder a cinco preguntas: ¿qué?, ¿cómo?, ¿cuándo?, ¿dónde?, y ¿por qué?, la pregunta principal y ordenadora es ¿qué?, pues implica la primera delimitación tanto del fenómeno como de la perspectiva a partir de la cual girarán nuestras interpretaciones. Explicar es dotar a un proceso o fenómeno de causas, sentido y razón. Las respuestas a estas preguntas intentarán contestar a la pregunta del ¿por qué? sucede lo que sucede. Explicar por lo tanto debe conjugar las diferentes acciones que intervienen en un proceso de conocimiento.

La explicación consta de un *explicandum* y un *explicans*. El *explicandum* es un enunciado que describe el fenómeno a explicar (es una descripción del fenómeno mismo). El *explicans* que intenta salir de las apariencias, dirigirse a las causas y entender los efectos del fenómeno: descomponiéndolo en partes, una de las cuales podría ser la de los antecedentes, que indican las condiciones previas que se manifiestan como condición necesaria para el surgimiento del fenómeno que se va a explicar. Para explicar es necesario entender el complejo entretejido de circunstancias y condiciones generales en que se encuentra enmarcado y delimitado al fenómeno de estudio, para dirigirnos al texto (a lo que se dice, a lo que pensamos) es necesario averiguar el contexto y los antecedentes en lo que podríamos llamar una lectura de lo manifiesto y lo latente, de lo explícito y lo implícito siempre desde el sentido. Lo que nos conduce a saber que muchas de las explicaciones que encontramos son simplemente construcciones causales que se sostienen en el sentido interno de los propios encadenamientos. Por lo que sabemos ahora independientemente de lo que se trate, por ejemplo: "la conciencia", ésta no podrá ser explicada, o bien podrán ser revisadas las diferentes explicaciones discursivas, en cuanto a que se trata de posiciones que muestran más al posicionante que a la conciencia.

Lo que puede resultar interesante es que los diferentes procesos que ponemos en acción para entender, explicar o conocer, trastocan las características mismas del fenómeno al que nos aproximamos, ya sea para conocerlo, pensarlo, entenderlo, explicarlo, saber de él, pensarlo, etcétera Los diferentes pueblos de la tierra despliegan procesos mentales diferentes de los que ni siquiera tenemos noticia, siempre habíamos pensado que todas las personas cuando decían que pensaban algo realizaban la misma tarea mental, hoy sabemos que eso no es así. En las tareas que podríamos identificar más en la acción de comprender o entender y de explicar, en los que la religión, la magia, la tradición o simplemente la intuición juegan un papel destacado, crean sus maneras de conducirse y de procesar la información, lo que nos muestra que cuando nos preguntamos sobre las diferentes maneras de concebir la conciencia, o los diferentes planos de conciencia es, de hecho, una manera occidental de presentar la problemática sin siquiera percibir la inmensa complejidad que existe, pues estamos llevando el fenómeno de la conciencia por el camino de la intelectualización, estamos haciendo pensable y racional algo que escapa a esos procedimientos heurísticos (vea figura 1).

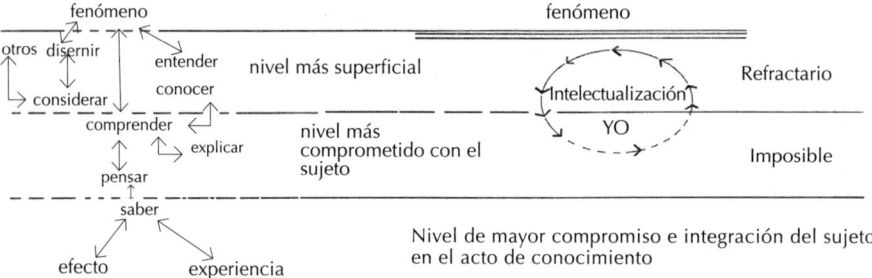

Figura 1. Procesos de conocimiento: en la intelectualización cualquier profundización en el conocimiento, así como el acceso a los afectos aparece como imposible, se mantiene siempre en la superficialidad del proceso de conocimiento.

Abandonar las explicaciones simplistas y acartonadas que nos proporciona el intelectualismo, problematizar nuestra actitud de buscar respuestas por la dificultad de quedarnos más tiempo con las preguntas, intentar que el conocimiento no se quede ni en los pre-juicios, ni en el acopio de información por vasta que sea, permitir que nuestros sentimientos, corazonadas, intuiciones, dudas, experiencias, intervengan directamente para formarnos un criterio o un saber, eso es indispensable en una investigación sobre la conciencia. Quizá tengamos un primer resultado: no tenemos conciencia de lo que es la conciencia, además de que los instrumentos con los que pretendemos saber de ella, si no los depuramos, presentan una idea demasiado distorsionada, acartonada para no decir caricaturizada.

Perspectiva de la teoría antropológica

Existen, creo yo, varias clases de ensayos: los que intentan dirigirnos sobre el rumbo de temáticas muy generales, de carácter informativo o introductorio sobre un vasto campo de la experiencia humana, u otras temáticas de carácter particular, se trata, en general, de documentos que presuponen cierto tipo de información, por lo que la misión de estos trabajos es la de profundizar en el conocimiento de alguna materia; existen otros que buscan presentar un conjunto de datos u observaciones dirigidos directamente a un lector especializado, por lo que proporcionan información más que análisis; mientras que existen otros que presentan el punto de vista del escritor, su discernimiento, su punto de vista particular, entre otros tipos de ensayo. El presente trabajo está dirigido al lector más que a desarrollar un tema. El asunto principal tiene que ver con la forma en que cada persona se coloca frente a su vida, lo que podría localizarse como diferencia entre el turista y el viajero, ya que se requiere del compromiso y participación activa del lector, que pueda preguntarse lo que significa vivir una experiencia "por encima", a diferencia de un conocimiento a fondo, para lo cual es indispensable la otredad que puede significar lo extranjero, el apostar a lo diferente, a poder vivir bajo otras coordenadas heterogéneas diversas a las acostumbradas.

El turista nunca sale realmente de su mundo, todo lo transporta a sus viejas referencias, con la dificultad de estar realmente frente a experiencias y arquitecturas diferentes; de hecho no es tocado por la experiencia de la diversidad, simplemente obtiene fotografías, algún *souvenir* que le permita recordar el viaje y presumirlo con sus amigos en la comodidad de su hogar, en nuestro caso se trata de ir incluso un paso más allá del turista y del viajero, que si bien tienen un mayor nivel de compromiso y deseo de conocer, sin guías o *tours* no alcanza a cuestionarse o a transformar su forma de vida, no se deja sacudir; si nos permitimos la aventura antropológica, alcanzaremos ese propósito, incluso sobre nuestra propia cultura, nuestro país, nuestra ciudad.

He trabajado más de 20 años ocupado en la docencia. Al principio, las clases, básicamente iban dirigidas a antropólogos y etnólogos, y les decía a mis alumnos:

> Recibir un título los hace licenciados no antropólogos, para ser antropólogo ni siquiera es menester haber estudiado antropología, se trata más bien de una actitud, de dejarse tocar por el otro, de aceptar la diferencia, poder convivir con otras maneras de pensar, respetándolas, pero lo que hace realmente al antropólogo es la curiosidad. Curiosidad sobre qué y por qué piensan lo que piensan los diferentes hombres de la tierra, y por qué hacen lo que hacen, por qué viven cómo viven; descubrir la dignidad que hay en esas diferentes maneras de ser y de estar en el mundo y que las formas de vida son simplemente otras, ni mejores ni peores, simplemente otras, ver desde la vasta gama de posibilidades que existen.

Es así: la antropología estudia a los hombres por la vía de la cultura no de la sociedad, "hasta las hormigas tienen sociedades pero no tienen cultura, por ello entender al hombre implica estudiar la cultura", podríamos decir que la sociabilidad es algo que compartimos con otras especies; sin embargo, la cultura parece ser algo que es exclusivo del hombre en su interacción con el medio, con sus congéneres, consigo mismo y con las ideas sobre su trascendencia. Sin embargo, es una definición muy amplia, ya que nos muestra lo general, no obstante, lo específico se pierde. En una cultura se comparten muchas cosas, existen otras que son en realidad particulares, individuales, podríamos decir realmente singulares. Es evidente que para que surgiera un Bach, un Verdi o un Picasso eran indispensables las culturas y las sociedades en las que vivieron, sería impensable que fueran africanos o asiáticos; sin embargo, su genio tampoco es justificable únicamente como efecto de circunstancias sociales, históricas o culturales, su propia vida, sus características personales son imprescindibles para comprender su genialidad; de eso se trata: la singularidad en relación con la generalidad, lo público y lo privado implicándose y determinándose recíprocamente.

Perspectiva de la investigación antropológica

a. Desde los parámetros de la propia cultura: La antropología es una disciplina que entendió, desde el principio, que el hombre para aprehenderse a sí mismo tiene que abrir primero la posibilidad de preguntarse sobre el otro, sobre la alteridad, sobre las otras culturas y las maneras en que los seres humanos, de diferentes tiempos y geografías, enfrentan sus problemas. Intentar siempre encontrar esos elementos que podían ser traducidos a nuestros propios códigos, a nuestra propia dimensión semántica, por lo que los estudios de las culturas aborígenes se realizaban desde los parámetros y las certezas que existían en la propia cultura occidental, ésta es la mirada que encontramos en los cronistas, aventureros y expedicionarios europeos desde el siglo XV hasta finales del siglo XIX; el otro, el aborigen en el mejor de los casos era referido de manera exótica, se mostraba lo que suponían sus extravagancias, aquello que podríamos agrupar en lo folclórico.

b. Los pueblos indígenas vistos como detenidos en su proceso evolutivo: Los investigadores del siglo XIX consideraban a los pueblos indígenas como sociedades que habían detenido de algún modo su evolución, se quedaron estancados en algún periodo de la evolución general de la humanidad. Por esto, los grupos aborígenes representaban formas sociales fósiles, entendidas así dentro de nuestro desarrollo evolutivo. Si queríamos entender algún asunto de nuestra sociedad debíamos dirigir la mirada a aquellos pueblos que se encontraban en la etapa deseada, pero se trataba siempre de la curiosidad de los científicos sociales; los ciudadanos comunes simplemente ignoraban y calificaban (cómo califican) de bárbaras y exóticas, en el mejor de los casos, las costumbres no occidentales. Para los occidentales su cultura y su ciencia eran el parámetro de todas las cosas, todo fenómeno cultural debía ser trasladado a sus propias perspectivas entendido bajo sus parámetros y sometido por sus juicios. Sólo a principios del siglo XX se pudo comenzar a cuestionar y a poder asumir una crítica de la cultura occidental, al conocer la mirada de los estudiosos, a esta manera de mirar las cosas se le llamó perspectiva etnocéntrica, ya que se descubrió que los supuestos análisis científicos en realidad tendían a verificar los prejuicios generados por la civilización occidental. De hecho, existía de alguna manera cierto nivel tautológico, ya que descubrían lo que previamente habían escondido; en realidad no se dejaban sorprender ya que el supuesto método científico vacunaba contra la posibilidad de pensar las cosas de una manera diferente.

De hecho, el trabajo de campo consistía en verificar hipótesis previamente construidas, no era frecuente en los reportes de los trabajos de campo que se hicieran algunas referencias autocríticas o descalificadoras de los propios esquemas; sin embargo, las investigaciones se construían a partir de necesidades académicas propias como las de alguna universidad europea o norteamericana. Los antropólogos en realidad dialogaban con otros para criticarlos o para sumarse a sus propuestas. Los objetos de sus investigaciones eran simplemente los pretextos para debatirse dentro del gremio, las investigaciones se patrocinaban sólo si encontraban un lugar dentro del conjunto de los conocimientos previamente adquiridos. Se creía que al estudiar a los pueblos que se encontraban en los estratos supuestamente más primitivos de la evolución cultural, encontrábamos explicaciones sobre la propia historia occidental. Estos pueblos eran especialmente los australianos, los africanos y los indios americanos, por sus prácticas animistas, que se suponían previas a los cultos organizados y teístas, por sus supuestamente arcaicas formas jurídicas, por emplear instrumentos y tecnología rudimentarias, etcétera, con lo que se demostraba la superioridad occidental al poder entender a aquellos hombres detenidos en un pasado muy remoto, mientras que occidente había continuado su marcha evolutiva.

c. Cada cultura tiene sus propios parámetros: desde sus orígenes hasta estos momentos, la antropología ha caminado un largo trecho discutiendo, críticamente, sus abordajes teóricos y metodológicos. La autocrítica más seria a esta manera de hacer antropología surge del antropólogo alemán, padre de la antropología norteamericana Franz Boas (1964), quien cuestionó este enfoque de autocomplacencia occidental; este autor mostró que cada cultura tiene sus propios parámetros que sólo pueden ser entendidos los criterios autóctonos, así cada cultura era original con sus instituciones, formas de gobierno, formas de parentesco, formas de cultivo, de procesar los alimentos, manera de pensar e idiosincrasia particular. Es decir, con una cultura propia y distinta, lo que impedía cualquier tipo de comparación entre culturas, cada cultura era estudiada bajo sus propios parámetros, sus premisas y condiciones, cada institución. Cada elemento cultural tenían una encomienda precisa que cumplir en cada sociedad, por lo que resultaba descontextualizador cualquier intento de pensarla o entenderla con otros parámetros distintos de los de la comunidad. Aunque estos fueran pretendidamente científicos, era además imposible la comparación entre las diferentes culturas o el intento de estudiarlas con las normas y los principios externos al propio campo de sus referencias culturales, el investigador debía convertirse en un oriundo más, en otro individuo de la comunidad. La perspectiva teórica boasiana fue llamada relativismo cultural, bajo la cual eran impensables las generalizaciones culturales, los estudios de comunidad debían hacerse con una minuciosidad extrema y se requerían técnicas precisas especialmente de carácter cualitativo: la condición del investigador era la de estar *in situ* y preferentemente bajo la técnica de la observación participante. Como decíamos, el antropólogo debía intentar trasformarse en un miembro más de la comunidad, con sus derechos y sus obligaciones y el grado de inserción en la comunidad repercutía en la confiabilidad de su información. Esta posición, con el tiempo, se fue matizando aunque siempre ha estado presente en las investigaciones antropológicas posteriores.

d. Tomando en cuenta la subjetividad del antropólogo: el antropólogo norteamericano Kenneth Pike (1990), en la década de los 60 mostró que si bien es importante la tarea de la condición *in situ*, resulta prácticamente imposible desprenderse de los propios parámetros culturales, además de considerar que no era necesario; de hecho, la experiencia del antropólogo resultaba interesante siempre y cuando la diferenciara de la perspectiva nativa; es decir, separar con claridad lo que eran sus comentarios de los que provenían de los miembros de la comunidad. Para ello empleó los conceptos de *emic* traducido como émico y *etic* traducido como ético, ambos extraídos de la lingüística para diferenciar los niveles fonéticos de los fonémicos. Cualquier aproximación, desde la antropología a una cultura nativa, intenta diferenciar lo que es la comprensión de los símbolos culturales desde el punto de vista nativo *emic*, de lo que serían las observaciones y los puntos de vista del observador externo a esa cultura que se refieren a la perspectiva *etic*. Se trata de dos perspectivas que deben ser empleadas, ya que enriquecen las aproximaciones a nuevas culturas, aunque es menester diferenciarlas. No tienen el mismo peso ni la misma importancia los juicios y los criterios autóctonos, de aquellos que son resultado de la interpretación y del análisis del investigador. En resumen: el punto de vista *etic* estudia el comportamiento desde fuera del sistema particular en que ocurre un fenómeno cultural y constituye el acercamiento primero en la investigación. El punto de vista *emic* estudia los comportamientos desde el interior del sistema, adecuándose a los criterios y sistemas de valores autóctonos.

e. Materialismo cultural: sin embargo, la perspectiva anterior tiene efectos que han sido matizados por un grupo de antropólogos autodefinidos como: los materialistas culturales. Marvin Harris (1979) es uno de los más destacados, quien redefinió la distinción entre emic y etic en términos de categorías de los participantes y categorías de los observadores. Lo emic sería en definitiva, todo aquello que tras haber sido recogido por el etnógrafo es reconocido por el nativo como real, significativo y apropiado. La traducción científica, no familiar al nativo sería la perspectiva etic, propuso Harris para un análisis general de la antropología; lo etic en un análisis de la comunidad tiene que ver con el punto de vista emic del etnógrafo, elemento que será muy útil en la concepción de la conciencia, como veremos después.

f. Relativismo cultural: la escuela del relativismo cultural abrió el apetito a nuevas camadas de antropólogos y de intelectuales de diferente tipo, que con el deseo de la profundidad en sus estudios convivían largas temporadas con las diferentes comunidades aborígenes, así toda la antropología se transforma en etnología; es decir, en el estudio de los grupos indígenas, con ello aparecen nuevos eruditos sobre los mayas, los siux, los esquimales, los pueblos amazónicos, etcétera Como consecuencia, poco a poco, apareció la hiperespecialización: no sólo existía el especialista en una comunidad, por ejemplo los tzotziles, sino el especialista en algún aspecto de esta cultura: mitología, parentesco, organización social, etcétera.

g. Enfoque estructuralista: al tomar una antigua perspectiva de la antropología, simultáneamente a este periodo de especialización y como efecto del mismo, se desarrolló otra perspectiva que se desplegó a mediados de la década de los cincuenta y principios de los sesenta. Intentaba ver el otro lado de la moneda; es decir, no a las singularidades ni a las características propias de cada pueblo, sino aquello que les era común a todos. Se trataba de localizar los elementos que eran compartidos por las diferentes culturas, aquello que pudiera ser entendido como estructura que le es habitual a los diferentes pueblos de la tierra, se trata de estructuras que son por lo tanto necesarias y que determinan, a manera de cimientos, todas las culturas.

Aunque posiblemente los efectos de estas tramas de causalidades, que se desprenden de las causas primarias, son vividas de forma diferente, bajo esta corriente se deseaba encontrar los componentes universales, independientemente de la geografía y de los periodos de la historia. Ésta es la perspectiva estructuralista, que tenía antecedentes en el enfoque de un antropólogo alemán de finales del siglo antepasado y principios del pasado llamado Adolf Bastian (1826-1905) (1895 y 1902), quien fue considerado como uno de los padres de la etnología alemana y él después de viajar por diferentes países del mundo, observó sus religiones y mitologías. Mostró que si bien las religiones tienen características muy diferentes entre cada una, también existen elementos compartidos que les son comunes a todas; llamó a las primeras "ideas étnicas", es decir, a las que expresaban lo singular, lo característico de una cultura y, a las segundas, "ideas elementales", que son aquellas características constantes entre las diferentes culturas. Las primeras presentaban, a su entender, las características más superficiales, las menos importantes, las que tenían que ver con lo que no es indispensable, se trataba de características que podían expresarse en las diferentes maneras en que se vestían, las formas de su cocina, etcétera; las segundas, representaban aquello esencial y necesario para los seres humanos, aquello indispensable para su existencia, éstas por lo tanto tenían un carácter común y compartido.

Reconoció en los mitos y en los rituales una serie de motivos y temas esenciales y recurrentes en diferentes culturas, se trataba de aspectos, que como ya he mencionado, él denominó: *elementales*, ya que eran, para decirlo de otra manera, esenciales a todos los pueblos del mundo, aunque se mostraban de manera distinta, lo superficial era diferente mientras que el núcleo era el mismo, o dicho de otra manera, como si se tratara de ropajes que cambian de cultura en cultura pero que cubren sustancialmente lo mismo: mismos contenidos presentados de diferentes formas. Esta diferenciación entre lo general y lo particular de las culturas, para los estudiosos del primer cuarto de siglo, abrió la posibilidad de explorar separadamente las características locales y las universales; lo provincial y lo cosmopolita. El tema de las diferencias y de las semejanzas culturales en la lectura de Bastian, llevó a Carl Gustav Jung (1954) a un conjunto de ideas que se transformaron en observaciones clínicas muy importantes, ya que las tomó en cuenta para sostener que esas partículas elementales tienen necesariamente que ver con las características de corte psicológico, que a su vez presentan la condición humana, con lo que desarrolla su idea de los arquetipos culturales y del inconsciente colectivo, que servirían de patrones a partir de los cuales se constituyen las diferentes culturas. Para el psicoanalista suizo se trata de modelos que se repiten con el mismo contenido y con diferentes formas, por lo que en realidad las opciones culturales no son infinitas, simplemente se rubrican como efecto del inconsciente colectivo.

h. Escuela estructural funcionalista y escuela estructuralista francesa: bajo este mismo principio se localizan los elementos invariantes y aquellos que son totalmente dependientes de las circunstancias, los periodos de la historia, las exigencias del grupo, las características climáticas, etcétera. Se creó la perspectiva teórica que influyó de manera determinante en lo que hoy suele llamarse la escuela estructural funcionalista británica, que tenía como el principal de sus exponentes al antropólogo inglés Radcliffe Brown (1957). Sin embargo, esta posición teórica es totalmente renovada y reconstruida hasta formar un verdadero movimiento académico conocido como la escuela estructuralista francesa, fundada por el antropólogo francés Claude Leví Strauss (1949).

La propuesta levistrosiana renovó totalmente el campo de la antropología. Buscaba lo que podríamos llamar "los planos estructurales de los edificios culturales (principalmente los cimientos, trabes y castillos)", evitando sobrecogerse con las seductoras fachadas y localizando los criterios que las mantenían erguidas y funcionando; es decir, las normas que tienen que ver con la posibilidad de mantener el edificio de pie, con base en los pesos, los comportamientos de los materiales, la profundidad de los cimientos, las características del suelo, el tipo y el calibre de las varillas y tubos, características sísmicas de la zona, etcétera. Se trató de ver a la cultura como un edificio funcional, esta perspectiva podía también transportarse a nuestra condición humana, entendiendo primero los sistemas simples compartidos por todos los seres humanos a partir de los cuales se construye otros más complejos y de estos a otros, que forman en su relación la cultura, por eso no se trata de localizar y clasificar simplemente los elementos constitutivos de una cultura, sino las conexiones que se establecen entre los mismos, el todo sociocultural puede ser comprendido no por la suma de las partes, sino por sus interacciones, pero todas las posibles conexiones se encuentran predeterminadas por el proyecto original, por el plano estructural.

La investigación de corte estructuralista busca el fondo no la forma, por lo que se despoja de la tradición historicista y descriptiva para incursionar en los estudios a profundidad y de corte sincrónico, que lo fue conduciendo por tres principales campos: la lingüística, la mitología y las formas de parentesco. Descubrió que la base misma del pensamiento se compone de sistemas binarios y polares que vienen a ser repetidos y confirmados por cada cultura particular, por lo tanto, lo mismo se presenta de diferentes maneras. Estos sistemas de pares de opuestos aparecen en una relación conflictiva necesariamente de carácter dialéctico, se trata de una lucha irreconciliable con lo que la cultura deja de ser vista como algo equilibrado y armónico para ser una especie de magma explosivo y cambiante de las superficies.

La cultura y toda manifestación humana para Leví Strauss se encuentra constituida por tensiones más o menos conflictivas, articulación de determinaciones dialécticas de la relación naturaleza-cultural. Por ello, en toda la trama del tejido social encontramos trenzados dos clases de hilos anudándose y desanudándose, constituyendo una trama que es la cultura.Los mitos son, para el antropólogo francés, un maravilloso ejemplo de esta articulación de contrarios que expresan de alguna manera esta conflictiva condición de la cultura y de la condición humana y contrastan con las visiones organicistas que piensan a la cultura como algo que se da espontáneamente, piensan que así como los conejos hacen madrigueras nosotros hacemos catedrales, se trata de un simplismo que ni siquiera merece ser considerado.

Lo importante del estructuralismo es que si bien le interesa el hombre universal, aquello que hermana al pigmeo y al neoyorquino, no cae en la tentación biologicista que tendería a encontrar las semejanzas en características filogenéticas (1996) (*filogénesis* es un término introducido por Haeckel 1834-1919) para designar la historia evolutiva de una especie, género o raza y, en general, el proceso de la evolución ascendente de las especies, a diferencia de la ontogénesis que es el proceso de desarrollo de un organismo. La ontogénesis reproduce la filogénesis, es decir, que las fases del desarrollo embrionario de un organismo determinado recuerdan los estadios evolutivos por los que ha pasado la especie a la que pertenece, como si la ontogénesis fuese una recapitulación breve y rápida de la filogénesis). Es decir, no se encuentra lo esencialmente humano en un simple proceso de *evolución* biológica, o como producto de un acontecer natural de la especie.

Lo humano no es algo que venga determinado por el paquete genético, ni es efecto de un proceso gradualista de *adaptación* al medio, ni únicamente de supervivencia del más apto, se trata de un *acto* psicosocial como proponía Freud y más tarde Lacan. Se trata de instaurar un nuevo orden, que instituye la subjetividad; cuando nace cada niño éste trae consigo las condiciones necesarias para que se inscriba ese acto psíquico que genera la condición humana; es decir, se trata de una inscripción que tiene que ver con la diferencia, la desigualdad con el reino de la naturaleza, transformando los instintos en pulsiones, aquello que reconocemos como lo psíquico y lo humano, y que se encuentra edificado a partir de la diferencia que resulta de la operación dialéctica de sistemas de pares binarios y polares: presencia-ausencia, arriba-abajo, satisfactorio-insatisfactorio, bueno-malo, luz-oscuridad, que posteriormente serán parámetros de la cultura: crudo-cosido, cultura-naturaleza, salvaje-civilizado, público-privado, sagrado-profano, sistema que es analizado con mucha profundidad por Levi Strauss.

Lo que resultará interesante, dado el motivo de este ensayo, es que las dos perspectivas de la antropología, tanto la relativista y la estructural, dialogan aquí mostrando las características universales indispensables para la constitución de la subjetividad, pero una vez considerados estos principios, se analiza la manera de ordenar y constituir el mundo entendiendo que es tan variable como culturas y hombres han existido en la tierra. Por ello podríamos afirmar, preliminarmente, que si bien el ser humano es el mismo (incluyendo la diversidad estructural que propone la nosografía psiquiátrica o psicoanalítica que tiene formas diferentes de habitar y de ser habitado por el lenguaje) desde la perspectiva estructural; sin embargo, la forma de habitar su propia condición humana y su mundo varían de una manera considerable. Sin embargo, se trata de una falsa diferencia entre contenido y forma, ya que el "ser" se encuentra determinado por lo que se hace, se trata de un ser-siendo, no de un ser disecado o detenido, esta aproximación impide entonces caer en los fundamentalismos ontológicos pensando que el "ser" del hombre existe de manera fundamental o sustanciada, independiente de sus circunstancias, como si pudiera ser capturado por algún tipo de proceso de pensamiento o de intelectualización.

La perspectiva del ser-siendo, tiene que ver con el habla y sus posibilidades semánticas, con el lenguaje y sus características estructurales, con los recipientes imaginarios en donde vertemos, precipitamos o articulamos nuestras construcciones simbólicas, experiencias, historia, sentimientos, etcétera. Perspectiva que adoptan algunos de los llamados filósofos existencialistas especialmente Arthur Schopenhauer, Søren Kierkegaard, Friedrich Nietzsche y Martin Heidegger, entre otros. Se trata en el decir de Heidegger del *dasein* que es un término que emplea para dar cuenta del ser, en cuanto a que se despliega siendo y por lo tanto imposible de cercar o comprender únicamente por la vía intelectual o racional, se trata del ser que es en su existencia, por lo que el ser heiddegeriano no es accesible desde ninguna ontología, sino únicamente siguiendo los rastros que deja en su estar en el mundo, se es cuando se está, por lo tanto el ser no es estático es mutable, va cambiando a lo largo de la vida, vamos siendo distintos a nosotros mismos y paradójicamente somos los mismos fundamentalmente.

Este ser que se despliega y abarca los espacios de la cultura y del lenguaje que puede morar, entra en un sistema de legalidad, o normatividad que podríamos identificar a partir de tres coordenadas culturales (x, y, z), que el polinesio identifica con tres palabras que son usadas para designar esos espacios de regulación y permisibilidad social: son *tabús*, *noa* y *maná*. La primera, expresa aquello que socialmente es considerado como prohibido. Es importante subrayar este imperativo social que ordena la cultura y el sistema reglamentario y que debemos diferenciar de las limitaciones o prohibiciones que un individuo se auto infunde que son simplemente inhibiciones, autocensuras, imposibilidades, síntomas, etcétera. La segunda coordenada el *noa*, tiene que ver con aquello que es socialmente aceptado y deseable, es decir, que norma y gobierna la expectativa social sobre lo que es correcto, adecuado, premiado y aceptado; mientras que la tercera, el *maná*, tiene que ver con la excepcionalidad, con la posibilidad de realizar actividades o conducirse transgrediendo normas o *tabús*, sin que se les aplique las puniciones a que serían merecedores, se trata de un marco de flexibilidad de las normas, lo que las sociedades permiten únicamente si se siguen otro tipo de preceptos que la cultura establece, en general monopolizada esta posibilidad por los grupos en el poder, es decir, sacerdotes o gobernantes.

Entendemos así que las diferentes culturas tienen viabilidades y límites para que lo humano se despliegue en ellas, las posibilidades que tenemos de crecer en algunos ámbitos se encuentran proporcionalmente determinadas por las probabilidades que tenemos de desplegarnos en cuento a ser y dejar de ser (siendo), de hecho por ello sólo existe aquello que puede ser visto, imaginado o soñado en nuestra cultura. Dicho de otra manera, existe lo que podemos nombrar. Así pues, en la cultura, necesariamente las delimitaciones tienen que ver con los límites.

Esta perspectiva nos muestra que existen moldes imaginarios que dan forma o troquelan matrices simbólicas, moldes que se construyen a partir de los ideales y referencias de la comunidad y del individuo, de los valores sociales de los prototipos culturales (características estructurales no apreciables empíricamente que constituyen lo posible y lo imposible, lo inimaginable y lo imaginable, lo permitido y lo prohibido, lo bello y lo feo, etcétera. Sistemas de pares de opuestos que determinan finalmente la operación y las características mismas de la cultura), de las tradiciones, de las expectativas familiares o grupales sobre cada uno de los individuos; debemos destacar el importantísimo lugar que tiene la expectativa como generadora de distorsiones. Por ejemplo, la expectativa es tan poderosa que en algunas comunidades del sureste asiático, las viudas amorosas y fieles deben arrojarse ellas mismas a la pira funeraria que incinera los restos mortales de sus maridos; de no hacerlo, una sombra las cubrirá el resto de sus vidas y transformará su existir en una carga que la comunidad se encargará de hacer más pesada.

Se trata de localizar esos parámetros y patrones sobre los que recortamos nuestra condición humana para hacerla coincidir con las medidas y calificaciones sociales, es a partir de estos ejes imaginarios que nos apropiamos o negamos nuestra propia existencia, determinamos el rumbo de nuestras vidas, lo que constituye el modelo al cual nos identificamos o nos diferenciamos, son estas idealizaciones y expectativas sobre lo deseable y lo indeseable, lo que se transformará en las metas, en los propósitos y en los fines que deseamos alcanzar durante nuestras vidas. Son estos ideales los que también determinan las características de los diferentes papeles sociales: ser una mujer, niña, anciana, hombre, padre, madre, hijo, esposa, curandero, viudo, francés, feliz, psicólogo, etcétera. Éste es un carácter normativo que ejerce una presión importante y significativa sobre cada uno de los miembros de una comunidad. Por ello podemos entender que en la cabeza del esclavo no existía la idea de libertad, simplemente no era una posibilidad para él, no era algo que se encontrara dentro de su espectro de posibilidades. Se trataba de un impensable, algo sobre lo que simplemente no tenía conciencia, no podría construir ninguna otra alternativa que la expectativa de su cultura y él mismo sobre su condición ontológica de esclavitud; ampliar sus niveles de conciencia significaba simplemente que apareciera la posibilidad de ser diferente, de huir de su destino; más que la idea de libertad, lo que es importante es la posibilidad de no ser esclavo. Se trata de *la posibilidad* de no serlo, eso es lo que significa la libertad, *la diferencia* entre ser esclavo y no serlo, la diferencia entre ser libre y no serlo, es lo que impacta y marca su subjetividad. Espartaco podía tener esa diferencia, ya que se trataba de una persona que nació libre, creció libre y fue esclavizado en su edad adulta, él sabía que la esclavitud era una "condición", estar esclavizado no se trataba para él de una "cualidad ontológica": ser esclavo. No es lo mismo *estar* que *ser* esclavo, uno se encuentra con *la posibilidad* y con *la diferencia*, se trata de un giro importante en la manera de habitar la condición humana; por lo tanto, cambiaba la manera de ver y de relacionarse con todo lo que lo rodea, la distancia frente a las oportunidades y la posibilidad de optar por ellas; es el resultado de incluir la diferencia entre las maneras que tenemos de ser y de estar en el mundo y las que podríamos obtener.

Por ello, no es un espejismo el intentar colocarnos imaginariamente en los zapatos de otro, de un soldado japonés o de algún chamán para saber cómo piensan, no se puede poner uno en el lugar del otra persona, no podemos pensar sobre qué es lo que pensaría el otro, no sabemos incluso cuál es la operación mental que está realizando, quizá esta operación no sea pensar. Al trabajar con algún grupo étnico no estamos frente a una cultura que pueda ser simplemente traducida en términos de nuestra propia cultura. Por ejemplo: no es suficiente describir la manera en que se dice amor en otro idioma o comunidad, el amor puede ser vivido de tantas maneras que muchas de ellas incluso son inimaginables para los occidentales, es posible que la vivencia amorosa sea desconocida, como lo fue en la Europa antes del periodo medieval.

En aquel tiempo existía un conjunto de sentimientos que no podían ser reconocidos bajo esta palabra, ya que no existía dentro del léxico (como la de libertad para quienes nacieron esclavos), de hecho muchos de estos sentimientos eran vividos como enfermedades, lo que podemos testimoniar bajo el flexible concepto de melancolía de este periodo de la historia, al que se le atribuía un conjunto de síntomas diversos como el deseo sexual, las fantasías eróticas o el apego por una mujer o un hombre; se trata evidentemente de una cultura estoica. Estoicismo que se fue perdiendo con el correr de los años y que nos hace impensable hoy día la posibilidad de culturas o sociedades que vivan sin ese concepto, y por lo tanto, sin la vivencia del amor.

Suponemos al amor como "un sentimiento universal" transportable a cualquier comunidad o época de la historia, no lo imaginamos como conjunto de sentimientos reunidos bajo la palabra amor, no lo podemos entender como fenómeno prescindible o bien como sentimientos que se encuentran en otras palabras, transformando el asunto de la vivencia amorosa como algo mucho más complejo, el amor es una vivencia identificable a partir de los consensos y de la propia expectativa de lo que eso es, o de lo que eso podría ser, se trata, en cualquiera de los casos, de coordenadas que establece la cultura.

Difícil resulta la posibilidad de encontrar fragmentos o aspectos de una cultura para intentar introducirla en la nuestra, ya que las culturas están totalmente entreveradas, todo se halla articulado. Es posible, sin embargo, la introducción y cambio pero no se trata de un proceso guiado o dirigido, es el efecto de ir incorporando hábitos e ideas y con el correr del tiempo encontraremos lo que se ha denominado proceso de transculturación o de aculturación; en éste el resultado de estas interacciones culturales, mantiene elementos híbridos de sus dos fuentes originarias, supeditadas a la matriz de la cultura hegemónica en donde se gestan y desarrollan cambiando, posiblemente, todo el sentido de la vida de esa comunidad y de cada una de las personas; por lo tanto, los diferentes caminos históricos, son en realidad procesos de cambio y continuidad, se mantienen un sinnúmero de elementos y cambian otros.

La concepción que el hombre tiene de su entorno, de sus semejantes y de sí mismo, determina de manera implícita más que explícita, sus limitaciones y posibilidades de estar en el mundo. De esta concepción se desliza el significado de la libertad, entendido éste como los espacios imaginarios que se permite habitar, como el conjunto de opciones con que cuenta, con la cantidad y calidad de las mismas, con lo que le está permitido y lo que le está prohibido, pero es tan importante lo que se permite como lo que se niega (lo que considera *noa*, *tabú*, *maná*). Podemos ver a lo largo de la historia recipientes profundamente estrechos para verter lo humano o recipientes socio culturales holgados, en sus conocimientos y prácticas, sus concepciones espirituales, en las características de sus instituciones, en los sentimientos, incluso en sus maneras técnicas. Por ello, cada cultura, como hemos dicho, es un todo que genera condiciones de vida y de estar en el mundo de forma particular.

La cultura es, de hecho, una primera delimitación frente al estado de naturaleza; por ello, los límites o los perímetros de la cultura frente a la naturaleza cambian de cultura en cultura, generan las posibilidades o imposibilidades de pensar, imaginar o de realizar algo. Lo que coadyuva en la construcción de los ideales y aspiraciones, se encuentra en nuestras fantasías, en nuestras formas de vida, en lo que podemos comer, en las posibilidades de trabajar, hasta en las formas más abstractas que determinan propiamente nuestra conciencia, por ejemplo, la forma de comprender y de habitar el espacio y el tiempo.

Los diferentes planos o niveles de conciencia se encuentran, por lo tanto, íntimamente relacionados con las posibilidades y maneras de concebirnos a nosotros mismos, a nuestros semejantes y al mundo, determinan nuestras posibilidades y nuestros límites, pero sobre todo se encuentran en las formas como llevemos éstas a la práctica de la vida cotidiana de manera espontánea. Cuando estas maneras de la conciencia son parte de las posibilidades que guían nuestra propia experiencia, ya que como sabemos, "del dicho al hecho hay mucho trecho". Podemos entenderlo en los términos propuestos: es el *dasein* (ser-siendo) que se encuentra íntimamente relacionado con nuestra *Weltanschauung*. Para una sociedad donde el trabajo es lo más importante, se piensa que éste dignifica a la persona, que la realización personal se encontrará determinada por las características de ese trabajo (remuneración, prestigio, nivel o jerarquía, posibilidades de desarrollo, etcétera); de hecho, en estas sociedades existe una taxonomía que hace una diferencia entre triunfadores y fracasados, determinada principalmente por la cantidad de ingreso y las posibilidades de compra. Se crea un "yo" (*ego, moi*) que requiere de prótesis, satisfactores que a la manera de emblemas o medallas son símbolos culturales que pueden ser los artículos de la sociedad de consumo: marcas estereotipadas, convertidas en representaciones socialmente consideradas necesarias, de prestigio, etcétera.

Una persona promedio, sometida y determinada por esta cultura, es evidente que tendrá grandes dificultades de entender otra cultura, pero el problema es aún mayor, ya que también le es ajena su propia cultura, éste es un asunto sobre el que insistiré en el presente ensayo. Se puede vivir en los márgenes, ya sea por estar ocupado en las tareas de sobrevivencia o bien en la capa más superficial y frívola; podríamos decir en cualquiera de estos casos que se encuentran en la periferia misma de los desarrollos de su civilización, desconociendo los grandes productos culturales, ya que como hemos dicho, no se trata sólo de lo que se tiene, sino de lo que se carece, del conjunto de opciones que tenemos y de las que nos encontramos privados. Se puede vivir en la periferia, en los cinturones de miseria de nuestra propia cultura, ya que en una cultura es viable ser un habitante marginal de la misma; la dinámica de consumo intenta engañarnos al proponer que el ser se encuentra en esos espacios que la sociedad construye. Supuestamente somos principalmente consumidores, o licenciados, o miembros de un club exclusivo, o "chicos banda", etcétera; pero se oculta el hecho de que se trata de una referencia vacía y que en realidad no confiere más que una supuesta y frágil conformidad, constituida por los procesos de identificación y diferenciación social.

Quizá aparezca, en este momento, la pregunta de cómo dar cuenta de este capital cultural, que puede ser invertido en formas de vida diferentes, en dónde buscar y cómo ampliar los márgenes de nuestra conciencia, la respuesta es simple: cambiando nuestra vida. Ahora bien ¿qué significa esto?: En un principio dejar de intelectualizar y dirigiéndonos a los sentimientos y a identificar los problemas que nos distraen, la manera en que hablamos, ampliando nuestro universo semántico, convirtiendo cada palabra en un instrumento que recobre su poder prístino desgastado por el uso, que cuando digamos la palabra "río" en ella se encuentre realmente la frescura del agua y todo el caudal.

La antropología ha trabajado directamente con la palabra, con los testimonios orales (en el lenguaje y el habla se encuentra el núcleo duro de la subjetividad y de la cultura), tratando de asir con ello el complejo entramado psico-socio-histórico-cultural subsumido en el habla, que es la más importante de las dimensiones de la cultura y por lo tanto de la historia y de la condición humana.

Los pueblos y los individuos son esencialmente hablantes y el habla es el puente privilegiado para dar cuenta de su subjetividad. Sin embargo, en el habla se encuentran actuando y articulando otros planos de la realidad psíquica y la realidad consensuada socialmente, ya que las formas de articulación se encuentran determinadas por un conjunto de normas: gramaticales, semánticas, sintácticas, poéticas, éticas, morales, estéticas, incluso las no dichas, las no habladas, las que aparecen a manera de código y que determinan un estar dentro o fuera de la sociedad; por el conocimiento de esas "maneras" encubiertas u ocultas, que tienen muchas veces que ver con esas dos dimensiones paralelas de la cultura, con esos dobles e incluso triples discursos, que muestran que al hablar y al callar se dice más de lo que se escucha, siempre hay otras cosas encriptadas y que sólo los de "adentro" logran descifrar. Se trata incluso de operaciones que tienen que ver con las palabras mismas, con maneras de mirar, con gestos, movimientos de las manos, entonaciones, juegos verbales, del afecto con el que coloreamos lo que decimos, con las características irónicas, mordaces, burlonas, generosas, coléricas o hirientes (por los contextos que no aparecen en lo dicho), por las diferencias entre qué decimos y lo que realmente hacemos, etcétera. Operaciones que tienen una función que escapa a la dimensión puramente significante, a la palabra entendida únicamente como signo lingüístico, ya que va más allá de una intención de que produzca significado y sentido.

La antropología, en sus orígenes, veía el campo del habla simplemente como el vehículo que permitía un suministro de datos, poco a poco se comenzó a percibir que en el lenguaje, y especialmente en el habla, es donde encontramos el campo de la subjetividad, expresada por significantes que tienen sonidos, ninguno realmente arbitrario, todos con una tradición situada en la propia historia de la comunidad; además, las imágenes acústicas que constituyen un significante que a su vez determina a los otros significantes como a su significado. Es decir, cuando la antropología pudo rebasar la esquemática idea de que el habla era un sistema de comunicación, para verlo como un sistema de ordenamiento y estructuración de la subjetividad y por lo tanto de la condición humana del mundo y la cultura, se alcanzó un nivel en el que se podía advertir que en la investigación antropológica el habla tenía un lugar fundamental en la comprensión de las particularidades culturales, en las grandes constantes y en las diferencias, incluso en los estilos personales. Por ello, el antropólogo no puede quedarse simplemente en la recopilación de datos, requiere además de todas las implicaciones encriptadas, lo que se llama la perspectiva émica de la cultura que no es otra cosa que los otros significados, sentidos, sentimientos e historia de lo que decimos, de lo que escuchamos, de lo que callamos.

La cultura está implícita y determina el hablar, las maneras sociales y costumbres, las tradiciones, los mitos, las perspectivas que se tienen de las cosas del mundo y del sí mismo, entonces debe ser mucho más que un asunto de información para el antropólogo, no se trata de datos, ésa es una cuestión profundamente estéril, no se trata de convertirse en un vocero de la comunidad indígena; se debe partir de su propia experiencia (del antropólogo), lo que significa estar firmemente parado en su propia cultura, para dejarse empapar por la otredad y enfrentarse a las preguntas que eso obliga: ¿mi vida ha valido la pena?, ¿cuáles son mis propias ataduras?, ¿cuáles son los demonios que me habitan?, ¿qué es lo que sé realmente y qué es lo que creo saber? descubrir nuestros prejuicios, pero lo más importante es identificar lo que ignoramos, más que confirmar lo que sabemos.

Cuando estamos con algún colega después de un largo periodo de trabajo de campo, regresamos a la ciudad en un estado que llamamos: *shock cultural*, que generalmente es algo doloroso, los efectos pueden ser devastadores. Este cuestionamiento sólo logra alcanzarse por la condición de estar dentro de la comunidad, únicamente de esta manera se puede establecer cierto acceso a la intersubjetividad (el lenguaje, el habla y los procesos del inconsciente, así como los sentimientos, miedos, ambiciones dificultades), al que difícilmente accederíamos a partir de la entrevista guiada, por el empleo de cuestionarios o con el trabajo de fuentes escritas; en cambio la observación participante es situar a cada informante en su condición de ser humano con el que construimos lazos superficiales o profundos, lo que implica respetar el secreto, su silencio, el que no quiera decirnos algo, considerar sus tiempos más que los nuestros, el informante deja de ser un banco de información para transformarse en un amigo, alguien que nos regala su experiencia por el sentimiento de afecto hacia nosotros. Es evidente que la situación es diferente si se asalaria al informante, los riesgos que se corren ya han sido ampliamente documentados, cuando para no perder el trabajo comienzan a inventar y a generar una ficción que entrelazan con la información, satisfaciendo con ello lo que suponen es la demanda del antropólogo: "al cliente lo que pida".

Poner atención a lo que se nos dice, aprender a escuchar, a permitirnos la sorpresa, recordar que la casualidad siempre nos brinda mucho más que lo que se nos hubiera ocurrido pedir, pero hay que estar preparado para dejar entrar ese fugaz instante y no tener la puerta cerrada para el conocimiento. Por eso el antropólogo no puede buscar sólo los datos que previamente ha determinado, sólo aquellos que requiere para continuar trabajando en su cubículo de la universidad; uno de los objetos de estudio de la antropología actual es investigar las formas en las que no hemos pensado, por ser totalmente inéditas en nuestra cultura, es decir, apreciar aquellas preguntas que surgen desde el cuestionamiento de la alteridad. Aquí los supuestos objetos de estudio cuestionan las metodologías, formas de abordaje e incluso las propias formas de vida y concepción del mundo de los antropólogos, lo que genera una distancia crítica sobre nuestras certezas, formas de ver el mundo, es decir, debemos permitir que la "mismidad" se transforme en alteridad, escuchar al otro, lo cual es un reto en sí mismo.

Pero regresemos al objeto de estudio de la antropología: es la cultura, pero entendida como el patrimonio etnológico que debe abarcar aquellos elementos culturales materiales e inmateriales dotados de una especial significación sociocultural, así como los distintos niveles o perspectivas de la conciencia; es decir, la manera en que las culturas construyen diferentes planos para relacionarse con el mundo, podríamos resumirlo en las *Weltanschauung* particulares a cada cultura y a cada individuo dentro de ella, estos estilos o maneras de mirar y desenvolverse en el mundo podemos identificarlos y hasta convertirlos en marcadores identitarios para el colectivo que los ha creado y los ha empleado. Para la antropología, se trata de estudiar todas la manifestaciones, representaciones, parámetros, actitudes, sentimientos que les son particulares a un pueblo, aquello que los singulariza y distingue de otras culturas. Ese trazo caligráfico, único e irrepetible, es lo que es una cultura y que a su vez inscribe otra marca irrepetible en cada persona. Por ejemplo, la *saudade* para los pueblos portugueses se trata de ese sentimiento que surge en la rememoración como de tristeza agradable, algo parecido a una nostalgia y una melancolía no destructiva que sólo es comprensible para los hablantes del portugués; de la misma manera es irrepetible el sentimiento del *blues* que es como una suave tristeza para los anglosajones, especialmente afroamericanos, y que han intentado comunicarse con una música con el mismo nombre. Cada cultura, entonces, presenta un conjunto de posibilidades propias que conforman auténticas maneras para estar y de ser en el mundo.

El patrimonio etnográfico integraría todas las diferentes formas en que la cultura conduce a vivir la vida, que se encuentran compiladas principalmente en lo testimonios de una experiencia individual y colectiva tanto del pasado como del presente, testimonios que intentan dar cuenta de *Weltanschauung* propias de su cultura, culturas muchas de ellas hoy en peligro de extinción. Preocuparse por la otredad se traduce en tratar de reunir tanto testimonios en plena vigencia como los elementos culturales tradicionales del pasado, entendiendo lo tradicional como patrimonio vivo, no estático. El patrimonio etnográfico de las *Weltanschauung* engloba todas las respuestas que un grupo cultural da a sus necesidades, sean éstas materiales, espirituales, de salud, afectivas, de ocio, sexo, etcétera. Dicho patrimonio tiene que ver con sus fantasías, con sus instituciones, el humor, los sentimientos, su religión, su espiritualidad, sus relaciones de parentesco, su lengua, su vestimenta; es decir, con todo aquello que les es propio, pero igualmente significativo, es aquello que no realizan los pueblos y los individuos, aquello que consideran inapropiado, prohibido o simplemente que ni siquiera imaginan. Sin embargo, investigar una cultura resguardando su complejidad genera un grado de dificultad muy grande, ya que los documentos tradicionales de los reportes de investigación no alcanzan a preservar y trasmitir las complejidades culturales, quizá solo las nuevas formas de narrativa, incluso el ensayo-novelado, alcancen apalear de alguna manera aunque no ha resolver esta dificultad metodológica.

De esta manera Clifford Geertz (1989), otro gigante de la antropología, propuso que: "no se trata de volverse nativo [...] Es cuestión de vivir una vida múltiple: navegar a la vez por varios mares" (p. 87). Nos muestra Geertz que la tarea de transformarnos en un nativo es mucho más que imposible, lo que aparece como posibilidad es la de permitirse no juzgar, no calificar, entender la dignidad del otro, que sus razones son tan pertinentes como las propias, que se trata de maneras de colocarse frente a la vida efecto de circunstancias múltiples. Se trata de sentir realmente "simpatía hacia los otros y gratitud por las lecciones que nos dan" (p. 96). Poder vivir con preguntas más que con afirmaciones, saber que nuestras certezas podrían ser fácilmente relativizadas desde la perspectiva de otra cultura. Antropologizar es saber que existen diferentes posibilidades de estar y de ser en el mundo, todas ricas, complejas, legítimas y dignas, sobre todo complejas, por lo que los planos que se abren de conciencia varían con una amplitud considerable, sobre todo si vemos la diversidad humana: desde los habitantes de las selvas del trópico húmedo en Brasil o Asia, hasta las estepas siberinas o Alaska, con lo que entendemos lo pobre e inútil que resulta tratar de juzgar a una cultura, se trata de hacernos de un saber que cuestiona nuestras certezas.

Obstáculos epistemológicos

Plantear las formas de conciencia nos lleva necesariamente a preguntarnos ya no sólo sobre las formas de conciencia nativas, o las propias de la cultura del investigador, sino también sobre los obstáculos que de su cultura se trasminan en su propia metodología para aprender a aprehender a la conciencia (lo que Bachelard llamaría obstáculos epistemológicos).

Las transformaciones sociales y epistemológicas acaecidas en las últimas décadas han provocado un cisma en la mayoría de las ciencias sociales y en especial en la antropología, lo que ha provocado modificaciones no sólo en la concepción de lo que es su objeto de estudio, sino en las formas de aproximarse a éste y de relacionarse con él por parte del etnógrafo. Los efectos de estos problemas y las diferentes maneras de colocarse frente a ellos han suscitado a su vez un conjunto de crisis internas, desde las de carácter societario, hasta las de carácter teórico y metodológico. Por ello la antropología contemporánea discute: *1)* las características de lo que es su objeto de estudio, *2)* quiere alejarse de la perspectiva exotista, en donde se presentaba un mundo extraño para occidente, *3)* pretende discutir y localizar lo que podríamos llamar la mirada occidental, así como la mirada "del otro", *4)* se estudia también a la cultura occidental entendida como otredad, *5)* se está discutiendo las características de la identidad del antropólogo tratando de encontrar lo que podríamos llamar el estilo antropológico, que en general se diferencia de otros estudiosos de la ciencias sociales por su condición de estar dentro, su condición de trabajo *in situ*, al mismo tiempo que no le preocupa una de las facetas de la persona sino la integración de todas; es decir, no estudia al campesino o al artesano, estudia al ser humano que es padre, hermano, practicante de una religión, miembro de una familia en una comunidad, con problemas emocionales y que además es artesano o campesino. Se trata de una visión que intenta desde diferentes perspectivas conocer la *Weltanschauung* nativa, pero ahora cuestionando también la *Weltanschauung* del antropólogo como habitante del mundo, y la *Weltanschauung* que proponen los diferentes abordajes epistemológicos de la antropología.

Esta revisión permanente de la antropología, genera críticas a la viejas maneras de tratar las cosas, se cuestionan las viejas técnicas de investigación así como los antiguos métodos etnográficos. Los antecedentes de esta mirada crítica sobre las maneras en que se recolectaba la información y se dirigían las investigaciones, se originan en la década de los cincuenta y sesenta por la nueva etnografía, llamada también etnociencia. En líneas generales, considera que hay que abordar los fenómenos culturales como sistemas ideacionales por lo que propone un mayor refinamiento metodológico para alcanzar el rigor analítico. Se entiende que cada cultura es un sistema de códigos culturales. Se acepta que existen dos grandes tendencias en la antropología: los que buscan los universales, como otros que se interesan en las particularidades de cada cultura. La antropología contemporánea al investigar la cultura sabe que no es homogénea; al interior de esta cultura sólo puede ser entendida como una gran tendencia; aparece otro conjunto de subculturas, que pueden ser subalternas o hegemónicas. Se trata en cada una de diferentes tipos o niveles de referencia y de la operación de la cultura; se trata de posiciones diferentes que enfrentan los problemas a partir de estos esquemas (subculturas); por lo que se puede incluso sectorizar aún más a la cultura, ya sea por géneros, edades, clases sociales, actividades, barrios, sectores urbanos o rurales, etcétera. Es decir, se trata de verdaderas subculturas complejas y profundamente ricas que se articulan para constituir lo que llamamos una cultura, como sucede con la occidental, ésta es una veta prometedora aunque profundamente compleja para la indagación antropológica crítica, ya que debe llevar al antropólogo a examinar y estudiar las características de su propia subcultura, para posteriormente examinar a la cultura general en que vive y sólo entonces se encontrará en condiciones de poder atisbar la otredad.

Pero eso no es todo, a partir de la crítica a los modelos clásicos de presentación de los resultados de investigación, dirigidos principalmente para la propia comunidad académica, especialmente antropológica, surgen ahora otro tipo de formatos que implican, por lo tanto, la preocupación por diferentes géneros narrativos que pueden utilizarse ya sea en las etnografías, en los estudios comparativos o de orden teórico. Esta preocupación de la etnografía, como ya hemos mencionado, por la forma narrativa es fundamentalmente el resultado del cambio al que se adapta poco a poco la antropología, que ha pasado de explicar conductas a ser de algún modo el arte de interpretar acciones significativas, acciones simbólicas a las que hay que acceder mediantel pensamiento, de la amplia consideración de nuestras ideas, preservar los sistemas ideacionales y agregaría las *Weltanschauung* locales, evitando las intelectualizaciones que no conducen más que a planteamientos simplones.

Las *Weltanschauung* locales serían una vía posible para salvar las dificultades, sin embargo, existe una crisis de credulidad, que nace de una enorme incertidumbre en el oficio mismo de hacer antropología y nos obliga a preguntarnos cuáles son los medios para describir la realidad social, las mejores formas de conocerla, cómo interpretarla, y sobre todo diversificar las maneras como transmitimos lo que aprendemos. Esta última pregunta nos acerca a los géneros literarios antes reservados al "arte del escritor" y ahora como auxilio en el tratamiento de la información, en géneros como el de la novela realista, la costumbrista, incluso de ficción, ahora como formas legítimas de la que hacen uso los antropólogos para comunicar sus investigaciones y no eludir su responsabilidad subjetiva. En el caso de la sociedad que cuenta con escritura es necesario incursionar en la lectura de sus diferentes producciones, ya que la cultura está presente en sus diferentes planos de conciencia y se encuentran de manera extraordinaria en ese tipo de materiales, leer es abrirse a la posibilidad de vivir mil vidas distintas.

Sin embargo, esta libertad puede implicar peligros para el ejercicio profesional antropológico; ya que existen, por un lado, intereses comerciales que tergiversan esta libertad, buscan las ganancias en las ventas de libros y por el otro, la propia inercia de la etnografía que se había colocado al servicio del colonialismo; pero también frente a la crisis de los modelos clásicos, en donde se discute el rigor y las libertades del etnógrafo, como ya hemos dicho, tanto en la manera en que captura su información como la manera de presentarla. Se trata de un problema nodal para el presente ensayo, que debemos mostrar con mayor detenimiento. En esta polémica, como en muchas otras, nos inscribimos del lado del profesor Marvin Harris (1979) en su crítica a la "supuesta etnografía que se desprende de Castañeda y las enseñanzas de don Juan" y que puede ser tomada como botón de muestra de lo que no es antropología y sí relato de ficción sin bases argumentales sólidas obtenidas por el trabajo de campo y que genera lo que él llama una perspectiva oscurantista; llena de efectismos y sensacionalismos aparece con un tono romántico, fantástico y en ocasiones heroico, genera así una cosmovisión indígena que se adecua a las exigencias del mercado, que enfrenta la crisis de la sociedad industrial y la cruda vida urbana.

Harris caracterizó la posición de Castañeda como oscurantista, ya que se trata de una estrategia de investigación cuyo objetivo es subvertir la posibilidad de conseguir una ciencia de la vida social humana y donde no hay ningún respeto por el complejo ideacional de los grupos en estudio. Los oscurantistas niegan la aplicabilidad de los principios generales de la investigación científica al estudio de los fenómenos socioculturales, al proponer que impiden el conocimiento de las tramas o formas mágicas, tal y como son entendidas por lo propios pueblos indígenas. El objetivo de los oscurantistas está orientado en aumentar, y no disminuir, la apariencia de desorden en el marco sociocultural y a poner en duda todas las teorías científicas sin exponer abiertamente las características de sus desacuerdos y sin proporcionar alternativas plausibles. Para que una estrategia de investigación pueda ser clasificada de oscurantista debe ser abiertamente anticientífica, y sostener que los criterios teóricos son lo suficientemente duros y poco flexibles que impiden las posibilidad de adecuarse a perspectivas inimaginadas por Occidente. La posición oscurantista no simplemente es no científica, sino que combate abiertamente la legitimidad y posibilidad de análisis de las teorías consensuadas por las comunidades de antropólogos. Efectivamente, el antropólogo debe hacer uso del rigor y del diálogo científico y filosófico, que son de hecho niveles de conciencia, aunque sin menoscabo del poético.

Existen modas en Occidente desde finales del siglo XVII que buscan los exotismos, aquellas maneras que la perspectiva de la vida occidental no les ofrece (según suponen ellos). Por eso abordan las culturas indígenas u orientales, claro que previamente edulcoradas, presentadas desde una perspectiva sumamente idealizada, tienden a llenar aquello que se considera vacío, principalmente por los habitantes urbanos occidentales. Estos exotismos aparecen desde una supuesta comprensión autocrítica de la cultura occidental, genera unas extensas seudoculturas al interior mismo de la cultura occidental, favorecidas por una bibliografía más dirigida a la venta que al conocimiento de la otredad, llenan con ello el ámbito popular de un nuevo oscurantismo que ha adquirido muchas de las características de movimiento cultural alternativo. Por ello se trata de una crítica fácil, simplista y en ocasiones infundada a los valores y formas de vida occidentales, así como a sus instituciones, a la ciencia, lo que genera supuestas formas de vida alternativas, que en realidad se encuentran asociadas a calidades, tendencias y actitudes vinculadas con una gran cantidad de intereses económicos.

Estas seudoculturas consideradas no científicas, niegan la viabilidad o utilidad del proyecto civilizatorio occidental y de las ciencias "duras y blandas". Estas maneras han generado *Weltanschauung*, que se autoconsidera mágica. Se centra en el oscurantismo, que es un componente importante en la émica de la astrología, la brujería, el mesianismo, el fundamentalismo, los cultos a la personalidad, el etnocentrismo, las supuestas psicologías alternativas, y un centenar de otros modos contemporáneos de seudopensamiento que ensalzan el conocimiento obtenido por inspiración, revelación, intuición, fe, o conjuro. Este método se opone al conocimiento conseguido en conformidad con los principios de rigor, oposición más artificial que real; niega las posibilidades de dar cuenta de estas seudoculturas desde la investigación seria y crítica. Se trata, como ya he dicho, de perspectivas que intentan cuestionar las bases de la cultura occidental, de hecho desconocen a la cultura occidental, ya que se trata de posiciones llenas de efectismos y en general podemos afirmar que son profundamente superficiales, se trasforman en modas muy atractivas por su fácil asimilación y seguimiento, pero en realidad no alcanzan mayor cuestionamiento crítico, ni pueden sostenerse a lo largo del tiempo.

Es innegable que Castañeda abrió un debate en la comunidad antropológica seria, al cuestionar los propios esquemas en que se sostenían sus postulados teóricos, así como los criterios taxonómicos que clasificaban etnocéntricamente los hechos culturales que investigaban (como los que se encuentran en la guía de clasificación de datos culturales: Murdock), pero se discute ahora abiertamente cómo las preguntas que realiza el etnógrafo en muchas ocasiones determinan de alguna manera las respuestas que se obtienen. Se puede también cuestionar la manera en que es tratada o analizada una cultura, se señala que por lo general son ejercicios (versiones o interpretaciones) de traducción y resemantización cultural; es decir, que sin un conjunto de antecedentes y conocimientos se hace inteligible una cultura, lo que implica necesariamente pérdidas para la comprensión intercultural que pueden ser significativas.

El estudio de las *Weltanschauung*, de la subjetividad y de los sistemas ideacionales émicos, son actualmente territorios para la investigación antropológica que prometen ser sumamente fértiles, ya no se trata de preguntarnos de qué se ríe o llora el aborigen, sino cuándo se ríe o llora, qué significado tiene esa risa o ese llanto para él, con qué se relaciona, cómo son vividos, etcétera. Antes pensábamos que si se reía o lloraba necesariamente era por un algo que podíamos entender desde nuestros parámetros culturales, hoy sabemos que no lo es, que lo que suponemos cómico puede no serlo para los otros, o que ese llanto no necesariamente expresa algo trágico o doloroso. En la antigua Grecia era importante pagar en los velorios a un grupo de mujeres para que lloraran; era importante llorar aunque no existiera dolor. A este grupo de mujeres se le llamaba: plañideras.

Otro ejemplo que muestra estas diferencias culturales es que en algunas comunidades tzotziles (el caso documentado es de zinacantecas) el orgasmo es vivido por las mujeres de una manera terrible, ya que es considerado como una enfermedad, concebido con temor ya que es algo que puede conducir a la muerte, se piensa que se está perdiendo el alma, situación que debe ser tratada por un *iloletic* (chamán), sólo de esta manera se reestablece el orden y el alma regresa al cuerpo. Otro caso de diferencia cultural fue en la comunidad tzeltal de Amatenango del Valle (en el estado de Chiapas). Mi sorpresa fue grande cuando descubrí que la risa de la gente no aparece como carcajadas, no con el modo de reírse como lo hacemos en Occidente: ¡ja, ja, ja! se ríen de otra manera, la actitud y la emoción no son exactamente las mismas y de hecho, hacen un continuo: *iiiiiiiiii*, que no coincide con los gestos, la actitud y la expresión emocional que tenemos los occidentales frente a la risa.

Sin embargo, no sería justo reducir el asunto de la crítica sobre los estudios de las perspectivas del mundo y de la subjetividad, sólo a la perspectiva antropológica como lo hemos tratado. Existe otro antropólogo que, desde una posición más rigurosa, nos permite un abordaje rico y serio sobre la subjetividad. Se trata de Ernesto de Martino (1985). El centro de la reflexión antropológica que emprende de Martino tiene que ver con cuestionar el propio lugar de la persona antes de auto nombrarse antropólogo. Se trata de reflexionar sobre su lugar en la cultura, en su comunidad, etcétera, es decir, someter a un estudio antropológico al antropólogo y su cultura, lo cual es muy rico es interesante; muchos de los que hemos sido formadores de futuros antropólogos nos cuestionamos la legitimidad y la posibilidad de que muchos de los estudiantes de antropología, que por lo general son profundamente ignorantes de su propia cultura, sean en realidad capaces de realizar una investigación sobre "otra" cultura, cuando han vivido en la periferia de la propia. Lo que el antropólogo italiano propone es que resulta necesario, antes incluso de sentirse capacitado para realizar una investigación etnológica, e indispensable conocer amplia y profundamente la propia cultura, para posteriormente realizar un análisis crítico de la misma. Sólo entonces, desarrollando lo que él llamó etnocentrismo crítico, se encuentra uno en posibilidades de estudiar la otredad, como ya hemos repetido. Si la mismidad es desconocida, la otredad simplemente es inaccesible; ya que esos espacios de ignorancia serán llenados por los pre-juicios del investigador, tergiversando y enrareciendo sus propias observaciones y análisis, aspecto que podemos localizar en muchas de las investigaciones que hemos llamado irracionalistas u oscurantistas. Es decir, muchos de los trabajos de antropólogos supuestamente vanguardistas y críticos de la tradición científica, son en realidad producto de la ignorancia de su propia cultura y de la antropología en general, como también falta de crítica y autocrítica, que los hace sentirse investigadores cuando son simplemente charlatanes.

Las representaciones que tenemos del mundo y de nosotros mismos, articulan de manera muy importante la forma en que vivimos, las cosas que buscamos, la perspectiva a partir de la cual entendemos y situamos la otredad. Nuestra *Weltanschauung*, es decir la forma de ser en el mundo, las maneras de disfrutar y padecer, las maneras en que concebimos la enfermedad y la salud, lo que podría ser considerado bienestar y lo que podría identificarse como malestar, las características de nuestros vínculos con animales, objetos y personas. Todo ello se encuentra articulado, es imposible modificar alguno de estos enlaces sin modificar al resto, existe una dinámica de interrelaciones, de entreveramientos, de interinfluencias, por lo que modificar uno de los elementos de una cultura establece un efecto dominó que repercute sobre el conjunto.

La cultura es el efecto de la articulación de todos los elementos, no la mera suma de los mismos; por ejemplo, un antropólogo chino se sorprendería enormemente al descubrir que en occidente recae un tabú sobre perros y gatos que los transforma en animales que no deben comerse y que, sin embargo, es correcto comer las ancas de las ranas y los caracoles; o bien, en el centro de México los huevos de hormiga y los gusanos de maguey que además son considerados platillos para gustos esquisitos. Este tipo de criterios delimita los contornos de lo que nos es posible y lo que no nos es posible paladear, imaginar, fantasear o vivir. Otro ejemplo es lo que significa ser sibarita para las culturas árabes y lo que es el estoicismo para los pueblos rurales mexicanos, existen opciones para unos que no son siquiera imaginables para otros.

Asimismo, la cultura genera la matriz y estructura simbólica que nos permite asociar conductas y vivencias con emociones, por ello la gama de sentimientos básicos puede ser pequeña, pero sus matices y sus combinaciones infinitas, de tal suerte que permiten pensar en sociedades que se recarguen sobre cierta parte del espectro sentimental y no sobre otro, por lo que incluso son inexistentes algunos sentimiento para cierta cultura, o bien una vivencia como el duelo por un pariente muerto llevan a los diferentes pueblos de la tierra a realizar apuestas sentimentales totalmente variadas, e incluso opuestas. Como los festivos cortejos fúnebres llenos de vida en Nueva Orleáns; vemos así cómo un mismo hecho puede ser vivido de maneras diferentes por los distintos pueblos. Otro ejemplo, aspectos llenos de colorido folclórico y de exuberantes propuestas alternativas en su medicina y filosofía son los de muchas regiones de China; sin embargo, cuando en Occidente se tuvo noticia de que los campesinos asesinaban a sus hijas recién nacidas por no ser varones, se consideró una cultura salvaje, y es que eso es exactamente de lo que se trata, una cultura se encuentra habitada por las relaciones entre todos los elementos, se trata de contradicciones donde sus partes mantienen puentes con el resto; por ello es indispensable, para ese pensamiento magnífico, un conjunto de prácticas que consideraríamos deplorables. Lo que los antropólogos folclorizantes de Occidente siempre ha querido minimizar aquellos aspectos considerados deplorables y ensalzar los que pueden ser vistos como magníficos, sin mostrar que dependen los unos de los otros, como el día de la noche, son exactamente esos contrastes al interior de las culturas lo que evitan mostrar. Sus trabajos son, por lo general, un llamado a la otredad construida artificialmente, convertida en algo románticamente idealizable.

La subjetividad finalmente determina la manera en que se está y se es en el mundo, esta subjetividad se encuentra ordenada por sistemas de diferencias que establecen, a su vez, ejes de coordenadas culturales: aquello es bueno, esto es sabroso, eso es bonito, eso no es satisfactorio, etcétera. Bajo esta perspectiva, es claro que la conciencia que tenemos sobre lo que es la naturaleza humana depende de los esquemas referenciales de los que se partan; incluso el asunto mismo de lo que es la conciencia, sus umbrales, sus alcances, cambian de una cultura a otra; existen espectros de la conciencia que pueden ser impensables o inaccesibles para otra. Con lo que se amplía la pregunta ¿qué es la conciencia?, ¿qué es hacer conciencia de algo?, ¿qué actividades mentales supone hacer conciencia?, ¿se puede cambiar una conciencia asimilando elementos culturales de otras culturas?

Sobre la complejidad de la conciencia

Los problemas relativos a la conciencia tienen que ver con relaciones que establecemos con nuestra *Weltanschauung* y con nuestro *dasein*. En una cultura particular podemos encontrar diferentes formas de estar en el mundo, aparecen sus posibilidades pero también sus limitaciones. Una cultura, entonces, podríamos entenderla como una comarca simbólica con límites y posibilidades claras, establecidas por sus propias estructuras, de ahí que sus fortalezas sean también sus limites. Para presentarlo de otra manera, una cultura tiene un ámbito de competencia y de inteligibilidad, genera posibilidades de encontrar sentido y relaciones en donde otros simplemente encontraríamos elementos sueltos. La cultura, de esta manera, le pone nombre a esos elementos y a las relaciones que establecen, lo que hace posible su identificación precisa y su diferenciación, relaciones o procesos semejantes o similares pero que para el orden de esa cultura deben ser del todo diferenciados, con ello el habla comienza a habitar y a llenar el mundo, a cubrirlo de su manto simbólico haciéndolo posible e inteligible mediante la cultura. Sólo podemos transitar por el mundo a partir de estas avenidas simbólicas, para pensar lo que nuestro idioma abarca desde su dominio semántico, fantasear lo que nuestras tradiciones y regulaciones culturales permiten, y sentir satisfacción o insatisfacción frente a la realización de algún evento.

Una parte de este proceso fue identificado por Sigmund Freud, al que llamó: *de catectización*, es decir, la manera en que investimos libidinalmente a partir de significantes el mundo. De acuerdo con Freud, se trata de que existe un mundo ahí, que se encuentra antes de la experiencia, que cumple el estatuto kantiano "de cosa" *das ding* y que por lo tanto es incognoscible, se trata de *la cosa*, aquello que no tiene nombre, que no puede ser representado, que no puede ser imaginarizado o simplemente visto, se trata del mundo antes de la cultura, antes de atraparlo por la red simbólica y cubrirlo por el manto de la subjetividad que es el ámbito de la cultura.

La articulación entre la cosa y el objeto, que en este caso veríamos como el *noúmeno* es un elemento fundamental del presente ensayo, ya que los estudios sobre la ampliación de los niveles de conciencia, como decíamos, suponen una realidad, independiente del hombre, y donde éste no debe hacer más que mejorar o ampliar sus posibilidades de percepción, por lo que nos detendremos lo suficiente para comprenderlo y proseguir adelante. Parecería, simplemente, la propuesta a mejorar las características de las antenas o las pantallas que empleamos en la percepción de la realidad para que ésta entre de manera más confiable y podamos percibir otras cosas que antes no podíamos percibir o simplemente de mejorar la manera de hacernos de esas manifestaciones de la realidad.

En una primera aproximación, podemos decir que para los motivos del presente trabajo el famoso filósofo alemán Emmanuel Kant (1781), propuso la existencia de la cosa en sí, pero se trataría simplemente de algo inaccesible para nosotros; sin embargo, los entramados simbólicos como los aprendemos y transformamos, serían más o menos el equivalente al *noúmeno* (platónico), el objeto tal como es en sí mismo, dentro de las coordenadas globales de la cultura y no únicamente como se nos presenta a nosotros mismos. Heidegger (1975) se preguntó ¿qué es una cosa?, se trata del tipo de preguntas que occidente reserva para la filosofía y la religión. Pregunta que cada cultura intenta responder ya que es necesaria para legitimarse a sí misma. Para encontrar un "supuesto" punto firme de donde asirse, las culturas generarán una respuesta que fungirá como axioma de la cultura, como la primera piedra del edificio cosmológico y cosmogónico, la respuesta se teje y podemos ver cómo aparece su entramado mediante su amplio repertorio mitológico, religioso y donde se localizan respuestas sobre las cuestiones ónticas, como la concepción de salud-enfermedad que son fundacionales y fundamentales para cada cultura.

Pero, más allá de la cultura, *la cosa* sobre la que se construye lo que conocemos como "un hombre en sí", aparece simplemente como un imposible, sólo podemos acceder a esta pregunta por la cultura. "Para Kant: 'cosa en sí' es distinta de 'cosa para nosotros', es decir, de la 'cosa' como "fenómeno". Una 'cosa en sí' es aquélla que no nos es accesible por la experiencia". (Heidegger, 1975.) Cada intento de conocer a la "cosa" nos dirige más a la cultura que realmente a explicar a la "cosa". La "cosa en sí" entonces es incognoscible, sobre ella construimos una infinidad de objetos que son propiamente de la órbita del lenguaje y por lo tanto de la cultura. Las preguntas que podemos formular sobre esta relación entre cosa-objeto, son precisamente las que nos pueden dirigir a conocer las partículas elementales de las construcciones culturales, se trata entonces de un estudio de orden semiológico, ya que ése es el universo donde se localiza la conjunción de la cosa con el objeto. Por lo que la ampliación de los niveles de conciencia, en realidad no es más que la posibilidad de construir nuevos objetos, nuevas palabras, nuevas referencias, se trata de una participación activa al saber que se trata de "cosas para nosotros" no de "cosas en sí", no es del orden de percibir de mejor manera o más profundamente la realidad, como suele pensarse, sino de construir en la conciencia espacios más amplios.

Con respecto a 'la cosa en sí', se trata de las cosas tal como se supone que son en sí mismas, más allá de lo que podemos conocer por la experiencia, que sólo nos da acceso al fenómeno u objeto conocido, mediante la sensibilidad y el entendimiento. 'La cosa en sí' no puede ser conocida, sino sólo pensada; es un puro inteligible; su existencia exige la presencia de algo que sólo puede ser su apariencia, o su fenómeno" (*Diccionario de filosofía*, 1996). Diferiría en cuanto a que "la cosa en sí" sólo puede ser pensada, yo diría que puede, además, ser intuida o inferida, quizá sea a partir de estas intuiciones que podemos construir categorías que nos permiten pensar acerca de "la cosa", pero que trae como resultado la pérdida de "la cosa en sí" como producto de "la cosa para nosotros". Se trata de la posibilidad de pensar en objetos mentales que suponemos parecidos a "la cosa" pero que no son "la cosa".

Bajo la propuesta freudiana el niño al nacer se encuentra frente, a "las cosas en sí", sin embargo, le son del todo indiferentes, de hecho *están sin ser nada para él*, comenzarán a existir al ser nombradas, al aparecer gracias a la red simbólica y afectiva que construye; esa condición de "cosa en sí" queda entonces del todo perdida para convertirse en objetos del mundo o en los mismos términos de Kant "cosa para nosotros", con lo que entendemos que no hay más mundo que el que se refiere a los objetos, "la cosa" queda perdida, inasequible e incognoscible, no hay conciencia de ella. Cada cultura genera un abordaje tangencial de "la cosa", por lo que en realidad cuando intentamos aproximarnos a "la cosa" entendemos más acerca de la aproximación misma que se da dentro de una cultura con sus categorías y principios, que realmente aproximarnos a un saber acerca de lo que es "la cosa". Al tratarse de un asunto sin referencias y sin posibilidades simbólicas, lo que se produce es angustia, ansiedad, ya que todas las culturas del mundo intentan mediante sus mitologías bordear este asunto, o bien de poner marcas o límites para separarse de eso que representa un enorme hueco en su sistema de referencias léxicas, por tratarse de un no-simbolizable, de un inimaginable.

Freud (1900) fue más allá al afirmar que para los hombres no hay más realidad que la realidad psíquica, todo lo que no queda contenido en nuestro psiquismo simplemente no existe para nosotros, además de que la existencia de los objetos no se encuentra determinada porque estos tengan un plano de apariencia física, para algunas culturas los espíritus, la mala suerte, la energía cósmica, la vida después de la muerte, tienen una existencia tan real como la de los conejos o la que tenemos nosotros mismos. La realidad psíquica, sin embargo, es proyectada como si fuera independiente de nosotros y no fuéramos los productores sino, simplemente, productos. Como si fuéramos las víctimas pasivas de ésta, como si la realidad fuera la que nos determinara y no fuera realmente al revés.

Nos transformamos, entonces, en siervos de un supuesto orden natural, nos sujetamos sin saberlo a cada contrato social, con sus posibilidades y con sus limitaciones con sus prohibiciones y con sus recompensas. De hecho, nuestros valores éticos, estéticos, ónticos, de trascendencia, racionales, etcétera, están determinados por esta *Weltanschauung* entendida como lo hizo Dilthey (1990): como fenómeno que no es producto del pensamiento desligado de la vida que se vive. No surge de la mera voluntad de conocer. La comprensión de la realidad es un momento importante en su formación, pero sólo uno de ellos. La *Weltanschauung* brota de la conducta vital, de la experiencia de la vida, de la estructura de nuestra totalidad psíquica. Se trata de una compleja operación de la subjetividad que constituye la masa ideacional que es, en última instancia, toda cultura en su sentido más amplio, entonces queda claro que resulta indispensable dirigirnos, nuevamente, sobre lo que se pone en juego en las tareas de conocer los sistemas de conciencia.

Habíamos dado una definición preliminar de *Weltanschauung*, que es necesario ampliar, lo haremos a partir de Wilhelm Dilthey (1990), pensador que junto con Nietzsche, constituyó lo que se llama: filosofía de la vida; filósofo e historiador que tiene como tema central de sus obras la vida humana y la comprensión de sus manifestaciones, y de cómo las teorías del mundo impregnan toda la realidad que envuelve al hombre. Esta posición aparece en un trabajo imprescindible, titulado en alemán: *Theorie del Weltanschauungen*, publicado en 1911 y, en español, *Teoría de las concepciones del mundo*.

Este autor parece confirmar que existe un antagonismo entre los sistemas filosóficos, las opiniones religiosas y los principios morales, es necesario observar que se trata de un antagonismo occidental. Se trata de planos que interaccionan conflictivamente:

> Volvemos los ojos a un inmenso campo de ruinas de tradiciones religiosas, afirmaciones metafísicas, sistemas demostrados; posibilidades de toda índole para fundamentar científicamente, expresar poéticamente, o proclamar religiosamente la conexión de las cosas [cosa para nosotros]; ha ensayado y probado, una tras otra el espíritu humano durante muchos siglos y la investigación histórica, metódica y crítica estudia cada fragmento, cada residuo de esta larga labor de nuestra especie. Cada uno de nuestros sistemas excluye al otro, cada uno refuta al otro, ninguno es capaz de demostrarse; nada encontramos en las fuentes de la historia de aquella pacífica conversación en la Escuela de Atenas [...] [los corchetes son míos]. De este modo, la contradicción entre conciencia histórica creciente y la pretensión de validez universal de la filosofía, se ha hecho cada día más áspera.

Es evidente que Dilthey atestiguó lo que es el comienzo del conflicto entre las teorías entendidas como estructurales y universalistas por un lado, frente a las teorías historicistas o relativistas por el otro.

La dirección que toma el pensamiento diltheyano es mostrar las inconsistencias y contradicciones al tratar de conocer el mundo por las vías que privilegia la ciencia y la filosofía de la cultura occidental. Se trata de comarcas muy delimitadas, ocupadas cada una en deslegitimar a las otras, por eso el saber se encuentra compartimentarizado: lo religioso, lo mágico, lo poético, lo científico, lo filosófico, lo artístico, etcétera. Cada uno de estos saberes busca especializarse progresivamente hasta alcanzar niveles de profundidad en sus análisis inmensos, saben cada día más acerca de sectores cada vez más pequeños, hasta llegar, de hecho, a que lo saben prácticamente todo sobre prácticamente nada. Las articulaciones entre estos diferentes campos de saber se pierden, las teorías generales son criticadas, no se desea contemplar el bosque sino a cada uno de los árboles. Además, por esta manera de parcelar el conocimiento y la experiencia humana, desaparecen las grandes preguntas que tienen que ver con la existencia, del amor, la muerte, el dolor, el sentido de la vida y que son finalmente para este filósofo las preguntas que ordenan todo tránsito por la vida y toda posibilidad de comprensión de nosotros y del mundo. "La idea fundamental de mi filosofía es que hasta ahora el filosofar no se ha fundado nunca todavía en la experiencia total, plena, sin mutilaciones; por tanto, en la realidad entera y compleja". (Dilthey, 1990, p. 90)

Es a partir de un sustrato común que identificamos a todos los seres humanos, pero que desde esa uniformidad respondemos a las preguntas que nos hacemos en la vida de diferentes maneras, cada una de estas maneras de responder, los elementos que enfatiza y aquellos que minimiza, su manera de enfrentar los significados que le damos culturalmente a la muerte y que constituyen, por lo tanto, la *Weltanschauung* como el conjunto de determinaciones que nos empuja, que nos determina. Esto representa un esfuerzo invisible que podemos observar únicamente a partir de las perspectivas que se nos abren y nos cierran delante de nosotros, frente a lo que nos permitimos y nos prohibimos.

> Como la naturaleza humana es siempre la misma, también los rasgos de la experiencia vital son comunes a todos [...] Así se perfila de diversos modos la experiencia de vida en los individuos. Su fondo común en todos lo constituyen las intuiciones del poder del azar, de la corruptibilidad de todo lo que podemos, amamos o bien odiamos y tenemos, y de la constante presencia de la muerte, que determina de modo omnipotente para cada uno de nosotros la significación y el sentido de la vida (p. 41-42).

Entendemos que esta idea de un sustrato común a la condición humana, de entrada genera una posibilidad de hermanarnos con otras *Weltanschauung*, siempre y cuando podamos comenzar a preguntarnos y respondernos desde esas mismas perspectivas, no se trata entonces simplemente de un conjunto de datos, o de recetas, que puedan ordenar una *Weltanschauung* en un curso de fin de semana, o en un libro y menos aún en algún manual. Se trata de un conjunto totalmente articulado por las historias compartidas, por las relaciones que se establecen entre los distintos individuos de una comunidad y que generan diferentes clases de afectos, entre ellos, por las experiencias de vida que han adquirido a partir de su dominio cultural.

> Todas las ideas del mundo [*Weltanschauungen*], si intentan dar una solución completa al misterio de la vida, implican por lo regular la misma estructura. Esta estructura es siempre una complexión o conexión unitaria, en la cual, sobre la base de una imagen del mundo, se deciden las cuestiones acerca de la significación y el sentido de mundo, y se deducen de esto el ideal, el sumo bien, los principios supremos de la conducta en la vida. Está determinada por la regularidad psíquica, según la cual la aprehensión de la realidad en el curso de la vida es el fundamento para la valoración de las situaciones y objetos según el agrado o desagrado, placer o disgusto, aprobación y desaprobación, y esta estimación de la vida constituye luego, a su vez, el estrato inferior de las determinaciones de voluntad [...] Las ideas del mundo se desarrollan en distintas condiciones. El clima, las razas, las naciones determinadas por la historia y la formación de estados, las delimitaciones condicionadas temporalmente según las épocas y edades [...] La vida que surge en tales condiciones especializadas es muy variada, e igualmente lo es el hombre mismo que aprehende la vida. (Dilthey, 1990, p. 45-47.)

No es el primer autor que en lugar de identificar niveles de conciencia muestra estratificaciones mentales, cada uno de los estratos con características propias que se sobreponen a los otros. Por ello, comprendemos que todas nuestras interacciones y las maneras en que miramos al mundo e incluso la manera en que nos miramos a nosotros mismos, es a partir de la *welanschauungen*. A manera únicamente de ejemplo podríamos pensar en círculos concéntricos cada uno mayor que el otro, en el que los estratos están determinados por la capacidad o la imposibilidad de ampliarlos, de mantenerse con un menor número de opciones o de ampliar éstas.

En el libro titulado *La mitología primitiva*, de Lucien Lévy-Brhul (1935), cuenta el antropólogo belga que estaba escuchando el mito del origen de los caribúes narrado por el chamán, la diosa que los creó era blanca como la nieve y cubría su cuerpo con una piel de caribú, el antropólogo interrumpió preguntando ¿pero cómo es posible que la diosa trajera una piel de caribú antes de que hiciera a las mismos caribús? a lo que el chamán respondió: esas preguntas simplemente no nos las hacemos, con lo que dio a entender que si se trataba de una diosa podía hacer las cosas a voluntad, y no bajo un sentido de lógica causal. La mentalidad primitiva no es entonces conocer el mito de origen de las caribúes, sino dejarse guiar por la lógica interna de esos mitos, la razón que se subsume, por las articulaciones y perspectivas que se abren a partir de ellos, por la experiencia que el seguirlos nos trasmite, los mitos no son fábulas en las que esperamos una conclusión lógica al desarrollo de los acontecimientos narrados, el mito es otra cosa.

Este mismo autor propuso que la cohesión comunitaria y los sentimientos compartidos son los elementos y los parámetros alrededor de los cuales se organiza la cultura. Ese sistema de afinidades, lealtades y cohesiones afectivas mantienen unidos e identificado a cada grupo, ese sustento afectivo común que les permite identificarse frente a los acontecimientos de la vida y a diferenciarse de las otras comunidades. Se trata de una especie de patrimonio afectivo que permite identificarse imaginariamente y expresar: "nosotros somos de esta manera" que es diferente de la "manera de ser de ustedes", de las construcciones culturales que suponemos de los otros, es este sentimiento común lo que le da cimientos sólidos a la cultura, con la identidad que es la base sobre la cual se articulan las relaciones con otros hombres y con la naturaleza, la constitución de las instituciones que regulan los sistemas sociales-económicos y políticos, etcétera. Son estos sentimientos lo que le confiere vida y da vigencia a las ideas del mundo [*welanschauung*]. Sentir dolor al intentar matar una lombriz que sale de un surco cuando se está sembrando, es un sentimiento necesario para no matarla, aunque para nosotros no es suficiente tener esa idea, ya que en un descuido la mataríamos. Este sentimiento es lo que permite a los budistas tibetanos articular toda su compleja cosmogonía, no se trata de un elemento aislado, es una consecuencia de toda una manera de ser-siendo-en el mundo que lleva al monje a mover del camino a cada uno de los insectos con los que se encuentre y no simplemente aplastarlos. Los afectos se encuentran articulándolo todo, es el sentimiento más la idea, en donde lo realmente importante es el afecto. Podemos resumir lo expuesto: la palabra, la idea y el afecto se encuentran íntimamente implicados y relacionados determinándose unos a otros e influyéndose simultáneamente y constituyendo nuestro ser y nuestras mentalidades; es decir, nuestra cultura, por lo que son los afectos los puentes naturales de articulación del lenguaje, el sentido de la vida, las mentalidades, es decir la cultura .

No debemos confundir *Weltanschauung* con mentalidad. Con respecto al tema de la mentalidad, primero es necesario percatarse que se trata de una palabra muy empleada por diferentes disciplinas, en especial la antropología y la historia. Cualquier discusión actual acerca de este tema debe considerar la propuesta de Lloyd (1996), quien finalmente nos dice que ha existido un abuso del concepto de mentalidad por la dificultad de identificar procesos intelectuales o conjuntos de creencias de grupos sociales totales en periodos establecidos, ya que aquellas generalizaciones, que supuestamente nos permitían identificar una mentalidad, se encuentran en otros pueblos. Por ejemplo "El sociólogo [...] Lucien Lévy-Brhul difundió ampliamente la noción de mentalidad, en particular en la conexión con su malograda hipótesis de la existencia de una mentalidad prelógica" (Lloyd, 1996, p. 1). Sin embargo, este análisis hace suponer que en Occidente somos "lógicos", lo cual no es del todo cierto ya que si analizamos o seguimos cualquiera de las tradiciones religiosas encontraremos que no lo somos tanto, lo mismo al ver la manera en que se llama a la suerte en las mesas de juego en los casinos. Si rastreamos las conductas de los fanáticos o de los enamorados, etcétera, veremos que las características prelógicas localizadas por Lévy-Brhul serían fácilmente identificables también en nuestra cultura; él mismo no se atrevería a considerar más que guiada por una mentalidad lógica. Lloyd afirmó que finalmente encontramos rasgos uniformes, características comunes pero nada de ello puede conducirnos a la generalización de que existe una mentalidad común; en cada comunidad cultural encontramos mosaicos, estamentos, niveles de acceso a la cultura que son a su vez determinados por la estratificación social, por el género, por la edad, por la educación, etcétera, por lo que en realidad existen diferentes mentalidades interactuando en una determinada cultura. Las generalizaciones, a partir de las cuales los investigadores se permitían construir tipos y clasificaciones de mentalidades, son artificiosas; ya que, los individuos particulares, por lo general, si los estudiamos de manera profunda no corresponde a las clasificaciones en donde pretendemos colocarlos, son construcciones artificiosas de tipos ideales. Por ello, es imposible pensar en una mentalidad china, mexicana o de un campesino francés del siglo XVIII, cualquier elemento que identifiquemos como característico se encontrará presente en otros pueblos de otras regiones.

Sin embargo, lo que debemos subrayar en este momento es que el concepto de mentalidad no debe usarse para definir aquello que es común, lo característico, lo que identifica a una comunidad o a un periodo de la historia, ya que los procesos de identidad se construyen y varían a partir de los elementos que se ponen en juego para identificarse y diferenciarse. La mentalidad, más bien, señala aquello que no le pertenece a un denominado pueblo o que se encuentra ausente en algún periodo de la historia, aquello a lo que no tienen acceso y por lo tanto es una carencia de carácter lingüístico más que ideacional. Por ejemplo, el esclavo no tenía presente en su vocabulario la palabra "libertad", por ello no podía ni imaginar, ni fantasear con su libertad, simplemente esta opción se encontraba ausente en su forma de vida, con lo que sí podemos hablar de la mentalidad del esclavo, para aquél que en su vocabulario se encuentra ausente la palabra libertad, aunque la manera de vivirla cambiará de una sociedad a otra. Con esto podemos entender que una mentalidad se compone por el conjunto de opciones de las que dispone un individuo, pero sobre todo —y esto es lo auténticamente importante—, del conjunto de opciones de las que no dispone. La manera de hacerse a la vida tiene que ver con cómo articula sus posibilidades y cómo oculta sus imposibilidades, cuáles son las posibilidades dominantes y cuáles las subalternas, el conjunto de posibilidades y de imposibilidades son características que variarán de individuo en individuo, de los periodos de la historia, de condiciones sociales, naturales, etcétera.

Lo que resulta fundamental en la experiencia antropológica es la imposibilidad de traducir una manifestación cultural, o bien el intentar a la luz de nuestra propia experiencia cultural entender otras; por ejemplo, es muy interesante el sentido que tienen las geishas en Japón. Para nosotros no pueden ser otra cosa que "prostitutas elegantes", en el que el oficio queda indisolublemente ligado al cobro por la práctica sexual; sin embargo, no es ese el caso, una geisha es una profesional del refinamiento, de las maneras sociales, de la ligereza, del humor, del arte, del buen comer, de una plática amena, etcétera. Su encomienda es generar un ambiente hospitalario, cómodo, con cierto color erótico y de cierto nivel de calidad en cuanto al tipo de conversaciones, se trata de una profesión que, además, destaca el respeto por las tradiciones; aunque lo sexual no conforme necesariamente parte de su oficio. Pero cómo entender una institución cultural que en Japón es tan importante y que en occidente no alcanzamos a requerir, ni a comprender por nuestra forma de vida. Ése es el mismo caso con otras instituciones y costumbres, las cuales son prácticamente inimaginables por nuestra cultura.

Integrar una nueva cultura con los elementos de distintas culturas ¿cancelaría la posibilidad de buscar y ampliar los niveles de conciencia? La respuesta es simple: se trata de algo imposible, como lo proponen muchos autores con una perspectiva simplista, es muy difícil entender otra cultura o incluso la propia en un curso de seis meses o como resultado de leer cuatro o cinco libros. Ampliar los niveles de conciencia implica necesariamente primero apropiarnos de la vastedad de nuestra cultura, cambiar la manera en que vivimos. Para ponerlo en perspectiva podríamos encontrar un ejemplo: los fracasos constantes de las personas que se someten a los programas de adelgazamiento, se dan porque no se trata de hacer dieta sino de cambiar los hábitos alimenticios de manera permanente; por ello para nosotros, si deseamos ampliar los niveles de conciencia debemos ampliar nuestras exploraciones dentro de las opciones que ofrece nuestra cultura, entrar de manera respetuosa y comprometida en la música, la poesía, la literatura, las artes plásticas, el teatro, el cine, la filosofía, el estudio de la historia, la ciencia, la religión, etcétera.

Un ciudadano promedio desea vivir una vida promedio, de ahí que sus opciones y posibilidades se limiten a esa forma de vivir, querer introducir en la vida la dimensión de la *poiésis* implica no sólo leer literatura, poesía, manuales de autoayuda, etcétera; se trata de abrirse a otro sistema de causalidades, a redistribuir las jerarquías e importancia que tienen los diferentes elementos en nuestra vida, abrirse a diferentes actividades, cambiar las metas y entender el importante lugar que tienen el afecto, los sentimientos o las pasiones. Esto implica, a su vez, ampliar nuestro vocabulario entre otras muchas cosas, es permitir que la universalidad irrumpa a partir del particular, el secreto del cosmos se encuentra escondido en el grano de polen. La cultura occidental es mucho más profunda y rica que la artificial cultura de consumo, pero para constatarlo es necesario perder, saber que no se puede todo, aceptar que debemos dedicar el tiempo que esas actividades demandan.

Si deseamos comprender con cabalidad la perspectiva que intentamos ampliar y así acceder al asunto de los niveles de conciencia, debemos partir de la idea heideggeriana del *dasein* (la cual ya ha sido esbozada con anterioridad), que hacemos equivalente al ser-siendo con la conciencia, que se puede tener de nuestra finitud, de nuestra muerte, se trata de una tarea que reviste una gran importancia sobre todo para cambiar la idea de que existe una cualidad en el ser que lo identifica y marca indefinidamente. El *dasein* critica a una parte de la tradición del pensamiento occidental que ha querido sustanciar al ser y convertirlo en una cualidad o característica inmutable que fundamenta nuestra vida, esta perspectiva, de hecho, es totalmente pasiva y determinista, ya que considera al ser como si se encontrara ya totalmente acabado, actuando sobre nuestra vida; por lo que no podemos hacer otra cosa que conocerlo a partir de un camino complejo y abstracto. Esta perspectiva de tradición platónica propone que es necesario, para acercarse al ser, realizar un estudio que parta de lo sensible, aquello que podemos constatar directamente por nuestros sentidos, hasta arribar a entender el ser en cuanto ser, bajo una perspectiva metafísica únicamente cognoscible en el mundo de las ideas. Los estudios del ser u ontologías han constituido una problemática de la que han polemizado diferentes perspectivas filosóficas.

"La idea fundamental de mi filosofía es que hasta ahora el filosofar no se ha fundado nunca todavía en la experiencia total, plena, sin mutilaciones; por tanto, en la realidad entera y compleja". (Dilthey, 1990, p. 90.) De hecho, ése es uno de los motivos por los que desconfiamos de la filosofía, su interés de deparar, cortar, descuartizar el todo y ocuparse de la parte. Por lo que es pertinente la pregunta de: ¿en qué parte quedó el ser?, ¿cuál de ellas es la más importante?, forma de preguntar que pierde las articulaciones que se establecen. El *dasein* es producto de esas articulaciones, en las maneras en que se habita el tiempo, el espacio, la perspectiva desde donde se hacen las preguntas filosóficas, no se localiza en algo particular o concreto sino en la manera en que ese particular lo hacemos nuestro, lo singularizamos, nos lo apropiamos, lo convertimos en algo incluso característico a nuestras personas, es mucho más que identificarnos con él, se trata de la manera en que investimos el mundo, lo coloreamos y lo poblamos con nuestra subjetividad, con los valores que tenemos, con las direcciones y las metas que buscamos, con lo que las distintas apuestas de vida se harán cargo de manera diferente del sacrificio, la satisfacción, el amor, la enfermedad o la muerte. Se trata de un estilo de ser-siendo y de estar en el mundo, de una caligrafía característica que contiene tanto los rasgos propios como los de la época, la condición de clase, la cultura, el género, la edad, entre otros.

Podríamos pensar que en este punto Heidegger siguió las enseñanzas de Dilthey frente a la vida y al *dasein*, ya que si bien tiene que ver con la estructura psíquica, también con la historia, con lo que encontramos una posición en que no antagonizan las teorías estructurales y las historicistas. Esto muestra que no se puede ser más que a partir de los receptáculos que abre cada cultura, con las posibilidades históricas que permiten el seguimiento de la tradición con la de inventar, ya que sabemos que si bien siempre en la invención se trata de algo nuevo dentro de una tradición, la cultura de todas las épocas se encuentra subsumida en toda las actividades de nuestra vida, incluso en la invención, el espíritu de una cultura y de una época determina las posibilidades de innovar o de inventar; por ello las condiciones para hacer o decir algo nuevo no son las mismas en el renacimiento que las de la actualidad.

Ni en Viena ni en el centro de África. El *dasein*, por lo tanto, es un ser necesariamente articulado a una acción, a las posibilidades e imposibilidades de la sociedad, de una época particular, de una forma de relación con el mundo que tiene que ver con el lenguaje y en especial con el habla, con lo que se opone a una forma de estar sin ser, sin conciencia de ello, entendiendo a la conciencia como esa posibilidad de tomar distancia de nosotros mismos y de nuestra vida, de preguntarnos, de responsabilizarnos de nuestros actos, de mirar, de saborear, de disfrutar, de padecer, etcétera; por lo que los automatismos o las formas de una supervivencia plana o compulsiva, prácticamente reactiva, habitada por la monotonía, una existencia programada *a priori*, llena de certezas, es lo que se opone a la conciencia del *dasein*.

Abordamos aquí un asunto que reviste un gran interés para la teoría antropológica, ya que si bien, como hemos dicho, existen infinidad de instituciones y fenómenos culturales que no podemos conocer por pertenecer a otras culturas, también sucede lo contrario, es decir, que existen producciones de la cultura occidental que son propias y únicas, ése es el caso de la filosofía. Por ello no existen filosofías aborígenes, existen representaciones del mundo, existen respuestas acerca de cuál es el objeto de nuestra existencia, etcétera. Preguntas que podrían aparecer en nuestra civilización dentro del campo de la filosofía, pero que en estas culturas están relacionadas con el ámbito mágico-religioso y con la cosmogonía. Ésa es una de las características más importantes de la filosofía, el haberse desligado de esos otros campos para construir un pensamiento "más" libre; por lo que no podemos llamar problemas filosóficos a los que se plantean las comunidades indígenas, ya que, para éstos ese ámbito del pensamiento simplemente no existe, si hacemos el intento de entender filosóficamente algún fenómeno propio de una cultura occidental, naturalmente estamos tergiversando el fenómeno mismo del que queremos reflexionar.

En este sentido para muchos pueblos no occidentales, el yo, el ego, es un enemigo, algo que debe ser aniquilado, mientras que en nuestra cultura es el centro mismo de todo, el lugar a partir del cual orbita toda existencia; por ello la filosofía se encuentra sólidamente anclada y podríamos decir apuntalada en el yo, (*ego, moi*) ya lo decía Descartes más o menos así: puedo dudar de todo, pero tengo que tener por lo menos una certeza y ésa es que el yo existe. Eso encierra una doble perspectiva de las cosas, en la que no debe de criticarse ese desarrollo histórico de occidente, el "yo" es un descubrimiento, es algo que puede ser rebasado, pero no desechado simplemente por considerar los efectos ego-istas de su presencia, destruir el yo como lo propone la práctica del yoga. En las sociedades comunalistas, el sacrificio individual es una moneda de cambio en las operaciones sociales, es en este tipo de sociedades que las órdenes de las autoridades no admiten discusión, deben ser cumplidas ciegamente. En las sociedad egocentradas es importante la opinión de las personas y las figuras de poder se entienden como una representación de la persona en las instancias de gobierno. El "yo" tiene diferentes planos de operación en la cultura, que deben ser examinados antes de emitir cualquier tipo de diagnóstico condenatorio.

Ahora bien, también es cierto que en las tradiciones comunitarias como las que existen en la inmensa mayoría de los pueblos del Oriente, África, Oceanía y nativos de América, la comunidad tiene un lugar esencial, ninguna vida particular tiene sentido más allá de la comunidad, nada es más importante que la preservación de la comunidad y de sus tradiciones. Esto nos permite entender que se preserven aún en nuestros días resistiendo los continuos embates del colonialismo cultural que más que transculturarlos o aculturarlos busca desculturizarlos, hacer que pierda todas sus raíces y elementos característicos para que puedan alojar en el centro mismo de su cultura a la seudocultura del consumo; invitándolos a comprar los mismos productos que consumen otros pueblos, homogenizando el mercado y el comercio, generando necesidades que satisfacen las grandes empresas trasnacionales.

Evidentemente, en estas culturas comunitarias el sujeto de la cultura y la historia es la comunidad no el individuo, la persona sólo es importante en la medida en que desempeña el papel social que la comunidad le asigna. Así, no puede existir ningún juicio crítico, ya que estas ideas que subrayan el lugar del ego en la comunidad es algo altamente destructivo para los intereses mismos de la perpetuación de la sociedad. La mirada de la comunidad puede ser total, abarcar incluso los espacios más íntimos, ya que el súper yo impide la trasgresión de las normas morales, es el vigilante del cumplimiento de las normas sociales. Existen diferentes instituciones sociales que regulan esta manera de ser-comunitario. En el México rural tenemos varios ejemplos, uno de los más importantes es el sistema de mayordomías, se trata de que un miembro de la comunidad se encarga de patrocinar la fiesta de alguno de los santos de las iglesias; ese gasto se transformará en un prestigio que implica cierto grado de poder social, se trata de una operación cultural totalmente diferente a la que se da en las sociedades capitalistas en donde el prestigio es proporcional a la capacidad económica de compra que se tiene. En las sociedades donde la colectividad es lo más importante, el prestigio surge del gasto y los servicios que se realizan para la comunidad; por lo que las ceremonias, las fiestas y los ritos tienen un lugar destacado como garantes de la cultura. El patrimonio cultural tiene sus principales activos en el seguimiento riguroso de este tipo de instituciones y quehaceres, que se trasforman en el peso de la tradición.

Finalmente, queda el problema relativo a la conciencia, si bien se ha mostrado a lo largo del ensayo la enorme complejidad que rodea al asunto al señalar que la conciencia es efecto de un conjunto de fenómenos, por lo que no podemos hablar de conciencia eludiendo aquellas expresiones que la causan; por lo que una vez tratada la enorme complejidad, podemos ahora nuevamente intentar responder a la pregunta de: ¿qué es la conciencia?, ¿puede ser estratificada?, ¿existen niveles o condiciones distintas de conciencia?, ¿tiene que ver con la instancia psíquica a la que aludió Freud y que por lo tanto se opone a lo inconsciente?, ¿es el espacio en donde el yo realiza sus principales operaciones?

¿Qué se entiende por conciencia?

El concepto de conciencia ha sido usado de manera multívoca, es decir, para dar cuenta de diversos aspectos, instancias o fenómenos. Nosotros la hemos usado en dos vertientes: *a)* la conciencia tiene que ver con ser conscientes de nuestra conciencia, se trata de una conciencia capaz de analizarse y conocerse a sí misma y *b)* por otro lado, la conciencia que es una instancia psíquica que articula a la "realidad" con la subjetividad; se trata de la corteza del aparato psíquico y, para decirlo de alguna manera, que se encuentra en la superficie, en el interior encontramos a la preconciencia y en el fondo lo inconsciente, que es el núcleo de la subjetividad a la razón última, el disparador mismo de la conducta humana.

La conciencia entendida desde la perspectiva de la autoconciencia, como conocimiento del sí mismo, de sus límites, de su finitud, implica a su vez una comprensión acerca del significado de la vida, desde los parámetros históricos y socioculturales. Existen autores que proponen la posibilidad de integrar diferentes niveles de conciencia. Estos niveles han sido clasificados de diferentes maneras, dependiendo de quien haga la clasificación. Nosotros hemos integrado varias y creemos que se puede pensar en conciencia en el ámbito: *1)* social y de comunidad, *2)* en el sentido "planetario", *3)* en el físico, *4)* en el emocional, *5)* en el intelectual y *6)* en el existencial.

Es evidente que esta clasificación o propuesta de "tipos de conciencia" se encuentra totalmente construida desde occidente, ¿se trata de una mirada compartida por otros grupos culturales?, ¿es esta idea de los niveles una manera universal para encarar este problema?, la respuesta es que cada cultura enfatizaría, agregaría y quitaría alguno de los elementos; de la misma manera en que el simple hecho de entenderlos por separado, como instancias distintas, es ya un criterio clasificatorio occidental que preña y prejuicia el análisis mismo. Creo que para este momento del ensayo no podemos sorprendernos al observar que la mayoría de las teorías acerca de la conciencia y los niveles de conciencia son construcciones de la cultura occidental con base en criterios eclécticos que buscan una fallida integración de otras *Weltanschauung* de diferentes pueblos de la tierra. Se quiere integrar otras maneras de mirar, entender y de relacionarnos con el mundo, que buscan ser traducidas al modelo cultural-consumista *light* de Occidente, se crean así manuales para que puedan ser leídos por cualquier persona y se encuentran en el área de autoayuda en las librerías. Estos no implican, verdaderamente, ningún compromiso con la vida, ni en realidad ninguna apuesta que se responsabilice por la pobre manera en que se está viviendo; se trata de mantener una actitud que implique juicios críticos de las posibilidades de vivir una vida de manera auténticamente distinta.

El problema de estas aproximaciones al fenómeno es que esquematizan, caricaturizan y vulgarizan una expresión cultural, se pierden las características que presenta una manifestación sumamente compleja; comprenderla no es entonces una tarea imposible pero sí requiere de un alto grado de respeto, tiempo y paciencia, de la misma manera que no se pueden entender los problemas filosóficos contemporáneos leyendo apresuradamente un manual. De la misma manera es indispensable, para realizar esta apuesta, el capital cultural suficiente y la perseverancia, de lo contrario se tendrán visiones del mundo totalmente edulcoradas, como las que existen y que se ajustan más a las fantasías románticas de occidente acerca de las comunidades no occidentales que a las producciones propias de estas comunidades, como sucedió con varias mujeres europeas casadas con chamanes indígenas, que no esperaban ser golpeadas ni cosificadas. Sin embargo, en la manera tradicional de muchas comunidades, las mujeres no tienen un papel importante más que como madres, simplemente están al servicio de sus hogares y familias, no pueden ingresar al sistema de autoridades tradicionales, no pueden pertenecer al grupo de ancianos o de pasados; prácticamente en ninguna comunidad indígena se permite que una mujer pertenezca al sistema de mayordomías o de cargos.

La lista de libros que tienden a subrayar las características positivas más sorprendentes para occidente y a ocultar las que serían consideradas denigrantes o negativas es amplísima. Se quiere inducir al lector a pensar que la manera en que viven las comunidades indígenas se encuentra en una idílica relación con la naturaleza, repleta de magia; los pseudo investigadores hacen a un lado las paupérrimas condiciones de existencia de los indígenas; mientras que, por otro lado, en contraste, se subraya la contaminada, sumamente poblada y violenta sociedad occidental, como si no existiera remedio en la cultura occidental, como si se hubiera llegado a un callejón sin salida que hiciera imprescindible agregar elementos de las cosmovisiones indígenas y formar un *collage*, algo nuevo y ecléctico para salir de la crisis social, tratadas de manera como sucede con el ilustrísimo ejemplo de *Las enseñanzas de don Juan*, que dicho sea de paso, y como ya se ha mencionado, en la comunidad antropológica goza de un ganado desprestigio. Se trata de una ficción novelada de un supuesto antropólogo que describe las enseñanzas de un supuesto chamán llamado don Juan. El éxito de este libro mostró el hambre y el vacío de los habitantes urbanos de occidente, su necesidad de encontrar vías cortas, atajos para encontrar sentido a su vida y los alejarán de la corrupción, la contaminación, la sobrepoblación, la miseria, monetarización del triunfo social, el consumismo, la encarnizada competencia que caracteriza nuestro modo de vida.

Se trata, sin embargo, de una moda que en realidad no augura más que fracaso, una acción imposible de tejer y agregar a nuestra *Weltanschauung*. No podemos incluir fragmentos de otras maneras de ver la vida sin modificarlo todo, hemos dicho que estas maneras son efecto de una historia, de una forma particular de situarse frente al mundo, que una aculturación forzada o una transculturación inducida son fenómenos artificiales y que no pueden gestar condiciones naturales, se quiere incluir en una cultura un conjunto de prácticas y conceptos para generar una supuesta ampliación de los niveles de conciencia; sin embargo, sucede como con el trasplante de un órgano: es posible una acción de rechazo, pero no sólo sobre el órgano sino sobre los elementos con los que se encuentra concomitantemente relacionado, lo que genera una acción defensiva del organismo sobre la parte, eso sucede con las seudoculturas. Se trata de híbridos artificiales que buscarán protegerse y perpetuarse construyendo instituciones, así como una burbuja que los aísle del resto de los miembros de su comunidad y posteriormente que integre miembros a su seudocultura, lo que engendra en realidad un movimiento sectario; por lo general, son muy agresivos y resistentes a la crítica, buscan más que nada juicios de autovalidación. Con amplias posibilidades de prosperar dentro de las culturas de consumo, ya que se trata de supuestas perspectivas fáciles de seguir, cada una de ellas se trata de una moda más, no es más que eso; sin embargo sus periodos de vida no son muy largos, viven prácticamente lo que las modas.

Antes de integrar elementos culturales de otras culturas, cabe resaltar que es sorprendente que estas seudoculturas alternativas no se hayan dado a la exploración de su propia cultura y han supuesto que esos cinturones marginales en donde habitan son *toda* la cultura occidental; sin embargo, la cultura occidental es un muy vasta, como para ser desechada rápidamente por personas que por lo general buscan salidas rápidas y fáciles. Existen puertas transculturales, pero éstas se abren automáticamente cuando uno navega con compromiso, dedicación y pasión por la propia cultura; conforme más dentro se está más cerca nos encontramos de otras culturas, conforme mayor sea el involucramiento con nuestra propia cultura, más elementos tenemos paradójicamente para comprender realmente la otredad, la alteridad. De otra manera, es una apuesta perdida hacer de la otredad una mismidad, cuando simplemente no se conoce la mismidad, cuando en la degradación de la vida se abandonan las confrontaciones a que conduce la apreciación artística para dejarse llevar por las facilidades del consumo y que presentan los espectáculos y sus prácticamente nulos efectos en el resto de la vida, cuando se vive en condiciones de una pobreza cultural. ¿Cómo valorar la otredad?, simplemente vendrá a ser un parche, algo que cubra esas maneras pobres de habitar el mundo, como si se pudiera eludir la responsabilidad del *dasein* y los problemas no fueran responsabilidad de nosotros sino por la falta de opciones en el menú de nuestra cultura. Se trata más bien de un asunto de falta de responsabilidad, para intentar encontrar atajos y constituir formas de vida *light*.

Para terminar, es importante examinar las características de la autoconciencia, conciencia de la conciencia. En primer lugar, hemos hablado de las culturas subalternas y de éstas las que tienen una conciencia más impactada por el modelo de la sociedad de mercado y por el modelo que basa el progreso como el éxito en la capacidad de consumo. El vecino queda enmarcado como extraño, como un posible enemigo, las redes de solidaridad sólo se construyen en momentos de grandes tragedias, las responsabilidades para con la comunidad simplemente son lo menos frecuentes posibles; esto es, evidentemente, efecto de la propia dinámica de la cultura occidental, del culto al individuo, en donde incluso el éxito social puede ser obtenido por el hecho de destacar independientemente de la manera que sea.

No puedo apartar de mi cabeza el escándalo Lewinsky, a partir del cual Mónica es invitada a los eventos sociales más destacados de los Estados Unidos, ya que obtuvo popularidad y, en estos lugares marginales de la cultura, lo confunden con prestigio, confunden lo "grandote" con lo grandioso. En segundo lugar, hablamos del sentido planetario que tiene que ver con saber que somos una especie más en el planeta, con la misma dignidad y derecho a estar en él que cualquier otra; se trata de entender que en realidad todo se encuentra interconectado y que por lo tanto un basurero atómico en África terminará afectando de alguna manera a los cinco continentes. Tiene que ver con la depredación ecológica y la contaminación de los recursos más valiosos: tierra, aire y agua, condenando incluso nuestra propia existencia.

La conciencia de nuestro cuerpo, la responsabilidad de tratarlo bien, de ofrecerle mantenimiento de vez en vez, de generar condiciones propicias y no forzarlo bajo cualquier pretexto. Se trata simplemente de saber que somos responsables de nuestras enfermedades, que no son competencia de los médicos y que podemos actuar de alguna manera para no ser indiferente al lenguaje que genera nuestro organismo. La conciencia de nuestra vida emocional es un campo complejo, es el gran ejemplo de nuestra forma de vivir. Si estamos corriendo con múltiples preocupaciones y asistimos a un concierto, la música será únicamente una manera de acompañarnos en nuestros pensamientos, no obtendremos ningún placer directo, ya que estamos distraídos por el ruido que traemos dentro; para poder leer se requiere tiempo y disposición, si acudimos a una exposición de pintura es necesario que exista un capital previo que nos permita realizar una mirada que se abra y nos deje tocar la experiencia artística que se pone en juego en esa propuesta plástica. Si salimos con amigos, tener la posibilidad de escucharlos hablar, de construir un diálogo, de preocuparnos por sus problemas, de reírnos de los chistes, etcétera. Sin embargo, por lo general estamos en el lugar equivocado en el momento inadecuado, se trata de aprender a relacionarnos con nuestros sentimientos, con todo el espectro posible de opciones; aun en el dolor podemos encontrar muchísimas enseñanzas.

Los diferentes niveles o estamentos de conciencia tienen que ver con aquello que es también crecimiento, desarrollo, y expresión de nuestras posibilidades de ser-siendo, se trata de estar colocado de una forma diferente frente a lo mismo, es decir, es un asunto de posicionamiento subjetivo. Si se quiere apreciar realmente la música, la pintura, la poesía, el teatro, cualquier arte, el placer podrá ser mayor o podremos tener acceso de mejor forma, si contamos con las posibilidad de ser tocados simultáneamente en diferentes esferas (afectivas, de conocimiento, intelectuales, etcétera), además de si contamos con información previa, esto es, con conocimientos de esas materias o fenómenos a las que nos expondremos (la lectura de un libro, un concierto, la muerte de un ser querido, algún fracaso, etcétera). Ése es el caso de la filosofía, que simplemente nos permitirá conocer lo que se ha pensado a lo largo de la historia de diferentes campos. Conocerlos nos ofrecerá opciones que simplemente no se nos hubiera ocurrido. Si nos mantenemos situados en la ignorancia, el crecimiento y la transformación de nuestra vida, no lograríamos participar activamente en la depuración y la fundamentación de nuestras ideas ni en nuestra de vida; en la educación sentimental, como propuso Molière, de entender qué es aquello que requiere rigor, qué debe ser considerado, pensado, comprendido y qué es aquello que simplemente nos invita a dejarnos ir, a sentir, abandonarnos a los sentidos, y evitar el juego de la intelectualización que no ofrece más que extraviarnos. Debemos encontrar las relaciones más que las diferencias dentro del vasto universo que nos ofrece occidente en actividades artísticas y mentales, filosóficas y científicas, así como a pensar, comprender, saber, conocer, escapando de la atracción narcisista que es intelectualizar.

Por último, en la conciencia de nuestra existencia, con la certeza de que moriremos, podemos incluir el sentido del tiempo, de la duración, del significado mismo de nuestra vida y, por lo tanto, al no ser inmortales agregamos la prisa por vivir, no debería llevar a aceptar la irresponsabilidad que significa posponer los momentos de alegría, como a cuidarnos del arrebato compulsivo y ansioso, que se trata de maneras que hacen litoral a la muerte. La muerte es una concepción que articula las diferentes maneras, formas y espacios de la conciencia, permite distinguir el lugar en donde aparecen las grandes contradicciones entre lo que decimos y lo que hacemos; se ve con claridad las dificultades cuando queremos hacer algo y no podemos hacerlo, cuando descubrimos que no es suficiente con proponernos algo para en realidad hacerlo. En el plano existencial es donde aprendemos que la consecución de las metas, de arribar a los objetivos que nos hemos propuesto, no necesariamente culmina en satisfacción o bienestar, como dijo Freud: "los que fracasan cuando triunfan"; no se trata de una nueva axiología que intente construir nuevos fines o metas ideales. Se trata de buscar dentro de nosotros el sentimiento de satisfacción que es, en realidad, el orientador de la brújula de nuestra existencia, el gusto por el gusto, la posibilidad de reparación de las culpas para no regodearnos en ellas; el deseo implica la responsabilidad plena sobre nuestra existencia, sobre la forma de vivir nuestra vida.

Como hemos podido apreciar, la propuesta fundamental del presente ensayo es que la cultura occidental, entendida como ese patrimonio histórico de un conjunto de pueblos y procesos civilizatorios, ofrece un cúmulo de opciones aptas para la aventura de la vida que, por lo general, son desconocidas. El mejor escondite es lo evidente, esconder las cosas enfrente de "nuestras propias narices", lo que se busca es que exista el deseo de abrir estas opciones aunque no se trata de algo simple, ya que requiere de nuestro acercamiento responsable, de hacernos cargo de nuestro legado cultural y obtener toda la sabiduría que se encuentra en él. La tradición histórica occidental se constituye de la relación con los diferentes pueblos y culturas de la tierra, por lo que en la misma cultura occidental se encuentran presentes diferentes raigambres que de hecho nos vinculan, en lo fundamental, a todas las otras tradiciones culturales, occidente tiene en sí mismo vasos comunicantes con toda la tradición cultural del planeta. Para ello es necesario acceder al auténtico patrimonio de la cultura occidental, no a las autocomplacientes culturas subalternas o subculturas o, peor aún, con las seudoculturas, que por lo general son propuestas marginales que resultan efímeras y deleznables, y que contrastan con las hondas opciones que ofrece la cultura y tradición occidental. La transformación de nuestra existencia tiene que ver únicamente con las pequeñas modificaciones que representan en realidad los grandes y más permanentes cambios. No se trata de intentar ser otra persona, sino de ser la misma ocupándonos de ser-siendo en las distintas tareas diarias, dejar las certezas para abrirnos a las preguntas que nos llevan a encontrarnos, tareas que sólo son posibles a partir de comprender el sentido de responsabilidad que tenemos con nuestra breve vida, ya que sabemos, aunque intentemos huir de ello, que se trata de una efímera existencia: moriremos tarde o temprano, lo que nos lleva a saber que tenemos que hacernos cargo de todas las facetas de nuestra vida.

Bibliografía

Bastian, A. (1895), *Ethnische Elementargedanken in der Lehre vom Menschen*, Berlín, Weidmann.

_____ (1902-05), *Die Lehre vom Denken zur Ergänzung der Naturwissenschaftlichen Psychologie, für Überleitung auf die Geistewissenschaften*, 3 vol.

Boas, F. (1964), *Cuestiones fundamentales de antropología cultural. Interpretaciones de la cultura*, Buenos Aires, Solar/Hachette.

Bowra, C.M. (1964), *Historia de la literatura griega*, México, Fondo de Cultura Económica.

De Martino, E. (1985), *El mundo mágico* (trad. Fernández), México, UAM.

Diccionario de filosofía (1996), Barcelona, Herder (en CD-ROM).

Dilthey, Wi. (1990), *Teoría de las concepciones del mundo*, México, CONACULTA/Alianza Editorial Mexicana.

Freud, S. (1900), *La interpretación de los sueños*.

Geertz, C. (1986), *El antropólogo como autor*, Barcelona, Paidós.

Heidegger, M. (1975), *La pregunta por la cosa*, Buenos Aires, Alfa Argentina.

Jung, C.G. (1954), *The Archetypes and the Collective Unconscious* (vol. 9) Nueva York, Princeton University Press.

Kant, E. (1781), *Crítica a la razón pura*.

Ken, W. (1984), *La conciencia sin fronteras*, Barcelona, Kairós.

Lévy-Brhul, L. (1935-1978), *La mitología primitiva*, Barcelona, Península (col. Historia, ciencia y sociedad, 149).

Leví Strauss, C. (1949, 1993), *Las estructuras elementales del parentesco*, Madrid, Planeta/Agostini.

Lipovetsky, G. (1990), *El imperio de lo efímero*, Barcelona, Anagrama.

Lloyd, G.E.R. (1996), *Las mentalidades y su desenmascaramiento*, Madrid, Siglo XXI.

Marvin, H. (1979), *Cultural Materialism: The Struggle for a Science of Culture*, Nueva York, Random House.

Piaget, J. (1970), *La epistemología genética*, Barcelona, Redondo.

Pike, K. (1990), "Emics and Etics: The Insider/Outsider Debate", en Thomas N. Headland, Kenneth L. Pike y Marvin Harris (eds.), *Frontiers of Anthropology*, núm. 7, Summer Institute of Linguistics.

Radcliffe-Brown, A. (1957), *A Natural Science of Society*, The Free Press.

Esta obra se terminó de imprimir
en noviembre de 2012, en los Talleres de

IREMA, S.A. de C.V.
Oculistas No. 43, Col. Sifón
09400, Iztapalapa, D.F.